Die zivilrechtliche Haftung von Ratingagenturen

Europäische Hochschulschriften

European University Studies

Publications Universitaires Européennes

Reihe II **Rechtswissenschaft**

Series II Law

Série II Droit

Band/Volume **6058**

Michael Heuser

Die zivilrechtliche Haftung von Ratingagenturen nach Art. 35a Rating-VO (EU) Nr. 462/2013

PETER LANG

Bibliografische Information der Deutschen Nationalbibliothek
Die Deutsche Nationalbibliothek verzeichnet diese Publikation in der Deutschen Nationalbibliografie; detaillierte bibliografische Daten sind im Internet über http://dnb.d-nb.de abrufbar.

Zugl.: Heidelberg, Univ., Diss., 2018

D 16
ISBN 978-3-631-77450-2 (Print)
E-ISBN 978-3-631-77451-9 (E-PDF)
E-ISBN 978-3-631-77452-6 (EPUB)
E-ISBN 978-3-631-77453-3 (MOBI)
DOI 10.3726/b15071

Peter Lang – Berlin · Bern · Bruxelles · New York · Oxford · Warszawa · Wien

Diese Publikation wurde begutachtet.

www.peterlang.com

Vorwort

Diese Arbeit wurde von der Juristischen Fakultät der Universität Heidelberg im Juli 2016 als Dissertation angenommen. Das Manuskript wurde im Wesentlichen im Dezember 2015 fertiggestellt.

Den Anstoß für die Wahl des Themas gab mir der Aufsatz von Herrn Professor Dr. Anatol Dutta aus dem Jahr 2014 zur Haftung amerikanischer Ratingagenturen in Europa und die Rolle des Internationalen Privatrechts.

Danken möchte ich meinem Doktorvater Herrn Professor Dr. Dr. h.c. Thomas Pfeiffer, der mir jegliche wissenschaftliche Freiheiten bei der Erstellung dieser Arbeit zugestanden hat. Die Zeit als Mitarbeiter an seinem Lehrstuhl am Institut für ausländisches und internationales Privat- und Wirtschaftsrecht war aus menschlicher wie auch fachlicher Sicht eine wunderbare Zeit.

Herrn Professor Dr. Christoph Kern gebührt großer Dank für die sehr rasche Erstellung des Zweitgutachtens und die vielen wertvollen Hinweise für die Veröffentlichung dieser Arbeit. Herrn PD Dr. Robert Magnus, Herrn Christian Uhlmann, Herrn Dr. Jonas Wäschle, Herrn Leonhard Kornwachs, Herrn Dr. Christoph Heuser, Herrn Benjamin Traa und Frau Charlotte Barton danke ich für die kritische Durchsicht des Manuskripts und den wertvollen Gedankenaustausch.

Meinen Eltern danke ich besonders für die immerwährende Unterstützung, die sie mir weit über das Studium und die Promotionsphase hinauszukommen lassen und mir so viele Türen geöffnet haben.

Für die Finanzierung der Veröffentlichung dieser Monografie danke ich meinem Großvater.

Widmen möchte ich diese Arbeit meiner Ehefrau Julia Heuser, die mir seit vielen Jahren Rückhalt gibt und bei der Erstellung der Arbeit großen Zuspruch geschenkt hat.

Inhaltsverzeichnis

Abkürzungsverzeichnis 17

Einleitung 21

A. Einführung in die Problematik 21

B. Gang der Untersuchung 26

Teil 1: Bestandsaufnahme 27

A. Rating 27

I. Ratingarten 28

1. Emittentenrating 29

2. Emissionsrating 29

II. Ratingergebnis 30

III. Rechtliche Qualifikation 33

1. Werturteil oder Tatsachenbehauptung 33

2. Privates oder öffentliches Gut 35

IV. Alternativen zum Rating 35

B. Ratingverfahren 35

I. Beauftragtes Rating 37

II. Besonderheiten beim nicht beauftragten Rating 42

III. Wiederholungsphase 43

C. Ratingagenturen 44

I. Aufgaben und Bedeutung 45

1. Ratingagentur als (Informations-)Intermediär 45

2. Senkung von Transaktionskosten 47

3. Zertifizierungsfunktion 47

4. Corporate Governance 48

5. Regulierung des Finanzmarkts – Steigerung der Kapitalmarkteffizienz 49

6. Rechtliche Bedeutung von Ratings und Ratingagenturen in Deutschland 49

II. Marktstruktur 50

D. Ratingagenturen in Krisenzeiten 52

I. Einzelfälle 52

II. Allgemeine Ursachen für fehlerhafte Ratings 55

III. Ratingbasierte Regulierung 56

E. Wirtschaftliche Zusammenhänge zwischen Rating und Anleihe 59

I. Grundlagen 60

II. Preisbildung 61

III. Schäden 62

1. Emittenten 63

2. Anleger 65

Teil 2: Zivilrechtliche Haftung von Ratingagenturen nach Art. 35a der Rating-VO 67

A. Grundlagen 67

I. Entstehungsgeschichte 68

II. Rechtsgrundlage 70

III. Grundstruktur 72

1. Äußerer Aufbau 72

2. Rechtsgüterschutz vs. Verhaltenspflichtverletzung 72

a. Anknüpfungspunkt in der Haftungsvorschrift 72

b. Faktischer, individueller Rechtsgüterschutz 73

IV. Auslegungsmethode 74

1. Art. 35a Abs. 4 Satz 1 Rating-VO 76

a. „Begriffe wie" 76

b. „nationales Recht" 78

2. Art. 35a Abs. 4 Satz 2 Rating-VO 79

3. Verbleibende Abgrenzungsschwierigkeiten 80

V. Qualifikation und Funktionen der europäischen Haftungsvorschrift 82

1. Qualifikation ... 82
2. Funktionen ... 82
VI. Verhältnis zu nationalen Haftungsvorschriften ... 83
VII. Verhältnis zur öffentlich-rechtlichen Beaufsichtigung durch die ESMA ... 87

B. Haftungsvoraussetzungen ... 87
I. Anspruchsverpflichteter – Ratingagentur ... 88
1. Satzungsmäßiger Sitz ... 89
2. Einzelfälle ... 90
II. Rating ... 90
1. Private Ratings – Art. 2 Abs. 2 lit. a) Rating-VO ... 91
2. Übernommene Ratings – Art. 4 Abs. 3 Rating-VO ... 92
3. Verwendung von Ratings i.S.d. Art. 5 Rating-VO ... 94
a. Voraussetzungen ... 94
b. Einbeziehung in die Haftung des Art. 35a Rating-VO .. 99
4. Länderratings ... 100
5. Zwischenergebnis ... 102
III. Anspruchsberechtigte – Emittent und Anleger ... 102
1. Emittent ... 103
a. Allgemeine Voraussetzungen ... 103
aa. Juristische Personen des öffentlichen Rechts sowie Privatrechts ... 103
bb. Erweiterung des Emittentenbegriffs i.S.d. Art. 35a Rating-VO ... 103
b. Besondere Voraussetzungen des Abs. 1 Unterabs. 3 104
aa. Bewertungsobjekt: Emittent oder eines seiner Finanzinstrumente ... 104
bb. Keine Falschinformation oder Irreführung durch den Emittenten ... 105
(1) Irreführend oder falsch informiert ... 105
(2) „Direkt oder aufgrund öffentlich zugänglicher Informationen“ ... 106
(3) Zuwiderhandlung oder Fehlbewertung ... 106

2. Anleger ... 108
a. Allgemeine Voraussetzungen ... 108
aa. Abgrenzung des Anlegerbegriffs durch die Rating-VO ... 110
bb. Grundkonstellationen ... 111
(1) Kauf ... 111
(2) Halten ... 112
(3) Veräußern ... 113
b. Besondere Voraussetzungen des Abs. 1 Unterabs. 2 ... 113
aa. Transaktionskausalität ... 114
bb. Vertrauensmaßstab ... 117
(1) Institutionelle Anleger – Abs. 1 Unterabs. 2 Var. 1 ... 118
(a) Voraussetzungen des Art. 5a Abs. 1 Rating-VO ... 118
(b) „in vertretbarer Weise verlassen" ... 120
(2) Sonstige Anleger – Abs. 1 Unterabs. 2 Var. 2 121
IV. Pflichtverletzung – Zuwiderhandlung gegen Anhang III der Rating-VO ... 124
1. Systematik ... 125
2. Auslegung ... 126
3. Tatbestandliche Begrenzung: Kausalzusammenhang zwischen Pflichtverletzung und Ratingergebnis ... 126
a. Vorgaben durch die Rating-VO selbst ... 127
b. Ergänzendes nationales Sachrecht nach Art. 35a Abs. 4 Rating-VO ... 128
4. Einzelne Zuwiderhandlungskategorien ... 128
a. Zuwiderhandlungen im Kontext der Vermeidung von Interessenkonflikten nach Art. 6 Rating-VO ... 129
b. Zuwiderhandlungen im Kontext von am Ratingverfahren beteiligten Personen ... 130
c. Zuwiderhandlungen im Kontext von Dokumentations- und Aufbewahrungspflichten ... 130
d. Zuwiderhandlungen im Kontext von angewandten Ratingmethoden und Modellen ... 131

e. Zuwiderhandlungen im Kontext von Veröffentlichungspflichten ... 132
f. Zuwiderhandlungen im Kontext der Bewertung strukturierter Finanzinstrumente ... 132
g. Zuwiderhandlungen im Kontext der Übernahme von Ratings ... 135
V. Verschulden ... 136
1. Vorsatz ... 138
2. Grobe Fahrlässigkeit ... 138
VI. Schaden ... 139
1. Bemessungsgrundlage ... 140
2. Beschränkungen durch Kausalitätserfordernisse ... 142
a. Kausalzusammenhang zwischen Zuwiderhandlung und Schaden ... 142
b. Kausalzusammenhang zwischen Ratingergebnis und Schaden ... 143
3. Ersatzfähigkeit einzelner Schäden ... 144
a. Anleger ... 144
aa. Transaktionsschaden ... 145
(1) Inhalt ... 145
(2) Ersatzfähigkeit ... 146
bb. Kursdifferenzschaden ... 149
(1) Inhalt ... 149
(2) Ersatzfähigkeit ... 151
(a) Hinweise für den Schutzzweck: Unterbindung einer unangemessenen Preisbildung ... 152
(b) Ausschluss nach Art. 35a Abs. 1 Unterabs. 2 Rating-VO ... 153
(c) Abgrenzung zum ersatzfähigen Schaden des Emittenten ... 155
(d) Änderungen der Erwägungsgründe im Laufe des Gesetzgebungsverfahrens ... 155
(e) Zwischenergebnis ... 156

b. Emittenten 156

C. Art und Umfang des Schadensersatzes 157
I. Grundsätze 157
1. Art des Schadensersatzes 158
2. Umfang des Schadensersatzes 158
II. Anleger 161
1. Transaktionsschaden 161
a. Kauf 162
b. Halten 163
c. Verkauf 163
2. Kursdifferenzschaden 163
3. Mitverschulden 164
III. Emittent 165
1. Korrektur des Ratings 165
2. Finanzierungskosten 166
3. Weitere Schadensposten 166
4. Mitverschulden 167
IV. Haftungsbeschränkung nach Art. 35a Abs. 3 der Rating-VO 167
1. Zulässigkeitsvoraussetzungen für eine Beschränkung 167
a. Verhältnis zwischen lit. a) und lit. b) 167
b. Maßgebliche Kollisionsnormen 168
c. Zulässigkeit nach deutschem Sachrecht 169
2. Wirkung 169

D. Verjährung 170

E. Darlegungs- und Beweisregeln 171
I. Spezialregelungen der Rating-VO 172
1. Art. 35a Abs. 2 Rating-VO 172
a. Regelungsinhalt 174
aa. Isolierte Betrachtung von Abs. 2 Unterabs. 1 174
bb. Einbeziehung von Abs. 2 Unterabs. 2 175
b. Schlussfolgerungen 176

aa. Mindestschutz im Prozess 176
bb. Zulässigkeit weiterer prozessualer Erleichterungen 177
cc. Eingeschränkte Wirkung für drittstaatliche Gerichte 178
dd. Substantiierungserleichterung vor deutschen Gerichten 179
2. Art. 35a Abs. 1 Unterabs. 2 Rating-VO 179
a. Dokumentation des Anlagevorgangs 180
b. Zulässigkeit des Anscheinsbeweises der „Anlagestimmung“ 180
c. Prozessuale Möglichkeiten 183
3. Art. 35a Abs. 1 Unterabs. 3 Rating-VO 184
a. Regelungsinhalt 184
b. Darlegungserleichterung 185
aa. Zulässigkeit der Darlegungserleichterung 186
bb. Anwendung durch die lex fori oder die lex causae 187
II. Darlegungs- und Beweislast hinsichtlich der übrigen Tatbestandsmerkmale 188
1. Verschulden 188
a. Zulässigkeit der Beweiserleichterung 190
b. Lex fori oder lex causae 190
2. Schaden 191
III. Zusammenfassung 192

Teil 3: Kollisions- und zuständigkeitsrechtliche Bezüge der europäischen Haftungsvorschrift 195

A. Qualifikation als deliktsrechtliche Haftungsvorschrift i.S.d. IPR und IZVR 195
B. Art. 35a Rating-VO im Zusammenspiel mit dem IPR 198
I. Erforderlichkeit einer kollisionsrechtlichen Vorprüfung 199
1. Verhältnis zwischen der Rating-VO und der Rom II-VO 201

2. Festlegung des räumlich persönlichen Anwendungsbereichs durch die Rating-VO selbst 205
II. Bestimmung des subsidiären Haftungsstatuts 208
1. Begrenzung des „jeweils geltenden nationalen Rechts" auf mitgliedstaatliches Recht? 208
2. Kein Ausschluss nach Art. 1 Abs. 2 lit. g) Rom II-VO 212
3. Bestimmung des subsidiären Haftungsstatuts nach Art. 4 Rom II-VO 215
a. Art. 4 Abs. 2 Rom II-VO 216
b. Art. 4 Abs. 1 Rom II-VO 218
aa. Anleger 218
(1) Verletzungserfolg: freie Willensentscheidung oder Vermögen 218
(2) Ort der Vermögensschädigung 221
(a) Anknüpfungspunkte 221
(aa) Sitz des bewerteten Unternehmens 222
(bb) Lageort des konkret betroffenen Vermögensbestandteils: Giro- oder Anlagekonto des Anlegers 223
(cc) Vermögenszentrale, Wohnsitz und gewöhnlicher Aufenthalt 226
(dd) Vermögensverfügung 226
(ee) Marktort 227
(b) Stellungnahme 228
(aa) Maßstab 228
(bb) Abwägung 229
(c) Zwischenergebnis 234
bb. Emittenten 235
(1) Verletzungserfolg 235
(2) Maßgeblicher Ort 235
c. Art. 4 Abs. 3 Rom II-VO 236
aa. Art. 4 Abs. 3 Satz 2 Rom II-VO – bei bestehendem Rechtsverhältnis 237
bb. Art. 4 Abs. 3 Satz 1 Rom II-VO – offensichtlich engere Verbindung 238

(1) Anleger ... 238
(a) Sitz des Bewertungsobjekts ... 238
(b) Sitz der Ratingagentur ... 238
(c) Kontoführungsort ... 241
(d) Marktort ... 241
(2) Emittenten ... 245
4. Zusammenfassung ... 246
C. Bestimmung der Internationalen Gerichtszuständigkeit ... 247
I. Anwendbarkeit der Brüssel Ia-VO ... 248
1. Räumlicher und sachlicher Anwendungsbereich eröffnet 248
2. Sachverhalt mit Auslandsbezug ... 249
II. Zuständigkeit nach der Brüssel Ia-VO ... 250
1. In Betracht kommende Zuständigkeitstatbestände ... 250
2. Zuständigkeit nach Art. 7 Nr. 2 Brüssel Ia-VO ... 252
a. Beklagtenwohnsitz in einem Mitgliedstaat der EU ... 252
b. Eintritt des schädigenden Ereignisses – Handlungs- oder Erfolgsort? ... 253
aa. Handlungsort ... 256
bb. Erfolgsort ... 256
(1) Anleger ... 257
(a) Konkret betroffener Vermögensbestandteil – Kontoführungsort ... 257
(b) Ort der Vermögensverfügung ... 257
(2) Emittent ... 259
3. Ergebnis ... 260

Teil 4: Zusammenfassung der Ergebnisse ... 261

Teil 5: Bewertung und Entwicklungsvorschläge ... 265

Literaturverzeichnis ... 273

Abkürzungsverzeichnis

a.A.	andere(r) Ansicht
ABl. EG	Amtsblatt der Europäischen Gemeinschaften
ABl. EU	Amtsblatt der Europäischen Union
Abs.	Absatz
AEUV	Vertrag über die Arbeitsweise der Europäischen Union
a.F.	alte Fassung
AG	Die Aktiengesellschaft
AG Frankfurt	Amtsgericht Frankfurt
AGB	Allgemeine Geschäftsbedingungen
AIFM	Verwalter alternativer Investmentfonds
allg.	allgemein
Am. J. Comp. L.	American Journal of Comparative Law
Art.	Artikel
ASIC	The Australian Securities & Investments Commission
Aufl.	Auflage
BaFin	Bundesanstalt für Finanzdienstleistungsaufsicht
BB	Betriebs-Berater
BGB	Bürgerliches Gesetzbuch
BGH	Bundesgerichtshof
BGHZ	Entscheidungen des Bundesgerichtshofes in Zivilsachen
BKR	Zeitschrift für Bank- und Kapitalmarktrecht
BörsG	Börsengesetz
BR-Drs.	Bundesrat Drucksache
bspw.	beispielsweise
DB	Der Betrieb
d.h.	das heißt
EBA	European Banking Authority
EbAV	Einrichtungen der betrieblichen Altersversorgung
ECFR	European company and financial law review
Ed.	Edition
EG	Europäische Gemeinschaft
EIOPA	European Insurance and Occupational Pensions Authority

ESMA	European Securities and Markets Authority
EU	Europäische Union
EuGH	Europäischer Gerichtshof
EuR	Europarecht
EuZW	Europäische Zeitschrift für Wirtschaftsrecht
EWG	Europäische Wirtschaftsgemeinschaft
FS	Festschrift
gem.	gemäß
ggf.	gegebenenfalls
GPR	Zeitschrift für Gemeinschaftsprivatrecht
GS	Gedächtnisschrift
Halbs.	Halbsatz
Hdb.	Handbuch
Int. WirR	Internationales Wirtschaftsrecht
Int. ZVR	Internationales Zivilverfahrensrecht
IPR	Internationales Privatrecht
IPRax	Praxis des Internationalen Privat- und Verfahrensrechts
i.S.d.	im Sinne des
i.V.m.	in Verbindung mit
IZVR	Internationales Zivilverfahrensrecht
JA	Juristische Arbeitsblätter
JuS	Juristische Schulung
JZ	Juristenzeitung
LG	Landgericht
lit.	Buchstabe
ManKonV	Marktmanipulations-Konkretisierungsverordnung
MDR	Monatsschrift für Deutsches Recht
m.w.N.	mit weiteren Nachweisen
NJW	Neue Juristische Wochenschrift
NCPC	Nouveau Code de Procédure Civile
Nr.	Nummer
NZG	Neue Zeitschrift für Gesellschaftsrecht
OGAW	Organismen für gemeinsame Anlagen in Wertpapieren
OLG	Oberlandesgericht
OTC	Over the counter
PHdb	Praxishandbuch

RabelsZ	Rabels Zeitschrift für ausländisches und internationales Privatrecht
Riv. dir. int. priv. proc.	Rivista di diritto internazionale privato e processuale
RIW	Recht der Internationalen Wirtschaft
Rn.	Randnummer
RRa	Reise-Recht aktuell
Rspr.	Rechtsprechung
S.	Seite
S.Bus.Rev.	Schmalenbach Business Review
SEC	U.S. Securities Exchange Commission
sog.	sogenannt
Teils.	Teilsatz
Tex. Int'l L. J.	Texas International Law Journal
u.a.	unter anderem
Unterabs.	Unterabsatz
Urt. v.	Urteil vom
usw.	und so weiter
u.U.	unter Umständen
v.a.	vor allem
vgl.	vergleiche
Vorb. v.	Vorbemerkung von
VuR	Verbraucher und Recht
VW	Versicherungswirtschaft
Wash. U. L. Q.	Washington University Law Quaterly
WM	Wertpapier-Mitteilungen
WpHG	Wertpapierhandelsgesetz
WpPG	Wertpapierprospektgesetz
ZBB	Zeitschrift für Bankrecht und Bankwirtschaft
ZEuP	Zeitschrift für Europäisches Privatrecht
ZGR	Zeitschrift für Gesellschafts- und Unternehmensrecht
ZHR	Zeitschrift für das gesamte Handels- und Wirtschaftsrecht
ZIP	Zeitschrift für Wirtschaftsrecht und Insolvenzpraxis
ZPO	Zivilprozessordnung
ZPR	Zivilprozessrecht
ZRP	Zeitschrift für Rechtspolitik
ZVglRWiss	Zeitschrift für vergleichende Rechtswissenschaft einschließlich des Rechts der Entwicklungsländer und der ethnologischen Rechtsforschung

Einleitung

A. Einführung in die Problematik

Ratings und Ratingagenturen sind aus der heutigen Zeit nicht mehr wegzudenken. Insbesondere die drei großen amerikanischen Ratingagenturen Standard & Poors Ratings Services, Moody's Investors Service und Fitch Ratings, die sich mehr als 90 % des Ratingmarkts teilen,[1] verfügen über einen weltweiten Bekanntheitsgrad und haben die Rolle als „global player" eingenommen.

Ratingagenturen sammeln und filtern Informationen, zerlegen diese und setzen sie mit einer eigenen Gewichtung zu einem Gesamtbild in Form eines Urteils zusammen, das unter der Bezeichnung „Rating" immer wieder für Aufsehen in Wirtschaft, Politik und Gesellschaft sorgt. Dabei ist die Redensart „Wissen ist Macht"[2] keinesfalls eine banale Phrase für Ratingagenturen, sondern entspricht dem Fundament ihres Geschäftszweigs: die Bonitätsbeurteilung von Personen und einzelner Finanzinstrumente.

Obgleich ihnen überwiegend gute Arbeit bescheinigt wird,[3] werden immer wieder Fälle bekannt, in denen ihr Versagen offen zutage tritt. Vor allem in der amerikanischen Subprime-Krise, die zu einer globalen Finanzkrise führte, und während der europäischen Staatsschuldenkrise standen Ratingagenturen im Fokus öffentlicher Kritik.[4] So würden Ratingagenturen nicht schnell genug auf aktuelle Ereignisse reagieren und ihre Bewertungen zu gemächlich anpassen.[5]

Der europäische Gesetzgeber reagierte auf die Finanzkrise mit der Erstellung eines Regelungskatalogs für Ratingagenturen, der in Gestalt der Verordnung

---

1 *Hiß/Nagel,* Ratingagenturen zwischen Krise und Regulierung, S. 27; *Veil/Teigelack* in: Veil, Europäisches Kapitalmarktrecht, § 21 Rn. 9; für 95 % *Dutta,* IPRax 2014, 33, 34 und *Friedrich,* VW 2012, 669, 669; für 96 % *Chiwitt,* Corporate Finance 2014, 392, 396; von gar 97 % des weltweiten Ratingmarkts gehen *Berger/Ryborz,* WM 2014, 2241, 2241 aus.

2 Das Zitat wird dem englischen Philosophen Francis Bacon zugerechnet, der in der englischen Sprachfassung seines Werkes Meditationes sacrae schrieb: „For knowledge itself is power".

3 *Bauer,* Ein Organisationsmodell zur Regulierung der Rating-Agenturen, S. 44; *Blaurock,* ZGR 2007, 603, 641; *Berger/Ryborz,* WM 2014, 2241, 2241.

4 Vgl. *Fight,* The Ratings Game, S. 1 ff.; *Hiß/Nagel,* Ratingagenturen zwischen Krise und Regulierung, S. 43; *Veil/Teigelack* in: Veil, Europäisches Kapitalmarktrecht, § 21 Rn. 1.

5 Vgl. *Hiß/Nagel,* Ratingagenturen zwischen Krise und Regulierung, S. 95.

(EG) 1060/2009 über Ratingagenturen[6] erstmalig verbindlich für Ratingagenturen galt. Dieser beinhaltete für die in der Europäischen Gemeinschaft registrierten Ratingagenturen besondere Verhaltens- und Organisationspflichten, die ein frühzeitiges Erkennen einer verschlechterten Marktlage und eine rechtzeitige Anpassung von Ratings ermöglichen sollten.[7] Etwa vier Jahre später rief der europäische Gesetzgeber mit der Verordnung (EU) Nr. 462/2013[8] des Europäischen Parlaments und des Rates zur Änderung der Verordnung (EG) Nr. 1060/2009 über Ratingagenturen eine zivilrechtliche Haftungsvorschrift in Gestalt des Art. 35a Rating-VO ins Leben:

(1) Hat eine Ratingagentur vorsätzlich oder grob fahrlässig eine der in Anhang III aufgeführten Zuwiderhandlungen begangen und hat sich diese auf ein Rating ausgewirkt, so kann ein Anleger oder Emittent von dieser Ratingagentur für den ihm aufgrund dieser Zuwiderhandlungen entstandenen Schaden Ersatz verlangen.
Ein Anleger kann nach diesem Artikel Schadenersatz verlangen, wenn er nachweist, dass er sich bei seiner Entscheidung, in ein Finanzinstrument, auf das sich dieses Rating bezieht, zu investieren, dieses Instrument weiter zu halten oder zu veräußern, in vertretbarer Weise im Einklang mit Artikel 5a Absatz 1 oder in sonstiger Weise mit gebührender Sorgfalt auf dieses Rating verlassen hat.
Ein Emittent kann nach diesem Artikel Schadenersatz verlangen, wenn er nachweist, dass das Rating sich auf ihn oder seine Finanzinstrumente bezieht und die Zuwiderhandlung nicht darauf zurückzuführen ist, dass der Emittent die Ratingagentur direkt oder aufgrund öffentlich zugänglicher Informationen irreführend oder falsch informiert hat.
(2) Es liegt in der Verantwortung des Anlegers oder Emittenten, genaue und detaillierte Informationen vorzulegen, aus denen hervorgeht, dass die

6 Verordnung (EG) Nr. 1060/2009 des Europäischen Parlaments und des Rates vom 16.09.2009 über Ratingagenturen, ABl. EU Nr. L 302/1 vom 17.11.2009, geändert v.a. durch Verordnung (EU) Nr. 513/2011 vom 11.05.2011 zur Änderung der Verordnung (EG) Nr. 1060/2009 über Ratingagenturen, ABl. EU Nr. L 145/30 vom 31.05.2011, sowie Verordnung (EU) Nr. 462/2013 vom 21.05.2013 zur Änderung der Verordnung (EG) Nr. 1060/2009 über Ratingagenturen, ABl. EU Nr. L 146/1 vom 31.05.2013. Nachfolgend: Rating-VO.

7 Vgl. Erwägungsgrund 10 der Rating-VO (EG) Nr. 1060/2009.

8 Verordnung (EG) Nr. 1060/2009 des Europäischen Parlaments und des Rates vom 16.09.2009 über Ratingagenturen, ABl. EU Nr. L 302/1 vom 17.11.2009.

Ratingagentur gegen diese Verordnung verstoßen hat und dass sich diese Zuwiderhandlung auf das abgegebene Rating ausgewirkt hat.
Was als genaue und detaillierte Informationen gilt, entscheidet das zuständige nationale Gericht, wobei es berücksichtigt, dass der Anleger oder Emittent möglicherweise keinen Zugang zu Informationen hat, die allein in der Sphäre der Ratingagentur stehen.

(3) Die zivilrechtliche Haftung von Ratingagenturen nach Absatz 1 kann im Voraus nur beschränkt werden, wenn die Beschränkung:
a) angemessen und verhältnismäßig ist, und
b) nach dem jeweils geltenden nationalen Recht im Einklang mit Absatz 4 zulässig ist.
Soweit die Beschränkung der zivilrechtlichen Haftung nicht die in Unterabsatz 1 genannten Voraussetzungen erfüllt, hat sie keine rechtliche Wirkung.

(4) Begriffe wie „Schaden", „Vorsatz", „grobe Fahrlässigkeit", „in vertretbarer Weise verlassen", „gebührende Sorgfalt", „Auswirkung", „angemessen" und „verhältnismäßig", die in diesem Artikel genannt aber nicht definiert werden, werden im Einklang mit dem jeweils geltenden nationalen Recht gemäß den einschlägigen Bestimmungen des internationalen Privatrechts ausgelegt und angewandt. Fragen der zivilrechtlichen Haftung einer Ratingagentur, die nicht von dieser Verordnung geregelt werden, unterliegen dem jeweils geltenden nationalen Recht gemäß den einschlägigen Bestimmungen des internationalen Privatrechts. Welches Gericht für die Entscheidung über einen von einem Anleger oder einem Emittenten vorgebrachten zivilrechtlichen Haftungsanspruch zuständig ist, wird anhand der einschlägigen Bestimmungen des internationalen Privatrechts bestimmt.

(5) Dieser Artikel schließt weitere zivilrechtliche Haftungsansprüche im Einklang mit dem nationalen Recht nicht aus.

(6) Der in diesem Artikel vorgesehene Schadenersatzanspruch hindert die ESMA nicht daran, ihre Befugnisse nach Artikel 36a voll auszuschöpfen.

Diese europäische Haftungsvorschrift ist Gegenstand der nachfolgenden Untersuchung, die von drei Fragen geleitet wird:

- Was regelt Art. 35a Rating-VO?
- Wie ist die aktuelle Regelung zu bewerten?
- Wie ist im Einzelnen Art. 35a Rating-VO ggf. nachzubessern?

Der Untersuchungsschwerpunkt wird dabei auf der ersten Frage liegen, weil zunächst die einzelnen Haftungsvoraussetzungen analysiert und die Rechtsfolge bestimmt werden müssen. Da die erfolgreiche Geltendmachung von Schadensersatzansprüchen gegen Ratingagenturen regelmäßig daran scheitert, dass Anleger und Emittenten die sie begünstigenden Umstände nicht beweisen können,[9] werden den Darlegungs- und Beweisregeln der Haftungsvorschrift besondere Aufmerksamkeit geschenkt. Dem Umstand geschuldet, dass die europäische Haftungsvorschrift keine in sich abgeschlossene Regelung darstellt, sondern zu ihrer vollständigen Funktionstauglichkeit inhaltlich um nationales Sachrecht ergänzt werden muss,[10] gilt es zu ermitteln, nach welchen Kriterien sich das jeweilige nationale Recht bestimmt. Ebenso ist zu klären, vor welchem Gericht Klage auf Leistung von Schadensersatz zu erheben ist.

Im Rahmen der Erörterung der oben aufgeworfenen Leitfragen werden eine Reihe dogmatischer Grundprobleme zu behandeln sein. Beispielsweise fordert das Ineinandergreifen von unionsrechtlichen Vorgaben und nationalem Recht den Rechtsanwender heraus und stellt Anleger, Emittenten sowie Ratingagenturen zugleich vor nicht unerhebliche Rechtsunsicherheiten. Denn bei nicht weniger als achtundzwanzig möglichen subsidiären Haftungsregimen, wenn man alleine auf das Recht der europäischen Mitgliedstaaten abstellt, kann die Einschätzung der Erfolgsaussichten einer Klage auf Schadensersatz alles andere als eindeutig ausfallen. Auch wird man sich im Rahmen der Bestimmung des subsidiär anwendbaren nationalen Rechts mit der Frage beschäftigen müssen, in welchem Verhältnis die Rating-VO (EU) Nr. 462/2013 und die Rom II-Verordnung[11] zueinander stehen. Konkret gilt es beispielsweise zu klären, ob der Anwendung der Rating-VO eine kollisionsrechtliche Vorprüfung vorzuschalten ist.

Es wird nicht Gegenstand dieser Arbeit sein, alle mitgliedstaatlichen Rechtsordnungen daraufhin zu untersuchen, welche für die Belange der europäischen Haftungsvorschrift am freundlichsten für Anleger oder Ratingagenturen ausgestaltet ist. Vielmehr soll geklärt werden, was Art. 35a Rating-VO in seiner Gestalt als Regelungstorso für Mitgliedstaaten im Allgemeinen und speziell für den einzelnen Rechtsanwender bindend regelt, unabhängig davon, welches sekundäre

---

9 *Niedostadek*, Rating, S. 144; *Gietzelt/Ungerer*, GPR 2013, 333, 343; *Berger/Ryborz*, WM 2014, 2241, 2243; *Amort*, EuR 2013, 272, 278 f.; *Bauer*, BB 2013, 363, 364; vgl. allg. zur Problematik der Beweisschwierigkeiten in Anlageprozessen *Piekenbrock*, WM 2010, 429, 432.

10 Vgl. Art. 35a Abs. 4 Rating-VO.

11 Verordnung (EG) Nr. 864/2007 des Europäischen Parlaments und des Rates vom 11.07.2007 über das auf außervertragliche Schuldverhältnisse anzuwendende Recht („Rom II"), ABl. EU Nr. L 199/40 vom 31.07.2007.

Haftungsstatut ergänzend Anwendung findet. Diese Untersuchung ist nicht nur für Angehörige einer bestimmten mitgliedstaatlichen Rechtsordnung nützlich, sondern verspricht mitgliedstaatenübergreifende Erkenntnisse. Das betrifft insbesondere die Problematik, nach welchen Kriterien das sekundäre, mitgliedstaatliche Haftungsstatut auszuwählen und wie die internationale Gerichtszuständigkeit zu bestimmen sind. So droht etwa bei Klageerhebung vor einem international unzuständigen Gericht die Abweisung der Klage.[12] Bei anderen Fragen, wie etwa bei der Bestimmung des Schadensersatzes, ist trotz eines Verweises auf nationales Recht weitgehend unklar, was im Einzelnen durch die Verordnung selbst geregelt ist und für welche Aspekte nationales Recht maßgeblich sein soll. Praktisch relevant wird die Trennung von einzelnen Haftungsbedingungen, die entweder dem Unionsrecht oder dem jeweils geltenden nationalen Recht zugeordnet sind, etwa beim Vorabentscheidungsverfahren vor dem EuGH. Denn dieser kann nach Art. 267 Abs. 1 AEUV nur über den Bestand und Inhalt von primärem und sekundärem Unionsrecht entscheiden, während etwa für die unionsrechtskonforme Auslegung nationalen Rechts mitgliedstaatliche Gerichte zuständig sind.[13] Anspruch der Arbeit ist es hier, rechtsdogmatische Lösungen bereitzustellen, die ökonomische und rechtspolitische Erwägungen hinreichend berücksichtigen, um ihre Praxistauglichkeit zu gewährleisten.

Darüber hinaus soll für Anleger und Emittenten, für die als subsidiäres Haftungsstatut deutsches Recht maßgeblich ist, der Regelungsinhalt der Haftungsvorschrift im weiteren Sinne untersucht werden. Mit anderen Worten gilt es aufzuzeigen, welche Voraussetzungen erfüllt und welche Hürden durch Anleger und Emittenten genommen werden müssen, wenn deutsches Sachrecht zur Auslegung einzelner Rechtsbegriffe oder zur Ergänzung der europäischen Haftungsvorschrift zur Anwendung kommt. Vor dem Hintergrund, dass in der Vergangenheit Schadensersatzklagen gegen Ratingagenturen nach deutschem Recht kaum Erfolg hatten,[14] soll bewertet werden, ob Art. 35a Rating-VO eine adäquate Anspruchsgrundlage für beide Interessengruppen darstellt.

---

12 *Schmitt,* Die Haftung wegen fehlerhafter oder pflichtwidriger Kapitalmarktinformationen, S. 194.

13 EuGH, Urt. v. 13.12.2012 – Rs. C-379/11 – Caves Krier Frères Sàrl/Directeur de l'Administration de l'emploi, NZA 2013, 83, 85 Rn. 35; *Wissmann* in: Müller-Glöge/Preis/Schmidt, Erfurter Kommentar zum Arbeitsrecht, Art. 267 AEUV Rn. 4 ff.

14 Vgl. *Berger/Ryborz,* WM 2014, 2241, 2243 f.

B. Gang der Untersuchung

Bevor auf die europäische Haftungsvorschrift konkret einzugehen ist, bedarf es zunächst einer allgemeinen Bestandsaufnahme, in der elementare Begriffe und Zusammenhänge des Ratingwesens dargestellt und erklärt werden (Teil 1). Darauf aufbauend wird die Haftungsvorschrift hinsichtlich ihrer Voraussetzungen und Rechtsfolgen untersucht (Teil 2). Anschließend werden die Bezüge der Haftungsvorschrift zum Internationalen Privatrecht und zum Internationalen Verfahrensrecht beleuchtet. Hier gilt es vor allem herauszuarbeiten, nach welchen Kriterien das ergänzende, nationale Recht anzuwenden ist und wonach sich die Internationale Gerichtszuständigkeit für die Geltendmachung des Schadensersatzes nach Art. 35a Rating-VO richtet (Teil 3). Die erarbeiteten Ergebnisse sollen schließlich zusammengefasst werden (Teil 4). Ihren Abschluss findet diese Arbeit in einer Beurteilung der europäischen Haftungsvorschrift, in der thesenhafte Verbesserungsvorschläge unterbreitet werden (Teil 5).

Teil 1: Bestandsaufnahme

Die Untersuchung einer speziellen Haftungsvorschrift von Ratingagenturen macht es erforderlich, zunächst die Grundlagen des Ratingwesens und dessen wirtschaftliche Bedeutung zu begreifen. Daher soll in einem kurzen Überblick dargestellt werden, was unter einem Rating zu verstehen ist, wie das Ratingverfahren abläuft und welche Stellung Ratingagenturen durch ihre Bewertung von Unternehmen und einzelner Finanztitel für Kunden, aber auch die Allgemeinheit einnehmen. Da Ratingagenturen wichtige „global player" in internationalen Märkten sind, soll kurz auf die damit verbundenen Gefahren eingegangen werden, die in der Vergangenheit immer wieder bei Fehlbewertungen offen zutage getreten sind. Die Bestandsaufnahme soll damit abschließen, dass die wirtschaftlichen Verknüpfungen und Auswirkungen eines Ratings sowohl für Anleger als auch Emittenten aufgezeigt werden.

A. Rating

Im Allgemeinen ist unter einem Rating im Finanz- und Bankwesen die Beurteilung eines Wirtschaftssubjekts oder eines einzelnen Finanztitels eines Wirtschaftssubjekts nach im Vorfeld festgelegten Kriterien und einer darauf basierenden Klassifikation auf einer Ordinalskala zu verstehen.[15]

Für die Belange der Haftung nach Art. 35a Rating-VO ist ein Rating „ein Bonitätsurteil in Bezug auf ein Unternehmen, einen Schuldtitel oder eine finanzielle Verbindlichkeit, eine Schuldverschreibung, eine Vorzugsaktie oder ein anderes Finanzinstrument oder den Emittenten derartiger Schuldtitel, finanzieller Verbindlichkeiten, Schuldverschreibungen, Vorzugsaktien oder anderer Finanzinstrumente, das anhand eines festgelegten und definierten Einstufungsverfahrens für Ratingkategorien abgegeben wird".[16] Für die Zwecke dieser Arbeit entspricht „*Rating*" dem sogenannten „*Credit Rating*". Es handelt sich beim „*Credit Rating*" um eine Einschätzung über das Bonitätsrisiko bei Fremdfinanzierungen in

15 Art. 3 Abs. 1 lit. a Rating-VO; vgl. *Wappenschmidt*, Ratinganalyse durch internationale Ratingagenturen, S. 7; *Thiele*, Die zivilrechtliche Einordnung des Rating im deutschen Recht, S. 2; *Vasella*, Die Haftung von Ratingagenturen, S. 6 f.; *Chiwitt*, Corporate Finance 2014, 392, 392 f.

16 Art. 3 Abs. 1 lit. a) Rating-VO.

einem bestimmten Zeitpunkt.[17] So wird für den Fremdkapitalgeber das Risiko beurteilt, dass der Fremdkapitalnehmer seinen Verpflichtungen zur Zins- und Tilgungszahlung nicht vollständig oder nicht rechtzeitig nachkommt.[18] Damit sagt das Rating sowohl etwas über die Fähigkeit als auch die Bereitschaft des Kreditnehmers aus, seinen Zahlungsverpflichtungen nachzukommen.[19] Die Insolvenzwahrscheinlichkeit hängt wiederum von mehreren Faktoren ab: dem zu erwartenden Ertragsniveau, der Fähigkeit, das Risiko zu tragen (Eigenkapital- und Liquiditätsausstattung), und den Planabweichungsrisiken (Verluste).[20]

I. Ratingarten

Ratings können anhand unterschiedlicher Kriterien kategorisiert werden. So können Ratings zum einen bezüglich ihres Beurteilungsgegenstands unterschieden werden: Es gibt Unternehmensratings (*issuer credit rating*) oder Emissionsratings (*issue credit rating*).[21] Zum anderen sind Ratings entsprechend ihrer Laufzeit zuordenbar. Es gibt Ratings für mehr als ein Jahr laufende Wertpapiere (*long-term ratings*) oder für Wertpapiere mit geringerer Laufzeit (*short-term ratings*).[22] Auch können Ratings in vom Emittenten beauftragte (*solicited ratings*) und nicht beauftragte Ratings (*unsolicited ratings*) eingeteilt werden.[23] Maßgeblicher Unterschied ist hier, dass beim unbeauftragten Rating nicht der Emittent den Anstoß für die Erstellung des Ratings gibt und dessen Finanzierung übernimmt, sondern die Ratingagentur von sich aus tätig wird.[24]

---

17 *Wappenschmidt*, Ratinganalyse durch internationale Ratingagenturen, S. 7; *Reidenbach*, Aktienanalysten und Ratingagenturen, S. 275; *Eisen*, Haftung und Regulierung internationaler Rating-Agenturen, S. 52 f.

18 *Wappenschmidt*, Ratinganalyse durch internationale Ratingagenturen, S. 7; *Gleißner/Garrn/Nestler*, Corporate Finance 2014, 422, 422; *Chiwitt*, Corporate Finance 2014, 392, 392.

19 *Vasella*, Die Haftung von Ratingagenturen, S. 8; *Hiß/Nagel*, Ratingagenturen zwischen Krise und Regulierung, S. 29.

20 *Gleißner/Garrn/Nestler*, Corporate Finance 2014, 422, 422 f.

21 *Kontogeorgou*, DStR 2014, 1397, 1398.

22 *Dimitrakopoulos/Spahr* in: Achleitner/Everling, Ratingpraxis, S. 211, 212; *Hiß/Nagel*, Ratingagenturen zwischen Krise und Regulierung, S. 87; *Reidenbach*, Aktienanalysten und Ratingagenturen, S. 280 f.

23 Vgl. *Dimitrakopoulos/Spahr* in: Achleitner/Everling, Ratingpraxis, S. 211, 211 f.; *Deipenbrock*, BB 2003, 1849, 1850.

24 Siehe unten, Teil 1. B. II.

Schließlich kann dahingehend differenziert werden, dass Ratings entweder individuell von den Kreditgebern selbst (*internes Rating*) oder in standardisierten Verfahren durch spezialisierte Ratingagenturen (*externes Rating*) erstellt werden.[25] Dabei sind interne Ratings grundsätzlich nicht zur Veröffentlichung bestimmt, sondern dienen vielmehr innerbetrieblichen Zwecken.[26] Die Durchführung eines internen Ratings erfolgt nicht selten vor einer Kreditvergabe von Banken an ihre Kunden, um zukünftige Kreditausfälle zu vermeiden.[27] Diese Art von Ratings wird in der vorliegenden Arbeit nur eine untergeordnete Rolle spielen,[28] da die Haftung nach Art. 35a Rating-VO ein externes Rating voraussetzt.[29] Nach dem Wortlaut des Art. 35a Rating-VO sind sowohl Unternehmensratings als auch Emissionsratings von der zivilrechtlichen Haftung erfasst, sodass deren Besonderheiten nachfolgend kurz dargestellt werden sollen.

1. *Emittentenrating*

Bei einem Emittentenrating wird die allgemeine Fähigkeit eines Emittenten zur vollständigen und rechtzeitigen Tilgung von Darlehen und deren Zinsen bewertet.[30] Nicht nur Industrieunternehmen, sondern auch Banken sowie Staaten und Kommunen können Emittent sein,[31] was auch für die Zwecke der Rating-VO nach Art. 3 Abs. 1 lit. a) Rating-VO gilt. Ein Emittentenrating soll allgemein Stärken und Schwächen des Ratingobjekts herausarbeiten.[32]

2. *Emissionsrating*

Gegenstand des Emissionsratings ist ein einzelner Finanztitel mit den ihm zugeordneten Sicherheiten und den rechtlichen Rahmenbedingungen.[33] Für

---

25 *Wappenschmidt*, Ratinganalyse durch internationale Ratingagenturen, S. 7.

26 *Vasella*, Die Haftung von Ratingagenturen, S. 19.

27 *Deipenbrock*, BB 2003, 1849, 1849.

28 Bei institutionellen Anlegern wird hierauf im Kontext von Art. 35a Abs. 1 Unterabs. 2 i.V.m. Art. 5a Rating-VO zurückzukommen sein – siehe unten, Teil 2. B. III. 2. b. bb. (1).

29 Vgl. Art. 2 Abs. 2 lit. a Rating-VO.

30 *Hiß/Nagel*, Ratingagenturen zwischen Krise und Regulierung, S. 87; *Dimitrakopoulos/Spahr* in: Achleitner/Everling, Ratingpraxis, S. 211, 211 f.

31 *Peters*, Die Haftung und die Regulierung von Rating-Agenturen, S. 28 f.; *Niedostadek*, Rating, S. 71.

32 *Niedostadek*, Rating, S. 71.

33 *Hiß/Nagel*, Ratingagenturen zwischen Krise und Regulierung, S. 87; *Dimitrakopoulos/Spahr* in: Achleitner/Everling, Ratingpraxis, S. 211, 211 f.; *Gleißner/Garrn/Nestler*, Corporate Finance 2014, 422, 423.

die Zwecke der Rating-VO kommen Schuldtitel, finanzielle Verbindlichkeiten, Schuldverschreibungen[34], Vorzugsaktien oder andere Finanzinstrumente als Ratingobjekt eines Emissionsratings in Betracht.[35]

Da die Bonitätsbeurteilung auf einen bestimmten Finanztitel des Emittenten gerichtet ist, können Emissionen desselben Emittenten unterschiedlich geratet sein. Mögliche Ursachen dafür sind eine unterschiedliche Besicherung, eine andere Laufzeit, variierende Bedingungen für Zins- und Tilgungszahlungen oder eine Auflegung in einer anderen Währung.[36] Dennoch ist anerkannt, dass das Rating einer bestimmten Anleihe auch Ausstrahlungswirkung auf ein anderes Finanzinstrument desselben Emittenten haben kann, was unter Umständen ein eigenes Rating verzichtbar macht.[37]

Innerhalb eines Emissionsratings kann hinsichtlich des Ratingobjekts weiterhin zwischen traditionellen Anleihen und strukturierten Finanzinstrumenten[38] unterschieden werden.[39] Während ersteres grundsätzlich festverzinsliche Schuldverschreibungen meint, deren Rückzahlung regelmäßig von der Bonität des Emittenten abhängig ist, versteht man unter strukturierten Finanzinstrumenten Produkte, die ihrerseits mit Forderungen unterlegt sind.[40] Für den weiteren Gang der Untersuchung wird im Hinblick auf das Emissionsrating in erster Linie auf klassische Anleihen Bezug genommen.

II. Ratingergebnis

Nach Durchführung eines Ratingverfahrens[41] erteilt eine Ratingagentur eine Ratingnote, das Ratingergebnis. Ratingergebnisse werden anhand von Symbolen[42]

---

34 Auch Anleihen oder Obligationen genannt, im angelsächsischen Raum als Bonds bezeichnet vgl. *Gantenbein/Spremann*, Zinsen, Anleihen, Kredite, S. 5.

35 Vgl. Art. 3 Abs. 1 lit. a Rating-VO.

36 *Niedostadek*, Rating, S. 70.

37 *Lemke*, Haftungsrechtliche Fragen des Ratingwesens, S. 19.

38 Art. 3 Abs. 1 lit. l Rating-VO i.V.m. Art. 4 Nr. 36 der Richtlinie 2006/48/EG des Europäischen Parlaments und des Rates vom 14.06.2006, Abl. EU Nr. L 177/1 vom 30.06.2006.

39 An strukturierte Finanzinstrumente werden in Art. 8b, 8c, 10 Abs. 3 und 39 Abs. 4 Rating-VO besondere Anforderungen gestellt.

40 Vgl. ausführlich *Schroeter*, Ratings, S. 244 ff.

41 Siehe unten, Teil 1. B.

42 Vgl. Übersicht zu den Ratingsymbolen der führenden amerikanischen Ratingagenturen bei: *Hiß/Nagel*, Ratingagenturen zwischen Krise und Regulierung, S. 120 oder *Pukropski*, Regulierung von Ratingagenturen als Reaktion auf die Finanzkrise, S. 32 ff.

in Form von Zahlen oder Buchstaben innerhalb einer Bonitätsskala dargestellt.[43] Jedes Symbol unterliegt einer bestimmten Definition, die allerdings eher offen ausgestaltet ist.[44] Beispielsweise sieht die Ratingskala von Standard & Poors Ratings Services für Schuldner höchster Bonität die Note AAA vor, während ein Zahlungsausfall mit der Note D gekennzeichnet ist.[45] Das Bonitätsurteil gilt für die gesamte Laufzeit des jeweils betroffenen Wertpapiers, was bei unvorhergesehenen Änderungen die Anpassung des Ratings erforderlich macht und Grund dafür ist, dass Ratingagenturen ihre Bewertungen laufend überwachen müssen.[46]

Dabei veranschaulichen die Symbole lediglich ein Spektrum von Kreditausfallwahrscheinlichkeiten, sodass selbst ein Rating mit bester Note keine Garantie für die Erfüllung der Zahlungsverpflichtungen seitens des Emittenten ist.[47] Die Ratingsymbole zeigen an, wie wahrscheinlich ein Zahlungsverzug oder -ausfall auf Grundlage von bisher gesammelten Erfahrungen ist. *Hiß* und *Nagel* bringen die Aussagekraft eines Ratings für die Ausfallwahrscheinlichkeit eines Emittenten treffend auf den Punkt: „Sie [Ratings] sagen nicht aus, wie wahrscheinlich es ist, dass ein Unternehmen mit einer bestimmten Ratingnote in Zukunft ausfallen wird, sondern nur, wie wahrscheinlich es war, dass Unternehmen mit einer bestimmten Ratingnote in der Vergangenheit ausgefallen sind.“[48]

Die jeweilige Ratingskala einer Ratingagentur gibt Aufschluss darüber, dass der Ausfall einer schlechter bewerteten Anleihe oder eines schlechter bewerteten Emittenten wahrscheinlicher ist als bei einer besser beurteilten. Aus der Skala lässt sich aber nicht ableiten, um wie viel wahrscheinlicher dies der Fall sein wird.[49] Somit stellt das Ratingergebnis keine Prognosen über zukünftige Ausfallwahrscheinlichkeiten auf und darf keinesfalls als Investitionsempfehlung verstanden werden.[50] Nichtsdestotrotz wird die Bedeutung von Ratingergebnissen mitunter falsch gedeutet. Eine mit Bestnote bewertete Anleihe ist keineswegs

---

43 *Oellinger,* Die Haftung für Ratings, S. 55 f.; *Hiß/Nagel,* Ratingagenturen zwischen Krise und Regulierung, S. 37.

44 *Peters,* Die Haftung und die Regulierung von Rating-Agenturen, S. 36.

45 Vgl. Darstellung auf der Webseite von Standard & Poors, abrufbar unter https://www.standardandpoors.com/en_US/web/guest/article/-/view/sourceId/504352, zuletzt abgerufen am 14.09.2015.

46 *Peters,* Die Haftung und die Regulierung von Rating-Agenturen, S. 35.

47 *Hiß/Nagel,* Ratingagenturen zwischen Krise und Regulierung, S. 37.

48 *Hiß/Nagel,* Ratingagenturen zwischen Krise und Regulierung, S. 125.

49 *Prager,* Ratingagenturen, S. 66.

50 *Bauer,* Ein Organisationsmodell zur Regulierung der Rating-Agenturen, S. 24; *Hiß/Nagel,* Ratingagenturen zwischen Krise und Regulierung, S. 121 f., 124.

absolut sicher.[51] Es wird lediglich die bessere Kreditwürdigkeit im Verhältnis zu vergleichbaren Unternehmen oder Staaten bzw. Finanzprodukten zum Ausdruck gebracht (relative Ausfallwahrscheinlichkeit).[52] Auch kann die Ausfallwahrscheinlichkeit von Schuldverschreibungen derselben Ratingnote je nach Beurteilungsjahr deutlich auseinanderfallen.[53] Letztendlich stellt das Ratingergebnis ein eigenes Produkt dar, welches für Anleger verständlicher und damit einfacher nutzbar ist als die Gesamtheit der dem Rating zugrunde liegenden Informationen.[54]

Die einzelnen Ratingnoten lassen sich wiederum bestimmten Ratingkategorien zuordnen. Dabei gilt es, zwischen Investment Grade und Non-Investment Grade (sog. *Ramschanleihen, Junk Bonds* oder *Speculative Grades*) zu unterscheiden. Ersteres betrifft Ratings der Kategorie AAA bis BBB-, Letzteres Beurteilungen ab BB+.[55] Die Trennlinie zwischen Anleihen mit Investment Grade und denjenigen mit Non-Investment Grade hat buchstäblich Symbolcharakter: Sie ist im Hinblick auf die Ausfallwahrscheinlichkeit von Anleihen besonders wichtig.[56] Anleihen mit Investment Grade haben eine signifikant geringere Ausfallwahrscheinlichkeit als solche mit Non-Investment Grade,[57] was auch Ursache dafür ist, dass sich Kreditkosten im Non-Investment-Bereich exponential erhöhen.[58] Zwar mögen nur wenige kleinere Veränderungen über die Qualifikation der Anlage als noch Investment-Grade oder schon Non-Investment Grade entscheiden, das Ergebnis wirkt sich aber erheblich auf die Höhe der Fremdkapitalbeschaffungskosten aus.[59]

---

51 *Serfling/Badack/Jeiter* in: Büschgen/Everling, Hdb. Rating, S. 629, 647.

52 *Hiß/Nagel,* Ratingagenturen zwischen Krise und Regulierung, S. 126; *Eisen,* Haftung und Regulierung internationaler Rating-Agenturen, S. 54; *Peters*, Die Haftung und die Regulierung von Rating-Agenturen, S. 28; vgl. auch *Oellinger,* Die Haftung für Ratings, S. 72 f., der die Ergebnisse einer empirischen Studie hierzu anführt; *Tönningsen,* ZBB/JBB 2011, 460, 461.

53 *Berblinger* in: Büschgen/Everling, Hdb. Rating, S. 21, 35.

54 *Bauer,* Ein Organisationsmodell zur Regulierung der Rating-Agenturen, S. 63.

55 Die gewählte Symbolik entspricht der von Standard & Poors.

56 Vgl. *Prager,* Ratingagenturen, S. 65; *Veil/Teigelack* in: Veil, Europäisches Kapitalmarktrecht, § 21 Rn. 6; *Behrenwaldt* in: Büschgen/Everling, Hdb. Rating, S. 291, 296.

57 *Behrenwaldt* in: Büschgen/Everling, Hdb. Rating, S. 291, 296 f.; *Schnabel* in: Büschgen/Everling, Hdb. Rating, S. 305, 313 f.

58 *Schnabel* in: Büschgen/Everling, Hdb. Rating, S. 305, 313 f.; *Steiner/Heinke* in: Büschgen/Everling, Hdb. Rating, S. 579, 600.

59 *Veil/Teigelack* in: Veil, Europäisches Kapitalmarktrecht, § 21 Rn. 6.

Schließlich lassen sich die Ratingergebnisse wegen ihrer einfachen, vergleichbaren Symbolik weltweit nutzen,[60] was nicht zuletzt ein Grund für den wirtschaftlichen Erfolg von Ratingagenturen ist.[61]

III. Rechtliche Qualifikation

Wie sich Ratings in verschiedene Kategorien einteilen lassen, können sie ihrem Wesen nach unterschiedlich rechtlich qualifiziert werden. Dabei besteht zunächst weitestgehend Uneinigkeit, ob sie ein Werturteil oder eine Tatsachenbehauptung darstellen.[62] Darüber hinaus erlangt ein Rating nach teilweise vertretener Ansicht den Rang eines öffentlichen Guts.[63]

1. Werturteil oder Tatsachenbehauptung

Werturteile sind Ausdruck subjektiven Dafürhaltens und Meinens und unterscheiden sich damit von Tatsachenbehauptungen, die ihrerseits hinsichtlich ihres Aussagegehalts objektiv überprüfbar sind.[64]

Ratingagenturen nehmen den Standpunkt ein, dass es sich bei Ratings um Äußerungen des subjektiven Dafürhaltens handelt, welche gerichtlich nicht überprüfbar seien.[65] Das ist keinesfalls verwunderlich, da eine zivilrechtliche Haftung bei Tatsachenbehauptungen viel wahrscheinlicher ist.[66] Doch auch die wohl herrschende Meinung schließt sich dem unter dem Hinweis an, dass die Erstellung eines Ratings subjektiv wertenden Elementen unterliege, das Rating keinerlei Anlageempfehlung enthalte und auch sonst nicht auf Richtigkeit überprüfbar sei.[67]

---

60 *Oellinger,* Die Haftung für Ratings, S. 93; *Peters,* Die Haftung und die Regulierung von Rating-Agenturen, S. 27.

61 Siehe unten, Teil 1 C.

62 *Kontogeorgou,* DStR 2014, 1397, 1398 f.; *Vetter,* WM 2004, 1701, 1704.

63 Vgl. *Hiß/Nagel,* Ratingagenturen zwischen Krise und Regulierung, S. 36; *Bauer,* Ein Organisationsmodell zur Regulierung der Rating-Agenturen, S. 81; *Chiwitt,* Corporate Finance 2014, 392, 401.

64 BGH NJW 1992, 1314, 1316; 2008, 2110, 2112; BGH BeckRS 2005, 00084; 2015, 004941.

65 Vgl. *Kuhner,* S.Bus.Rev. (53) 2001, 2, 3.

66 Vgl. nur bei § 824 BGB.

67 *Eisen,* Haftung und Regulierung internationaler Rating-Agenturen, S. 304 ff., 309; *Vetter,* WM 2004, 1701, 1705 m.w.N. in Fn. 51; *Bauer,* Ein Organisationsmodell zur Regulierung der Rating-Agenturen, S. 40; *Lemke* in: Büschgen/Everling, Hdb. Rating, 2. Aufl., S. 611, 615; *Thiele,* Die zivilrechtliche Einordnung des Rating im deutschen Recht, S. 2 ff., der etwa dann eine Ausnahme von der Qualifizierung als

Teilweise wird unter Bezugnahme auf objektive Komponenten, wie Einbeziehung von Jahresabschlüssen und statistischen Materialien in das Ratingverfahren, vertreten, dass es sich bei dem Rating um eine Mischäußerung handle.[68] Auch wird auf die Sicht eines Durchschnittsadressaten verwiesen, der ein Rating nicht als bloß beliebige, sondern auf Tatsachen beruhende Meinungsäußerung begreife.[69] Gegen die herrschende Meinung wird zudem vorgebracht, dass auch eine Vorhersage einen Tatsachenkern enthalten könne, der inhaltlich überprüfbar sei. So könne die Prognose einer in absehbarer Zeit eintretenden Zahlungsunfähigkeit des Emittenten die Tatsachenbehauptung enthalten, dass er gegenwärtig insolvenzgefährdet sei.[70] Ebenso würde die Standardisierung der Ratinganalyse gegen eine Qualifizierung als Werturteil sprechen, da substantiierte Urteile grundsätzlich als Tatsachenbehauptungen mit Anspruch auf Richtigkeit und Vollständigkeit anzusehen seien.[71]

Im Kontext von Art. 35a Rating-VO jedoch ist es ohne Belang, ob ein Rating als Meinungsäußerung oder Tatsachenbehauptung qualifiziert wird, da die Haftungsvorschrift an die Verletzung bestimmter Verhaltenspflichten anknüpft, die Auswirkungen auf das Ratingergebnis haben müssen.

Unterstellt man, dass es sich bei einem Rating um eine Meinungsäußerung handelt, kann es grundsätzlich nicht als „richtig" oder „falsch" qualifiziert werden.[72] Für die Belange der europäischen Haftungsvorschrift werden Ratings in dieser Arbeit dennoch als „fehlerhaft" oder „fehlerfrei" bezeichnet, ohne aber damit zugleich ein Rating als Tatsachenbehauptung qualifizieren zu wollen. Denn es ist die Auffassung des Verfassers, dass ein anderes und damit „falsches" oder „fehlerhaftes" Rating erteilt wird, soweit eine Ratingagentur gegen bestimmte, ihr auferlegte Verhaltens- oder Aufsichtspflichten verstößt, also das Verfahren nicht ordnungsgemäß verläuft und dies Auswirkungen auf das Ratingergebnis hat.[73]

Meinungsäußerung für gegeben sieht, wenn sich aus der Beurteilung konkrete Rückschlüsse auf die gegenwärtige finanzielle Verfassung ziehen lassen; ausführlich *Peters*, Die Haftung und die Regulierung von Rating-Agenturen, S. 51 ff., der sich grundsätzlich für ein Werturteil ausspricht; *Wagner* in: FS Blaurock, 467, 473; darstellend *Kontogeorgou*, DStR 2014, 1397, 1398 f.

68 *Oellinger*, Die Haftung für Ratings, S. 90 f., auch mit entsprechenden Hinweisen zum österreichischen Recht; *Rosset*, Haftung von Ratingagenturen, S. 4.

69 *Rosset*, Haftung von Ratingagenturen, S. 4 f.

70 *Kontogeorgou*, DStR 2014, 1397, 1399.

71 *Kontogeorgou*, DStR 2014, 1397, 1399.

72 Vgl. *Lemke* in: Büschgen/Everling, Hdb. Rating, 2. Aufl., S. 611, 615.

73 Vgl. auch *Angelé*, Das Rating von CDOs, S. 152 f.; *Lemke*, Haftungsrechtliche Fragen des Ratingwesens, S. 33 f.; *Niedostadek*, Rating, S. 140; *Habersack*, ZHR 169 (2005), 185, 195; *Blaurock*, ZGR 2007, 603, 644.

2. *Privates oder öffentliches Gut*

Mit der Erstellung und Veröffentlichung von Kreditwürdigkeitsinformationen, die weltweit von Marktteilnehmern in ihrem Tun Berücksichtigung finden, produzieren Ratingagenturen nach teils vertretener Ansicht im Schrifttum ein öffentliches Gut (*public good*)[74], das früher keiner,[75] nunmehr aber zunehmender staatlicher Kontrolle unterliege. Auch diese Diskussion hat für die europäische Haftungsvorschrift nur eine sehr untergeordnete Relevanz, da Art. 35a Rating-VO das privatrechtliche Verhältnis zwischen Ratingagenturen einerseits und Anlegern bzw. Emittenten andererseits betrifft.

IV. Alternativen zum Rating

Neben dem Rating gibt es weitere Verfahren, mit denen die Kreditwürdigkeit von Schuldnern beurteilt werden kann. So erstellen Banken bezüglich ihrer (zukünftigen) Kunden intern ein Krediturteil mithilfe eigener, nicht veröffentlichter Methoden.[76] Teils bieten Finanzintermediäre bestimmte Software zur Kreditwürdigkeitsschätzung an.[77] Auch Börsenmakler und Investmentberater nutzen eigene Modelle.[78]

B. Ratingverfahren

Der Ablauf eines externen Ratingverfahrens[79] unterscheidet sich bei den Ratingagenturen zwar in einzelnen Punkten, ist aber er in grundsätzlich

---

74 Im Gegensatz dazu nehmen Banken auch Beurteilungen der Kreditwürdigkeit ihrer Kunden vor, deren Ergebnis und Methode aber nicht der Öffentlichkeit zugänglich gemacht werden, sodass es sich um ein privates Gut handelt: vgl. *Hiß/Nagel*, Ratingagenturen zwischen Krise und Regulierung, S. 36; *Bauer*, Ein Organisationsmodell zur Regulierung der Rating-Agenturen, S. 81; *Chiwitt*, Corporate Finance 2014, 392, 401.

75 Weitergehend *Hiß/Nagel*, Ratingagenturen zwischen Krise und Regulierung, S. 27: „fern von demokratischer Legitimation oder staatlicher Kontrolle"; ebenso: *Bauer*, Ein Organisationsmodell zur Regulierung der Rating-Agenturen, S. 22.

76 *Oellinger*, Die Haftung für Ratings, S. 71; *Hiß/Nagel*, Ratingagenturen zwischen Krise und Regulierung, S. 36.

77 *Hiß/Nagel*, Ratingagenturen zwischen Krise und Regulierung, S. 36.

78 *Hiß/Nagel*, Ratingagenturen zwischen Krise und Regulierung, S. 36 f.

79 Das externe Ratingverfahren ist von dem internen Ratingverfahren zu unterscheiden, in dem Kreditinstitute eine Beurteilung der Kreditwürdigkeit vornehmen. Vgl. dazu: *Hiß/Nagel*, Ratingagenturen zwischen Krise und Regulierung, S. 88.

ähnlich,[80] sodass sich die nachfolgende Darstellung auf allgemeine Verfahrensschritte beschränken kann.

Grundsätzlich gibt es zwei unterschiedliche Methoden zur Bestimmung der Bonität eines Kreditnehmers: die formalisierte Berechnung und das Expertenurteil. Ersteres bestimmt die Ausfallwahrscheinlichkeit an Hand eines Algorithmus, der auf aus der Vergangenheit gewonnenen Ausfallwahrscheinlichkeiten aufbaut und die Gewichtung der Einflussfaktoren selbst festlegt.[81] Beim Expertenurteil wird hingegen einzelfallabhängig in einem Komitee entschieden. Die drei großen Ratingagenturen wenden beide Ratingmethoden mit unterschiedlicher Gewichtung je nach Einzelfall an.[82]

Ungeachtet dessen muss zwischen *solicited ratings* und *unsolicited ratings* unterschieden werden.[83] Letztere werden regelmäßig ohne Zusammenarbeit mit den bewerteten Unternehmen erstellt und basieren grundsätzlich auf öffentlich zugänglichen Informationen.[84] Die Initiative für die Erstellung eines solchen Ratings geht dann regelmäßig von der Ratingagentur selbst aus, die sich z.B. eine für den Markteintritt erforderliche Reputation verschaffen,[85] Neukunden gewinnen oder Marktanteile sichern möchte.[86] Vorstellbar ist aber auch, dass eine Ratingagentur von einem potentiellen Großinvestor, der das Risiko seines Investments vorab abschätzen möchte, mit der Bewertung eines Unternehmens beauftragt wird.[87] Darüber hinaus ist ein veröffentlichtes

---

80 Vgl. *Jäckle/Ackermann* in: Büschgen/Everling, Hdb. Rating, 2. Aufl., S. 385, 389; *Thiele*, Die zivilrechtliche Einordnung des Rating im deutschen Recht, S. 12; *Hiß/Nagel*, Ratingagenturen zwischen Krise und Regulierung, S. 89; ebenso: *Ehrmann*, Risikomanagement in Unternehmen, S. 273 ff.; die Verfahren von Standard & Poors und Moody's als repräsentativ bewertend: *Wappenschmidt*, Ratinganalyse durch internationale Ratingagenturen, S. 49; *Dimitrakopoulos/Spahr* in: Achleitner/Everling, Ratingpraxis, S. 211, 216.

81 *Hiß/Nagel*, Ratingagenturen zwischen Krise und Regulierung, S. 42.

82 *Hiß/Nagel*, Ratingagenturen zwischen Krise und Regulierung, S. 45.

83 Vgl. *Dimitrakopoulos/Spahr* in: Achleitner/Everling, Ratingpraxis, S. 211, 211 f.

84 *Wappenschmidt*, Ratinganalyse durch internationale Ratingagenturen, S. 49; *Hiß/Nagel*, Ratingagenturen zwischen Krise und Regulierung, S. 99; *Dimitrakopoulos/Spahr* in: Achleitner/Everling, Ratingpraxis, S. 211, 211 f.

85 Ein anderer Grund kann auch die Nötigung betreffender Unternehmen sein, die Ratingagentur zukünftig zu beauftragen, um negativen Ratings von dieser Ratingagentur zu entgehen. Vgl. *Kuhner*, S.Bus.Rev. (53) 2001, 2, 5; *Mühl*, Haftung für fehlerhafte Ratings, S. 48 Fn. 14.

86 *Mühl*, Haftung für fehlerhafte Ratings, S. 48.

87 *Mühl*, Haftung für fehlerhafte Ratings, S. 48; *Hiß/Nagel*, Ratingagenturen zwischen Krise und Regulierung, S. 99.

Rating Werbung in eigener Sache, da es Marktpräsenz, Erfahrung, Know-how, Reputation und Vertrauen nach außen hin verspricht.[88] Das Ratingverfahren eines nicht beauftragten Ratings ist verkürzt, im Übrigen allerdings mit dem Ablauf des Ratingverfahrens bei beantragten Ratings in weiten Teilen vergleichbar.[89]

Hinter der Beauftragung einer Ratingagentur zur Erstellung eines Ratings können die unterschiedlichsten Motive auf Seiten der Aufraggeber stehen. So wird auch außerhalb der USA ein Rating zwar nicht rechtlich aber tatsächlich vorausgesetzt, wenn ein Unternehmen Zugang zum Kapitalmarkt begehrt.[90] Denn Investoren vermuten bei Unternehmen, die sich keiner Bonitätsbeurteilung durch eine Ratingagentur unterziehen, dass diese aus Furcht vor einem schlechten Ergebnis auf dieses verzichten.[91] Demgegenüber wird bewerteten Unternehmen nachgesagt, dass diese nichts zu verbergen haben.[92] Dem Rating kommt insofern die Funktion eines Gütesiegels zu.[93] Andere Gründe können die Verschaffung von Reputation für den Emittenten, die günstigere Aufnahme von Darlehen oder die Vorbereitung einer Emission sein.[94]

Unabhängig davon, ob es sich um ein beauftragtes oder nicht beauftragtes Rating handelt, wird im Laufe eines Ratingverfahrens zunächst das Länderrisiko, dann das Branchenrisiko und abschließend das firmenspezifische Risiko mittels der zur Verfügung stehenden Informationen bestimmt.

I. Beauftragtes Rating

Ausgangspunkt eines durch ein Unternehmen beauftragten Ratingverfahrens ist regelmäßig, dass das an einem Rating interessierte Unternehmen sich zunächst informieren wird, welche Ratingagentur am besten dafür geeignet ist. Dabei spielen Kriterien wie Verbreitung des Ratings am Markt, Branchenerfahrung,

---

88 *Bauer,* Ein Organisationsmodell zur Regulierung der Rating-Agenturen, S. 61 f.; *Mühl,* Haftung für fehlerhafte Ratings, S. 48.

89 *Wappenschmidt,* Ratinganalyse durch internationale Ratingagenturen, S. 49; siehe unten, Teil 1. B. II. 2.

90 *Fight,* The Ratings Game, S. 4 f.; *Perridon/Steiner/Rathgeber,* Finanzwirtschaft der Unternehmung, S. 201; *Hiß/Nagel,* Ratingagenturen zwischen Krise und Regulierung, S. 128 f., sprechen insofern von einem „Reisepass für internationale Kapitalmärkte".

91 *Bauer,* Ein Organisationsmodell zur Regulierung der Rating-Agenturen, S. 61.

92 *Bauer,* Ein Organisationsmodell zur Regulierung der Rating-Agenturen, S. 63.

93 *Brieger,* Ratingagenturen in der Krise, S. 22; siehe unten, Teil 1. C. I. 3.

94 *Fight,* The Ratings Game, S. 4 f.

Kosten und ein möglicherweise bereits bestehendes Vertrauensverhältnis zu den handelnden Personen eine Rolle.[95] Im Anschluss daran werden der Vorstand des Unternehmens und die Ratingagentur erste Vorbereitungsgespräche führen, in denen die Regeln der Zusammenarbeit, der zeitliche Ablauf des Ratings, die Dauer und die Kosten des Ratings besprochen werden.[96] Die Ratingagentur ihrerseits versucht ihre Arbeitsweise transparent zu machen.[97] Zudem kann es vorkommen, dass eine Ratingagentur aus öffentlich zugänglichen Informationen ein „Vorabrating" durchführt, um eine Prognose für das noch zu erstellende Rating abgeben zu können.[98] Mit Unterzeichnung des Ratingvertrags endet die Vorbereitungsphase.[99]

Die Ratingagentur beginnt nunmehr mit der Beschaffung der für das Rating erforderlichen Informationen,[100] die Aufschluss über das Länderrisiko, Branchenrisiko und das firmenspezifische Risiko geben können[101]. Dazu erstellt sie u.a. einen unternehmens- und branchenspezifischen Fragenkatalog, der dem Unternehmen für die Beschaffung der notwendigen Informationen behilflich sein soll.[102] Notwendige Unterlagen sind z.B. Jahresabschlüsse der letzten drei bis fünf Jahre, die letzten Quartalsabschlüsse, sonstige finanzielle Zwischenberichte, Beschreibungen der Unternehmenstätigkeiten und Erklärungen über die geplanten Wertpapieremissionen.[103] Auch können Planzahlen für

95 *Jäckle/Ackermann* in: Büschgen/Everling, Hdb. Rating, 2. Aufl., S. 385, 390; *Vasella,* Die Haftung von Ratingagenturen, S. 36; *Ehrmann,* Risikomanagement in Unternehmen, S. 272.

96 *Hiß/Nagel,* Ratingagenturen zwischen Krise und Regulierung, S. 90; *Munsch* in: Büschgen/Everling, Hdb. Rating, 2. Aufl., S. 223, 229; *Ehrmann,* Risikomanagement in Unternehmen, S. 273; *Thiele,* Die zivilrechtliche Einordnung des Rating im deutschen Recht, S. 12; *Reichling/Bietke/Henne,* PHdb Risikomanagement und Rating, S. 58.

97 *Hiß/Nagel,* Ratingagenturen zwischen Krise und Regulierung, S. 91.

98 Zu Fitch Ratings: *Dimitrakopoulos/Spahr* in: Achleitner/Everling, Ratingpraxis, S. 211, 219; vgl. auch *Hiß/Nagel,* Ratingagenturen zwischen Krise und Regulierung, S. 91.

99 *Hiß/Nagel,* Ratingagenturen zwischen Krise und Regulierung, S. 91.

100 Vgl. *Ehrmann,* Risikomanagement in Unternehmen, S. 274.

101 *Strulik,* Soziale Welt 2000, 443, 450.

102 Vgl. *Munsch* in: Büschgen/Everling, Hdb. Rating, 2. Aufl., S. 223, 229; *Hiß/Nagel,* Ratingagenturen zwischen Krise und Regulierung, S. 91.

103 *Hiß/Nagel,* Ratingagenturen zwischen Krise und Regulierung, S. 92; *Wappenschmidt,* Ratinganalyse durch internationale Ratingagenturen, S. 49; *Dimitrakopoulos/Spahr* in: Achleitner/Everling, Ratingpraxis, S. 211, 213.

Investitionsplanungen, die Unternehmensstrategie und Finanzierungspolitik eine Rolle spielen.[104]

Für die Analyse der Informationen bildet die Ratingagentur ein Analystenteam, bestehend aus Mitarbeitern mit besonderen Branchen- und Unternehmensumfeldkenntnissen. Das Analystenteam wertet zunächst die öffentlich zugänglichen Informationen aus. Nach Einholung zusätzlicher Markt- und Brancheninformationen prüft es die ihr von dem Unternehmen übergebenen, oft geheimen Informationen auf Plausibilität und wertet diese entsprechend aus.[105]

Im Anschluss daran findet regelmäßig das Ratinghauptgespräch statt, in dem das Analystenteam mit der Unternehmensleitung diejenigen Kernkriterien bespricht, die erheblichen Einfluss auf den Ausgang des Bewertungsverfahrens haben.[106] Während das Analystenteam dem Unternehmen die ersten Ergebnisse ihrer bisherigen Untersuchung mitteilt, stellt die Unternehmensleitung die aktuellen Aktivitäten des Unternehmens vor, legt das Wettbewerbsumfeld dar und präsentiert mittelfristige Planungen.[107] Auch diskutieren beide Seiten über die Unternehmensleitung, vorgestellte Planungen, Annahmen und Kapitalbedarf sowie Führungsqualifikationen und Unternehmenspolitik.[108] Ebenso kann Gegenstand der Gespräche die Einschätzung von Risiken sein.[109] Nach Austausch dieser Informationen setzt das Analystenteam unter Berücksichtigung der gewonnenen Erkenntnisse die Auswertung fort.[110] Abschließend fertigen die Analysten einen Bericht über die Kreditwürdigkeit des Unternehmens an und geben eine Ratingempfehlung an das Ratingkomitee ab.[111]

---

104 *Munsch* in: Büschgen/Everling, Hdb. Rating, 2. Aufl., S. 223, 229; *Jäckle/Ackermann* in: Büschgen/Everling, Hdb. Rating, 2. Aufl., S. 385, 391; *Hiß/Nagel,* Ratingagenturen zwischen Krise und Regulierung, S. 92.

105 *Hiß/Nagel,* Ratingagenturen zwischen Krise und Regulierung, S. 92.

106 *Ehrmann,* Risikomanagement in Unternehmen, S. 275; *Hiß/Nagel,* Ratingagenturen zwischen Krise und Regulierung, S. 92 f.

107 *Hiß/Nagel,* Ratingagenturen zwischen Krise und Regulierung, S. 93; *Vasella,* Die Haftung von Ratingagenturen, S. 37.

108 Vgl. *Jäckle/Ackermann* in: Büschgen/Everling, Hdb. Rating, 2. Aufl., S. 385, 397; *Dimitrakopoulos/Spahr* in: Achleitner/Everling, Ratingpraxis, S. 211, 213 f.

109 *Hiß/Nagel,* Ratingagenturen zwischen Krise und Regulierung, S. 93; vgl. *Mühl,* Haftung für fehlerhafte Ratings, S. 31 ff.

110 *Hiß/Nagel,* Ratingagenturen zwischen Krise und Regulierung, S. 93; *Dimitrakopoulos/Spahr* in: Achleitner/Everling, Ratingpraxis, S. 211, 216.

111 *Wappenschmidt,* Ratinganalyse durch internationale Ratingagenturen, S. 50.

Das Ratingkomitee nimmt die eigentliche Bewertung des Zielobjekts vor.[112] Es besteht je nach Ratingagentur aus mehreren stimmberechtigten Mitgliedern aus verschiedenen Hierarchiestufen, mit unterschiedlichen beruflichen Hintergründen und Schwerpunkten.[113] Dabei ist zu beachten, dass z.B. die Ratingagentur Moody's Investors Services gewöhnlich ihre Ratingentscheidungen zentral von ihrem Hauptsitz in New York aus trifft, während den nationalen Niederlassungen bei Standard & Poors größere Eigenständigkeit und Freiräume eingeräumt werden.[114] Das Ratingkomitee spielt mehrere, verschiedene Szenarien durch, um sich ein Urteil zu bilden. Dabei bedient es sich qualitativer Kriterien, zu denen Länder- und Branchenrisiko, operatives Umfeld, Marktpositionierung, Unternehmensführung und Rechnungslegung gehören, und quantitativer Kriterien, wie Cashflow, Kapitalstruktur und finanzielle Flexibilität.[115] Wesentlicher Unterschied zwischen quantitativen und qualitativen Kriterien ist, dass erstere durch einen Zahlenwert bestimmbar sind.[116] Welchen Einfluss welches einzelne Kriterium auf das Ergebnis der Bewertung hat, unterliegt keinem Muster, sondern ist vielmehr einzelfallabhängig und wird weder der Öffentlichkeit noch dem bewerteten Unternehmen mitgeteilt.[117] Auch kann nicht immer ausgeschlossen werden, dass ein Rating einer kulturellen Beeinflussung unterliegt.[118] Das Ratingverfahren mag somit einerseits vor Ausnutzung und Manipulation schützen sowie eine flexible Reaktion auf Besonderheiten im Unternehmen oder sich ändernde Umweltfaktoren ermöglichen,[119] andererseits ist dieser Teil des Ratingverfahrens Gegenstand nicht verstummender Kritik wegen seiner mangelnden Transparenz.[120]

---

112 Vgl. *Reichling/Bietke/Henne,* PHdb Risikomanagement und Rating, S. 61.

113 *Ehrmann,* Risikomanagement in Unternehmen, S. 276; *Hiß/Nagel,* Ratingagenturen zwischen Krise und Regulierung, S. 94; *Reichling/Bietke/Henne,* PHdb Risikomanagement und Rating, S. 61.

114 *Wappenschmidt,* Ratinganalyse durch internationale Ratingagenturen, S. 50; *Fight,* The Ratings Game, S. 29, 39.

115 Vgl. *Hiß/Nagel,* Ratingagenturen zwischen Krise und Regulierung, S. 113 ff.; *Wappenschmidt,* Ratinganalyse durch internationale Ratingagenturen, S. 51 ff.; *Mühl,* Haftung für fehlerhafte Ratings, S. 31 ff.

116 *Hiß/Nagel,* Ratingagenturen zwischen Krise und Regulierung, S. 114.

117 *Hiß/Nagel,* Ratingagenturen zwischen Krise und Regulierung, S. 95; *Wappenschmidt,* Ratinganalyse durch internationale Ratingagenturen, S. 50, 73 ff.

118 *Bank/Lawrenz,* Kredit & Rating Praxis 2003, 6; *Kuhner,* S.Bus.Rev. (53) 2001, 2, 4.

119 *Hiß/Nagel,* Ratingagenturen zwischen Krise und Regulierung, S. 95.

120 Vgl. nur *Fight,* The Ratings Game, S. 1 ff. m.w. Kritik an Ratingagenturen; *Hiß/Nagel,* Ratingagenturen zwischen Krise und Regulierung, S. 43; *Veil/Teigelack* in: Veil, Europäisches Kapitalmarktrecht, § 21 Rn. 1.

Das Ratingkomitee trifft sein Urteil durch Beschluss. Ob es dazu der Einstimmigkeit bedarf oder lediglich ein Mehrheitsbeschluss erforderlich ist, kann je nach Ratingagentur variieren.[121] Kommt das Komitee zu einem Ergebnis, endet die Analyse- und Bewertungsphase und es wird die Kommunikationsphase eingeleitet.[122] Die Ratingagentur teilt dem bewerteten Unternehmen das noch vorläufige Ergebnis mit, erläutert dieses und gibt ihm die Möglichkeit zur Stellungnahme.[123] Ist das Unternehmen mit dem Urteil einverstanden und akzeptiert dieses, wird das vorläufige Urteil schließlich zu einem endgültigen Ergebnis.[124] Das Unternehmen kann nun selbst entscheiden, ob das Rating nur unternehmensintern genutzt wird oder der Öffentlichkeit zugänglich gemacht werden soll.[125] Ist es mit einer Veröffentlichung einverstanden, kann die Ratingagentur die Ratingnote in einer Pressemitteilung an bedeutende, weltweit agierende Finanzmedien weiterleiten, auf ihrer Internetseite bekanntmachen und in weiteren Publikationen der Agentur veröffentlichen, die nach Abschluss eines Abonnementvertrages genutzt werden können.[126] Auch ein mehrseitiger Ratingbericht, der zwar keine vertraulichen Informationen enthält, aber oft nützliche Details umfasst, insbesondere die Begründung für die einzelne Ratingnote, kann mit Zustimmung des jeweiligen Emittenten in den darauf folgenden Wochen publik gemacht werden.[127]

---

121 *Hiß/Nagel,* Ratingagenturen zwischen Krise und Regulierung, S. 94; von einer einfachen Mehrheit berichtend: *Wappenschmidt,* Ratinganalyse durch internationale Ratingagenturen, S. 50.

122 *Hiß/Nagel,* Ratingagenturen zwischen Krise und Regulierung, S. 96.

123 *Dimitrakopoulos/Spahr* in: Achleitner/Everling, Ratingpraxis, S. 211, 212; vgl. *Munsch* in: Büschgen/Everling, Hdb. Rating, 2. Aufl., S. 223, 230; *Thiele,* Die zivilrechtliche Einordnung des Rating im deutschen Recht, S. 12; *Reichling/Bietke/Henne,* PHdb Risikomanagement und Rating, S. 61.

124 *Hiß/Nagel,* Ratingagenturen zwischen Krise und Regulierung, S. 96.

125 *Dimitrakopoulos/Spahr* in: Achleitner/Everling, Ratingpraxis, S. 211, 214; *Hiß/Nagel,* Ratingagenturen zwischen Krise und Regulierung, S. 96; vgl. auch: *Thiele,* Die zivilrechtliche Einordnung des Rating im deutschen Recht, S. 12; *Reichling/Bietke/Henne,* PHdb Risikomanagement und Rating, S. 58.

126 *Dimitrakopoulos/Spahr* in: Achleitner/Everling, Ratingpraxis, S. 211, 216; *Hiß/Nagel,* Ratingagenturen zwischen Krise und Regulierung, S. 97; vgl. auch *Vasella,* Die Haftung von Ratingagenturen, S. 37; *Thiele,* Die zivilrechtliche Einordnung des Rating im deutschen Recht, S. 13; *Mühl,* Haftung für fehlerhafte Ratings, S. 29 Rn. 32.

127 *Hiß/Nagel,* Ratingagenturen zwischen Krise und Regulierung, S. 97; *Munsch* in: Büschgen/Everling, Hdb. Rating, 2. Aufl., S. 223, 230; *Prager,* Ratingagenturen, S. 64.

Ist das Unternehmen hingegen mit dem Rating nicht einverstanden, so kann es versuchen, das Ergebnis noch zu verbessern, indem es widerspricht und weitere Informationen nachreicht, welche anschließend von dem Ratingkomitee in einem erneuten Bewertungsdurchgang einbezogen werden.[128] Kommt das Komitee zu keinem anderen Ergebnis, verbleibt dem Unternehmen nur noch die Möglichkeit, das Rating abzulehnen. Der Ratingprozess ist dann ohne Ergebnis beendet. Die entstandenen Kosten hat das Unternehmen dennoch zu tragen.[129]

II. Besonderheiten beim nicht beauftragten Rating

Das Ratingverfahren bei einem nicht beauftragen Rating ist grundsätzlich vergleichbar mit dem Ablauf des Ratingverfahrens bei beauftragten Ratings.[130] Ein wesentlicher Unterschied besteht jedoch darin, dass nicht beauftragte Ratings regelmäßig ausschließlich auf öffentlich zugänglichen Informationen basieren, da in vielen Fällen keine Zusammenarbeit zwischen dem Emittenten und der Ratingagentur stattfindet.[131] Teilweise wird bereits aus diesem Umstand abgeleitet, dass ein unbeauftragtes Rating aufgrund weniger verfügbarer Informationen von minderer Qualität sei und grundsätzlich schlechter als ein beauftragtes Rating ausfalle.[132] Auch wird kritisiert, dass die Ratingagentur oft nicht kenntlich mache, ob es sich um ein beauftragtes oder unbeauftragtes Rating handle.[133] Für kleinere Ratingagenturen können unbeauftragte Ratings aber ein probates Mittel für einen erfolgreichen Markteintritt sein.[134]

---

128 *Thiele,* Die zivilrechtliche Einordnung des Rating im deutschen Recht, S. 12; *Hiß/Nagel,* Ratingagenturen zwischen Krise und Regulierung, S. 96 f.; *Jäckle/Ackermann* in: Büschgen/Everling, Hdb. Rating, 2. Aufl., S. 385, 397; *Munsch* in: Büschgen/Everling, Hdb. Rating, 2. Aufl., S. 223, 230.

129 *Hiß/Nagel,* Ratingagenturen zwischen Krise und Regulierung, S. 96 f.; *Ehrmann,* Risikomanagement in Unternehmen, S. 276.

130 *Wappenschmidt*, Ratinganalyse durch internationale Ratingagenturen, S. 49.

131 *Oellinger,* Die Haftung für Ratings, S. 62; *Wappenschmidt*, Ratinganalyse durch internationale Ratingagenturen, S. 49; *Hiß/Nagel,* Ratingagenturen zwischen Krise und Regulierung, S. 99; *Dimitrakopoulos/Spahr* in: Achleitner/Everling, Ratingpraxis, S. 211, 212; *Chiwitt*, Corporate Finance 2014, 392, 393.

132 *Bauer,* Ein Organisationsmodell zur Regulierung der Rating-Agenturen, S. 32; *Lemke*, Haftungsrechtliche Fragen des Ratingwesens, S. 46 ff.; vgl. auch *Gietzelt/Ungerer*, GPR 2013, 333, 334.

133 *Oellinger,* Die Haftung für Ratings, S. 62 ff.

134 *Hiß/Nagel,* Ratingagenturen zwischen Krise und Regulierung, S. 70; *Berger/Ryborz,* WM 2014, 2241, 2241.

Der Emittent kann seinerseits auf das Ratingverfahren regelmäßig keinen Einfluss nehmen. Denn vorherige Absprachen zwischen dem Unternehmen und der Ratingagentur sind rechtlich nicht vorgeschrieben, auch wenn Ratingagenturen vereinzelt die jeweiligen Unternehmen zu Stellungnahmen auffordern.[135] Im Regelfall sind unbeauftragte Ratings für den Emittenten überraschend.

III. Wiederholungsphase

Ratings werden in verschiedenen Abständen erneut geprüft. So können veränderte Umstände und neue Informationen ein neues Rating erforderlich machen, sodass erneut der Ratingprozess in Gang gesetzt wird.[136] Denn die Bonität ist ein dynamischer Wert, der ständigen Schwankungen unterliegt.[137] Dabei werden neue, sowohl öffentlich zugängliche als auch interne Informationen laufend durch Analysten der Ratingagenturen überwacht und überprüft.[138] Geben Branchentrends, Änderungen von Rohstoffpreisen, Einzelentscheidungen des Emittenten oder sonstige Gründe Anlass zum Überdenken der Bonitätseinschätzung, so wird ein Überprüfungsverfahren zwecks Heraufstufung, Herabstufung oder Bestätigung des ursprünglichen Ratingergebnisses eingeleitet.[139] Regelmäßig darf ein solches Rating ohne Zustimmung des Emittenten seitens der Ratingagentur veröffentlicht werden, sodass v.a. Folgeratings in Gestalt einer Herabstufung für mediale Aufmerksamkeit gesorgt haben.[140]

Werden für ein Rating relevante Ereignisse oder Entwicklungen, beispielsweise eine Restrukturierung oder ein Übernahmevorhaben, bekannt, so wird nicht nur ein spezielles Prüfungsverfahren eingeleitet, sondern auch das betroffene Finanzinstrument in eine Überwachungsliste aufgenommen.[141]

---

135 *Thiele,* Die zivilrechtliche Einordnung des Rating im deutschen Recht, S. 124.

136 *Reichling/Bietke/Henne,* PHdb Risikomanagement und Rating, S. 62; *Reidenbach,* Aktienanalysten und Ratingagenturen, S. 341.

137 *Pukropski,* Regulierung von Ratingagenturen als Reaktion auf die Finanzkrise, S. 44.

138 *Oellinger,* Die Haftung für Ratings, S. 69; *Eisen,* Haftung und Regulierung internationaler Rating-Agenturen, S. 104 f.

139 *Eisen,* Haftung und Regulierung internationaler Rating-Agenturen, S. 105.

140 Vgl. *Eisen,* Haftung und Regulierung internationaler Rating-Agenturen, S. 106.

141 *Oellinger,* Die Haftung für Ratings, S. 69; *Peters,* Die Haftung und die Regulierung von Rating-Agenturen, S. 35.

C. Ratingagenturen

Eine Ratingagentur ist „eine Rechtspersönlichkeit, deren Tätigkeit die gewerbsmäßige Abgabe von Ratings umfasst", wie der europäische Verordnungsgeber konkret in Art. 3 Abs. 1 lit. b) Rating-VO zum Ausdruck bringt. Obgleich Ratingagenturen aufsichtsrechtliche Funktionen übernommen haben und noch teils wahrnehmen,[142] sind sie erwerbswirtschaftliche, auf Gewinnerzielung ausgerichtete Unternehmen des Privatrechts[143]. Seit dem ersten veröffentlichten Rating für eine US-Eisenbahngesellschaft im Jahr 1909 haben diese Bonitätsbewertungen immer mehr an Bedeutung im internationalen Finanzsystem gewonnen.[144] Der stetig wachsenden Nachfrage nach Ratings und der besonderen Struktur des Ratingmarkts geschuldet, konnten sich einzelne Ratingagenturen zu bedeutenden Akteuren der Finanzmärkte entwickeln. Der US-amerikanische Journalist Thomas Friedman äußerte sich einmal zur Rolle von Ratingagenturen im Rahmen eines Interviews: „There are two superpowers in the world today in my opinion. There's the United States and there's Moody's Bond Rating Service. The United States can destroy you by dropping bombs, and Moody's can destroy you by downgrading your bonds. And believe me, it's not clear sometimes who's more powerful."[145] Teils werden Ratings als „Gottesurteil"[146], teils als „Stück Absolutismus"[147] oder bei Herabstufungen gar als „corporate nuclear bomb"[148] bezeichnet.[149]

Nachfolgend sollen die Aufgaben und die Bedeutung von Ratingagenturen und deren Ratings anhand verschiedener Faktoren und Zusammenhänge dargestellt werden, wozu auch auf die besondere Situation des Ratingmarkts eingegangen wird.

---

142 Siehe unten, Teil 1. C. I. 5. und 6.

143 *Peters*, Die Haftung und die Regulierung von Rating-Agenturen, S. 39; *Amort*, EuR 2013, 272, 272.

144 *Chiwitt*, Corporate Finance 2014, 392, 395.

145 *Friedman*, The News Hour with Jim Lehrer: Interview with Thomas L. Friedman, Public Broadcasting Service, 13.02.1996, entnommen von *Chiwitt*, Corporate Finance 2014, 392, 394 f.

146 *Strunz-Happe*, WM 2004, 115, 115.

147 *Däubler*, NJW 2003, 1096, 1097.

148 Entnommen bei *Baums*, ZHR 166 (2002), 375, 382 Fn. 51.

149 Vgl. diese Auflistung abgedruckt bei *Habersack*, ZHR 169 (2005), 185, 186.

I. Aufgaben und Bedeutung

Das Kerngeschäft von Ratingagenturen betrifft die Erstellung und die laufende Überprüfung von Ratings.[150] Damit einher geht der Vertrieb dieser Bewertungen an Medien und Abonnenten.[151] Darüber hinaus bieten eine Reihe von Ratingagenturen zusätzlichen Beratungsservice und unter Umständen sogar Schulungen unterschiedlichster Art an.[152]

1. *Ratingagentur als (Informations-)Intermediär*

Als Ergänzung oder gar Ersatz für Bankkredite gewinnt die Aufnahme von Fremdkapital durch Anleihen in der Finanzierungspolitik von Konzernen und Mittelstandsunternehmen, aber auch von Staaten immer mehr an Bedeutung.[153] Ein Grund dafür ist, dass sich Banken wegen verschärfter Eigenkapitalanforderungen durch Basel III[154] oftmals gezwungen sehen, insbesondere bei schwächerer Bonität des Kreditnehmers, eine Kreditgewährung abzulehnen.[155] Ratingagenturen führen durch die Bewertung der Kreditwürdigkeit einzelner Finanzmarktteilnehmer Kapitalgeber und Kapitalnehmer auf globalen Märkten zusammen.[156] Zwischen diesen Parteien besteht im Ausgangspunkt ein Informationsgefälle, da dem Anleger regelmäßig entscheidungserhebliche Informationen über den Emittenten nicht bekannt sind.[157] Diese sind relevant für die Bestimmung der Kreditwürdigkeit und damit sowohl entscheidend für die Anlageentscheidung als auch für die Ermittlung der vom Emittenten zu

---

150 *Oellinger*, Die Haftung für Ratings, S. 70; *Peters*, Die Haftung und die Regulierung von Rating-Agenturen, S. 39 f.

151 *Oellinger*, Die Haftung für Ratings, S. 70; *Peters*, Die Haftung und die Regulierung von Rating-Agenturen, S. 40 f.

152 *Prager*, Ratingagenturen, S. 56.

153 *Theiselmann*, GmbH-StB 2014, 115, 115; *Schüler/Kaufmann*, ZBB/JBB 2014, 69, 69.

154 Baseler Ausschuss für Bankenaufsicht, Leitfaden zu den neuen Eigenkapital- und Liquiditätsregeln für Banken vom 16.12.2010, abrufbar unter: https://www.bundesbank.de/Redaktion/DE/Downloads/Aufgaben/Bankenaufsicht/Basel/bankenaufsicht_basel3_leitfaden.pdf?__blob=publicationFile.

155 *Theiselmann*, GmbH-StB 2014, 115, 115.

156 *Hiß/Nagel*, Ratingagenturen zwischen Krise und Regulierung, S. 26 f.; *Chiwitt*, Corporate Finance 2014, 392, 396; *Blaurock*, EuZW 2013, 608, 608; *Hemraj*, Credit Rating Agencies, S. 11.

157 *Brieger*, Ratingagenturen in der Krise, S. 21 f.; *Prager*, Ratingagenturen, S. 63; *Gietzelt/Ungerer*, GPR 2013, 333, 334.

zahlenden Risikoprämie.[158] Denn Anleger wollen ihre Transaktionsentscheidungen nicht ins Blaue hinein treffen, sondern auf Grundlage „kostengünstig beschaffter, zuverlässiger und einschlägiger Informationen".[159] Nicht nur Privatanleger wären hinsichtlich der Bewertung einzelner, teils sehr komplexer Finanzinstrumente gänzlich überfordert, sondern auch institutionelle Anleger, die zwar nicht selten firmeninterne Risikobewertungen vornehmen (müssen), aber die Last einer umfassenden Bewertung alleine nicht stemmen könnten.[160]

Durch Ratingagenturen werden eben jene relevanten Informationen gesammelt, aufbereitet und veröffentlicht, sodass sie als Informationsintermediäre fungieren.[161] Eine unbestimmte und damit tatsächlich nicht nutzbare Menge von Informationen soll durch die Erstellung eines Ratings nutzbar gemacht werden.[162] Dabei bauen sie nicht nur die zwischen potentiellen Anlegern und Emittenten bestehende Informationsasymmetrie ab, sondern tragen v.a. beim beauftragten Rating dazu bei, dass neue, also bisher nicht veröffentlichte Informationen über das Bewertungsobjekt den Marktteilnehmern zugänglich gemacht werden.[163] Mit zunehmender Liberalisierung der Märkte ist konsequenterweise eine wachsende Nachfrage nach Ratings zu beobachten.[164]

Mit Erstellung des Ratings allein haben Ratingagenturen regelmäßig ihre Aufgabe als Informationsintermediär noch nicht vollends erfüllt. Vielmehr gilt es im Anschluss, ihre Beurteilungen laufend zu überprüfen und u.U. zu aktualisieren, sodass sie zugleich eine Überwachungsfunktion wahrnehmen.[165]

---

158 Vgl. *Prager*, Ratingagenturen, S. 64.

159 *Deipenbrock*, BB 2003, 1849, 1849.

160 *Peters*, Die Haftung und die Regulierung von Rating-Agenturen, S. 26 f.; *Schroeter*, Ratings, S. 51; *Hemraj*, Credit Rating Agencies, S. 1.

161 *Brieger*, Ratingagenturen in der Krise, S. 18 ff.; *Hiß/Nagel*, Ratingagenturen zwischen Krise und Regulierung, S. 27; *Veil/Teigelack* in: Veil, Europäisches Kapitalmarktrecht, § 21 Rn. 2.

162 *Prager*, Ratingagenturen, S. 68.

163 *Bauer*, Ein Organisationsmodell zur Regulierung der Rating-Agenturen, S. 62 f.; a.A. Vertreter der ökonomischen Ansicht, vgl. dazu ausführlich *Reidenbach*, Aktienanalysten und Ratingagenturen, S. 314.

164 Vgl. *Peters*, Die Haftung und die Regulierung von Rating-Agenturen, S. 43.

165 *Kontogeorgou*, DStR 2014, 1397, 1399.

2. *Senkung von Transaktionskosten*

Ein zweiter, wesentlicher Grund für die Bedeutung von Ratingagenturen besteht darin, dass sie mit ihrer Tätigkeit Transaktionskosten senken können.[166]

Unter Transaktionskosten fallen u.a. Anbahnungskosten, die bei der Informationsbeschaffung über potenzielle Vertragspartner und deren Konditionen entstehen und durch den Beitrag von Ratingagenturen reduziert werden können.[167] Auch muss nicht jeder einzelne Anleger Nachforschungen hinsichtlich der Bonität desselben Kreditnehmers anstellen.[168]

Mithilfe eines Ratings können Anleger selbstständige Investitionsentscheidungen treffen, was Emittenten wiederum erlaubt, zur Kapitalaufnahme auf Banken als Finanzintermediäre zu verzichten und stattdessen Finanzmittel unmittelbar am Kapitalmarkt aufzunehmen (*Disintermediation*). Dies kann einen weiteren Ersparnisfaktor für sie bedeuten.[169]

3. *Zertifizierungsfunktion*

Ratings kommt darüber hinaus auch eine „Zertifizierungsfunktion" zu, da Anleger mit ihrer Hilfe bestenfalls entscheiden können, ob es sich bei den Finanzprodukten um „gute" oder „schlechte" Anlagen handelt.[170] Emittenten ihrerseits können eine gute Bonitätsbeurteilung zu Werbezwecken verwenden, sodass man auch von einem „Gütesiegel" sprechen kann.[171] Damit entscheiden Ratingagenturen faktisch über den Zugang zu den Kapitalmärkten (*gatekeeper*).[172]

---

166 *Bauer*, Ein Organisationsmodell zur Regulierung der Rating-Agenturen, S. 46; *Hiß/Nagel*, Ratingagenturen zwischen Krise und Regulierung, S. 67; *Brieger*, Ratingagenturen in der Krise, S. 18; *Chiwitt*, Corporate Finance 2014, 392, 398.

167 *Brieger*, Ratingagenturen in der Krise, S. 24 f.

168 *Bauer*, Ein Organisationsmodell zur Regulierung der Rating-Agenturen, S. 46; *Hiß/Nagel*, Ratingagenturen zwischen Krise und Regulierung, S. 67; *Hemraj*, Credit Rating Agencies, S. 1.

169 *Peters*, Die Haftung und die Regulierung von Rating-Agenturen, S. 23; *Hiß/Nagel*, Ratingagenturen zwischen Krise und Regulierung, S. 30 f., 67.

170 *Hiß/Nagel*, Ratingagenturen zwischen Krise und Regulierung, S. 67; *Brieger*, Ratingagenturen in der Krise, S. 23; *Gietzelt/Ungerer*, GPR 2013, 333, 334; *Chiwitt*, Corporate Finance 2014, 392, 396.

171 *Brieger*, Ratingagenturen in der Krise, S. 22 f.

172 *Brieger*, Ratingagenturen in der Krise, S. 13; *Hiß/Nagel*, Ratingagenturen zwischen Krise und Regulierung, S. 27; *Veil/Teigelack* in: Veil, Europäisches Kapitalmarktrecht, § 21 Rn. 3; *Kreutz/Everling* in: Hasler/Launer/Wilhelm, Praxhb Debt Relations, S. 371 f.; *Habersack*, ZHR 169 (2005), 185, 186; *Gietzelt/Ungerer*, GPR 2013, 333, 334; *Amort*, EuR 2013, 272, 272 f.

Dazu können Ratingagenturen auf Experten- und Erfahrungswissen zurückgreifen.[173] Schwindet das Vertrauen von Kreditgebern in Ratings, verlieren Ratingagenturen ihre Geschäftsgrundlage,[174] weshalb teilweise vertreten wird, dass die Reputation als marktüblicher Qualitätssicherungsmechanismus die Objektivität von Ratingagenturen sichere.[175] Andere lehnen dies ab.[176] Zum einen würden Investoren in Ermangelung von Alternativen den Ratingagenturen trotz Reputationsverlusts nicht den Rücken kehren.[177] Zum anderen fehle es an geeigneten Überprüfungsmöglichkeiten und wirtschaftlichem Einfluss von Anlegern.[178]

4. *Corporate Governance*

Ratingagenturen können auch für die bewerteten Unternehmen selbst kurzfristig als Informant wertvoll sein, da sie als unabhängige Analysten keinen moralischen Verpflichtungen wie Consulting-Firmen unterliegen, und langfristig Geschäftsleitungen disziplinieren.[179] Insofern erlangt das Rating zentrale Bedeutung für die Grundsätze der Unternehmensführung (*Corporate Governance*).[180] So kann das Unternehmen für bisher nicht realisierte Risiken sensibilisiert werden.[181] Umgekehrt kann die Geschäftsführung zwecks Erreichens oder Haltens eines Ratings zur Ergreifung bestimmter Maßnahmen innerhalb des Emittenten motiviert sein.[182] Vor allem in den USA treten Ratingagenturen in der Rolle des „Rating Advisors" auf und stehen Emittenten als Dienstleister beratend zur Seite bei der Frage, wie die Kriterien für ein besseres Rating erfüllt werden können.

---

173 *Hiß/Nagel,* Ratingagenturen zwischen Krise und Regulierung, S. 69.

174 *Reidenbach,* Aktienanalysten und Ratingagenturen, S. 316, der die Zuverlässigkeit von Ratings als „Grundvoraussetzung" für deren Nutzen hervorhebt; vgl. auch *Berger/Stemper*, WM 2010, 2289, 2292; *Hennrichs* in: Häuser/Steinbeck/Hammen/Siebel/Hennrichs/Welter, FS für Walther Hadding, S. 875, 890.

175 *Kerwer,* Governance 2005, 453, 460; *Hiß/Nagel,* Ratingagenturen zwischen Krise und Regulierung, S. 71; darstellend: *Bauer,* Ein Organisationsmodell zur Regulierung der Rating-Agenturen, S. 42; *Strulik*, Soziale Welt 2000, 443, 452.

176 *Oellinger,* Die Haftung für Ratings, S. 75.

177 *Coffee*, Gatekeepers, S. 3; *Oellinger,* Die Haftung für Ratings, S. 75.

178 *Bauer,* Ein Organisationsmodell zur Regulierung der Rating-Agenturen, S. 43.

179 *Hiß/Nagel,* Ratingagenturen zwischen Krise und Regulierung, S. 129 ff.

180 *Deipenbrock*, BB 2003, 1849, 1849; *Habersack,* ZHR 169 (2005), 185; vgl. auch *Gietzelt/Ungerer*, GPR 2013, 333, 334, ohne diese Funktion namentlich zu benennen.

181 *Reidenbach,* Aktienanalysten und Ratingagenturen, S. 287.

182 *Habersack,* ZHR 169 (2005), 185, 190; *Reidenbach,* Aktienanalysten und Ratingagenturen, S. 288 f.

Die dort bestehende Nachfrage ist nicht zuletzt Ausdruck dafür, dass Ratings v.a. in Unternehmen Einfluss auf die Geschäftsführung haben.[183]

5. *Regulierung des Finanzmarkts – Steigerung der Kapitalmarkteffizienz*

Da Ratings für eine Vielzahl von Kauf- und Verkaufsentscheidungen zugrunde gelegt werden und damit verhaltenssteuernd auf die Marktakteure wirken, nehmen sie mittelbar durch das Marktteilnehmerverhalten Einfluss auf die Funktionsfähigkeit des Marktes.[184] Durch Offenlegung von Risiken erhöhen Ratingagenturen die Transparenz und leisten somit einen wertvollen Beitrag zur Effizienzsteigerung des Marktes.[185] Dabei wird nicht nur die Investition in bestimmte Finanzinstrumente gefördert, sondern ebenso kann verhindert werden, dass Kapital verschwendet wird (*Fehlallokation*).[186]

6. *Rechtliche Bedeutung von Ratings und Ratingagenturen in Deutschland*

Ratings haben in vielen Bereichen auch rechtliche Bedeutung. Bei Versicherungs- und Rückversicherungsunternehmen können sie Maßstab für die zu bildenden Rückstellungen und die zu erbringenden Kapitalanforderungen sein.[187] Das Gleiche gilt für Banken und andere Wertpapierhandelshäuser.[188]

Im Zusammenhang mit der Ad-hoc-Publizitätspflicht i.S.d. § 15 WpHG wird diskutiert, ob die Erteilung oder Änderung eines Ratings eine publizitätspflichtige Insiderinformation darstellt.[189]

Im Kontext der Anlageberatung ist nach umstrittener, aber herrschender Ansicht die zeitnahe Beschaffung des die empfohlene Anleihe betreffenden Ratings und dessen Mitteilung an den Kunden erforderlich.[190] Ebenso umstritten

---

183 *Reidenbach,* Aktienanalysten und Ratingagenturen, S. 290.

184 *Bauer,* Ein Organisationsmodell zur Regulierung der Rating-Agenturen, S. 69; *Strulik,* Soziale Welt 2000, 443, 452.

185 *Bauer,* Ein Organisationsmodell zur Regulierung der Rating-Agenturen, S. 69; *Ackermann/Jäckle,* BB 2006, 878, 883; *Kontogeorgou,* DStR 2014, 1397, 1399; *Chiwitt,* Corporate Finance 2014, 392, 396.

186 *Schroeter,* Ratings, S. 54; *Chiwitt,* Corporate Finance 2014, 392, 397.

187 Vgl. *Dreher/Ballmaier,* WM 2015, 1357, 1357 ff.; *Möllers/Niedorf,* ECFR 2014, 333, 345 f.

188 Siehe unten, Teil 1 D. III.

189 Vgl. dazu ausführlich *Eisen,* Haftung und Regulierung internationaler Rating-Agenturen, S. 115 ff., 138 f.

190 BGH NJW 1993, 2433, 2434; *Roth* in: Assmann/Schütze, Hdb. KapitalanlageR, § 3 Rn. 51; *Arendts,* WM 1993, 229, 234; *Eisen,* Haftung und Regulierung internationaler Rating-Agenturen, S. 145 f., der nicht zwischen Inlands- oder Auslandsanleihen unterscheidet.

ist die Frage, ob Ratings in Wertpapierprospekte aufgenommen werden müssen. Teilweise wird dies befürwortet, da das Prospekt anderenfalls unvollständig sei.[191] Dagegen wird vorgebracht, dass es sich bei einem Rating um eine Beurteilung Dritter handle. Eine Berücksichtigung solcher Drittmeinunngen würde die inhaltlichen Anforderungen an ein Prospekt überschreiten. Das Aufspüren von möglichen Negativratings und deren Aufnahme in das Prospekt sei daher nicht erforderlich.[192]

Schließlich werden in privatrechtlichen Verträgen oftmals bestimmte Rechtsfolgen an Ratings geknüpft (*rating trigger*).[193] So kann eine Verschlechterung des Ratings zu einer Erhöhung von Zinsen führen, die Pflicht zur Bereitstellung weiterer Sicherheiten begründen oder ein Rücktrittsrecht gewähren.[194] Auch der Erwerb von Unternehmensanteilen kann an das Bestehenbleiben eines bestimmten Ratingergebnisses geknüpft werden, wie es bei der Übernahme der Ladensbank Rheinland-Pfalz durch die Landesbank Baden-Württemberg der Fall war.[195]

II. Marktstruktur

Obwohl es weltweit etwa 150 Ratingagenturen gibt, zeichnet sich der internationale Ratingmarkt durch eine oligopolistische Marktstruktur aus, was auf ein Wettbewerbsdefizit zurückzuführen ist.[196] So bewerten Standard & Poors Ratings Services, Moody's Investors Service und Fitch Ratings mehr als 90 % der weltweit gerateten Finanztitel.[197] Diesem Umstand geschuldet entscheiden diese drei amerikanischen Unternehmen faktisch über den Zugang zu den Kapitalmärkten.[198]

---

191 LG Frankfurt, WM 1992, 1768 ff.; *Ebenroth/Koos,* in: Büschgen/Everling, Hdb. Rating, S. 483, 506; *Eisen,* Haftung und Regulierung internationaler Rating-Agenturen, S. 155.

192 *Assmann* in: Assmann/Schütze, Hdb. KapitalanlageR, § 5 Rn. 56.

193 Vgl. *Schroeter,* Ratings, S. 445 ff.; *Habersack,* ZHR 169 (2005), 185, 186; *Blaurock,* EuZW 2013, 608, 608.

194 *Habersack,* ZHR 169 (2005), 185, 188 f.

195 Vgl. *Habersack,* ZHR 169 (2005), 185, 189.

196 *Kontogeorgou,* DStR 2014, 1397, 1397; *Amort,* EuR 2013, 272, 272; *Hiß/Nagel,* Ratingagenturen zwischen Krise und Regulierung, S. 32; *Bauer,* Ein Organisationsmodell zur Regulierung der Rating-Agenturen, S. 34.

197 *Hiß/Nagel,* Ratingagenturen zwischen Krise und Regulierung, S. 27; *Veil/Teigelack* in: Veil, Europäisches Kapitalmarktrecht, § 21 Rn. 9; *Pukropski,* Regulierung von Ratingagenturen als Reaktion auf die Finanzkrise, S. 20 für ca. 80 %; *Dutta,* IPRax 2014, 33, 34 und *Friedrich,* VW 2012, 669, 669 für 95 %; *Chiwitt,* Corporate Finance 2014, 392, 396 für 96 %; *Berger/Ryborz,* WM 2014, 2241, 2241 gehen gar von 97 % des weltweiten Ratingmarkts aus.

198 Vgl. Fn. 173.

Während Standard & Poors sowie Moody's vor allem von Industrieunternehmen mit Ratings beauftragt werden, hat sich Fitch Ratings einen guten Namen im Bankensektor gemacht.[199] Neue Ratingagenturen haben u.a. deshalb Schwierigkeiten, einen Fuß in den Ratingmarkt zu setzen, da es ihnen an langjähriger Erfahrung sowie der damit verbundenen Reputation (*track record*) bei Investoren und Anlegern fehlt.[200]

Wegen der marktbeherrschenden Stellung sehen sich die großen Ratingagenturen unterschiedlichster Kritik ausgesetzt.[201] So wird ihnen teils vorgeworfen, missbräuchlich die Ratingqualität zu senken, Preisabsprachen zu treffen oder die von einer anderen Ratingagentur vorgenommene Bewertung der eigenen Bonitätsprüfung voreingenommen zugrundezulegen.[202] Weiterhin fehle es bei den Marktteilnehmern wegen des sehr beschränkten Angebots an der Möglichkeit, eine Auswahlentscheidung treffen zu können.[203]

Obgleich in der Vergangenheit Unternehmen regelmäßig bestrebt waren, zwei, zumindest aber eine der drei renommierten Ratingagenturen mit einem Rating zu beauftragen, um die Zahlung höherer Risikoprämien zu vermeiden,[204] deutet sich die Tendenz bei deutschen Dax-Konzernen an, nicht jeden Preis für eine Bonitätsbeurteilung zu zahlen.[205] So kündigten im November 2012 die Deutsche Post und HeidelbergCement ihre Verträge mit Standard & Poors Ratings Services sowie im Frühjahr 2014 Conti und der Düngermittelkonzern K+S ihre Verträge mit Moody's Investors Service wegen diktierter, unverhältnismäßig hoher Gebühren und beauftragten stattdessen Fitch Ratings.[206] Gar nicht geratet werden unter den deutschen Dax-Konzernen Adidas, Beiersdorf,

199 *Dohms,* Handelsblatt 09/14.

200 *Hiß/Nagel,* Ratingagenturen zwischen Krise und Regulierung, S. 70; *Berger/Ryborz,* WM 2014, 2241, 2241; *Meeh-Bunse/Gunther/Schomaker,* WM 2014, 1464, 1468 f.; *Möllers/Niedorf,* ECFR 2014, 333, 337; *Pukropski,* Regulierung von Ratingagenturen als Reaktion auf die Finanzkrise, S. 23.

201 Vgl. ausführlich *Reidenbach,* Aktienanalysten und Ratingagenturen, S. 322 ff.

202 *Bauer,* Ein Organisationsmodell zur Regulierung der Rating-Agenturen, S. 34; *Reidenbach,* Aktienanalysten und Ratingagenturen, S. 341.

203 *Oellinger,* Die Haftung für Ratings, S. 75; *Bauer,* Ein Organisationsmodell zur Regulierung der Rating-Agenturen, S. 34.

204 *Bauer,* Ein Organisationsmodell zur Regulierung der Rating-Agenturen, S. 27; noch anders *Reidenbach,* Aktienanalysten und Ratingagenturen, S. 277 f.

205 *Dohms,* Handelsblatt 09/14.

206 *Dohms,* Handelsblatt 09/14.

Infineon und SAP. Letzteres Unternehmen emittierte 2010 eine Milliardenanleihe ohne jedes Auftragsrating.[207]

D. Ratingagenturen in Krisenzeiten

Die Qualität von Ratingurteilen ist in den weit überwiegenden Fällen hoch.[208] Dennoch sehen sich Ratingagenturen besonders in Krisenzeiten erheblicher Kritik ausgesetzt.[209] Allgemein wird Ratingagenturen vorgeworfen, zu spät auf das Marktgeschehen zu reagieren, mit unerwarteten und abrupten Herabstufungen das systematische Risiko erheblich zu erhöhen sowie prozyklisch zu handeln, d.h. in Krisenzeiten zum Abschwung, in wirtschaftlich guten Zeiten zum Aufschwung beizutragen.[210]

I. Einzelfälle

Konkrete, öffentlichkeitswirksame Einzelfallkritik wurde wegen der allzu positiven Bonitätsbeurteilungen asiatischer Länder kurz vor Ausbruch der Asienkrise im Jahre 1997/1998 geübt,[211] was in der Folge u.a. zur Veränderung der Gewichtung einzelner Ratingfaktoren führte.[212]

Ebenfalls für Aufsehen sorgten einige zu positive Bonitätsbeurteilungen von Unternehmen, die kurz darauf insolvent wurden.[213] Noch vier Tage bevor Enron im Jahre 2001 Insolvenz beantragen musste, bewerteten Standard & Poors Ratings Services und Moody's Investors Service das Unternehmen mit vorzüglicher Bonität, obwohl die Wertpapiere des Unternehmens als Ramschinvestition

---

207 *Dohms,* Handelsblatt 09/14.

208 *Bauer,* Ein Organisationsmodell zur Regulierung der Rating-Agenturen, S. 44; *Blaurock*, ZGR 2007, 603, 641; *Berger/Ryborz,* WM 2014, 2241, 2241; *Pukropski*, Regulierung von Ratingagenturen als Reaktion auf die Finanzkrise, S. 281.

209 Ob die Kritik berechtigt ist oder Ratingagentur lediglich die „Übringer schlechter Nachrichten" waren – so *Schantz,* Die zivilrechtliche Verantwortlichkeit von Ratingagenturen gegenüber Investoren, S. 353 – soll und kann im Rahmen dieser Arbeit nicht überprüft werden; ebenso darstellend *Gietzelt/Ungerer*, GPR 2013, 333, 333 f.; *Berger/Ryborz,* WM 2014, 2241, 2241; *Chiwitt*, Corporate Finance 2014, 392, 392; *Dutta,* IPRax 2014, 33, 33; *Roth,* GWR 2014, 317, 317.

210 Darstellend *Chiwitt*, Corporate Finance 2014, 392, 394.

211 Ausführlich: *Brieger*, Ratingagenturen in der Krise, S. 45 f.

212 *Prager*, Ratingagenturen, S. 70.

213 Vgl. *Bauer,* Ein Organisationsmodell zur Regulierung der Rating-Agenturen, S. 44: Enron 2001, WorldCom 2002, Parlamat 2003; ebenso: *Brieger*, Ratingagenturen in der Krise, S. 46 f.

hätten eingestuft werden müssen.[214] Enron hatte Gewinne bis zu 600 Mio. US-Dollar zu viel ausgewiesen, was weder von den zuständigen Rechnungsprüfungsgesellschaften noch von den Ratingagenturen bemerkt worden war.[215]

Ebenso bemerkenswert und gleichermaßen absurd ist der Fall ThyssenKrupp AG vom Frühjahr 2003. Die Ratingagentur Standard & Poors Ratings Services hatte bezüglich der Berücksichtigung von Pensionsverpflichtungen in der Bonitätsbeurteilung von Unternehmen ihre Ratingmethodik geändert. Während Pensionsverpflichtungen zuvor keine Berücksichtigung fanden, wurden sie nun dem Fremdkapital zugerechnet, soweit sie nicht von Pensionsfonds gedeckt waren.[216] Daraufhin verschlechterte sich die Bewertung der ThyssenKrupp-Anleihen um zwei Stufen, sodass diese auf Junk-Anleihe-Niveau absanken.[217] Ebenso fiel der Aktienkurs um 6 % an nur einem Tag.[218] Konkret bedeutete dies einen Anstieg der Finanzierungskosten von 20 bis 30 Millionen Euro pro Jahr.[219]

Nicht weniger Kritik erfuhren die Ratingagenturen für unkontrollierte Folgehandlungen. Beeinflusst von der Angst vor zu guten Bonitätsbeurteilungen wurden Emittenten herabgestuft und Ratingmethoden unangekündigt verändert.[220]

Umstritten war die Rolle von Ratingagenturen auch beim Ausbruch der jüngsten Finanzkrise ab 2007, die zum Zusammenbruch der Bank Lehman Brothers 2008 führte.[221] Ihr Ausgangspunkt war eine globale Bankenkrise, die wiederum durch eine Subprime-Krise verursacht worden war.[222] In den USA waren Hypothekenkredite zu niedrigen Zinsen unter der Annahme stetig steigender Grundstückspreise gewährt worden. Das hatte zur Folge, dass insbesondere auch Kreditnehmer Darlehen aufnehmen konnten, obgleich deren Einkommen lediglich zur Bedienung der unmittelbar nach Vertragsschluss gültigen Zinsen

---

214 *Hill*, 82 Wash. U. L. Q. 43 2004, 43, 43; *Anders*, Beim Glasauge des Propheten, Der Freitag vom 28.09.2007; *Bauer*, Ein Organisationsmodell zur Regulierung der Rating-Agenturen, S. 44; *Berger/Ryborz*, WM 2014, 2241, 2244.

215 *Brieger*, Ratingagenturen in der Krise, S. 46.

216 *Blaurock*, ZGR 2007, 603, 609 f.; *Ackermann/Jäckle*, BB 2006, 878, 884.

217 *Habersack*, ZHR 169 (2005), 185; 187; *Blaurock*, ZGR 2007, 603, 609 f.; *Ackermann/Jäckle*, BB 2006, 878, 884.

218 *Ackermann/Jäckle*, BB 2006, 878, 884.

219 *Veil/Teigelack* in: Veil, Europäisches Kapitalmarktrecht, § 21 Rn. 4; *Habersack*, ZHR 169 (2005), 185, 187.

220 *Bauer*, Ein Organisationsmodell zur Regulierung der Rating-Agenturen, S. 45.

221 *Halfmeier*, VuR 2014, 327, 327; *Blaurock*, EuZW 2013, 608, 608; *Kontogeorgou*, DStR 2014, 1397, 1397.

222 *Brieger*, Ratingagenturen in der Krise, S. 48 ff.; *Bauer*, Ein Organisationsmodell zur Regulierung der Rating-Agenturen, S. 45; *Gietzelt/Ungerer*, GPR 2013, 333, 333 f.

ausreichten.[223] Eine über die finanzierte Immobilie hinausgehende Sicherheit erhielten die Banken nicht. Die Forderungen der Banken gegenüber den Kreditnehmern wurden als Wertpapiere verbrieft und an Investoren veräußert.[224] Dabei blieb es aber nicht. Vielmehr wurden die verbrieften Forderungen kombiniert und zu neuen Forderungspaketen geschnürt, deren Qualität nicht mehr überprüft werden konnte.[225] Dennoch bewerteten Ratingagenturen bis kurz vor Platzen der Immobilienkrise und Ausbruch der Subprime-Krise diese Wertpapiere mit noch bester Bonität.[226]

Die durchweg positiven Ratings hatten zwischenzeitlich eine Veräußerung dieser Anleihen durch die emittierenden Banken an viele Investoren ermöglicht. Als 2006 die US Federal Reserve zur Inflationsbekämpfung die Zinsen erhöhte und dies aufgrund der mit variablen Zinssätzen ausgestattenten Darlehensverträge an die Kreditnehmer weitergereicht wurde, konnten viele Kreditnehmer diese Zinsen nicht mehr bedienen.[227] Dies führte zu einer Vielzahl von Immobilienveräußerungen, in deren Folge die Immobilienpreise stagnierten und teilweise sogar erheblich fielen.[228] Erst als sich die Gläubiger, zumeist Banken, aus den „Sicherheiten" befriedigen wollten, trat deren Wertlosigkeit offen zutage. Gleichsam schlug sich der Wertverlust der verbrieften Subprime-Kredite in den Bilanzen der Banken nieder. Diese wurden nunmehr gezwungen, höhere Eigenkapitalreserven zu bilden und ihre Kreditvolumina deutlich zu reduzieren, was wiederum steigende Zinsen auf Kredite für die Realwirtschaft mit sich brachte.[229] Für die Erfüllung bestehender Zahlungsverpflichtungen und Bildung erforderlicher Eigenkapitalerserven benötigten die Banken Liquidität. Das gegenseitige Misstrauen der Banken untereinander war aber so groß, dass sich die Banken kaum noch Geld liehen, was den Interbankenmarkt teils zusammenbrechen ließ.[230] Ratingagenturen leisteten damit einen wesentlichen Beitrag zum Entstehen der Finanzmarktkrise 2008.

---

223 *Repasi* in: Europäisches Wirtschaftsordnungsrecht, § 25 Rn. 171.

224 *Repasi* in: Europäisches Wirtschaftsordnungsrecht, § 25 Rn. 171.

225 *Brieger*, Ratingagenturen in der Krise, S. 49 f.; *Möllers/Niedorf*, ECFR 2014, 333, 336.

226 *Brieger*, Ratingagenturen in der Krise, S. 49; weiter *Veil/Teigelack* in: Veil, Europäisches Kapitalmarktrecht, § 21 Rn. 1; *Wagner* in: FS Blaurock, 467, 469.

227 *Repasi* in: Europäisches Wirtschaftsordnungsrecht, § 25 Rn. 173; *Brieger*, Ratingagenturen in der Krise, S. 48 ff.

228 *Brieger*, Ratingagenturen in der Krise, S. 48 ff.

229 *Repasi* in: Europäisches Wirtschaftsordnungsrecht, § 25 Rn. 173.

230 *Repasi* in: Europäisches Wirtschaftsordnungsrecht, § 25 Rn. 176.

Schließlich wurden Ratingagenturen wegen der „überzogen strengen" Herabstufung der Bonität von europäischen Mitgliedstaaten angegriffen (*europäische Staatsschuldenkrise*).[231] In der Wirtschaftskrise hatten viele europäische Staaten neue Schulden aufgenommen. Da die Ratingagenturen nur geringes Potential für eine Wachstumssteigerung sahen, stuften sie europäische Mitgliedstaaten teilweise bis zu zwei Stufen herab.[232] Schließlich musste auch der europäische Rettungsschirm eine Herabstufung hinnehmen.[233]

II. Allgemeine Ursachen für fehlerhafte Ratings

Die Ursachen für fehlerhafte Ratings können unterschiedlichster Natur sein. So können innerbetriebliche, geschäftsbedingte oder marktbedingte Umstände die Qualität eines Ratings negativ beeinflussen. Dies ist Gegenstand verschiedener empirischer Studien.[234] Auch dem Umstand geschuldet, dass diverse Studienergebnisse mitunter deutlich voneinander abweichen, soll die nachfolgende Darstellung ein Problemverständnis für die allgemein in Betracht kommenden Ursachen schaffen.

Im Fall der ThyssenKrupp AG führte eine Änderung der Bewertungskriterien zu einer wesentlich schlechteren Bonitätsbewertung. Die schlechtere Bewertung hatte somit innerbetriebliche Ursachen bei der Ratingagentur selbst. Eine weitere Ursache kann im Finanzierungsmodell von Ratingagenturen begründet liegen. In den weit überwiegenden Fällen wird die Ratingagentur durch den Emittenten bezahlt (*issuer-paid-Modell*),[235] was Anlass für Interessenkonflikte sein kann, die sich qualitativ nachteilig auf das Rating auswirken können.[236] So sollen etwa 80 % des Umsatzes von Ratingagenturen von Zahlungen bewerteter Unternehmen stammen.[237] Nichts anderes gilt auch für Interessenkonflikte, denen sich

---

231 *Roth*, GWR 2014, 317, 317; *Berger/Ryborz*, WM 2014, 2241, 2241; *Horsch/Kleinow/Heinrich*, Kreditwesen 2013, 297, 297.

232 ausführlich: *Brieger*, Ratingagenturen in der Krise, S. 55 f.

233 *Berger/Ryborz*, WM 2014, 2241, 2241.

234 Vgl. dazu *Reidenbach*, Aktienanalysten und Ratingagenturen, S. 323 ff., 345, der das Versagen von Ratingagenturen unter Bezugnahme mehrerer Studien diskutiert und feststellt, dass sich viele behauptete Ursachen nicht mit empirischen Studien belegen lassen.

235 Mehr als 80 % der Vergütung stammt von Emittenten, vgl. *Kontogeorgou*, DStR 2014, 1397, 1399.

236 *Amort*, EuR 2013, 272, 273; *Haar*, NZG 2010, 1281, 1282; *Möllers/Niedorf*, ECFR 2014, 333, 335 f.; *Halfmeier*, VuR 2014, 327, 327.

237 *Berger/Ryborz*, WM 2014, 2241, 2242.

eine Ratingagentur bei der Erstellung eines Ratings einerseits und der Erbringung von Beratungsleistungen an den Emittenten andererseits aussetzen kann.[238]

Eine geschäftsbedingte Ursache für ein fehlerhaftes Rating liegt in der Abhängigkeit der Qualität des Ratings von den ihm zugrunde liegenden Informationen. Sind diese geschönt, falsch oder unvollständig, kann dies verheerende Auswirkungen auf das Ratingergebnis haben.[239]

Verhaltensbedingte Ursachen sind insbesondere die nicht zeitnahe oder unangemessene[240] Reaktion auf neue, beurteilungsrelevante Informationen.[241]

Zudem können fehlerhafte Ratings auch durch marktbedingte Umstände hervorgerufen werden. So mag die überschaubare Konkurrenz auf dem Ratingmarkt Einfluss auf die Ratingqualität haben.[242]

Schließlich macht die Geheimhaltung und damit die nicht bestehende Überprüfungsmöglichkeit des konkreten Ratingverfahrens ein Rating für das Unerkanntbleiben eines Fehlers anfällig.

III. Ratingbasierte Regulierung

Eine besondere Ursache für die erheblichen Auswirkungen fehlerhafter Ratings besteht darin, dass diese flächendeckend für die Bewertung von Finanzinstrumenten herangezogen werden. Dabei wurde die Berücksichtigung von Ratings teils sogar gesetzlich vorgeschrieben. Bereits in den 90er-Jahren wurden Ratings als Kriterium und Maßstab für die erforderliche Eigenkapitalausstattung von Wertpapierhandelshäusern und die Befreiung von Publizitätserfordernissen verwendet.[243]

In der Kapitaladäquanzrichtlinie[244] vom 15. März 1993 bestimmte Art. 2 Nr. 12 Abs. 2 Satz 2, dass Schuldverschreibungen, deren Ausfallwahrscheinlichkeit

---

238 *Amort*, EuR 2013, 272, 273; *Haar*, NZG 2010, 1281, 1282; *Kontogeorgou*, DStR 2014, 1397, 1399.

239 Vgl. *Reidenbach*, Aktienanalysten und Ratingagenturen, S. 325.

240 Es wird einerseits sowohl eine zu langsame als auch überhastete Reaktion kritisiert, andererseits der Umfang der Reaktion entweder als zu stark oder zu schwach abgetan, vgl. *Reidenbach*, Aktienanalysten und Ratingagenturen, S. 327 f.

241 *Reidenbach*, Aktienanalysten und Ratingagenturen, S. 327 f.

242 *Oellinger*, Die Haftung für Ratings, S. 75; *Reidenbach*, Aktienanalysten und Ratingagenturen, S. 333 f.; *Dreher/Ballmaier*, WM 2015, 1357, 1357.

243 *Peters*, Die Haftung und die Regulierung von Rating-Agenturen, S. 46.

244 Richtlinie (EWG) 93/6 des Rates über die angemessene Eigenkapitalausstattung von Wertpapierfirmen und Kreditinstituten vom 15.03.1993, ABl. EG Nr. L 141/1 vom 11.06.1993.

durch anerkannte Agenturen besonders niedrig eingestuft wurde, als qualifizierte Aktiva von den Behörden anzusehen waren, woraus sich für die haltenden Wertpapierhäuser geringere Eigenkapitalanforderungen ergaben.[245] Auch wurden Ratings von der Europäischen Zentralbank als Bezugspunkt für die Beurteilung von ausreichenden Sicherheiten i.S.d. Art. 18.1 der Satzung des Europäischen Systems der Zentralbanken und der Europäischen Zentralbank verwendet.[246]

Mit Basel II[247] wurde seit 2004 die Höhe des Eigenkapitals, das ein Finanzinstitut für die Gewährung eines Bankkredits vorzuweisen hat, von der erteilten Ratingnote einer anerkannten Ratingagentur für den Kreditnehmer abhängig gemacht: Je schlechter das Rating war, desto mehr Eigenkapital musste von dem kreditgewährenden Institut unterlegt werden.[248] Ratingagenturen nahmen fortan nicht nur faktisch eine exponierte Stellung ein, sondern erhielten zudem eine gesetzliche Legitimation.[249]

Ab 2010 wurde vom Baseler Ausschuss für Bankenaufsicht ein überarbeitetes Rahmenwerk der Eigenkapital- und Liquiditätsanforderungen von Basel II verabschiedet.[250] Danach dürfen sich Banken zur Bestimmung des Anteils zur Eigenkapitalhinterlegung nicht ausschließlich auf externe Ratings verlassen, sondern müssen eigene Untersuchungen anstellen.[251]

Mit der Verordnung (EG) Nr. 1060/2009[252] zur Regulierung und Registrierung von Ratingagenturen ging die Tendenz der europäischen Gesetzgebung weiter dahin, den Einfluss von Ratingagenturen auf Anleger, Emittenten und Märkte zu begrenzen und Klippeneffekte zu vermeiden.[253] Während zunächst

---

245 *Peters*, Die Haftung und die Regulierung von Rating-Agenturen, S. 46.

246 *Peters*, Die Haftung und die Regulierung von Rating-Agenturen, S. 46 f.

247 Meint die Gesamtheit der Eigenkapitalvorschriften des Basler Ausschusses für Bankenaufsicht, die mit EU-Richtlinen (EG) 2006/48 und (EG) 2006/49 in den europäischen Mitgliedstaaten beachtet werden müssen.

248 *Oellinger*, Die Haftung für Ratings, S. 60; *Hiß/Nagel*, Ratingagenturen zwischen Krise und Regulierung, S. 49.

249 Vgl. *Hiß/Nagel*, Ratingagenturen zwischen Krise und Regulierung, S. 30 f., 67.

250 BaFin, Basel III, zu finden unter: http://www.bafin.de/DE/Internationales/Regelungsvorhaben/Basel_CRD/basel_crd_node.html, zuletzt aufgerufen am 20.10.2014.

251 *Brieger*, Ratingagenturen in der Krise, S. 102.

252 Verordnung (EG) Nr. 1060/2009 des Europäischen Parlaments und des Rates vom 16.09.2009 über Ratingagenturen, ABl. EU Nr. L 302/1 vom 17.11.2009, geändert v.a. durch Verordnung (EU) Nr. 513/2011 vom 11.05.2011 zur Änderung der Verordnung (EG) Nr. 1060/2009 über Ratingagenturen, ABl. EU Nr. L 145/30 vom 31.05.2011, sowie Verordnung (EU) Nr. 462/2013 vom 21.05.2013 zur Änderung der Verordnung (EG) Nr. 1060/2009 über Ratingagenturen, ABl. EU Nr. L 146/1 vom 31.05.2013.

253 *Chiwitt*, Corporate Finance 2014, 392, 401.

verbindliche Verhaltens- und Organisationspflichten für Ratingagenturen eingeführt und formelle Registrierungs- und Kontrollverfahren durch die Verordnung (EG) Nr. 1060/2009 geschaffen wurden,[254] ist mit der Verordnung (EU) Nr. 462/2013 vom 21. Mai 2013 der übermäßige Rückgriff auf Ratings durch Finanzinstitute nach Art. 5a Rating-VO und durch die europäischen Aufsichtsbehörden sowie den Europäischen Ausschuss für Systemrisiken nach Art. 5b Rating-VO verboten.[255] Darüber hinaus hat die Europäische Kommission im Unionsrecht Bezugnahmen auf Ratings zu überprüfen und soll bis Anfang 2020 alle Unionsvorschriften streichen, welche die Nutzung oder Abgabe von Ratings zu aufsichtsrechtlichen Zwecken erfordern oder gestatten, soweit geeignete Alternativen für die Kreditrisikobewertung gefunden und umgesetzt worden sind.[256] Zudem hat der europäische Gesetzgeber die Richtlinie 2013/14/EU[257] erlassen, die sich an die Mitgliedstaaten richtet und Vorgaben enthält, mit denen Einrichtungen der betrieblichen Altersversorgung (EbAV), Organismen für gemeinsame Anlagen in Wertpapieren (OGAW) und die Verwalter alternativer Investmentfonds (AIFM) angehalten werden sollen, einen übermäßigen Rückgriff auf Ratings von Ratingagenturen zur Bewertung des Ausfallrisikos der gehaltenen Finanzinstrumente abzubauen.[258]

Das Ziel des Europäischen Verordnungsgebers, das „blinde Vertrauen" von Finanzinstituten und Anlegern in Ratings zu erschüttern,[259] findet auch seinen Ausdruck in der zivilrechtlichen Haftungsnorm des Art. 35a Abs. 1 Satz 2 Rating-VO. Danach kann ein Anleger dann Schadensersatz verlangen, wenn er sich „in vertretbarer Weise im Einklang mit Artikel 5a Abs. 1 oder

---

254 Vgl. auch *Veil* in: Veil, Europäisches Kapitalmarktrecht, § 1 Rn. 39.

255 Vgl. dazu auch *Blaurock*, EuZW 2013, 608, 608; *Roth*, GWR 2014, 317, 317.

256 Art. 5c Rating-VO.

257 Richtlinie 2013/14/EU des Europäischen Parlaments und des Rates vom 21.05.2013 zur Änderung der Richtlinie 2003/41/EG über die Tätigkeiten und die Beaufsichtigung von Einrichtungen der betrieblichen Altersvorsorge, der Richtlinie 2009/65/EG zur Koordinierung der Rechts- und Verwaltungsvorschriften betreffend bestimmte Organismen für gemeinsame Anlage in Wertpapieren (OGAW) und der Richtlinie 2011/61/EU über die Verwalter alternativer Investmentfonds im Hinblick auf übermäßigen Rückgriff auf Ratings, ABl. EU Nr. L 145/1 vom 31.05.2013.

258 BR-Drs. 185/14 von 02.05.2014, S. 1 f.; vgl. zur Umsetzung in Deutschland *Roth*, GWR 2014, 317, 319 f.; *Möllers/Niedorf*, ECFR 2014, 333, 344 f.

259 *Kontogeorgou*, DStR 2014, 1397, 1397; *Hiß/Nagel*, Ratingagenturen zwischen Krise und Regulierung, S. 26; vgl. zur Begründung des Systemvertrauens *Strulik*, Soziale Welt 2000, 443, 451.

in sonstiger Weise mit gebührender Sorgfalt auf dieses Rating verlassen hat". Der europäische Verordnungsgeber hat damit die ratingbasierte Regulierung als eine wesentliche Ursache der zurückliegenden Finanzkrise ausgemacht und ist nunmehr im Begriff, das teils von ihm selbst geschaffene Problem auszuräumen.

E. Wirtschaftliche Zusammenhänge zwischen Rating und Anleihe

Der Trend der letzten Jahre geht dahin, dass sich Kapitalsuchende unmittelbar am Kapitalmarkt bedienen, statt Bankkredite aufzunehmen. Dazu ist technisch die Verbriefung von Rückzahlungs- und Zinsforderungen gegen Emittenten (*Sekurisation*) erforderlich, damit die jeweiligen Forderungen auf dem Sekundärmarkt gehandelt werden können. Das hat zur Konsequenz, dass das Ausfallrisiko, das früher meistens von einer Bank getragen wurde, auf viele Investoren verteilt wird.[260] Auch konnten neue Finanzprodukte wie *Asset-Backed-Securities* geschaffen werden.[261] Mit dem Hervorbringen neuer Anlageprodukte wuchs auch das Bedürfnis für externe Bewertungen, mithin stieg die Nachfrage nach Ratings.[262]

Volkswirtschaftlich sollen Ratings die Zuweisung finanzieller Mittel (*Ressourcenallokation*) verbessern.[263] Gegenstand der nachfolgenden Ausführungen sind in Abgrenzung dazu die konkreten wirtschaftlichen Zusammenhänge zwischen dem Rating und dem betroffenen Finanzinstrument sowohl aus Sicht des Emittenten als auch aus Anlegerperspektive. Dabei wird auf eine Darstellung der informationsökonomischen Modellannahmen, welche die Bedeutung und Wirkung von Ratings im Allgemeinen zu begründen versuchen, ausdrücklich verzichtet, weil diese für die Untersuchung des Regelungsinhalts der Haftungsvorschrift nur von geringer praktischer Bedeutung sind.[264]

---

260 *Oellinger*, Die Haftung für Ratings, S. 58 f.

261 *Oellinger*, Die Haftung für Ratings, S. 58.

262 *Oellinger*, Die Haftung für Ratings, S. 59.

263 Vgl. *Gietzelt/Ungerer*, GPR 2013, 333, 335.

264 Vgl. hierzu ausführlich *Schroeter*, Ratings, S. 71 ff.; *Wappenschmidt*, Ratinganalyse durch internationale Ratingagenturen, S. 21 ff.; *Steiner/Heinke* in: Büschgen/Everling, Hdb. Rating, S. 579, 584 ff.; *Horsch*, Rating und Regulierung, S. 28.

I. Grundlagen

Anleger werden im Rahmen ihrer Anlageentscheidungen grundsätzlich von drei miteinander in Konflikt stehenden Zielen beeinflusst: Rentabilität, Liquidität und Sicherheit der Anlage.[265]

Mit zunehmender Liquidität und/oder Sicherheit auf der einen Seite nimmt die Rentabilität der Anlage auf der anderen Seite ab,[266] sodass beide Ziele im Wettstreit zueinander stehen.

Ein wesentlicher Aspekt für die Beurteilung der Sicherheit einer Anlage ist die Bonität des Emittenten. Diese können Anleger regelmäßig nicht ohne Weiteres selbst ermitteln, sodass sie auf externe Bewertungen zurückgreifen müssen. Eine Möglichkeit ist die Heranziehung eines Ratings. Insbesondere Kleinanleger sind auf die Beurteilungen von Experten, wie es Ratingagenturen sind, angewiesen, da es ihnen nicht nur an hinreichender Expertise, sondern auch an der für die Vornahme einer eigenen Bewertung erforderlichen Zeit fehlt. Institutionelle Anleger verfügen zwar über umfassendere Kenntnisse, aber auch diese werden in Anbetracht der Masse unterschiedlichster Schuldverschreibungen schnell an ihre zeitlichen und damit finanziellen Grenzen stoßen, eine selbstständige Bonitätsbeurteilung vorzunehmen.[267] Ratings senken insofern die Informationsbeschaffungskosten.[268]

Das Interesse des Emittenten ist primär darauf gerichtet, Fremdkapital zu den für ihn günstigsten Konditionen, d.h. vor allem zu einem geringen Zinssatz, aufzunehmen[269] und steht damit grundsätzlich im Widerstreit mit dem Anlegerinteresse, eine möglichst sichere Anleihe mit möglichst hoher Rendite zu erwerben. Soweit das

Ratingergebnis das tatsächliche Bonitätsrisiko eines Emittenten oder eines seiner Finanzinstrumente wiedergibt, kann dies zu einer angemessenen ökonomischen Verteilung des Ausfallrisikos zwischen Emittent und Anleger führen.

Umgekehrt kann ein Rating unmittelbaren Einfluss auf Investitionsentscheidungen einzelner Anleger haben, deren Anlagestrategie sich an bestimmten Bonitätsbeurteilungen orientiert.[270] Anders als bei Ad-hoc-Mitteilungen und

---

265 *Eisen,* Haftung und Regulierung internationaler Rating-Agenturen, S. 63; vgl. *Paul* in: Büschgen/Everling, Hdb. Rating, S. 373, 382 f.; *Peters,* Die Haftung und die Regulierung von Rating-Agenturen, S. 26; *Tönningsen,* ZBB/JBB 2011, 460, 461.

266 *Behrenwaldt* in: Büschgen/Everling, Hdb. Rating, S. 291, 293.

267 *Eisen,* Haftung und Regulierung internationaler Rating-Agenturen, S. 65.

268 *von Randow* in: Büschgen/Everling, Hdb. Rating, S. 543, 545.

269 *Korth,* Dritthaftung von Ratingagenturen, S. 173.

270 *Behrenwaldt* in: Büschgen/Everling, Hdb. Rating, S. 291, 296.

dem Emissionsprospekt sind Ratings sowohl am Primär- als auch Sekundärmarkt relevant und können in unterschiedlichen Phasen erhebliche Auswirkung auf die Preisbildung sowie Anlageentscheidungen nehmen.[271]

II. Preisbildung

Der Wert einer Anleihe ist die Summe aller Zahlungen, die dem Inhaber der Anleihe zufließen, wenn er diese bis zur Tilgung behält.[272] Dabei finden Zahlungen des Emittenten an den Inhaber der Anleihe in Form von Zinszahlungen und der Rückzahlung des Nominalbetrags statt.[273] Die Höhe der Zinszahlungen hängt ihrerseits mit dem Ausfallrisiko der Anleihe zusammen. Dies liegt darin begründet, dass ein Anleger nur bereit ist, ein Ausfallrisiko seiner Investition hinzunehmen, wenn dieses durch ein ausreichendes Äquivalent ausgeglichen wird.[274] Dieser Ausgleich findet regelmäßig durch einen niedrigeren Ausgabebetrag oder mittels Anpassung des vom Emittenten zu erbringenden Zinses statt, dessen Höhe vom Risiko abhängt und in der Endnote eines Ratings seinen Ausdruck findet.[275] Bei gleichbleibenden Marktbedingungen hängt somit die Höhe des vom Investor geforderten Risikoaufschlags von der Höhe des Ratings ab.[276] Je schlechter das Rating ist, desto höher beläuft sich der vom Emittent aufzubringende Risikozins.[277]

Für den Emittenten bedeutet das konkret, dass er mit zunehmender Kreditwürdigkeit weniger Risikozinsen erbringen muss. Umgekehrt müssen Emittenten mit niedriger Kreditwürdigkeit eine höhere Risikoprämie zahlen.[278]

Da Emittenten nicht um jeden Preis Fremdkapital aufnehmen wollen und können, beeinflusst ein Rating mittelbar auch das Verhältnis von Fremd- und

---

271 Vgl. zur Prospekthaftung und fehlerhaften Ad-hoc-Mitteilungen *Hellgardt*, AG 2012, 154, 158.

272 *Gantenbein/Spremann*, Zinsen, Anleihen, Kredite, S. 5 ff.

273 *Theiselmann*, GmbH-StB 2014, 115, 115.

274 *Behrenwaldt* in: Büschgen/Everling, Hdb. Rating, S. 291, 295; *Bauer*, Ein Organisationsmodell zur Regulierung der Rating-Agenturen, S. 28; *Brieger*, Ratingagenturen in der Krise, S. 21; *Lemke*, Haftungsrechtliche Fragen des Ratingwesens, S. 21.

275 *Gleißner/Garrn/Nestler*, Corporate Finance 2014, 422, 422; *Mühl*, Haftung für fehlerhafte Ratings, S. 46; *Gallati*, Verzinsliche Wertpapiere, S. 55 ff.

276 *Reidenbach*, Aktienanalysten und Ratingagenturen, S. 318.

277 *Strunz-Happe*, WM 2004, 115, 115.

278 *Brieger*, Ratingagenturen in der Krise, S. 20; *Gallati*, Verzinsliche Wertpapiere, S. 57; *Lemke*, Haftungsrechtliche Fragen des Ratingwesens, S. 21.

Eigenkapital. Je schlechter das Rating ist, desto wahrscheinlicher ist es, dass sich der Emittent durch Eigenkapitalbeschaffung finanziert.[279]

Bei Anlegern wirkt sich das Rating auf die Höhe der erstrebten Rendite aus,[280] sei es durch die Beeinflussung des Risikozinses oder durch die Einwirkung des Anleihekurses. Der Anleihehandel hat auf den unterschiedlichsten Märkten immer mehr an Bedeutung gewonnen. Untersuchungen haben gezeigt, dass sich v.a. Ratingänderungen auf die Entwicklung des Anleihekurses auswirken,[281] sodass der zwischen Rating und Anleihekurs bestehende Zusammenhang nicht zu unterschätzen ist. Auch hier gilt, dass Anleger nur investieren, wenn das Ausfallrisiko abgegolten ist, sodass diese grundsätzlich für eine Anleihe mit hoher Ausfallwahrscheinlichkeit weniger bereit sind zu zahlen als für ein Finanzinstrument, das hohe Bonität verspricht.[282] Umgekehrt verhält es sich bei steigenden Anleihekursen, etwa wegen eines besseren Folgeratings, denn dann kann der Anleger diese gewinnbringend verkaufen.[283]

Der hier aufgezeigte Zusammenhang zwischen Rating und Preisbildung einer Anleihe gilt allerdings nicht absolut. So können Märkte geringere Zinsen für eine Anleihe eines bestimmten Emittenten akzeptieren, als es ein erteiltes Rating nahelegt.[284] Grund dafür ist eine eigene, selbstständige Bewertung der Kreditwürdigkeit des Emittenten durch die Gesamtheit der Marktteilnehmer.[285]

III. Schäden

Ein beauftragtes oder unbeauftragtes fehlerhaftes Rating, sei es ein Erst- oder Folgerating für ein Unternehmen oder eines seiner Finanzinstrumente, kann sich sowohl am Primär- als auch am Sekundärmarkt für Anleger oder Emittenten in unterschiedlichster Form schädigend auswirken.[286] Aufgrund der Vielfältigkeit der in Betracht kommenden Schadensposten sollen sich die anschließenden Ausführungen auf die typischen Fallkonstellationen beschränken. Schadensposten, die einem Emittenten oder Anleger nicht zugeordnet werden können, z.B.

279 *Reidenbach,* Aktienanalysten und Ratingagenturen, S. 288.

280 *Perridon/Steiner/Rathgeber,* Finanzwirtschaft der Unternehmung, S. 200.

281 *Reidenbach,* Aktienanalysten und Ratingagenturen, S. 319 f.; *Eisen,* Haftung und Regulierung internationaler Rating-Agenturen, S. 235.

282 *Reidenbach,* Aktienanalysten und Ratingagenturen, S. 319.

283 *Everling* in: Büschgen/Everling, Hdb. Rating, S. 3, 9; *Reidenbach,* Aktienanalysten und Ratingagenturen, S. 319.

284 *Schnabel* in: Büschgen/Everling, Hdb. Rating, S. 305, 323.

285 *Schnabel* in: Büschgen/Everling, Hdb. Rating, S. 305, 323.

286 Vgl. *Korth,* Dritthaftung von Ratingagenturen, S. 171.

Ressourcenschäden am Kapitalmarkt wegen Fehlallokation,[287] bleiben wegen offensichtlich fehlender Ersatzfähigkeit im Wege der zivilrechtlichen Haftung außer Betracht. Grundsätzlich wird zwischen Schäden eines Emittenten einerseits und Anlegerschäden andererseits zu unterscheiden sein.[288]

1. *Emittenten*

Ein Emittent kann durch ein Rating grundsätzlich auf zwei unterschiedliche Weisen geschädigt werden. Erstens ist ein Rating zwar im Wege anerkannter Verfahrensgrundsätze zustande gekommen und entspricht inhaltlich der finanziellen Situation des Emittenten, dieser ist aber mit der Veröffentlichung seiner Bewertung an sich nicht einverstanden, oder zweitens ist das Ratingergebnis schlicht fehlerhaft.[289] Nur Letzteres ist tatbestandlich von Art. 35a Rating-VO erfasst und wird daher Gegenstand der nachfolgenden Ausführungen sein.

Ist ein Erstrating zu negativ, wirkt sich dies vermögensschädigend beim Emittenten aus, weil dieser Fremdkapital nur zu höheren Beschaffungskosten (*Illiquiditätsprämie*) aufnehmen kann.[290] Unter der Berücksichtigung, dass Anleihevolumina großer Unternehmen nicht selten 200 Millionen Euro überschreiten,[291] können kleinere, durch ein zu negatives Rating verursachte Veränderungen des Zinssatzes erhebliche Schäden in Millionenhöhe hervorrufen.[292] Vorstellbar ist, dass der Emittent wegen des zu negativen Ratings gänzlich auf die Kapitalaufnahme im Wege der Anleihenemission verzichtet[293] oder stattdessen einen Kredit zu schlechteren Konditionen aufnimmt.[294] Die höheren Kreditkosten kämen dann als ersatzfähiger Schaden in Betracht.[295] Sollte ein

---

287 Vgl. *Kontogeorgou*, DStR 2014, 1397, 1400.

288 So auch allg. *Bauer*, Ein Organisationsmodell zur Regulierung der Rating-Agenturen, S. 36.

289 *Peters*, Die Haftung und die Regulierung von Rating-Agenturen, S. 49.

290 *Niedostadek*, Rating, S. 142; *Lampe*, Die Regulierung von Ratingagenturen, S. 88; *Mühl*, Haftung für fehlerhafte Ratings, S. 46; *Ebenroth/Daum*, WM 1992, Sonderbeilage Nr. 5, 1; 8; *Deipenbrock*, BB 2003, 1849, 1851; *Reidenbach*, Aktienanalysten und Ratingagenturen, S. 317; *Dutta*, IPRax 2014, 33, 35.

291 *Blättchen/Nespethal*, Corporate Finance 2010, 496, 497; *Cagalj*, Restrukturierung von Anleihen, S. 41.

292 Vgl. *Eisen*, Haftung und Regulierung internationaler Rating-Agenturen, S. 69; *Mühl*, Haftung für fehlerhafte Ratings, S. 46.

293 *Oellinger*, Die Haftung für Ratings, S. 93 mit Beispielen aus der Praxis.

294 Vgl. *Mühl*, Haftung für fehlerhafte Ratings, S. 47.

295 *Lampe*, Die Regulierung von Ratingagenturen, S. 88.

Emittent hingegen gänzlich auf eine Fremdkapitalaufnahme verzichten, könnte er sich erheblicher Liquidationsprobleme aussetzen,[296] sodass weitere Schäden zu befürchten ständen.

Ein zu schlechtes Rating kann allgemein zu einem erheblichen Imageverlust führen,[297] für dessen Wiederherstellung der Emittent investieren muss, sei es durch die Vornahme eines zweiten Ratings bei einer anderen Ratingagentur oder durch gezielte „Informationskampagnen", die an potentielle Geschäftspartner gerichtet sind.[298] Ebenfalls sind Szenarien vorstellbar, in denen aufgrund des zu schlechten Ratings Projekte und Kooperationen ins Stocken geraten oder Geschäftsbeziehungen gar abgebrochen werden.[299] Zeitlich vorgeschaltet kann das betroffene Unternehmen bei Geschäftsabschlüssen eingeschränkt sein, weil der Vertragspartner auf zusätzliche Sicherheiten besteht oder der Emittent schlicht beim Vergabeverfahren von Aufträgen außen vor gelassen wird.[300] Vor allem negative Ratings einzelner Anleihen können unter Umständen für den Emittenten schwerer wiegen als es das Rating rechtfertigt, soweit es von den Marktteilnehmern als allgemeine Bonitätsanalyse verstanden wird.[301]

Findet eine ungerechtfertigte Schlechtbeurteilung im Wege eines Folgeratings statt, so hat die Herabstufung (*Downrating/Downgrading*) bezüglich des bereits emittierten Finanzinstruments keine unmittelbaren negativen Auswirkungen für den Emittenten.[302] Allerdings können ihm wieder Nachteile in Form höherer Beschaffungskosten bei zukünftigen Emissionen entstehen.

Ob darüber hinaus ein selbstständiger Schaden wegen Rufschädigung beziffert werden kann[303], ist eine Frage des Einzelfalls. Hinzu kommen Schäden im Zusammenhang von Anleihekündigungen. Nicht selten ist in Anleihebedingungen ein Kündigungsrecht für Anleger vorgesehen, wenn ein Rating herabgestuft wird.[304] Sollte eine Herabstufung unvorhergesehen erfolgen und der Emittent

---

296 *Oellinger,* Die Haftung für Ratings, S. 93.

297 *Mühl,* Haftung für fehlerhafte Ratings, S. 49; *Oellinger,* Die Haftung für Ratings, S. 93; *Eisen,* Haftung und Regulierung internationaler Rating-Agenturen, S. 273.

298 *Peters,* Die Haftung und die Regulierung von Rating-Agenturen, S. 82; *Lampe,* Die Regulierung von Ratingagenturen, S. 89.

299 *Lampe,* Die Regulierung von Ratingagenturen, S. 89; *Peters,* Die Haftung und die Regulierung von Rating-Agenturen, S. 83.

300 Vgl. *Mühl,* Haftung für fehlerhafte Ratings, S. 48; *Oellinger,* Die Haftung für Ratings, S. 77.

301 *Ebenroth/Koos,* in: Büschgen/Everling, Hdb. Rating, S. 483, 486.

302 *Eisen,* Haftung und Regulierung internationaler Rating-Agenturen, S. 236.

303 Vgl. *Ebenroth/Koos,* in: Büschgen/Everling, Hdb. Rating, S. 483, 489.

304 *von Randow* in: Büschgen/Everling, Hdb. Rating, S. 543, 549.

nicht ausreichend liquide sein, kommen schließlich Schäden für eine kurzfristige und damit teure Fremdkapitalaufnahme in Betracht.

2. Anleger

Ein Anleger kann infolge eines fehlerhaften, in der Regel eines zu guten Ratings einen Vermögensschaden erleiden.[305] Dabei ist grundsätzlich zwischen zwei Kategorien von Schäden zu unterscheiden: der (Teil-) Ausfall von Rück- und Zinszahlungen sowie die Zahlung eines zu hohen Kaufpreises, der sich gleichsam im Erhalt zu niedriger Risikozinsen dartun kann.[306] Welcher Schaden zu ersetzen ist, hängt in erster Linie von der Behauptung des Anlegers ab. Er kann zum einen vorbringen, dass er bei zutreffender Bonitätsbeurteilung die Anleihe nicht erworben hätte, und verlangt somit Ersatz für alle Schäden, die wegen der getätigten Investition entstanden sind.[307] Zum anderen kann der Anleger behaupten, dass er die Anleihe zu günstigeren Konditionen, also zu einem höheren Zinssatz oder mit einem Abschlag (*Disagio*), hätte erwerben können, wenn die Ausfallwahrscheinlichkeit fehlerfrei beurteilt worden wäre.[308] Da sich beide Ansätze gegenseitig ausschließen, ist nur einer der beiden Schadenskategorien in der jeweiligen Situation ersatzfähig. Für die Geltendmachung von erlittenen Schäden der ersten Schadenskategorie spielt die Risikopräferenz des jeweiligen Anlegers eine erhebliche Rolle. Bei der letzteren Schadenskategorie handelt es sich ihrer Natur nach um einen Umverteilungsschaden, da der Anlegerschaden in Gestalt des Anlagekaufs zum höheren Preis dem Gewinn des Emittenten durch Einsparungen von Risikozahlungen entspricht.[309] Dennoch wird der Anleger um einen vollen Ausgleich der Differenz zwischen aktuellem Wert und gezahltem Kaufpreis bemüht sein.[310]

Ebenso kann dem Anleger ein Schaden entstehen, wenn er wegen eines zu negativen Ratings gänzlich auf die Investition verzichtet.[311] Davon freilich zu

305 *Oellinger*, Die Haftung für Ratings, S. 152.

306 Vgl. allg. *Mühl*, Haftung für fehlerhafte Ratings, S. 48; *Ebenroth/Daum*, WM 1992, Sonderbeilage Nr. 5, 1, 11.

307 *Korth*, Dritthaftung von Ratingagenturen, S. 172; *Oellinger*, Die Haftung für Ratings, S. 154.

308 *Korth*, Dritthaftung von Ratingagenturen, S. 172; *Eisen*, Haftung und Regulierung internationaler Rating-Agenturen, S. 327; *Oellinger*, Die Haftung für Ratings, S. 153 f.

309 *Wagner* in: FS Blaurock, 467, 484; vgl. auch *Kontogeorgou*, DStR 2014, 1397, 1400.

310 *van Look* in: Büschgen/Everling, Hdb. Rating, S. 521, 534.

311 Dieser Schadensposten ist nach Art. 35a Rating-VO nicht ersatzfähig – siehe unten, Teil 2. B. III. 2. a. bb. (1).

trennen ist die Frage, ob ein Anleger auch die Vorteile, die er beim Kauf einer anderen Anleihe hätte erzielen können, ersetzt verlangen kann, soweit er im Vertrauen auf ein fehlerhaftes Rating investiert hat.[312]

Behält ein Anleger infolge eines zu positiven Ratings eine Anleihe und fällt diese aus, tritt für ihn gleichsam ein Schaden ein. In der Praxis betrifft dies Fälle, in denen eine Ratingagentur z.B. einen drohenden Zahlungsausfall nicht rechtzeitig erkennt[313] und deshalb ein zu gutes Folgerating erteilt.

Denkbar ist auch, dass ein Anleger seine Anleihe verkauft, nachdem die tatsächlich schlechtere Bonität eines Emittenten bekannt geworden ist und dadurch einen Verlust erleidet, dass der Verkauf den objektiv zu hohen Kaufpreis nicht kompensieren kann.[314]

Insgesamt gibt es damit eine Fülle von Konstellationen, in denen ein fehlerhaftes Rating einen Anlegerschaden hervorrufen kann. Auf diese Grundlagen wird im Hauptteil der Arbeit zurückzukommen sein, wenn es für Art. 35a Rating-VO zu ermitteln gilt, welche Schadensposten ersatzfähig sind.

---

312 Vgl. BGH NJW 1992, 1223, 1224; *Eisen,* Haftung und Regulierung internationaler Rating-Agenturen, S. 338.

313 *Hiß/Nagel,* Ratingagenturen zwischen Krise und Regulierung, S. 26.

314 *Eisen,* Haftung und Regulierung internationaler Rating-Agenturen, S. 337.

Teil 2: Zivilrechtliche Haftung von Ratingagenturen nach Art. 35a der Rating-VO

Die europäische Haftungsvorschrift ermöglicht bestimmten Anlegern und bestimmten Emittenten gegen bestimmte Ratingagenturen zivilrechtlich vorzugehen. Wer von wem was aus Art. 35a Rating-VO verlangen kann, soll nachfolgend herausgearbeitet werden.

Nach einer kompakten Darstellung der wesentlichen Grundlagen der europäischen Haftungsvorschrift gilt es, deren Haftungsvoraussetzungen herauszuarbeiten.[315] Darauf aufbauend soll die Art und der Umfang des Schadensersatzes untersucht werden.[316] Seinen Abschluss wird dieses Kapitel in einer detaillierten Auseinandersetzung mit Darlegungs- und Beweisfragen im Zusammenhang mit der europäischen Haftungsvorschrift finden.[317]

A. Grundlagen

Bevor die einzelnen Haftungsvoraussetzungen seziert werden, gilt es zunächst, die Konturen der europäischen Haftungsvorschrift anzudeuten.[318] Dieses Vorgehen verspricht, bei der Beantwortung von Einzelfragen nicht den Gesamtkontext aus dem Auge zu verlieren, und erlaubt dem Leser eine grobe Orientierung vorab.[319] Die Skizzierung der europäischen Haftungsvorschrift führt von ihrer Entstehungsgeschichte über ihre Grundstruktur und ihre Qualifikation als deliktsrechtliche Haftungsnorm bis zu ihrem Verhältnis zu nationalen Haftungsvorschriften sowie ihrer Beziehung zum öffentlichen Aufsichtsrecht. Auch wird

---

315 Siehe unten, Teil 2 B.

316 Siehe unten, Teil 2 C.

317 Siehe unten, Teil 2 E.

318 Siehe unten, Teil 2 A.

319 Es wird hier nicht verkannt, dass sich der Rahmen der Haftungsvorschrift erst aus ihren einzelnen Voraussetzungen und Anordnungen ergibt, sodass man grundsätzlich vom Detail auf das Ganze schließen könnte. Nichtsdestotrotz wird für die Belange dieser Arbeit eine vorgezogene Darstellung grundlegender Zusammenhänge der europäischen Haftungsvorschrift als vorzugswürdig beurteilt. Dies ist nicht zuletzt deshalb möglich, weil sich die Einzelaspekte und der Gesamtkontext der Haftungsnorm letztenendes gegenseitig bedingen.

die für die Untersuchung der einzelnen Haftungsvoraussetzungen maßgebliche Vorfrage der richtigen Auslegungsmethode für Art. 35a Rating-VO beantwortet.

I. Entstehungsgeschichte

Vor der Finanzkrise 2007 unterstanden Ratingagenturen nach Aufnahme ihrer Tätigkeit weder in Deutschland noch in einem anderen europäischen Staat einer staatlichen Beaufsichtigung.[320] Auf freiwilliger Basis wollte man unverbindliche Empfehlungen und einen von dem technischen Ausschuss der Internationalen Organisation der Wertpapieraufsichtsbehörden (IOSCO) erstellten Verhaltenskodex einhalten.[321] Im Jahre 2004 kam die europäische Kommission im Rahmen einer Überprüfung des Ratingmarkts zu dem Ergebnis, dass der von der IOSCO ins Leben gerufene Verhaltenskodex wesentliche, Ratingagenturen betreffende Angelegenheiten enthalte und lediglich eine Überwachung zur Einhaltung dieser Prinzipien durch die europäische Wertpapierbehörde (CESR) fortan gewährleistet werden müsse.[322]

Vielmehr bedurfte es des Hereinbrechens der Finanzkrise, bis der europäische Verordnungsgeber am 16.09.2009 einen verbindlichen Regelungskatalog für Ratingagenturen in Gestalt der Verordnung (EG) 1060/2009 über Ratingagenturen[323] mit Wirkung zum 17.11.2009 ins Leben rief.[324] Danach hatten die in der Europäischen Gemeinschaft registrierten Ratingagenturen besondere Verhaltens- und Organisationspflichten bei der Erstellung von Ratings zu beachten, um eine verschlechterte Marktlage frühzeitig zu erkennen und eine rechtzeitige Anpassung von Ratings zu gewährleisten[325]. Diese betrafen Pflichten

---

320 *Hiß/Nagel*, Ratingagenturen zwischen Krise und Regulierung, S. 48; *Berger/Ryborz*, WM 2014, 2241, 2244; ausführlich dazu *Brieger*, Ratingagenturen in der Krise, S. 92 ff.; *Habersack*, ZHR 169 (2005), 185, 192 f.; vgl. zur Entwicklung der Gesetzgebung in den USA *Chiwitt*, Corporate Finance 2014, 392, 399.

321 *Hiß/Nagel*, Ratingagenturen zwischen Krise und Regulierung, S. 48; ausführlich dazu *Brieger*, Ratingagenturen in der Krise, S. 92 ff.; *Habersack*, ZHR 169 (2005), 185, 192 f.; *Möllers/Niedorf*, ECFR 2014, 333, 335.

322 *Brieger*, Ratingagenturen in der Krise, S. 97 f.

323 Verordnung (EG) Nr. 1060/2009 des Europäischen Parlaments und des Rates vom 16.09.2009 über Ratingagenturen, ABl. EU Nr. L 302/1 vom 17.11.2009, geändert v.a. durch Verordnung (EU) Nr. 513/2011 vom 11.05.2011 zur Änderung der Verordnung (EG) Nr. 1060/2009 über Ratingagenturen, ABl. EU Nr. L 145/30 vom 31.05.2011, sowie Verordnung (EU) Nr. 462/2013 vom 21.05.2013 zur Änderung der Verordnung (EG) Nr. 1060/2009 über Ratingagenturen, ABl. EU Nr. L 146/1 vom 31.05.2013.

324 Vgl. *Horsch/Kleinow/Heinrich*, Kreditwesen 2013, 297, 297.

325 Vgl. Erwägungsgrund 10 der Rating-VO (EG) Nr. 1060/2009.

zur Vermeidung von Interessenkonflikten,[326] Anforderungen an die Mitarbeiter und Angestellten der Ratingagentur,[327] Pflichten im Zusammenhang mit den Methoden zur Erstellung von Ratings[328] und deren Bekanntgabe[329] sowie Transparenzpflichten.[330] Darüber hinaus wurde das europäische Registrierungsverfahren, welches eine Ratingagentur zu durchwandern hatte, soweit sie Ratings aus einem Mitgliedstaat heraus abgeben wollte, sowie die Zusammenarbeit der europäischen Behörden detailliert festgelegt.[331] Anders als in der aktuellen Fassung der Rating-VO oblag es nach Art. 36 Verordnung (EG) Nr. 1060/2009 den jeweiligen mitgliedstaatlichen Behörden, Zuwiderhandlungen einer Ratingagentur gegen die Rating-VO zu sanktionieren. Ebenso war eine eigene zivilrechtliche Haftungsvorschrift in der Verordnung (EG) Nr. 1060/2009 nicht enthalten. Stattdessen sah Erwägungsgrund 69 der Verordnung ausdrücklich vor, dass Forderungen gegen Ratingagenturen aufgrund von Verstößen gegen die Rating-VO (EG) Nr. 1060/2009 im Einklang mit den nationalen Rechtsvorschriften über die zivilrechtliche Haftung erhoben werden sollten.[332]

Mit der Verordnung (EU) Nr. 1095/2010[333] wurde die Europäische Wertpapier- und Marktaufsichtsbehörde (ESMA)[334] errichtet, der mit der Verordnung (EU) Nr. 513/2011[335] wesentliche Aufgaben übertragen wurden, die zuvor von den nationalen Behörden übernommen worden waren. Neben der Durchführung und Überwachung der Registrierung von Ratingagenturen[336] sowie deren laufende Kontrolle[337] übernahm die ESMA auch die Aufgabe, Ratingagenturen zu sanktionieren, die gegen ihre Pflichten aus der Rating-VO verstießen.[338] Dafür konnte die ESMA sowohl auf Buß- als auch auf Zwangsgelder zurückgreifen.

---

326 Art. 6 Rating-VO (EG) Nr. 1060/2009.

327 Art. 7 Rating-VO (EG) Nr. 1060/2009.

328 Art. 8 Rating-VO (EG) Nr. 1060/2009.

329 Art. 10 f. Rating-VO (EG) Nr. 1060/2009.

330 Art. 12 Rating-VO (EG) Nr. 1060/2009.

331 Art. 13 bis 35 Rating-VO (EG) Nr. 1060/2009.

332 Vgl. auch *Berger/Stemper*, WM 2010, 2289, 2289.

333 Verordnung (EU) Nr. 1095/2010 des Europäischen Parlaments und des Rates vom 24.11.2010, ABl. EU Nr. L 331/84 vom 15.12.2010.

334 Abkürzung ist in Art. 4 Abs. 3 lit. b Rating-VO legaldefiniert.

335 Verordnung (EU) Nr. 513/2011 des Europäischen Parlaments und des Rates zur Änderung der Verordnung (EG) Nr. 1060/2009 über Ratingagenturen vom 11.05.2011, ABl. EU Nr. L 145/30 vom 31.05.2011.

336 Art. 16 bis 20 Rating-VO (EU) Nr. 513/2011.

337 Art. 21 bis 25a Rating-VO (EU) Nr. 513/2011.

338 Art. 36a ff. Rating-VO (EU) Nr. 513/2011.

Obgleich auch die Gründung einer europäischen Ratingagentur als „europäisches Gegengewicht" zu den großen drei amerikanischen Ratingagenturen von verschiedenen Seiten befürwortet und unterschiedliche Konzepte dazu entwickelt wurden, fanden diese keinen Einzug in die Rating-VO und sind bis heute nicht praktisch umgesetzt.[339] Ebenso sah die Verordnung (EU) Nr. 513/2011 weiterhin keine Aufnahme einer zivilrechtlichen Haftungsvorschrift vor.

Erst zwei Jahre später mit der Verordnung (EU) Nr. 462/2013[340] wurde eine zivilrechtliche Haftungsvorschrift auf Unionsebene ins Leben gerufen. Daneben nahm man Regelungen auf, die einen übermäßigen Rückgriff auf Ratings vermindern[341] und vertragliche Beziehungen zwischen Ratingagenturen und bewerteten Unternehmen reduzieren sollten.[342] Gleichermaßen enthält die Verordnung besondere Anforderungen für Länderratings[343] und strukturierte Finanzinstrumente[344]. Ersteres soll insbesondere die Qualität der Ratings von Staatsanleihen der EU-Mitgliedstaaten verbessern.[345] Die Bewertung einzelner Emittenten oder eines seiner Finanzinstrumente ist nunmehr zeitlich begrenzt, sodass Ratingagenturen zur Rotation verpflichtet sind.[346] Als Erfolg verspricht man sich die Verringerung von Interessenkonflikten, die dem Modell des zahlenden Emittenten immanent sind.[347] Daneben wurde eine europäische Ratingplattform geschaffen, auf der die ESMA die an sie von den Ratingagenturen weitergeleiteten Ratings und Ratingausblicke zu dem bewerteten Finanzinstrument, Angaben zur Art des Ratings und zur Art der Ratingtätigkeit sowie Tag und Uhrzeit der Veröffentlichung offenlegt.[348]

II. Rechtsgrundlage

Die Haftungsvorschrift des Art. 35a Rating-VO ist europäisches Recht und beansprucht durch ihren europäischen Verordnungscharakter unmittelbare

339 Ausführlich *Meeh-Bunse/Gunther/Schomaker*, WM 2014, 1464, 1464 ff.

340 Verordnung (EU) Nr. 462/2013 des Europäischen Parlaments und des Rates zur Änderung der Verordnung (EG) Nr. 1060/2009 über Ratingagenturen vom 21.05.2013, ABl. EU Nr. L 146/1 vom 31.05.2013.

341 Art. 5a bis 5c Rating-VO (EU) Nr. 462/2013.

342 Art. 6b Rating-VO (EU) Nr. 462/2013.

343 Art. 8a Rating-VO (EU) Nr. 462/2013.

344 Art. 8b, 8c, 10 Abs. 3 und Art. 39 Abs. 4 Rating-VO (EU) Nr. 462/2013.

345 Vgl. *Europäische Kommission*, Pressemitteilung vom 18.06.2013, IP/13/555.

346 Vgl. Art. 6b Rating-VO (EU) Nr. 462/2013.

347 Vgl. *Europäische Kommission*, Pressemitteilung vom 18.06.2013, IP/13/555.

348 Art. 11a Rating-VO (EU) Nr. 462/2013.

Geltung in allen europäischen Mitgliedstaaten.[349] Grundlage der Rating-VO (EU) Nr. 462/2013 und damit von Art. 35a Rating-VO ist Art. 114 AEUV, sodass die mit der Verordnung bezweckten Rechtsangleichungsmaßnahmen die Errichtung oder das Funktionieren des Binnenmarkts fördern sollen.[350]

Teilweise wird im Schrifttum bezweifelt, dass die Ausgestaltung der europäischen Haftungsvorschrift die Anforderungen des Art. 114 AEUV als Ermächtigungsgrundlage hinreichend erfüllt.[351] Insbesondere Art. 35a Abs. 4 Rating-VO, wonach die Auslegung wesentlicher Tatbestandsmerkmale und Ergänzung der Haftungsvorschrift nationalem Recht überlassen sind,[352] werfe die Frage auf, ob ein Verstoß gegen das Verhältnismäßigkeitsprinzip in Gestalt des Untermaßverbots vorliege.[353] Demgegenüber geht der Juristische Dienst des Rats davon aus, dass Art. 35a Rating-VO von Art. 114 AEUV abgesichert sei.[354]

Mit der Rating-VO im Allgemeinen und der zivilrechtlichen Haftungsvorschrift im Besonderen bezweckt der europäische Gesetzgeber die Verwirklichung und Verbesserung des Binnenmarkts, wie nicht nur in Art. 1 Rating-VO ersichtlich ist, sondern sich ebenso aus den Erwägungsgründen der Rating-VO (EU) Nr. 462/2013 ergibt.[355] Darüber hinaus ist es notwendig, dass der jeweilige Rechtsakt verhältnismäßig, also geeignet, erforderlich und angemessen ist.[356] Ob Art. 35a Rating-VO diese Voraussetzungen erfüllt, kann erst nach einer eingehenden Untersuchung der Haftungsvorschift beantwortet werden und ist damit Gegenstand der abschließenden Beurteilung.[357]

---

349 Vgl. Art. 288 AEUV.

350 Vgl. *Kahl* in: Calliess/Ruffert, EUV/AEUV, Art. 114 Rn. 20; *Leible/Schröder* in: Streinz, EUV/AEUV, Art. 114 Rn. 20.

351 Vgl. *Wojcik*, NJW 2013, 2385, 2389; *Gietzelt/Ungerer*, GPR 2013, 333, 336.

352 Siehe unten, Teil 2 A. IV.

353 Vgl. *Gietzelt/Ungerer*, GPR 2013, 333, 336.

354 Rat der Europäischen Union, Beitrag des Juristischen Dienstes, Vorschlag für eine Verordnung des Europäischen Parlaments und des Rates zur Änderung der Verordnung (EG) Nr. 1060/2009 über Ratingagenturen – Zivilrechtliche Haftung, 16.03.2012, Dok.-Nr. des Rates 7801/12, S. 4 f.

355 Vgl. Erwägungsgrund 11, 32, 43 und 64 der Rating-VO Nr. 462/2013.

356 *Leible/Schröder* in: Streinz, EUV/AEUV, Art. 114 AEUV Rn. 63.

357 Siehe unten, Teil 5.

III. Grundstruktur

1. Äußerer Aufbau

Die Vorschrift ist in sechs Absätze unterteilt. Absatz 1 statuiert den Tatbestand des Schadensersatzanspruchs von Anlegern und Emittenten gegen Ratingagenturen. Absatz 2 befasst sich mit einzelnen Darlegungs- und Beweisfragen. In Absatz 3 wird die Zulässigkeit von Haftungsbeschränkungen für den europäischen Schadensersatzanspruch geregelt. Absatz 4 beinhaltet Hinweise bezüglich der Ermittlung des zuständigen Gerichts und trifft Anordnungen für die Auslegung einzelner unbestimmter Rechtsbegriffe sowie Bestimmungen für die Schließung von Regelungslücken, welche die Haftungsvorschrift mit sich bringt. Während Abs. 5 das Verhältnis zwischen der europäischen Haftungsvorschrift und nationalen Schadensersatzvorschriften regelt, legt Abs. 6 fest, in welchem Verhältnis die zivilrechtliche Haftung zu den öffentlich-rechtlichen Kompetenzen der ESMA steht, wenn die Ratingagentur gegen die Rating-VO verstößt.

2. Rechtsgüterschutz vs. Verhaltenspflichtverletzung

a. Anknüpfungspunkt in der Haftungsvorschrift

Das Haftungskonzept des Art. 35a Rating-VO zeichnet sich auf den ersten Blick dadurch aus, dass sie ihre Rechtsfolgen nicht an die Verletzung eines bestimmten Rechtsguts anknüpft,[358] sondern allgemein den Eintritt eines Schadens verlangt.[359] Insofern unterscheidet sich die europäische Haftungsvorschrift wesentlich von der deutschen Haftungsvorschrift aus unerlaubter Handlung nach § 823 Abs. 1 BGB. Parallelen können eher zu § 823 Abs. 2 BGB gezogen werden, der bestimmte Verhaltensweisen, nämlich den Verstoß gegen Normen sanktioniert, die ihrerseits bestimmte Interessen schützen.[360] Größere Ähnlichkeit weißt Art. 35a Rating-VO gar mit der deliktsrechtlichen Generalklausel des französischen Rechts auf. Nach Art. 1382 code civil bedarf es des Eintritts eines Schadens, der auch Vermögensschäden einschließt,[361] ohne dass auf Tatbestandsebene eine Begrenzung auf bestimmte Rechtsgüter stattfindet.

---

358 Vgl. allg. zur Unterscheidung von an eine Verletzung oder ein Verhalten anknüpfende Tatbestände *Deutsch*, Allgemeines Haftungsrecht, S. 35 Rn. 47.

359 Vgl. zur dogmatischen Frage bzgl. des offenenTatbestands oder der Anknüpfung an bestimmte Rechtsgüter im deutschen Recht *Wagner* in: Zimmermann, Grundstrukturen des Europäischen Deliktsrechts, S. 189, 241 f.

360 *Teichmann* in: Jauernig, BGB, § 823 Rn. 1.

361 *Hübner/Constantineco*, Einführung in das frz. Recht, S. 204.

Ebenso sind Parallelen zum englischen Recht feststellbar, da die Negligence-Haftung des englischen Common Law nicht zwischen Interessenverletzung und Schaden unterscheidet.[362] Das englische Deliktsrecht unterliegt dem Grundverständnis, bestimmte Verhaltensweisen zu verbieten, statt bestimmte Rechtsgüter zu schützen.[363] Es sollen in erster Linie Verluste ausgeglichen werden, die auf Verhaltensweisen zurückzuführen sind, welche der Gesetzgeber als sozialschädlich eingestuft hat.[364] Man kann insofern von einer „*duty of care-Doktrin*" sprechen, die inhaltlich dem im deutschen und österreichischen Recht anerkannten Konzept des Verhaltensunrechts entspricht.[365] Einem „*breach of duty*" Modell unterliegt auch Art. 35a Rating-VO. Dabei ist maßgeblicher Anknüpfungspunkt der Haftungsvorschrift nicht die Abgabe eines fehlerhaften Ratings, sondern vielmehr der Verstoß gegen eine der in Anhang III aufgeführten Verhaltens- und Organisationspflichten.[366]

b. Faktischer, individueller Rechtsgüterschutz

Obgleich die Vorschrift nicht die Verletzung bestimmter Rechtsgüter voraussetzt, sondern einen Verstoß gegen die in Anhang III der Rating-VO benannten aufsichtsrechtlichen Organisations- und Verhaltenspflichten verlangt, gewährleistet sie faktisch Schutz für bestimmte Rechtsgüter. Entscheidend ist, dass dieser Schutz nicht durch die Aufnahme der Rechtsgüter in den jeweiligen Haftungstatbestand erfolgt, sondern vielmehr aus dem Verbot bestimmter Verhaltensweisen resultiert.[367] Der Rechtsgüterschutz ist damit als Folge des Verbots eines bestimmten Verhaltens zu begreifen. Der von Anlegern und Emittenten infolge eines fehlerhaften Ratings erlittene Schaden wird regelmäßig ein Vermögensschaden sein.[368]

Obgleich Art. 35a Rating-VO selbst keine Anhaltspunkte dafür liefert, dass der europäische Verordnungsgeber Emittenten darüber hinaus vor bestimmten

---

362 *Brüggemeier*, Haftungsrecht, S. 545.

363 *von Bar*, Gemeineuropäisches Deliktsrecht II, § 1 Rn. 3 Fn. 18; wohingegen die Väter des BGB fürchteten, mit dieser Mehtodik nicht alle in Betracht kommenden Haftungsfälle abdecken zu können *Zweigert/Kötz*, Introduction to Comparative Law, S. 599.

364 *von Bar*, Gemeineuropäisches Deliktsrecht II, § 1 Rn. 5; vgl. *Koziol* in: European Group on Tort Law, Principles of Tort Law, S. 24 Rn. 2 ff.

365 *Koziol* in: European Group on Tort Law, Principles of Tort Law, S. 26 Rn. 6.

366 Vgl. auch *Schroeter*, Ratings, S. 840; *Berger/Ryborz*, WM 2014, 2241, 2246; *Dutta*, IPRax 2014, 33, 35; *Blaurock*, EuZW 2013, 608, 611.

367 *von Bar*, Gemeineuropäisches Deliktsrecht II, § 1 Rn. 3 Fn. 18.

368 Vgl. *Dutta*, IPRax 2014, 33, 38.

Rechtsgüterbeeinträchtigungen schützen will, stellt Erwägungsgrund 32 der Änderungsverordnung den Zusammenhang zwischen einem Rating und dem Ansehen eines Emittenten her. Danach sollen Schäden ersetzbar sein, die durch Herabstufung eines Ratings und dessen „negative Auswirkungen auf das Ansehen und die Finanzierungskosten eines Emittenten“[369] entstehen. Zutreffend geht der Verordnungsgeber davon aus, dass mit der schlechteren Bewertung der Zahlungs- oder Kreditwürdigkeit eine Schmälerung des Ansehens des Emittenten einhergehen kann. Vor allem bei nicht beauftragten Ratings ist das denkbar, da Emittenten regelmäßig keinen Einfluss auf die Veröffentlichung nehmen können.

In Abgrenzung dazu sollen Anleger vor fehlerhaften Ratings in ihren Anlageentscheidungen geschützt werden. Da Ratings „erheblichen Einfluss auf Anlageentscheidungen“ haben, sollen Ratingagenturen gegenüber Anlegern besonders in der Pflicht stehen.[370] Anleger sollen auf Grundlage der von Ratingagenturen vermittelten Informationen eine für sie persönlich sinnvolle Anlageentscheidung treffen können. Ist das Rating, auf das sich der Anleger in der konkreten Situation verlässt, fehlerhaft, so wird der Anleger seiner Möglichkeit beraubt, „in wohlinformierter Weise von [seiner] Privatautonomie Gebrauch zu machen“[371]. Diesen besonderen Zusammenhang zwischen Rating und Anlageentscheidung stellt die Haftungsvorschrift ausdrücklich in Art. 35a Abs. 1 Unterabs. 2 Rating-VO her, wonach der Anleger Schadensersatz nur verlangen kann, wenn er nachweist, dass er sich bei seiner maßgeblichen Anlageentscheidung auf das Rating verlassen hat. Art. 35a Rating-VO schützt damit in tatsächlicher Hinsicht auch die freie Willensentscheidung von Anlegern.

IV. Auslegungsmethode

Die Haftungsvorschrift enthält eine Reihe unbestimmter Rechtsbegriffe, für die die Rating-VO keine Legaldefinition bereithält und die daher der Auslegung bedürfen. Dazu gehören bspw. die Begriffe „vorsätzlich“, „grob fahrlässig“, „ausgewirkt“ und „Schaden“. Als europäisches Sekundärrecht ist die Haftungsvorschrift grundsätzlich unter dem Gesichtspunkt der einheitlichen Anwendung und Gleichbehandlung unionsrechtlich autonom, d.h. ohne Rückgriff auf nationales Recht, auszulegen, es sei denn, dass ausdrücklich darauf verwiesen wird.[372]

369 Erwägungsgrund 32 der Rating-VO Nr. 462/2013.

370 Erwägungsgrund 32 der Rating-VO Nr. 462/2013.

371 *Huber*, IPRax 2009, 134, 136.

372 EuGH, Urt. v. 27.01.2005 – Rs. C 188/03 – Junk/Kühnel, Slg. 2005, I-885, 916 Rn. 27 ff.; EuGH, Urt. v. 09.11.2000 – Rs. C 357/98 – The Queen/Secretary of State for the Home Department – ex parte: Yiadom, Slg. 2000, I- 9265, 9297 Rn. 26; EuGH, Urt.

Einen solchen spezialgesetzlichen Verweis enthalten Art. 35a Abs. 4 Satz 1 und Satz 2 Rating-VO. Danach sind Begriffe wie Schaden, Vorsatz oder grobe Fahrlässigkeit, die in der Haftungsvorschrift genannt, aber nicht definiert werden, nach dem jeweils geltenden nationalen Recht auszulegen und anzuwenden. Auch Fragen der zivilrechtlichen Haftung einer Ratingagentur, die nicht von der Verordnung geregelt werden, sind ebenfalls mithilfe des jeweils geltenden nationalen Rechts zu beantworten. Unabhängig davon, nach welchen Kriterien sich das jeweilige nationale Recht bestimmt,[373] setzt sich der europäische Haftungstatbestand aus einem Teil, der für alle Rechtsanwender gleichermaßen Geltung beansprucht, und einem variablen, je nach nationalem Recht bestimmten Teil zusammen. *Schroeter* spricht insofern von einer „hybriden Haftungsregelung".[374] *Dutta* sieht in Art. 35a Rating-VO das Grundgerüst eines europäischen Haftungstatbestands, dessen nähere Ausfüllung dem nationalen Recht überlassen ist.[375] Mit leicht negativer Akzentuierung qualifiziert *Haar* Art. 35a Abs. 4 Rating-VO als „Einfallstor für die verschieden ausgestalteten Stellschrauben mitgliedstaatlicher Haftungsregelungen".[376] Ob man daher von der europäischen Haftungsvorschrift in Bezug auf Ratingagenturen sprechen kann oder es stattdessen richtigerweise „Haftungsvorschriften" heißen müsste, ist an dieser Stelle schwer zu beurteilen, da eine solche Bewertung erst nach eindringlicher Untersuchung der einzelnen Voraussetzungen und Zusammenhänge möglich ist.[377]

Um eine sachgerechte Auseinandersetzung mit den einzelnen Tatbestandsmerkmalen der Haftungsvorschrift zu gewährleisten, muss geklärt werden, welche Fragen dem nationalen Recht unterstehen und was durch die Rating-VO selbst geregelt wird. Dies macht es erforderlich, den Regelungsinhalt von Art. 35a Abs. 4 Satz 1 und Satz 2 Rating-VO vorab zu untersuchen. Gemäß dem

---

v. 19.09.2009 – Rs. C 287/98 – Luxemburg/Linster, Slg. 2000, I-6917, 6965 Rn. 43; EuGH, Urt. v. 18.01.1984 – Rs. 327/82 – Ekro/Produktschap, Slg. 1984, 107, 119 Rn. 11; EuGH, Urt. v. 06.10.1982 – Rs. 283/81 – Junk/Kühnel, Slg. 1982, 3415, 3430 Rn. 19; EuGH, Urt. v. 14.05.1985 – Rs. 139/84 – van Dijk's/Staatssecretaris van Financien, Slg. 1985, 1405, 1417 Rn. 16; *Riesenhuber* in: Riesenhuber, Europäische Methodenlehre, § 10 Rn. 4 ff.

373 Siehe unten, Teil 3.

374 *Schroeter*, Ratings, S. 834.

375 *Dutta*, WM 2013, 1729, 1729.

376 *Haar*, DB 2013, 2489, 2494; *Gietzelt/Ungerer*, GPR 2013, 333, 338 haben erhebliche dogmatische Bedenken gegenüber dieser Neuerung.

377 Siehe unten, Teil 5.

allgemeinen Grundsatz ist Art. 35a Abs. 4 Satz 1 und Satz 2 Rating-VO unionsautonom auszulegen.

1. Art. 35a Abs. 4 Satz 1 Rating-VO

Art. 35a Abs. 4 Satz 1 Rating-VO bestimmt wörtlich, dass Begriffe wie „Schaden", „Vorsatz", „grobe Fahrlässigkeit" usw., die in diesem Artikel genannt aber nicht definiert werden, nach dem jeweils geltenden nationalen Recht auszulegen und anzuwenden sind. Gemeint ist damit, dass sich die inhaltliche Bedeutung der unbestimmten Rechtsbegriffe nach nationalem Recht bemisst.[378]

a. „Begriffe wie"

Art. 35a Abs. 4 Satz 1 Rating-VO ist hinsichtlich der Aufzählung der nach nationalem Recht zu definierenden Begriffe nicht abschließend, was sich aus der Formulierung „Begriffe wie" ergibt.[379] Weitere Begriffe, die in Art. 35a Rating-VO genannt aber dort nicht definiert werden, sind u.a. „Ratingagentur", „Rating", „Zuwiderhandlungen", „Anleger", „Emittent", „Ersatz", „Finanzinstrument", „verlassen", „öffentlich zugänglicher Informationen", „irreführend", „falsch informiert" und „zivilrechtlicher Haftungsanspruch".

Auf den ersten Blick ist die Anordnung von Art. 35a Abs. 4 Satz 1 Rating-VO unklar. Zum einen könnte die Vorschrift so zu verstehen sein, dass solche Begriffe nationalem Sachrecht unterstellt sind, die zwar in der Haftungsvorschrift genannt, dort aber nicht definiert sind. Zum anderen ist es denkbar, dass Art. 35a Abs. 4 Satz 1 Rating-VO lediglich solche Begriffe meint, für die die Rating-VO insgesamt keine Definition bereithält. Während ersteres eine Lesensart der Vorschrift voraussetzen würde, nach der sich „in diesem Artikel" nicht nur auf „genannt" sondern auch auf „nicht definiert" bezieht, wäre für Letzteres „in diesem Artikel" lediglich auf „genannt" zu beziehen und die Formulierung „nicht definiert" selbstständig zu lesen. Auch ein Rückgriff auf die englische Sprachfassung sorgt nicht für mehr Rechtsklarheit: „Terms (…) which are referred to in this Article but are not defined".

Richtigerweise muss Art. 35a Abs. 4 Satz 1 Rating-VO so gelesen werden, dass nur solche unbestimmten Begriffe dem nationalen Recht unterliegen, für die die Rating-VO insgesamt keine Definition bereithält. Unter dem Gesichtspunkt der europäischen Rechtsangleichung würde es wenig Sinn machen, die Definition einzelner Begriffe dem nationalen Recht zu überlassen, wenn zugleich eine

---

378 *Dutta,* WM 2013, 1729, 1730.

379 So auch *Schultes,* Regulierung und Haftung von Ratingagenturen, S. 302.

Definition im selben Rechtsakt vorhanden ist. Es ist ein maßgebliches Ziel der Rating-VO im Allgemeinen, aber auch der Haftungsvorschrift im Besonderen, dass Ratingagenturen zur Einhaltung der ihnen durch die Verordnung auferlegten Verhaltenspflichten angehalten werden,[380] um Anlegern und Emittenten einen umfassenden Schutz gewähren zu können.[381] Dieser Zusammenhang zwischen der zivilrechtlichen Haftung einerseits und den öffentlich-rechtlichen Verhaltensregeln andererseits macht ein einheitliches Begriffsverständnis erforderlich.

Zudem sind die in Art. 35a Abs. 4 Satz 1 Rating-VO ausdrücklich genannten Begriffe wie „Schaden", „Vorsatz", „grobe Fahrlässigkeit", „in vertretbarer Weise verlassen", usw. der Terminologie des Haftungsrechts zuordenbar, die für den übrigen Regelungsbereich der Rating-VO keine Rolle spielen. Auf die Begriffe „Anleger", „Emittent", „Rating" und „Ratingagentur" trifft dies hingegen nicht zu.

Schließlich spricht ein systematischer Aspekt für das hier vertretene Verständnis von Art. 35a Abs. 4 Satz 1 Rating-VO.[382] Art. 3 Abs. 1 Rating-VO definiert eine Vielzahl unbestimmter, in der Rating-VO verwendeter Begriffe. Nach dessen Wortlaut gilt Art. 3 Abs. 1 Rating-VO für die gesamte Rating-VO und damit auch für die in Art. 35a Rating-VO genannten Begriffe, da die Haftungsvorschrift Teil der Rating-VO ist.[383]

Demnach ist die Formulierung „Begriffe wie (...), die in diesem Artikel genannt aber nicht definiert werden (...)" zu lesen als „Begriffe wie (...), die in diesem Artikel genannt aber in der Verordnung nicht definiert werden (...)".[384]

---

380 Siehe zum „private-enforcement"-Charakter der Haftungsvorschrift unten, Teil 2 A. V. 2.

381 Erwägungsgrund 32 der Rating-VO (EU) Nr. 462/2013; vgl. auch Rat der Europäischen Union, Beitrag des Juristischen Dienstes. Vorschlag für eine Verordnung des Europäischen Parlaments und des Rates zur Änderung der Verordnung (EG) Nr. 1060/2009 über Ratingagenturen – Zivilrechtliche Haftung, 16.03.2012, Dok.-Nr. des Rates 7801/12, S. 4 f.

382 Vgl. allg. zur systematischen Auslegungsmethode im europäischen Recht EuGH, Urt. v. 19.11.2009 – verb. Rs. C-402/07 und C-432/07 – Sturgeon/Condor, NJW 2010, 43, 44 Rn. 29 ff.; EuGH, Urt. v. 25.10.2001 – Rs. C-112/99 – Toshiba/Katun, Slg. 2001, I-7945, 7987 Rn. 35; EuGH, Urt. v. 06.10.1982 – Rs. 283/81 – C.I.L.F.I.T./Ministero della sanita, Slg. 1982, 3415, 2430 Rn. 20; EuGH, Urt. v. 04.12.1997 – Rs. C 97/96 – Daihatsu, Slg. 1997, I-6843, 6864 Rn. 20 ff.; *Riesenhuber* in: Riesenhuber, Europäische Methodenlehre, § 10 Rn. 23 ff.

383 In Art. 3 Abs. 1 Rating-VO heißt es wörtlich: „Für die Zwecke **dieser Verordnung** bezeichnet der Ausdruck (...)" (Hervorherbung durch den Verfasser).

384 Zutreffend im Ergebnis *Dutta*, WM 2013, 1729, 1730.

Der europäische Gesetzgeber wollte durch den Verweis in das jeweils geltende nationale Recht einen Mechanismus schaffen, der die Schwächen der unzulänglichen Kodifikation des Unionsrechts zumindest überbrückt. Daher sind nur solche Begriffe nach nationalem Recht zu definieren, deren Inhalt nicht an Hand der Rating-VO ermittelt werden kann. Dazu gehören u.a. die Formulierungen „Zuwiderhandlungen", „Ersatz", „verlassen", „öffentlich zugänglicher Informationen", „irreführend", „falsch informiert" und „weitere zivilrechtliche Ansprüche"[385].

Nicht dem nationalen Recht unterstehen bspw. die Begriffe „Rating"[386], „Ratingagentur"[387], „Finanzinstrument"[388], „Emittent"[389] und „Anleger"[390].

b. „nationales Recht"

Der Verweis auf das nationale Recht beschränkt sich nicht nur auf Legaldefinitionen, sondern umfasst grundsätzlich auch die durch die Rechtsprechung und das Schrifttum entwickelten Definitionen und Grundsätze, die erst aus dem geschriebenen Gesetz herausgearbeitet und abgeleitet werden müssen.[391]

Nationales Recht i.S.d. Art. 35a Abs. 4 Satz 1 Rating-VO meint das nationale Sachrecht, also Normen des materiellen Rechts.[392] Dies ergibt sich insbesondere aus der Aufzählung der Begriffe, die allesamt dem materiellen Recht zuordenbar sind. Zudem trifft Art. 35a Rating-VO mit Ausnahme von Abs. 2 keine verfahrensrechtlichen Anordnungen.[393] Schließlich handelt es sich bei Art. 35a Rating-VO um einen materiellrechtlichen Schadensersatzanspruch, der

385 Es ist zwingend zwischen „weiteren zivilrechtlichen Ansprüchen" und der Einordnung von Art. 35a Rating-VO als „zivilrechtlicher Anspruch" zu unterscheiden, siehe unten, Teil 2 A. VI.

386 Art. 3 Abs. 1 lit. a Rating-VO.

387 Art. 3 Abs. 1 lit. b Rating-VO.

388 Art. 3 Abs. 1 lit. k Rating-VO.

389 Art. 3 Abs. 1 lit. s Rating-VO.

390 Siehe zum Begriff Anleger unten, Teil 2 B. III. 2. a. aa.

391 Anderenfalls wäre die Anwendung des Art. 35a Rating-VO nicht nur bei der subsidiären Berücksichtigung englischen Rechts, sondern auch dann nahezu ausgeschlossen, wenn deutsches Recht zur Anwendung kommt, da auch hier eine Vielzahl von Definitionen nicht im Gesetzestext enthalten ist. So fehlt es schon an einer Definition im BGB für „Vorsatz" und „grobe Fahrlässigkeit".

392 Vgl. zur Begrifflichkeit des Sachrechts *Lorenz* in: Bamberger/Roth, BGB, EGBGB, Einleitung IPR Rn. 2.

393 Siehe unten, Teil 2 E.

nach den Vorgaben des Art. 35a Abs. 4 Satz 1 und 2 Rating-VO ergänzt und konkretisiert werden muss.

2. Art. 35a Abs. 4 Satz 2 Rating-VO

Art. 35a Abs. 4 Satz 2 Rating-VO bestimmt, dass Fragen der zivilrechtlichen Haftung einer Ratingagentur, die nicht von der Rating-VO geregelt werden, dem jeweils geltenden nationalen Recht gemäß den einschlägigen Bestimmungen des internationalen Privatrechts unterliegen. Auch dieser Teil der Haftungsvorschrift zeugt davon, dass es noch kein materielles Unionsrecht gibt, auf das zurückgegriffen werden kann, soweit die Rating-VO selbst für offene Fragen keine Lösung bereithält.[394]

Was im Einzelnen mit „Fragen der zivilrechtlichen Haftung einer Ratingagentur, die nicht von dieser Verordnung geregelt werden" i.S.d. Art. 35a Abs. 4 Satz 2 Rating-VO gemeint ist, ergibt sich für den Rechtsanwender nicht ohne Weiteres aus dem Wortlaut der Vorschrift. Fragen der zivilrechtlichen Haftung einer Ratingagentur können an verschiedensten Stellen auftreten und können im Grundsatz prozessualer oder materiellrechtlicher Natur sein. Obgleich der Wortlaut der Vorschrift an sich sehr weit gefasst ist, will Art. 35a Abs. 4 Satz 2 Rating-VO wie auch Abs. 4 Satz 1 ausschließlich materiellrechtliche Fragen dem nationalen Recht unterstellen. Dafür sprechen mehrere Erwägungen. Einen ersten Hinweis liefert die Titelüberschrift zu Art. 35a Rating-VO. Dort ist mit „zivilrechtliche Haftung der Ratingagenturen" die materiellrechtliche Haftung gemeint. Nichts anderes sollte daher im Rahmen des Abs. 4 gelten. Dafür streitet auch Erwägungsgrund 35 der Rating-VO (EU) Nr. 462/2013. Hier werden als Beispiele für Fragen der zivilrechtlichen Haftung einer Ratingagentur, die nicht unter die Verordnung fallen oder nicht darin geregelt werden, die Kausalität und das Konzept der groben Fahrlässigkeit genannt. Diese sind ausschließlich dem materiellen Recht zuordenbar. Schließlich muss Art. 35a Abs. 4 Satz 2 Rating-VO im Verhältnis zu Abs. 4 Satz 3 und Abs. 2 der Haftungsvorschrift beurteilt werden. Nach Art. 35a Abs. 4 Satz 3 Rating-VO bestimmt sich die Zuständigkeit des Gerichtes über einen geltend gemachten Haftungsanspruch nach den „einschlägigen Bestimmungen des internationalen Privatrechts", wobei richtigerweise das internationale Verfahrensrecht gemeint ist[395]. Da nicht nur die internationale Gerichtszuständigkeit als echte Zulässigkeitsvoraussetzung ein wesentlicher

394 Vgl. auch Art. 7 Abs. 2 des Übereinkommens der Vereinten Nationen über Verträge über den internationalen Warenkauf (CISG) vom 11.04.1980.

395 *Gietzelt/Ungerer*, GPR 2013, 333, 339; *Steinrötter*, ZIP 2015, 110, 111.

Bestandteil des Internationalen Zivilprozessrechts darstellt,[396] sondern auch die sachliche und örtliche Zuständigkeit von Gerichten dem Prozessrecht zuordenbar sind,[397] hat der Verordnungsgeber eindeutig zwischen materiellrechtlichen Fragen und prozessualen Fragen unterscheiden wollen. Diese Schlussfolgerung lässt sich auch auf Abs. 2 der Haftungsvorschrift stützen, der primär prozessualen Regelungscharakter hat und dessen Regelungsinhalt gerade nicht durch das nach Art. 35a Abs. 4 Satz 2 Rating-VO bestimmte nationale Sachrecht näher bestimmt werden soll.[398] Geht man schließlich von dem internationalen Grundsatz aus, dass sich das Verfahrensrecht (grundsätzlich) nach dem Gerichtsstand richtet,[399] so hätte der Verordnungsgeber, der seinerseits beispielsweise in Art. 1 Abs. 3 und Art. 22 Rom II-VO klar zwischen Verfahrensrecht einerseits und materiellem Recht andererseits abgrenzt, seine eigenen Wertungen mit Art. 35a Abs. 4 Satz 2 Rating-VO über Bord geworfen. Dies erscheint nicht schlüssig.

Demnach sind neben der Kausalität auch die Art und der Umfang des Schadensersatzes grundsätzlich dem nationalen Sachrecht überlassen. Auch nach nationalem Sachrecht wird die Frage der Verjährung des Anspruchs zu beantworten sein, wobei sich bereits hier erhebliche Unterschiede zwischen den Regelungen zu den Verjährungsfristen der einzelnen europäischen Mitgliedstaaten zeigen.[400] Schließlich muss auf nationales Sachrecht für die Verwirkung und die Zurechnung des Fehlverhaltens von Organen der Ratingagenturen zurückgegriffen werden.[401]

3. *Verbleibende Abgrenzungsschwierigkeiten*

Die Haftungsvorschrift ist als europäisches Sekundärrecht grundsätzlich unionsautonom auszulegen. Können unbestimmte Rechtsbegriffe nicht mithilfe der Rating-VO bestimmt werden, so ist nach Art. 35a Abs. 4 Satz 1 Rating-VO auf nationales Sachrecht zurückzugreifen. Nationales Sachrecht ist auch dann maßgeblich, wenn die Rating-VO bestimmte materiellrechtliche Fragen, welche die zivilrechtliche Haftung betreffen, nicht selbst regelt.[402] Das ist dem Umstand

---

396 *Geimer*, Int. ZPR, Rn. 1; *Nagel/Gottwald*, IZPR, § 1 Rn. 10; *Schmitt*, Die Haftung wegen fehlerhafter oder pflichtwidriger Kapitalmarktinformationen, S. 194.

397 Vgl. allg. *Schack*, Int. ZVR, Rn. 217; *Förschler/Steinle*, Der Zivilprozess, S. 61 Rn. 222 ff.; *Grunsky*, Zivilprozessrecht, S. 56 Rn. 55.

398 Siehe unten, Teil 2 E.

399 Vgl. *Nagel/Gottwald*, IZPR, § 1 Rn. 42; kritisch *Schack*, Int. ZVR, Rn. 45 ff.; *Geimer*, Int. ZPR, Rn. 319 ff.

400 *Magnus*, ZEuP 12 (2004), 562, 579.

401 *Schultes*, Regulierung und Haftung von Ratingagenturen, S. 302.

402 Art. 35a Abs. 4 Satz 2 Rating-VO.

geschuldet, dass das europäische Unionsrecht noch kein allgemeines Zivilrecht kennt, auf das bei fehlenden Spezialregelungen verwiesen werden könnte.

Obgleich dieser Befund eine klare Zuordnung aller in Betracht kommender Fragen zu versprechen scheint, bleiben Abgrenzungsprobleme bestehen. So bestimmt Art. 35a Abs. 4 Satz 1 Rating-VO beispielsweise, dass der Begriff „Schaden" nach nationalem Sachrecht auszulegen und anzuwenden ist. Zutreffend geht die herrschende Ansicht im Schrifttum davon aus, dass sich Art und Umfang des Schadensersatzes nach dem subsidiären Haftungsstatut bestimmen.[403] Davon zu trennen ist aber die vorgeschaltete Frage der Ersatzfähigkeit eines Schadens, für deren Bestimmung entgegen dem Wortlaut von Art. 35a Abs. 4 Satz 1 Rating-VO nicht pauschal nationales Sachrecht maßgeblich ist, sondern grundsätzlich die Haftungsvorschrift selbst, ihre einzelnen Tatbestandsmerkmale und die ihr zugrundeliegenden Wertungen heranzuziehen sind.[404]

Auch bei der Anwendung nationalen Sachrechts im Rahmen des Art. 35a Rating-VO müssen die verordnungsimmanenten Vorgaben und Wertungen eingehalten und hinreichend berücksichtigt werden. Dies gebietet nicht nur der Effektivitätsgrundsatz[405], sondern kann sowohl auf den Grundsatz des Anwendungsvorrangs europäischer Verordnungen gegenüber mitgliedstaatlichen Rechtsakten[406] als auch auf das Gebot unionsrechtskonformer Auslegung nationalen Rechts gestützt werden[407]. Anspruch der nachfolgenden Ausführungen ist es, die einzelnen Regelungen und Tatbestandsmerkmale der Haftungsvorschrift an Hand dieses Maßstabs zu untersuchen und dabei deren Inhalt möglichst genau herauszuarbeiten.

---

403 *Schroeter,* Ratings, S. 849.

404 Vgl. *Maier-Reimer/Seulen* in: Habersack/Mülbert/Schlitt, Hdb. Kapitalmarktinformation, § 30 Rn. 104; *von Bar,* ZEuP 2001, 515, 522; *Koziol* in: European Group on Tort Law, Principles of Tort Law, S. 24 Rn. 1; *von Bar,* Gemeineuropäisches Deliktsrecht II, § 1 Rn. 3, 4, 16, 24 allg. zum Zusammenhang von ersatzfähigem Schaden und Haftungstatbestand; *Lange/Hagen,* Wandlung des Schadensersatzrechts, S. 36.

405 *Schantz,* Die zivilrechtliche Verantwortlichkeit von Ratingagenturen gegenüber Investoren, S. 355 m.w.N. zur EuGH-Rechtsprechung.

406 Vgl. allgemein zum Anwendungsvorrang *Ruffert* in: Calliess/Ruffert, EUV/AEUV, Art. 288 AEUV Rn. 20; *Schroeder* in: Streinz, EUV/AEUV, Art. 288 AEUV Rn. 59.

407 Vgl. EuGH Urt. v. 19.01.2010 – Rs. C-555/07 – Seda Kücükdeveci/Swedex GmbH & Co. KG, NJW 2010, 427, 429 Rn. 48; EuGH Urt. v. 05.10.2004 – Rs. C-397/01 bis C-403/01 – Bernhard Pfeiffer u.a./Deutsches Rotes Kreuz, Kreisverband Waldshut e.V., Slg. 2004 I-8835, 8917 Rn. 114; *Schröder* in: Streinz, EUV/AEUV, Art. 288 AEUV Rn. 125.

V. Qualifikation und Funktionen der europäischen Haftungsvorschrift

1. *Qualifikation*

Art. 35a Rating-VO ist eine zivilrechtliche Haftungsnorm, die bestimmten Anlegern und Emittenten bei Vorliegen bestimmter Voraussetzungen einen „Entschädigungsanspruch"[408] gegenüber bestimmten Ratingagenturen gewährt. Dabei handelt es sich nicht um einen vertraglichen Schadensersatzanspruch, wie sich klar aus Erwägungsgrund 32 der Rating-VO (EU) Nr. 462/2013 ergibt: Es sollen „alle Anleger und Emittenten, unabhängig davon, ob eine vertragliche Beziehung zwischen ihnen und einer Ratingagentur besteht, die Möglichkeit haben, bei einem Verstoß gegen die Verordnung (EG) Nr. 1060/2009 Schadensersatz zu verlangen." Richtigerweise qualifiziert das herrschende Schrifttum Art. 35a Rating-VO als deliktsrechtliche Haftungsvorschrift.[409] Da die Haftungsvorschrift ausschließlich das Haftungsverhältnis zwischen Ratingagenturen einerseits und Anlegern und Emittenten andererseits bei Verletzung der Rating-VO regeln möchte, also den Ausgleich für spezielle Fälle im Auge hat, ist Art. 35a Rating-VO als Sonderdeliktsrecht ausgestaltet.[410] Ein Rückgriff auf allgemeine unionsrechtliche Deliktsnormen wäre ohnehin nicht möglich gewesen, da es bisher an solchen Regelungen fehlt.[411] Noch enger kann die europäische Haftungsvorschrift als besondere Ausprägung der Informationsdeliktshaftung[412] oder der Kapitalmarktsinformationshaftung[413] bezeichnet werden, da das Rating als wesentliche Information die Preisbildung mitunter nicht unerheblich beeinflusst.

2. *Funktionen*

Die europäische Haftungsvorschrift erfüllt im Wesentlichen zwei gleichrangige Funktionen: Erstens dient sie dem Ausgleich von Schäden, die Anlegern und Emittenten wegen fehlerhafter Ratings entstehen, welche auf einen Verstoß gegen die Ordnungs- und Verhaltenspflichten der Rating-VO zurückzuführen

---

408 So ausdrücklich Erwägungsgrund 32 der Rating-VO (EU) Nr. 462/2013.

409 *Wagner* in: FS Blaurock, 467, 487; *Gietzelt/Ungerer*, GPR 2013, 333, 337.

410 So auch *Gietzelt/Ungerer*, GPR 2013, 333, 337.

411 Vgl. *Gietzelt/Ungerer*, GPR 2013, 333, 337.

412 Vgl. *Buck-Heeb/Dieckmann*, AG 2008, 681, 686; *Richter*, Schadenszurechnung bei deliktischer Haftung für fehlerhafte Sekundärmarktinformation, S. 82.

413 *Hellgardt*, AG 2012, 154, 155.

sind.[414] Zweitens soll die Ratingagentur angehalten werden, die ihr durch die Rating-VO auferlegten Pflichten zu erfüllen.[415] Als *„private enforcement*-Regelung" soll Art. 35a Rating-VO damit eine verhaltenssteuernde Funktion erfüllen.[416] Im Hinblick auf die Rechtsfolge der Haftungsvorschrift, nämlich die Zahlung eines Ausgleichbetrages an den Geschädigten, werden Schadensersatzansprüchen, die die Verletzung bestimmter öffentlich-rechtlicher Verhaltensstandards voraussetzen, eine privatrechtliche Sanktionierungsfunktion zugesprochen.[417] Unabhängig davon, ob man Art. 35a Rating-VO nun eine Verhaltenssteuerungs- oder eine Sanktionierungsfunktion zuspricht oder sie als *„private enforcement*-Regelung" qualifiziert, so bleibt das dahinterstehende Ziel der Vorschrift dasselbe: Die Ratingagenturen sollen ihre aus der Rating-VO erwachsenden Pflichten erfüllen. Neben Einflüssen des Marktes und aufsichtsrechtlicher Reglementierung kommt der zivilrechtlichen Haftung als dritte Kraft damit die Funktion zu, die Qualität von Ratings zu sichern und zu verbessern.[418]

VI. Verhältnis zu nationalen Haftungsvorschriften

Die europäische Haftungsvorschrift „schließt weitere zivilrechtliche Haftungsansprüche im Einklang mit dem nationalen Recht nicht aus".[419] Im deutschen Recht stehen Emittenten und Anlegern allgemeine Haftungsvorschriften zur Verfügung, da es an einer spezialgesetzlichen Regelung für ratingbedingte Schäden fehlt.[420]

Für einen Emittenten kommt ein vertraglicher Schadensersatzanspruch grundsätzlich dann in Betracht, wenn er die Ratingagentur mit der Erstellung eines Ratings, es handelt sich dabei nach wohl herrschender Meinung um einen

414 *Berger/Ryborz,* WM 2014, 2241, 2246; *Haar,* NZG 2010, 1281, 1281.

415 *Dutta,* WM 2013, 1729, 1733; *Dutta,* IPRax 2014, 33, 35; *Blaurock,* EuZW 2013, 608, 611.

416 *Dutta,* WM 2013, 1729, 1733; *Dutta,* IPRax 2014, 33, 35; *Blaurock,* EuZW 2013, 608, 611; *Berger/Ryborz,* WM 2014, 2241, 2246; *Haar,* NZG 2010, 1281, 1281; *Horsch/Kleinow/Heinrich,* Kreditwesen 2013, 297, 298 f. hinsichtlich des Rating-VO-Entwurfs *Tönningsen,* ZBB/JBB 2011, 460, 461; vgl. allg. zur verhaltenssteuernden Funktion von Haftungsvorschriften für Ratingagenturen *Habersack,* ZHR 169 (2005), 185, 199 ff., 203.

417 Vgl. zu § 823 Abs. 2 BGB *Wagner* in: Münchener Kommentar zum BGB, § 823 Rn. 384.

418 Vgl. *Bauer,* Ein Organisationsmodell zur Regulierung der Rating-Agenturen, S. 36.

419 Art. 35a Abs. 5 Rating-VO.

420 Vgl. *Amort,* EuR 2013, 272, 274.

Werkvertrag,[421] beauftragt hat.[422] Anleger werden einen vertraglichen Schadensersatzanspruch allenfalls auf die Verletzung eines Abonnementvertrags stützen können.[423] Daneben wird im deutschen Schrifttum diskutiert, Anleger in die Schutzwirkungen des Ratingvertrags mittels der Expertenhaftung nach §§ 280 Abs. 1 i.V.m. §§ 311 Abs. 3 Satz 2, 241 Abs. 2 BGB[424], aus Vertrag mit Schutzwirkung für Dritte[425] und aus Selbstbindung ohne Vertrag[426] einzubeziehen.[427]

Neben der Geltendmachung vertraglicher Schadensersatzansprüche steht es geschädigten Anlegern und Emittenten grundsätzlich offen, Schadensersatz nach §§ 823 ff. BGB zu verlangen.[428] Teils wird ein Anspruch von Emittenten nach § 823 Abs. 1 BGB wegen der Verletzung des Rechts am eingerichteten und ausgeübten Gewerbebetrieb oder des Persönlichkeitsrechts in Erwägung

421 *Bauer,* Ein Organisationsmodell zur Regulierung der Rating-Agenturen, S. 36; *Thiele,* Die zivilrechtliche Einordnung des Rating im deutschen Recht, S. 31; *Vetter,* WM 2004, 1701, 1705; *Habersack,* ZHR 169 (2005), 185, 203; *Amort,* EuR 2013, 272, 274; a.A. *Ebenroth/Koos,* in: Büschgen/Everling, Hdb. Rating, S. 483, 488; *Deipenbrock,* BB 2003, 1849, 1851, die sich für ein atypisches Vertragsverhältnis mit ausgeprägten werkvertraglichen Elementen aussprechen; a.A. *Eisen,* Haftung und Regulierung internationaler Rating-Agenturen, S. 216 ff., 223, der von einem aus Werk- und Diestvertrag zusammengesetzten Vertrag in Form eines Dauerschuldverhältnisses ausgeht, welcher auf eine Geschäftsbesorgung i.S.d. § 675 BGB gerichtet ist.

422 Vgl. zu den damit verbundenen Beweisschwierigkeiten *Bauer,* Ein Organisationsmodell zur Regulierung der Rating-Agenturen, S. 36.

423 Die Qualifizierung des Abonnementvertrags ist strittig. Für ein kaufrechtliches Sukzessivlieferungsverhältnis i.S.d. § 433 BGB *Deipenbrock,* BB 2003, 1849, 1852; *Habersack,* ZHR 169 (2005), 185, 205; für eine Qualifikation nach § 453 Abs. 1 Var. 2 BGB, wenn das Ergebnis online abrufbar ist: *Schuler,* Regulierung und zivilrechtliche Verantwortung von Ratingagenturen, S. 225 f.; für einen Dienstvertrag mit Geschäftsbesorgungscharakter: *Eisen,* Haftung und Regulierung internationaler Rating-Agenturen, S. 334; *Kontogeorgou,* DStR 2014, 1397, 1400 f.

424 *Schuler,* Regulierung und zivilrechtliche Verantwortung von Ratingagenturen, S. 254 ff.

425 *Ebenroth/Daum,* WM 1992, Sonderbeilage Nr. 5, 1, 14.

426 Vgl. *Bauer,* Ein Organisationsmodell zur Regulierung der Rating-Agenturen, S. 38; *Habersack,* ZHR 169 (2005), 185, 206; ausführlich zu der von *Köndgen* begründeten Theorie: *Ebenroth/Daum,* WM 1992, Sonderbeilage Nr. 5, 1, 17.

427 Vgl. umfassende Darstellung bei *Habersack,* ZHR 169 (2005), 185, 206 f.; *Amort,* EuR 2013, 272, 276; *Grundmann/Renner,* JZ 2013, 379, 380 ff.; *Haar,* NZG 2010, 1281, 1283 f.

428 OLG Frankfurt, Urt. vom 07.04.2015 – 24 U 82/14 –, juris.

gezogen, sofern das Rating die Schwelle zur Schmähkritik überschreitet.[429] Nach herrschender Ansicht scheidet eine Haftung nach § 824 BGB regelmäßig aus, da ein Rating grundsätzlich als Werturteil zu qualifizieren sei.[430] Eine Haftung nach § 826 BGB wird sich auf seltene Extremfälle begrenzen, in denen Angaben beispielsweise „ins Blaue" hinein gemacht werden.[431]

Unklar ist auf den ersten Blick, ob bzw. inwiefern Kombinationen nationaler Anspruchsgrundlagen mit der europäischen Haftungsvorschrift zulässig sind. So unterstellt Artikel L. 544–5[432] des französischen Code monétaire et financier Zuwiderhandlungen der Ratingagenturen gegen Organisations- und Verhaltenspflichten i.S.d. Rating-VO seinem nationalen, deliktisrechtlichen Haftungsregime.[433] Ein ähnliches Vorgehen wäre im deutschen Recht im Hinblick auf § 823 Abs. 2 BGB denkbar, soweit man einzelne in Anhang III aufgeführte Zuwiderhandlungen, die geeignet sind, sich auf das Ratingergebnis auszuwirken, als Schutzgesetz qualifiziert.[434] Aus Klägerperspektive könnten etwa die Verschuldensanforderungen auf einfache Fahrlässigkeit herabgesenkt oder die Anforderungen des Art. 35a Abs. 1 Unterabs. 2 und 3 Rating-VO umgangen werden, sodass sich u.U. die Ausgangssituation für die Geltendmachung von Schadensersatz verbessern würde.

Eine Symbiose zwischen nationalem Sachrecht und der Rating-VO dieser Form ist nicht (mehr) zulässig.[435] Während die Rating-VO (EG) Nr. 1060/2009

---

429 *Ebenroth/Daum,* WM 1992, Sonderbeilage Nr. 5, 1, 9; *Deipenbrock*, BB 2003, 1849, 1851 f.

430 *Ebenroth/Daum,* WM 1992, Sonderbeilage Nr. 5, 1, 10; *Habersack,* ZHR 169 (2005), 185, 200; *Amort*, EuR 2013, 272, 275; *Berger/Ryborz,* WM 2014, 2241, 2243.

431 *Berger/Ryborz,* WM 2014, 2241, 2243; *Amort*, EuR 2013, 272, 275.

432 „Les agences de notation de crédit mentionnées à l'article L. 544–4 engagent leur responsabilité délictuelle et quasi délictuelle, tant à l'égard de leurs clients que des tiers, des conséquences dommageables des fautes et manquements par elles commis dans la mise en œuvre des obligations définies dans le règlement (CE) n° 1060 / 2009 du Parlement européen et du Conseil, du 16 septembre 2009, précité."

433 Vgl. *Haar,* DB 2013, 2489, 2490.

434 Dafür *Gomille*, GPR 2011, 186, 192; nur teilweisen Schutzgesetzcharakter zusprechend *Berger/Stemper*, WM 2010, 2289, 2293; dagegen *Angelé*, Das Rating von CDOs, S. 162 ff.; *Haar,* DB 2013, 2489, 2490; richtigerweise müsste aber der Schutzgesetzcharakter unter Übertragung der Argumentation des BGH NZG 2012, 263, 269 zu § 15 WpHG und den §§ 37b, 37c WpHG bejaht werden, da die ausdürckliche Gewährung eines zivilrechtlichen Schadensersatzanspruches den uneingeschränkten Individualschutz belegt. Vgl. auch *Hellgardt*, AG 2012, 154, 164 f.

435 So auch *Berger/Ryborz,* WM 2014, 2241; 2247; a.A. *Dutta,* WM 2013, 1729, 1735.

noch vorsah, dass Forderungen gegen Ratingagenturen wegen Verstoßes gegen diese Verordnung mittels nationaler zivilrechtlicher Haftungsvorschriften – in Deutschland beispielsweise nach § 823 Abs. 2 BGB – erhoben werden sollten,[436] ergibt sich nunmehr Gegenteiliges aus dem Wortlaut der Haftungsvorschrift. Danach indiziert die Formulierung „weitere“ in Art. 35a Abs. 5 Rating-VO, dass nur solche Ansprüche nach nationalem Sachrecht zulässig sind, die unabhängig von Art. 35a Rating-VO bestehen und damit keinen Bezug zu einer Zuwiderhandlung i.S.d. Anhang III der Rating-VO haben. Dieses Verständnis wird von der Formulierung „im Einklang mit dem nationalen Recht“ gestützt, da der Verordnungsgeber wohl von Ansprüchen ausgegangen ist, die ihren Rechtsgrund im nationalen Recht finden und nicht auf einen Rückgriff auf die Rating-VO angewiesen sind. Letzte Zweifel an dieser Lesensart räumt Erwägungsgrund 35 der Ergänzungsverordnung aus, wonach es den Mitgliedstaaten insbesondere gestattet sein soll, „nationale Regelungen über die zivilrechtliche Haftung beizubehalten, die günstiger für Anleger oder Emittenten sind oder sich nicht auf Verstöße gegen die Verordnung (EG) Nr. 1060/2009 stützen“[437] (Hervorhebung durch den Bearbeiter). Teilweise beruft man sich im Schrifttum darauf, dass mit der Anwendbarkeit günstigerer, nationaler Haftungsvorschriften auch nach § 823 Abs. 2 BGB i.V.m. den einzelnen Verstößen des Anhang III der Rating-VO Schadensersatz verlangt werden könne.[438] Das ist abzulehnen. Trotz der Formulierung „oder“ kann der Erwägungsgrund 35 der Rating-VO (EU) Nr. 462/2013 nur so verstanden werden, dass günstigere nationale Haftungsansprüche anwendbar bleiben, soweit sich diese nicht auf Verstöße gegen die Rating-VO stützen. Andernfalls wäre die zweite Variante nur für solche Haftungsvorschriften beachtlich, die für Anleger und Emittenten ungünstiger wären, wo sich dann doch die Frage stellen würde, welches Interesse mit einem solchen Verbot verfolgt werden soll. Der Verordnungsgeber wollte vielmehr verhindern, dass durch die Anwendung nationalen Rechts die gemeinsamen Anforderungen an die Haftungsvorschrift unterlaufen und damit eine Rechtsangleichung zunichte gemacht werden würde. Nach dem Willen des Verordnungsgebers sollten europäische Ratingagenturen nicht für jede Pflichtverletzung haften, sondern nur bei Vorliegen grober Fahrlässigkeit oder Vorsatzes,[439] sodass diese Anforderungen

436 Vgl. Erwägungsgrund 69 der Rating-VO (EG) Nr. 1060/2009.

437 So der Wortlaut der deutschen Fassung von Erwägungsgrund 35 der Rating-VO (EU) Nr. 462/2013, der sich von der englischen und französischen Fassung inhaltlich nicht unterscheidet.

438 *Dutta*, WM 2013, 1729, 1735.

439 Erwägungsgrund 33 der Rating-VO (EU) Nr. 462/2013.

nicht durch nationales Recht gänzlich unterlaufen werden sollen. Der Versuch des europäischen Verordnungsgebers, mit Art. 35a Rating-VO die Haftungsvoraussetzungen für europäische Ratingagenturen zu harmonisieren, wäre andernfalls von vornherein zum Scheitern verurteilt.

Anleger und Emittenten können danach nicht nach § 823 Abs. 2 BGB i.V.m. Anhang III der Rating-VO Schadensersatz verlangen.[440] Im Übrigen können aber vertragliche und deliktsrechtliche Ansprüche neben dem europäischen Ersatzanspruch geltend gemacht werden.

VII. Verhältnis zur öffentlich-rechtlichen Beaufsichtigung durch die ESMA

Der europäische Schadensersatzanspruch besteht unabhängig davon, ob die ESMA Aufsichtsmaßnahmen nach Art. 24 Rating-VO ergreift oder der Ratingagentur Geldbußen nach Art. 36a und 23e Abs. 5 Rating-VO auferlegt. Weiter als der Wortlaut der Vorschrift vorgibt, sind jegliche Aufsichtsmaßnahmen der ESMA i.S.d. Art. 24 Rating-VO von dem Bestehen und der Geltendmachung des europäischen Ersatzanspruchs unabhängig.[441] Obgleich das öffentlich-rechtliche Bußgeldverfahren und der zivilrechtliche Schadensausgleich auf den gleichen Verstößen gegen die Rating-VO aufbaut, bringt der Verordnungsgeber mit Art. 35a Abs. 6 Rating-VO allgemein zum Ausdruck, dass das öffentlich-rechtliche Aufsichtsrecht und das zivilrechtliche Schadensersatzregime getrennt voneinander zu behandeln sind, also kein Abhängigkeitsverhältnis besteht. Die Vorschrift ist letztlich deklaratorischer Natur.

Bisher hat es zwei Fälle gegeben, in denen der Rat der Aufseher der ESMA Aufsichtsmaßnahmen gegen europäische Ratingagenturen eingeleitet hat.[442]

B. Haftungsvoraussetzungen

Gegenstand der nachstehenden Ausführungen ist die detaillierte Auseinandersetzung mit den einzelnen Tatbestandsvoraussetzungen der europäischen Haftungsvorschrift. Ziel ist es, die oben gezeichneten Konturen der

---

440 A.A. *Dutta*, WM 2013, 1729, 1735.

441 *Gietzelt/Ungerer*, GPR 2013, 333, 337.

442 ESMA, Decision of the Board of Supervisors vom 24.06.2015, ESMA/2015/1048, abrufbar unter: https://www.esma.europa.eu/system/files/2015-1048.pdf; ESMA, Decision of the Board of Supervisors vom 20.05.2014, ESMA/2014/544, abrufbar unter: https://www.esma.europa.eu/system/files/2014-544_-_decision_supervisory_measure_articles_23e_and_24_of_regulation_1060-2009.pdf.

Haftungsvorschrift mithilfe der einzelnen Voraussetzungen zu einem möglichst klaren Bild zu schärfen.

I. Anspruchsverpflichteter – Ratingagentur

Anspruchsverpflichteter ist nach Art. 35a Rating-VO eine Ratingagentur. Bei einer Ratingagentur handelt es sich um eine Rechtspersönlichkeit, deren Tätigkeit die gewerbsmäßige Abgabe von Ratings erfasst, wie Art. 3 Abs. 1 lit. b) Rating-VO festschreibt. Eines Rückgriffs auf nationales Sachrecht für die Auslegung des Begriffs „Ratingagentur" bedarf es nach Art. 35a Abs. 4 Satz 1 Rating-VO somit nicht.

Nach Art. 2 Abs. 1 Rating-VO soll die Verordnung für Ratings gelten, die von in der Union registrierten Ratingagenturen abgegeben und der Öffentlichkeit bekannt gegeben oder an Abonnenten weitergegeben werden. Daraus sollte aber nicht geschlussfolgert werden, dass die Rating-VO nur für in der EU tatsächlich registrierte Ratingagenturen anwendbar ist. Vielmehr ist die Rating-VO darüber hinaus für nicht registrierte, aber registrierungspflichtige Ratingagenturen beachtlich.[443] Andernfalls würden die Art. 14 ff. Rating-VO, die das Registrierungsverfahren betreffen und damit schon denklogisch an einen Zeitraum vor der Registrierung anknüpfen, weitestgehend leerlaufen.[444] Auch wäre das Ziel des europäischen Gesetzgebers gem. Art. 1 Rating-VO, die Qualität von in der Union abgegebenen Ratings durch die Schaffung von Organisations- und Verhaltensregeln zu verbessern, erheblich gefährdet. Denn deren Anwendung könnte durch die Ratingagentur selbst bestimmt werden, indem sie ihrer Registrierungspflicht nachkommt oder sie schlicht missachtet. Weder einzelne Anleger noch der Binnenmarkt als Ganzes wären vor unsachgemäßen Ratings hinreichend geschützt, wenn sich Ratingagenturen nicht registrieren lassen würden. Insofern muss Art. 2 Abs. 1 Rating-VO im Zusammenhang mit Art. 14 Abs. 1 Rating-VO gelesen werden.

Weil Art. 14 Abs. 1 Rating-VO eine Registrierungspflicht nur für Ratingagenturen mit Sitz in der Union anordnet, kann daraus geschlossen werden, dass die Rating-VO nur für europäische Ratingagenturen gilt. Nach Art. 14 Abs. 1

---

443 So auch *Dutta,* WM 2013, 1729, 1732; *Schultes,* Regulierung und Haftung von Ratingagenturen, S. 306; lediglich auf registrierte Ratingagenturen abstellend *Berger/Ryborz,* WM 2014, 2241, 2245; *Chiwitt,* Corporate Finance 2014, 392, 399.

444 Vgl. *Dutta,* IPRax 2014, 33, 40; ESMA, Leitlinien und Empfehlungen – Leitlinien und Empfehlungen zum Geltungsbereich der CRA-Verordnung vom 17.06.2013, ESMA/2013/720, S. 5.

i.V.m. Art. 2 Abs. 1 Rating-VO sind Ratingagenturen mit Sitz außerhalb der Europäischen Union damit grundsätzlich nicht vom Anwendungsbereich der Rating-VO erfasst. Aktuell sind 38 Ratingagenturen bei der ESMA registriert.[445]

1. Satzungsmäßiger Sitz

Wie der Sitz i.S.d. Art. 14 Abs. 1 Rating-VO zu bestimmen ist, regelt die Rating-VO nicht ausdrücklich. Es kommen grundsätzlich drei unterschiedliche Anknüpfungspunkte in Betracht: der satzungsmäßige Sitz, die Hauptverwaltung oder die Hauptniederlassung der Ratingagentur.[446] Zutreffend wird im Schrifttum unter Bezugnahme des Art. 3 Abs. 1 lit. c) Rating-VO der satzungsmäßige Sitz der Ratingagentur als das maßgebliche Kriterium beurteilt.[447] Gestützt wird dieser Ansatz auf Art. 3 Abs. 1 lit. c) Rating-VO, wonach Herkunftsmitgliedstaat derjenige Mitgliedstaat ist, in dem sich der satzungsmäßige Sitz der Ratingagentur befindet. Ursprünglich war nach Art. 14 Abs. 2, 16 ff. Rating-VO (EG) Nr. 1060/2009 nicht die ESMA, sondern die zuständige Behörde des Herkunftsmitgliedstaates für die Registrierung der betreffenden Ratingagentur zuständig. Aus dem Umstand, dass der maßgebliche Bezugspunkt für das Registrierungsverfahren nach Art. 14 Abs. 2, 16 ff. Rating-VO (EG) Nr. 1060/2009 der satzungsmäßige Sitz der Ratingagentur war, kann für die Registrierungspflicht einer Ratingagentur i.S.d. Art. 14 Abs. 1 Rating-VO (EG) Nr. 1060/2009 nichts anderes gelten. Andernfalls hätten Registrierungspflicht und Registrierungsverfahren kein in sich funktionierendes System ergeben. Obgleich in der aktuellen Fassung der Rating-VO nach Art. 14 Abs. 2, 16 ff. nicht mehr die Behörden der Herkunftsmitgliedstaaten zuständig sind, sondern die ESMA, hat sich bezüglich der Anknüpfung an den satzungsmäßigen Sitz der Ratingagentur für die Registrierungspflicht nichts geändert.[448] Auch wenn sich eine solche Anknüpfung nicht zwingend aus dem Wortlaut oder der Systematik der Verordnung ergibt, sprechen obige historische Erwägungen weiterhin für dessen Berücksichtigung. Anhaltspunkte, die eine gegenteilige Annahme rechtfertigen könnten, enthält die Rating-VO jedenfalls nicht. Stattdessen streitet auch Art. 15 Abs. 1 Satz 2 Rating-VO i.V.m. Anhang II der Rating-VO für ein Festhalten an den

---

445 Vgl. ESMA, List of registered and certified CRAs, Stand: 10.07.2015, abrufbar unter: http://www.esma.europa.eu/page/List-registered-and-certified-CRAs.

446 Vgl. für die Bestimmung des Wohnsitzes bei Gesellschaften i.S.d. Brüssel Ia-VO: Art. 63 Brüssel Ia-VO.

447 *Dutta*, IPRax 2014, 33, 40.

448 Siehe auch *Kontogeorgou*, DStR 2014, 1397, 1398.

satzungsmäßigen Sitz der Ratingagentur. Denn danach ist für die Registrierung erforderlich, dass die Ratingagentur ihren vollständigen Namen und die Anschrift des satzungsmäßigen Sitzes in der Union angibt.

2. *Einzelfälle*

Vom Anwendungsbereich der Rating-VO wären infolgedessen ausschließlich europäische Ratingagenturen erfasst, einschließlich der europäischen Tochtergesellschaften der großen drei US-Agenturen. Ebenfalls einbezogen in den Anwendungsbereich ist die Muttergesellschaft Fitch Ratings, die über ein „*registered office*" in London verfügt und somit eine Rechtspersönlichkeit mit Sitz in der Union ist.[449] Nicht erfasst wären hingegen die Mutterunternehmen von Standard & Poor's Ratings Services sowie Moody's Investors Service. Dabei gilt die Rating-VO unabhängig davon, ob die europäischen Ratingagenturen ausschließlich Ratings für Unternehmen in Mitgliedstaaten der EU abgeben oder Ratings nur für Unternehmen mit Sitz in Drittländern anbieten.[450] Gleiches trifft auf von registrierten Ratingagenturen gegründete Zweigniederlassungen in einem Nichtmitgliedstaat der EU zu, da diese keine eigene, von dem Mutterunternehmen unabhängige Rechtspersönlichkeit besitzen.[451]

II. Rating

Weitere Voraussetzung der Haftungsvorschrift ist ein Rating. Unter Rating versteht man nach Art. 3 Abs. 1 lit. a) Rating-VO „ein Bonitätsurteil in Bezug auf ein Unternehmen, einen Schuldtitel oder eine finanzielle Verbindlichkeit, eine Schuldverschreibung, eine Vorzugsaktie oder ein anderes Finanzinstrument oder den Emittenten derartiger Schuldtitel, finanzieller Verbindlichkeiten, Schuldverschreibungen, Vorzugsaktien oder anderer Finanzinstrumente, das anhand eines festgelegten und definierten Einstufungsverfahrens für Ratingkategorien abgegeben wird".[452] Unter Einbeziehung von Art. 3 Abs. 1 lit. f) Rating-VO und Erwägungsgrund 32 der Rating-VO ergibt sich, dass sowohl beauftragte als auch unbeauftragte Ratings von der Rating-VO im Allgemeinen und von Art. 35a Rating-VO im Besonderen erfasst sind.

---

449 *Dutta,* IPRax 2014, 33, 36.

450 ESMA, Leitlinien und Empfehlungen – Leitlinien und Empfehlungen zum Geltungsbereich der CRA-Verordnung vom 17.06.2013, ESMA/2013/720, S. 5.

451 Vgl. ESMA, Leitlinien und Empfehlungen – Leitlinien und Empfehlungen zum Geltungsbereich der CRA-Verordnung vom 17.06.2013, ESMA/2013/720, S. 6 f.

452 Art. 3 Abs. 1 lit. a) Rating-VO.

Sowohl Anleger als auch Emittenten können nach Art. 35a Abs. 1 Rating-VO Schadensersatz für fehlerhafte Emissions- und Emittentenratings verlangen. Während Art. 35a Abs. 1 Unterabs. 3 Rating-VO dies für Emittenten ausdrücklich klarstellt, ergibt sich dies für Anleger mittelbar aus der Verweisung in Art. 35a Abs. 1 Unterabs. 2 Rating-VO auf Art. 5a Abs. 1 Rating-VO. Denn danach darf sich ein Anleger weder bei der Bonitätsbewertung eines Unternehmens noch bei der Bewertung eines Finanzinstruments ausschließlich oder automatisch auf ein Rating stützen.[453] Ebenso soll die Haftungsvorschrift dazu beitragen, dass die europäischen Ratingagenturen ihre Verhaltenspflichten einhalten, um eine Verbesserung der Ratingqualität und des Anlegerschutzes zu erzielen.[454] Dieses Ziel kann nur erreicht werden, wenn auch Unternehmensratings vom Anwendungsbereich des Art. 35a Abs. 1 Unterabs. 2 Rating-VO erfasst sind.[455]

Obgleich Art. 35a Abs. 1 Unterabs. 1 Rating-VO allgemein ein Rating voraussetzt, fällt im Übrigen nicht jede Bonitätsbeurteilung einer europäischen Ratingagentur in den Anwendungsbereich der Haftungsvorschrift. Vielmehr sieht die Rating-VO Einschränkungen vor, die auch für Art. 35a Rating-VO beachtlich sind.

1. Private Ratings – Art. 2 Abs. 2 lit. a) Rating-VO

Nach Art. 2 Abs. 2 lit. a sind die Vorschriften der Rating-VO nicht anwendbar für private Ratings, die von Ratingagenturen aufgrund eines Einzelauftrags abgegeben und ausschließlich an die Person weitergegeben werden, die den Auftrag erteilt hat, und die nicht zur öffentlichen Bekanntgabe oder zur Weitergabe an Abonnenten bestimmt sind.[456] Art. 2 Abs. 2 lit. a) Rating-VO findet unabhängig davon Anwendung, ob das Rating von einem Emittenten oder einem Anleger beauftragt wird. Ausgenommen sind somit bspw. solche Ratings, die von Emittenten beauftragt werden und anschließend nur für betriebseigene Zwecke verwendet werden, ohne dass es zu einer Veröffentlichung seitens der Ratingagentur kommt.[457] Nicht erfasst sind damit aber auch Ratings, die ein Emittent

---

453 *Heuser*, IWRZ 2018, 83 mit weiteren Argumenten; a.A. LG Düsseldorf, BeckRS 2017, 144179.

454 Siehe oben, Teil 2 A. V. 2.

455 *Heuser*, IWRZ 2018, 83, 84.

456 So auch *Bruchwitz* in: Just/Voß/Ritz/Becker, WpHG, § 17 Rn. 19.

457 Siehe zum Ablauf des Ratingverfahrens oben, Teil 1 B.; insofern hat Art. 4 Abs. 2 Rating-VO auch klarstellende Funktion.

beauftragt, um diese anschließend ausschließlich zur Aufnahme eines Bankkredits bei einem bestimmten Finanzinstitut zu verwenden.

Die Ratingweitergabe an Dritte durch den Auftraggeber ist grundsätzlich keine öffentliche Bekanntgabe i.S.d. Vorschrift.[458] So ist die Weitergabe durch den Auftraggeber an eine begrenzte Anzahl Dritter, beispielsweise an bestimmte Investoren, unter der Auflage strenger Vertraulichkeit als zulässig im Rahmen des Art. 2 Abs. 2 lit. a) Rating-VO zu beurteilen.[459] Die Ratingagentur sollte insofern vorab prüfen, ob ihr Auftraggeber die Absicht verfolgt, das private Rating öffentlich bekanntzugeben,[460] und eine entsprechende Unterlassungsklausel in ihren Ratingvertrag mit ihrem Auftraggeber aufnehmen. Unzulässig wäre jedenfalls die Abgabe eines Ratings an eine Person, die ihrerseits die Veröffentlichung des Ratings übernimmt, denn für diesen Fall greift Art. 2 Abs. 2 lit. a) Var. 2 Rating-VO ein, wonach das Rating nicht zur öffentlichen Bekanntgabe bestimmt sein darf.

2. Übernommene Ratings – Art. 4 Abs. 3 Rating-VO

Eine mit Satzungssitz in der Europäischen Union registrierte Ratingagentur ist nicht darauf beschränkt, Ratings selbst zu erstellen, sondern kann unter Einhaltung der Vorgaben des Art. 4 Abs. 3 Rating-VO ein in einem Drittland abgegebenes Rating zwecks Veröffentlichung oder Weitergabe übernehmen. Diese Vorschrift hat insbesondere Bedeutung für institutionelle Anleger, da diese Anleger nach Art. 4 Abs. 1 Rating-VO für aufsichtsrechtliche Zwecke[461] grundsätzlich nur solche Ratings verwenden dürfen, die von einer Ratingagentur mit Sitz in der Union erstellt worden sind. Davon wird nach Art. 4 Abs. 3, Abs. 4 Rating-VO eine Ausnahme gemacht, die dem Umstand geschuldet ist, dass die wohl weit überwiegende Anzahl der Ratings bisher in den USA und damit nicht in der Union erstellt worden ist.[462]

---

458 Vgl. ESMA, Leitlinien und Empfehlungen – Leitlinien und Empfehlungen zum Geltungsbereich der CRA-Verordnung vom 17.06.2013, ESMA/2013/720, S. 6.

459 Vgl. ESMA, Leitlinien und Empfehlungen – Leitlinien und Empfehlungen zum Geltungsbereich der CRA-Verordnung vom 17.06.2013, ESMA/2013/720, S. 6.

460 ESMA, Leitlinien und Empfehlungen – Leitlinien und Empfehlungen zum Geltungsbereich der CRA-Verordnung vom 17.06.2013, ESMA/2013/720, S. 6.

461 Unter „aufsichtsrechtliche Zwecke“ versteht man nach Art. 3 Abs. 1 lit. g die Verwendung von Ratings zur Einhaltung der Rechtsvorschriften der Union oder Rechtsvorschriften der Union wie im nationalen Recht der Mitgliedstaaten umgesetzt.

462 *Gietzelt/Ungerer*, GPR 2013, 333, 339 gehen darüber hinaus auch von der Veröffentlichung des Ratings in den USA aus – allerdings spricht Art. 4 Abs. 2 letzter Halbs. Rating-VO eher dafür, dass die Veröffentlichung durch die übernehmende Ratingagentur zu erfolgen hat.

Art. 4 Abs. 1 i.V.m. Abs. 3 der Rating-VO erreicht somit einerseits, dass Ratingagenturen aus Drittstaaten nach wie vor wesentliche Ratingtätigkeiten an ihren Hauptsitzen durchführen können, ohne ein wesentliches Geschäftsfeld in die Europäischen Union verlegen zu müssen, um für institutionelle Anleger umfassend erreichbar zu bleiben, andererseits werden die in Drittländern erstellten Ratings mittelbar einer gewissen europäischen Kontrolle zugeführt, was dem Schutz des europäischen Binnenmarkts zuträglich sein soll.[463]

Die Einbeziehung von in Drittländern abgegebenen[464] Ratings ist nach Art. 4 Abs. 3 Rating-VO nur möglich, wenn die lokalen Anforderungen qualitativ denen der Rating-VO entsprechen und die der Abgabe der zu übernehmenden Ratings zugrunde liegenden Ratingtätigkeiten ganz oder teilweise von der übernehmenden Ratingagentur oder von derselben Gruppe angehörenden Ratingagenturen durchgeführt werden.[465]

Art. 4 Abs. 4 Rating-VO bestimmt, dass ein übernommenes Rating i.S.d. Abs. 3 der Vorschrift als ein Rating anzusehen ist, das von einer in der Union registrierten Ratingagentur abgegeben wurde. Demnach gelten nach Art. 4 Abs. 4 i.V.m. Art. 2 Abs. 1 Rating-VO die übrigen Vorschriften der Rating-VO grundsätzlich auch für übernommene Ratings, soweit es sich nicht um spezifische Anforderungen handelt, die nur für selbst erstellte Ratings Geltung beanspruchen können.

Im Grunde klarstellende Funktion übernimmt Art. 4 Abs. 5 Rating-VO, wonach Ratingagenturen, die ein in einem Drittland abgegebenes Rating nach den Bestimmungen von Abs. 3 übernommen haben, für diese Ratings uneingeschränkt verantwortlich sind. Demnach unterliegen grundsätzlich auch übernommene Ratings dem Haftungsregime des Art. 35a Rating-VO. Allerdings kommt nach Art. 35a Rating-VO ausschließlich eine Haftung der europäischen Ratingagenturen für diese Ratings in Betracht. Ratingagenturen, die das Rating ursprünglich in dem Drittland abgegeben haben, haften hingegen allenfalls nach den nationalen Haftungsvorschriften. Obgleich nicht-institutionelle Anleger nach Art. 4 Abs. 1 Rating-VO nicht auf den Rückgriff von Ratings europäischer

---

463 Vgl. Art. 1 Rating-VO und Erwägungsgründe 11, 32, 43, 64 der Rating-VO Nr. 462/2013.

464 Ob es hier auch auf die Veröffentlichung entsprechend Art. 4 Abs. 2 Rating-VO ankommt, ist nicht ganz klar, eine direkte Anwendung scheidet jedenfalls aus, da die Regelung nach ihrem Wortlaut nur für Ratings einer in der Union ansässigen Ratingagentur gilt.

465 Vgl. *Thelen-Pischke*, Ratings aus Drittstaaten für aufsichtsrechtliche Zwecke, abrufbar unter: http://blogs.pwc.de/regulatory/aktuelles/drittstaatenratings-fur-aufsichtsrechtliche-zwecke-ab-dem-07-juni-2011/19/.

Ratingagenturen zu aufsichtsrechtlichen Zwecken angewiesen sind, wirkt sich diese Regelung auch für sie positiv aus, da mit zunehmender Anzahl „europäischer Ratings“ die Möglichkeit einer zivilrechtlichen Inanspruchnahme nach Art. 35a Rating-VO wachsen wird.

3. *Verwendung von Ratings i.S.d. Art. 5 Rating-VO*

Abweichend von Art. 4 Abs. 1 Rating-VO ist es schließlich institutionellen Anlegern nach Art. 5 Rating-VO erlaubt, Ratings für Unternehmen mit satzungsmäßigem Sitz in Drittländern oder für in Drittländern ausgegebene Finanzinstrumente, die von einer Ratingagentur mit Sitz in einem Drittland abgegeben wurden (nachfolgend drittstaatliche Ratings), ohne Übernahme durch eine europäische Ratingagentur gemäß Art. 4 Abs. 3 Rating-VO zu verwenden, soweit die Voraussetzungen des Art. 5 Abs. 1 Rating-VO erfüllt sind. Regelungsadressat der Vorschrift sind damit die institutionellen Anleger und nicht die Ratingagenturen selbst. Inhaltlich stellt Art. 5 Rating-VO eine weitere Ausnahme zu dem in Art. 4 Abs. 1 Rating-VO aufgestellten Grundsatz dar, dass zu aufsichtsrechtlichen Zwecken nur Ratings von Ratingagenturen verwendet werden dürfen, die ihren Sitz in der Union haben und nach Art 14 ff. Rating-VO registriert bzw. registrierungspflichtig sind. Von der Ausnahme eindeutig nicht erfasst sind Ratings für Emittenten, die ihren satzungsmäßigen Sitz im Gebiet der Europäischen Union haben, sodass es hier weiterhin bei der Regelung des Art. 4 Abs. 1 Rating-VO bleibt.

Fraglich ist, ob über Art. 5 Rating-VO eine Haftung i.S.d. Art. 35a Rating-VO für die großen amerikanischen Ratingagenturen begründet werden kann.[466] Rechtspolitisch könnte v.a. dafür sprechen, dass, soweit in der Europäischen Union die Verwendung drittstaatlicher Ratings für solche Zwecke, die der Einhaltung europäischer Rechtsvorschriften dienen,[467] zulässig ist, diese Ratings, wenn sie fehlerhaft sind, auch europäischen Haftungsvorschriften, wie Art. 35a Rating-VO, unterfallen müssen.

a. *Voraussetzungen*

Art. 5 Abs. 1 Rating-VO enthält fünf Voraussetzungen, die kumulativ erfüllt sein müssen, damit drittstaatliche Ratings in der EU überhaupt zu aufsichtsrechtlichen

466 Insbesondere stellt sich diese Frage bei Standard & Poors's sowie Moody's, da Fitch Ratings aufgrund des registered office in London von dem Anwendungsbereich der Rating-VO erfasst ist.

467 Vgl. Definition von „aufsichtsrechtliche Zwecke“ nach Art. 3 Abs. 1 lit. g Rating-VO.

Zwecken verwendet werden dürfen, ohne dass es des Übernahmeverfahrens nach Art. 4 Abs. 3 Rating-VO bedarf.

Erstens muss die Ratingagentur nach Art. 5 Abs. 1 lit. a) Rating-VO im Drittland zugelassen oder registriert sein und der Aufsicht in diesem Drittland unterliegen. Beispielsweise unterstehen die drei großen amerikanischen Ratingagenturen Fitch Ratings, Moody's Investors Service und Standard & Poor's Ratings Services als *„Nationally Recognized Statistical Rating Organizations"* der Aufsicht der U.S. Securities Exchange Commission (SEC) nach section 15E[468], section 17[469] und section 21B(a)[470] des Securities Exchange Act,[471] was den europäischen Anforderungen i.S.d. Art. 5 Abs. 1 lit. a) Rating-VO voll entspricht.[472] Zweitens muss die Europäische Kommission nach Art. 5 Abs. 1 lit. b), Abs. 6 Rating-VO eine Entscheidung treffen, in der sie feststellt, dass der Regelungs- und Kontrollrahmen des betreffenden Drittlandes sicherstellt, dass Ratingagenturen, die in diesem Drittland zugelassen oder registriert sind, rechtsverbindliche Anforderungen erfüllen, die den Anforderungen der Rating-VO entsprechen und in dem Drittland wirksam überwacht und durchgesetzt werden. Die Kommission kann sich insofern an den Vorgaben des Art. 5 Abs. 6 Unterabs. 2 Rating-VO orientieren. Bisher hat sie nach Art. 5 Abs. 1 lit. b), Abs. 6 Rating-VO den Regelungs- und Kontrollrahmen von Japan[473], den Vereinigten Staaten von Amerika[474], Kanada[475],

---

468 15 U.S.C.78o-7.

469 15 U.S.C.78q.

470 15 U.S.C.78u-2.

471 Beschluss der Europäischen Kommission zur Anerkennung der Gleichwertigkeit des Regelungs- und Kontrollrahmens der Vereinigten Staaten von Amerika mit der Verordnung (EG) Nr. 1060/2009 des Europäischen Parlaments und des Rates über Ratingagenturen vom 05.10.2012, (2012/628/EU), L 274/32.

472 Vgl. Nationally Recognized Statistical Rating Organizations, abrufbar unter: http://www.sec.gov/divisions/marketreg/ratingagency.htm#nrsroorders.

473 Beschluss der Europäschen Kommission zur Anerkennung der Gleichwertigkeit des Regelungs- und Kontrollrahmens Japans mit der Verordnung (EG) Nr. 1060/2009 des Europäischen Parlaments und des Rates über Ratingagenturen vom 28.09.2010, K (2010), 6418.

474 Beschluss der Europäischen Kommission zur Anerkennung der Gleichwertigkeit des Regelungs- und Kontrollrahmens der Vereinigten Staaten von Amerika mit der Verordnung (EG) Nr. 1060/2009 des Europäischen Parlaments und des Rates über Ratingagenturen vom 05.10.2012, (2012/628/EU), L 274/32.

475 Beschluss der Europäischen Kommission zur Anerkennung der Gleichwertigkeit des Regelungs- und Kontrollrahmens Kanadas mit der Verordnung (EG) Nr. 1060/2009 des Europäischen Parlaments und des Rates über Ratingagenturen vom 05.10.2012, (2012/630/EU), L 278/17.

Australien[476], Brasilien[477], Argentinien[478], Mexiko[479], Singapur[480] und Hongkong[481] als gleichwertig mit dem der Rating-VO beurteilt.

Drittens ist es nach Art. 5 Abs. 1 lit. c), Abs. 7 Rating-VO erforderlich, dass die ESMA mit den jeweiligen Aufsichtsbehörden der Drittländer, deren Regelungs- und Kontrollrahmen gem. Abs. 6 der Rating-VO als gleichwertig betrachtet werden, Kooperationsvereinbarungen schließt. Nach Art. 5 Abs. 7 Satz 2 Rating-VO müssen diese Vereinbarungen mindestens einen Mechanismus für den Austausch von Informationen zwischen der ESMA und den jeweiligen Aufsichtsbehörden der betreffenden Drittländer und ein Verfahren für die Koordinierung von Aufsichtstätigkeiten enthalten. Die ESMA hat bisher u.a. Kooperationsvereinbarungen mit der zuständigen Aufsichtsbehörde der Vereinigten Staaten von Amerika[482],

---

476 Beschluss der Europäischen Kommission zur Anerkennung der Gleichwertigkeit des Regelungs- und Kontrollrahmens Australiens mit der Verordnung (EG) Nr. 1060/2009 des Europäischen Parlaments und des Rates über Ratingagenturen vom 05.10.2012, (2012/627/EU), L 274/30.

477 Beschluss der Europäischen Kommission zur Anerkennung der Gleichwertigkeit des Regelungs- und Kontrollrahmens Brasiliens mit der Verordnung (EG) Nr. 1060/2009 des Europäischen Parlaments und des Rates über Ratingagenturen vom 28.04.2014, (2014/245/EU), L 132/65.

478 Beschluss der Europäischen Kommission zur Anerkennung der Gleichwertigkeit des Regelungs- und Kontrollrahmens Argentiniens mit der Verordnung (EG) Nr. 1060/2009 des Europäischen Parlaments und des Rates über Ratingagenturen vom 28.04.2014, (2014/246/EU), L 132/68.

479 Beschluss der Europäischen Kommission zur Anerkennung der Gleichwertigkeit des Regelungs- und Kontrollrahmens Mexikos mit der Verordnung (EG) Nr. 1060/2009 des Europäischen Parlaments und des Rates über Ratingagenturen vom 28.04.2014, (2014/247/EU), L 132/71.

480 Beschluss der Europäischen Kommission zur Anerkennung der Gleichwertigkeit des Regelungs- und Kontrollrahmens Singapurs mit der Verordnung (EG) Nr. 1060/2009 des Europäischen Parlaments und des Rates über Ratingagenturen vom 28.04.2014, (2014/248/EU), L 132/73.

481 Beschluss der Europäischen Kommission zur Anerkennung der Gleichwertigkeit des Regelungs- und Kontrollrahmens Hongkongs mit der Verordnung (EG) Nr. 1060/2009 des Europäischen Parlaments und des Rates über Ratingagenturen vom 28.04.2014, (2014/249/EU), L 132/76.

482 Memorandum of Understanding on Supervision of Credit Rating Agencies – ESMA and SEC, unterzeichnet am 14.03.2012, zu finden unter: http://www.esma.europa.eu/system/files/esma-sec_mou_march_2012.pdf.

den Behörden aus Dubai[483] sowie den kanadischen[484], japanischen[485], brasilianischen[486], argentinischen[487], australischen[488] und singapurischen[489] Aufsichtsbehörden geschlossen. Gegenstand der zwischen der ESMA und der amerikanischen Aufsichtsbehörde SEC geschlossenen Kooperationsvereinbarung sind u.a. Regelungen zur Zusammenarbeit[490], zu Austausch und Nutzung von Informationen[491] und zur Beaufsichtigung[492] der „*Cross-Border CRA*", also nach Art. 1 Annex I der Kooperationsvereinbarung solcher Ratingagenturen, die registrierungspflichtig sind und der Aufsichtspflicht beider Behörden unterliegen[493] sowie im Anhang A

---

483 Memorandum of Understanding on Supervision of Credit Rating Agencies - ESMA and DFSA, unterzeichnet am 07.02.2013, abrufbar unter: http://www.esma.europa.eu/system/files/mou_esma__dfsa.pdf.

484 Memorandum of Understanding on Supervision of Credit Rating Agencies - ESMA and Canadian authorities, unterzeichnet im März 2012, abrufbar unter: http://www.esma.europa.eu/system/files/mou_esma___canadian_authorities.pdf.

485 ESMA, Presseerklärung vom 06.06.2011, ESMA/2011/170.

486 ESMA, Presseerklärung vom 27.04.2012, ESMA/2012/274.

487 Memorandum of Understanding on Supervision of Credit Rating Agencies - ESMA and CNV Argentina, unterzeichnet am 17.04.2012, abrufbar unter: http://www.esma.europa.eu/system/files/mou_cnv_esma_signed_sm.pdf.

488 Memorandum of Understanding on Supervision of Credit Rating Agencies - ESMA and ASIC, unterzeichnet am 21.12.2011, abrufbar unter: http://www.esma.europa.eu/system/files/2011-454.pdf.

489 Memorandum of Understanding on Supervision of Credit Rating Agencies - ESMA and MAS, unterzeichnet am 13.03.2012, abrufbar unter: http://www.esma.europa.eu/system/files/2012-124.pdf.

490 Vgl. Art. 2 und Art. 1 Abs. 4 Annex I des Memorandum of Understanding on Supervision of Credit Rating Agencies - ESMA and SEC, unterzeichnet am 14.03.2012, abrufbar unter: http://www.esma.europa.eu/system/files/esma-sec_mou_march_2012.pdf.

491 Vgl. Art. 3, 5, 6, 7 und Art. 2 Abs. 6, 7, Art. 3 Annex I des Memorandum of Unterstanding on Supervision of Credit Rating Agencies - ESMA and SEC, unterzeichnet am 14.03.2012, abrufbar unter: http://www.esma.europa.eu/system/files/esma-sec_mou_march_2012.pdf.

492 Vgl. Art. 4 und Art. 1 Abs. 4 Annex I des Memorandum of Understanding on Supervision of Credit Rating Agencies - ESMA and SEC, unterzeichnet am 14.03.2012, abrufbar unter: http://www.esma.europa.eu/system/files/esma-sec_mou_march_2012.pdf.

493 Die Formulierung „a CRA subject to registration and oversight by both Authories" ist dahingehend auszulegen, dass sich „both Authorities" lediglich auf „oversight" bezieht, nicht hingegen auf „registration". Denn Fälle, in denen eine Registrierungspflicht sowohl bei der ESMA als auch bei der SEC besteht, sind nach der aktuellen Rechtslage kaum vorstellbar. Denn nach Art. 14 Abs. 1 Rating-VO kann bzw. muss sich eine Ratingagentur nur dann bei der ESMA registrieren lassen, wenn sie ihren satzungsmäßigen Sitz in der europäischen Union hat, sodass die amerikanischen Mutterunternehmen der

der Kooperationsvereinbarung genannt werden[494]. Dabei ist zu beachten, dass die Kooperationsvereinbarung keine rechtliche Bindung entfaltet und daher weder Rechte begründet noch inländisches Recht verdrängt.[495] Zudem bleiben bestehende Rechte der Behörden von der Kooperationsvereinbarung unberührt.[496]

Viertens ist nach Art. 5 Abs. 1 lit. d) Rating-VO erforderlich, dass die Ratings der Ratingagentur und ihre Ratingtätigkeiten keine systembezogene Bedeutung für die finanzielle Stabilität oder Integrität der Finanzmärkte in einem oder in mehreren Mitgliedstaaten haben. Damit sollen mit der Übernahme drittstaatlicher Ratings keine Risiken geschaffen werden, die das Potential schwerwiegender negativer Folgen für die Finanzmärkte und die Realwirtschaft bergen.[497] Institutionelle Anleger haben sich entsprechend an den Veröffentlichungen des Europäischen Ausschusses für Systemrisiken und der ESMA zu orientieren.

Fünfte und letzte Voraussetzung ist es, dass die Ratingagentur nach Art. 5 Abs. 1 lit. e), Abs. 2 i.V.m. Art. 15 Rating-VO zertifiziert wurde. Wirft man einen Blick auf die von der ESMA veröffentlichte und stetig aktualisierte Liste, so ist festzustellen, dass sich lediglich die japanische Ratingagentur Japan Credit Rating Agency Ltd., die amerikanischen Ratingagenturen Kroll Bond Rating Agency und Egan-Jones Ratings Co. sowie die mexikanische Ratingagentur HR Ratings de Mexico haben zertifizieren lassen.[498] Die weit überwiegende Mehrheit der

---

Ratingagenturen nicht erfasst werden. Zwar setzt die Registrierung bei der SEC nach Abschnitt 15E des Securities Exchange Act nicht voraus, dass die betreffende Ratingagentur ihren satzungsmäßigen Sitz in den USA hat, aber sind von den großen drei Ratingagenturen nur die Mutterunternehmen als „Nationally Recognized Statistical Ratings Organisations" registriert, ihre europäischen Tochterunternehmen aber nicht (vgl. Nationally Recognized Statistical Rating Organizations, abrufbar unter: http://www.sec.gov/divisions/marketreg/ratingagency.htm#nrsroorders).

494 Neben den Muttergesellschaften Fitch Ratings, Moody's und Standard & Poor's werden auch die europäischen Tochterunternehmen aufgelistet.

495 Vgl. Art. 2 Abs. 10 des Memorandum of Understanding on Supervision of Credit Rating Agencies – ESMA and SEC, unterzeichnet am 14.03.2012, abrufbar unter: http://www.esma.europa.eu/system/files/esma-sec_mou_march_2012.pdf.

496 Art. 2 Abs. 11 der Kooperationsvereinbarung.

497 Vgl. zur Bedeutung von Systemrisiken auch Art. 2 lit. c Verordnung (EU) Nr. 1092/2010 des Europäischen Parlaments und des Rates über die Finanzaufsicht der Europäischen Union auf Makroebene und zur Errichtung eines Europäischen Ausschusses für Systemrisiken vom 24.11.2010, ABl. EU Nr. L 331/1 vom 15.12.2010.

498 Vgl. Liste der registrierten und geprüften Ratingagenturen nach Verordnung (EG) Nr. 1060/2009 des europäischen Parlaments und des Rates vom 16.09.2009 über Ratingagenturen, zuletzt am 21.05.2014 aktualierst, abrufbar unter: http://www.esma.europa.eu/page/List-registered-and-certified-CRAs.

Ratingagenturen hat sich stattdessen in einem Mitgliedstaat der Europäischen Union registrieren lassen, darunter die drei großen amerikanischen Ratingagenturen. Damit handelt es sich um europäische Ratingagenturen i.S.d. Rating-VO, sodass Art. 5 Rating-VO bisher nur geringe praktische Bedeutung erlangt hat.

b. Einbeziehung in die Haftung des Art. 35a Rating-VO

Es stellt sich nunmehr die Frage, ob Ratings, die den Anforderungen des Art. 5 Rating-VO genügen, von der europäischen Haftungsvorschrift erfasst sind. Vom Ergebnis her betrachtet, ließe sich dafür anführen, dass drittstaatliche Ratings europäischen Haftungsnormen unterstehen sollten, wenn sie zur Einhaltung europäischer Rechtsvorschriften verwendet werden. Dagegen könnte aber Art. 2 Abs. 1 Rating-VO angeführt werden, wonach die Verordnung nur für Ratings gilt, die von in der Union registrierten Ratingagenturen abgegeben werden, was bei Ratings i.S.d. Art. 5 Rating-VO unstreitig nicht der Fall ist. Allerdings gilt auch hier zu berücksichtigen, dass Art. 2 Abs. 1 Rating-VO in Verbindung mit den übrigen Vorschriften der Verordnung zu lesen ist.[499] So sind die Vorschriften der Rating-VO, insbesondere Art. 35a Rating-VO, auch für übernommene Ratings i.S.d. Art. 4 Abs. 3 Rating-VO anwendbar, obwohl diese Ratings gerade nicht von einer europäischen Ratingagentur abgegeben worden sind.

Nichtsdestotrotz sprechen die besseren Argumente gegen eine Berücksichtigung von Ratings i.S.d. Art. 5 Rating-VO bei der europäischen Haftungsvorschrift. Grundlegende Haftungsvoraussetzung des Art. 35 Abs. 1 Unterabs. 1 Rating-VO ist das Vorliegen einer der in Anhang III der Rating-VO aufgeführten Zuwiderhandlungen.[500] Die für Art. 35a Rating-VO relevanten Verstöße betreffen in erster Linie organisatorische oder operationelle Anforderungen, Maßnahmen zur Vermeidung von Interessenkonflikten und Vorkehrungen zur Offenlegung.[501] Diese Vorschriften gelten aber ausschließlich für europäische Ratingagenturen, was sich u.a. aus dem Umkehrschluss aus Art. 5 Abs. 1 lit. b), Abs. 6 Unterabs. 2 lit. b) Rating-VO ergibt.[502] Der europäische Gesetzgeber setzt voraus, dass Regelungen der Rating-VO keine unmittelbare Anwendung für Ratingagenturen aus

499 Siehe oben, Teil 2 B. I.

500 Vgl. auch Erwägungsgrund 32 der Rating-VO (EU) Nr. 462/2013.

501 Vgl. Art. 6 ff. Rating-VO.

502 Denn danach hat die Kommission zu entscheiden, ob der Regelungs- und Kontrollrahmen des betreffenden Drittlands den Regelungen der Art. 6 bis 12 und des Anhangs I gleichwertig sind.

Drittländern finden, und verleiht damit dem allgemein anerkannten Grundsatz Ausdruck, dass europäische Verordnungen nur in den europäischen Mitgliedstaaten Geltung beanspruchen.[503] Würde man zudem die primäre Funktion des Art. 35a Rating-VO darin erblicken, den öffentlich-rechtlichen Vorschriften im Wege des Privatrechts zur Durchsetzung zu verhelfen,[504] dann wäre eine Berücksichtigung von Ratings i.S.d. Art. 5 Rating-VO für die Haftungsvorschrift des Art. 35a Rating-VO wenig überzeugend.

Schließlich ist auch die anfängliche Erwägung nicht überzeugend, dass, wenn übernommene Ratings i.S.d. Art. 4 Abs. 3 Rating-VO für die Haftungsvorschrift beachtlich sind, dann müsse das auch für Ratings i.S.d. Art. 5 Rating-VO gelten. Denn im Gegensatz zu Art. 5 Rating-VO finden sich in Art. 4 Abs. 4 und Abs. 5 Rating-VO ausdrückliche Anordnungen, dass diese Ratings so zu behandeln sind, als seien sie von einer europäischen Ratingagentur abgegeben worden. Daher scheidet die direkte Anwendbarkeit des Art. 35a Rating-VO für Ratings i.S.d. Art. 5 Rating-VO aus.[505] Eine entsprechende Anwendung der europäischen Haftungsvorschrift für Ratings i.S.d. Art. 5 Rating-VO ist ebenfalls nicht zu befürworten, da es insofern bereits an einer planwidrigen Regelungslücke fehlt.

4. *Länderratings*

Gerade der Blick auf die jüngste Vergangenheit, in der einzelne Staaten durch Ratingherabstufungen in den Fokus der öffentlichen Wahrnehmung traten,[506] wirft die Frage auf, ob die europäische Haftungsvorschrift auch Ratings erfasst, deren Bewertungsobjekt ein Staat ist oder eines der von ihm emittierten Finanzinstrumente. Dies wird teilweise im Schrifttum angenommen.[507] Stützen ließe sich diese Beurteilung mit Art. 3 Abs. 1 lit. a) und lit. f) Rating-VO. Danach kann ein Rating das Bonitätsurteil in Bezug auf ein Unternehmen sein. Ein bewertetes Unternehmen i.S.d. Rating-VO ist wiederum eine Rechtspersönlichkeit, deren

503 *Nettesheim* in: Grabitz/Hilf/Nettesheim, Das Recht der EU, Art. 288 AEUV Rn. 99; *Ruffert* in: Calliess/Ruffert, EUV/AEUV, Art. 288 AEUV Rn. 20 ff.; *Schroeder* in: Streinz, EUV/AEUV, Art. 288 Rn. 57 ff.; *Fink* in: Spindler, Recht der elektronischen Medien, Teil 1 B III Rn. 45.

504 Vgl. auch Rat der Europäischen Union, Beitrag des Juristischen Dienstes. Vorschlag für eine Verordnung des Europäischen Parlaments und des Rates zur Änderung der Verordnung (EG) Nr. 1060/2009 über Ratingagenturen – Zivilrechtliche Haftung, 16.03.2012, Dok.-Nr. des Rates 7801/12, S. 4 f.

505 Im Ergebnis auch *Dutta*, IPRax 2014, 33, 40; *derselbe*, WM 2013, 1729, 1732.

506 Siehe oben, Teil 1 D.

507 *Gietzelt/Ungerer*, GPR 2013, 333, 340 aber ohne jegliche Begründung.

Bonität explizit oder implizit bewertet wird.[508] Der Begriff „Unternehmen“ i.S.d. Art. 3 Abs. 1 lit. a) Rating-VO ist damit weit zu verstehen und erfasst neben wirtschaftlichen Unternehmen des Privatrechts auch juristische Personen des öffentlichen Rechts, wozu auch ein Staat zählt[509].

Gegen eine Berücksichtigung von Länderratings in Art. 35a Rating-VO könnte allerdings sprechen, dass die Rating-VO für Länderratings eine gesonderte Definition in Art. 3 Abs. 1 lit. v) Rating-VO bereitstellt, woraus geschlussfolgert werden könnte, dass der Verordnungsgeber bewusst zwischen allgemeinen Ratings und Länderratings unterscheiden wollte, was dann auch in die Haftungsvorschrift Einzug gefunden haben könnte.

Dieser formelle Einwand vermag im Ergebnis jedoch nicht zu überzeugen. Bei einem Länderrating handelt es sich zwar um ein spezielles Rating, das sich aber lediglich in Bezug auf das Ratingobjekt von dem Rating i.S.d. Art. 3 Abs. 1 lit. a) Rating-VO unterscheidet. Man könnte insofern von einer Unterform des allgemeinen Ratings sprechen,[510] für die der europäische Gesetzgeber teils Sonderregelungen wie in Art. 8a Rating-VO vorgesehen hat.[511] Daneben gelten aber auch für Länderratings die übrigen Regelungen der Rating-VO,[512] was Art. 35a Rating-VO einbezieht. Zudem bergen fehlerhafte Länderratings erhebliche Gefahren nicht nur für den betroffenen Einzelstaat, sondern für die gesamte Europäische Union,[513] sodass diese Ratings im Hinblick auf das erklärte Ziel der Rating-VO, „die mit Länderratings verbundenen Gefahren zu verringern“[514], von der europäischen Haftungsvorschrift erfasst sein müssen.[515] Wirft man zudem einen Blick auf die Emission von Staatsanleihen, so wird man feststellen müssen, dass beispielsweise die staatliche Kreditaufnahme und das Schuldenmanagement der Bundesrepublik Deutschland durch die Bundesrepublik

---

508 Art. 3 Abs. 1 lit. f Rating-VO.

509 Vgl. im Zusammenhang der Richtlinie 2003/71/EG (Prospektrichtlinie) und § 2 Nr. 9 WpPG *Heidelbach* in: Schwark/Zimmer, Kapitalmarktrecht, § 2 WpPG Rn. 49 unter zutreffendem Verweis auf BT-Drucks 15/4999, S. 1, 29; *Groß*, Kapitalmarktrecht, § 2 WpPG Rn. 24; *Groß* in: Ebenroth/Boujong/Joost/Strohn, HGB, § 2 Rn. IX596.

510 Das kann auch auf Erwägungsgrund 1 Rating-VO (EU) Nr. 462/2013 gestützt werden.

511 Vgl. Erwägungsgrund 42 Rating-VO (EU) Nr. 462/2013.

512 Das ergibt sich insbesondere aus Erwägungsgrund 1, 39 und 42 Rating-VO (EU) Nr. 462/2013.

513 Erwägungsgrund 44 der Rating-VO (EU) Nr. 462/2013.

514 Erwägungsgrund 49 der Rating-VO (EU) Nr. 462/2013.

515 Siehe zur „private enforcement“ Funktion der europäischen Haftungsvorschrift oben, Teil 2 A. V. 2.

Deutschland Finanzagentur GmbH erfolgt, die als juristische Person des Privatrechts[516] wie jeder andere Emittent an den Finanzmärkten partizipiert. Es wäre kaum nachvollziehbar, solche Anleihen betreffende Ratings vom Anwendungsbereich der Haftungsvorschrift auszunehmen.[517] Daher sind auch Länderratings i.S.d. Art. 3 Abs. 1 lit. v) Rating-VO von Art. 35a Rating-VO erfasst.

5. *Zwischenergebnis*

Für die Haftungsvorschrift des Art. 35a Rating-VO sind grundsätzlich nur solche Ratings relevant, die von einer europäischen Ratingagentur abgegeben worden sind, sodass Anleger, die sich etwa auf ein Rating der drei großen amerikanischen Ratingagenturen verlassen, keinen Schadensersatz nach Art. 35a Rating-VO verlangen können.[518] Etwas anderes gilt für solche Ratings nur dann, wenn eine europäische Ratingagentur unter Beachtung der Voraussetzungen des Art. 4 Abs. 3 Rating-VO diese übernimmt. Eine Haftung der europäischen Tochtergesellschaften kommt dann grundsätzlich in Betracht. Keine Rolle für die zivilrechtliche Haftung spielen insbesondere private Ratings i.S.d. Art. 2 Abs. 2 lit. a) Rating-VO sowie Ratings i.S.d. Art. 5 Rating-VO. Schließlich unterfallen Länderratings dem Anwendungsbereich des Art. 35a Rating-VO.

III. Anspruchsberechtigte – Emittent und Anleger

Nach Art. 35a Abs. 1 Rating-VO sind sowohl Emittenten als auch Anleger anspruchsberechtigt. Obgleich Anleger und Emittenten zwei völlig unterschiedlichen Gruppen mit teils gegenläufigen Interessen angehören, hat sich der europäische Verordnungsgeber nicht davon abhalten lassen, für beide Gruppen eine Schadensersatznorm mit überwiegend gleichen Voraussetzungen in Gestalt des Art. 35a Rating-VO zu schaffen.[519] Unterschiede lassen sich insbesondere Art. 35 Abs. 1 Unterabs. 2 und Unterabs. 3 Rating-VO sowie den Erwägungsgründen der Rating-VO (EU) Nr. 462/2013[520] entnehmen. Gegenstand der nachfolgenden Ausführungen ist die Frage, wer Anleger und Emittent ist und welche

---

516 Alleiniger Gesellschafter ist das Bundesministerium für Finanzen, vgl. http://www.deutsche-finanzagentur.de/de/finanzagentur/ueber-uns/.

517 Zudem sind Staaten in ihrer Funktion als Emittent von der Haftungsvorschrift erfasst, siehe unten, Teil 2 B III. 1. a. aa. Es wäre daher nicht überzeugend, die Haftung daran scheitern zu lassen, da es an einem haftungsrelevanten Rating fehlt.

518 Vgl. auch *Dutta*, IPRax 2014, 33, 34.

519 Siehe unten, Teil 2 B. IV., V.

520 Vgl. Erwägungsgründe 32 und 36 der Rating-VO (EU) Nr. 462/2013.

spezifischen Voraussetzungen die jeweilige Gruppe i.S.d. Art. 35a Rating-VO erfüllen muss, um anspruchsberechtigt zu sein.

1. Emittent

a. Allgemeine Voraussetzungen

Wer Emittent i.S.d. Art. 35a Rating-VO ist, bestimmt sich nach Art. 3 Abs. 1 lit. s) Rating-VO, der wiederum auf Art. 2 Abs. 1 lit. h) der Richtlinie 2003/71/EG[521] verweist. Danach ist Emittent eine Rechtspersönlichkeit, die Wertpapiere begibt oder zu begeben beabsichtigt.

aa. Juristische Personen des öffentlichen Rechts sowie Privatrechts

Der Begriff „Rechtspersönlichkeit" erfasst natürliche und juristische Personen, wobei zu letzteren sowohl diejenigen des Privatrechts als auch jene des öffentlichen Rechts gehören.[522] Damit sind nicht nur Wirtschaftsunternehmen inkludiert, sondern auch Staaten, die Wertpapiere begeben oder begeben wollen, unabhängig davon, ob sich das Rating auf den Emittenten selbst oder auf eines der von ihm begebenen Finanzinstrumente bezieht.[523]

bb. Erweiterung des Emittentenbegriffs i.S.d. Art. 35a Rating-VO

Darüber hinaus gibt es eine dritte Kategorie von Ratingobjekten, wie sich aus Art. 3 Abs. 1 lit. a) Rating-VO ergibt. Danach kann ein Rating in Bezug auf ein Unternehmen erteilt werden, ohne dass dieses Emittent zu sein braucht. Dies betrifft Konstellationen, in denen zwar die Bonität einer Rechtspersönlichkeit bewertet wird, das Unternehmen aber keine Finanzinstrumente begibt und dies auch nicht beabsichtigt zu tun.[524] Bei konsequenter Beachtung des Wortlauts von Art. 35a Abs. 1 Rating-VO sind diese Fälle von der Haftungsvorschrift nicht erfasst, da sie ausschließlich Anleger und Emittenten als

---

521 Richtlinie 2003/71/EG des Europäischen Parlaments und des Rates vom 04.11.2003 betreffend den Prospekt, der beim öffentlichen Angebot von Wertpapieren oder bei deren Zulassung zum Handel zu veröffentlichen ist, und zur Änderung der Richtlinie 2001/34/EG, ABl. EU Nr. L 345/64 vom 31.12.2003, nachfolgend Prospektrichtlinie.

522 Vgl. im Zusammenhang der Richtlinie 2003/71/EG (Prospektrichtlinie) und § 2 Nr. 9 WpPG *Heidelbach* in: Schwark/Zimmer, Kapitalmarktrecht, § 2 WpPG Rn. 49 unter zutreffendem Verweis auf BT-Drucks 15/4999, S. 1, 29; *Groß*, Kapitalmarktrecht, § 2 WpPG Rn. 24; *Groß* in: Ebenroth/Boujong/Joost/Strohn, HGB, § 2 Rn. IX596.

523 Das ergibt sich insbesondere aus Erwägungsgrund 45 der Rating-VO Nr. 462/2013.

524 Art. 3 Abs. 1 lit. a und lit. f Rating-VO.

anspruchsberechtigt nennt. Dies ist weder überzeugend, noch mit dem Sinn und Zweck der Rating-VO zu vereinbaren, ein Unternehmen vor fehlerhaften Ratings zu schützen, unabhängig davon, ob ein Vertragsverhältnis zwischen diesem und der Ratingagentur besteht.[525] Denn Unternehmen, die Gegenstand einer fehlerhaften Bonitätsbewertung sind, büßen gleichermaßen an Ansehen und finanzieller Attraktivität ein, wie es bei Emittenten der Fall ist. Es besteht daher kein Grund, solchen Unternehmen den durch Art. 35a Rating-VO gewährleisteten Schutz zu verwehren. Zur Lösung dieses Problems könnte „Emittent" daher im Kontext der Haftungsvorschrift, entsprechend ihrem Sinn und Zweck, so weit ausgelegt werden, dass tatbestandlich auch Unternehmen i.S.d. Art. 3 Abs. 1 lit. a) Var. 1, lit. f) Rating-VO erfasst werden. Dogmatisch überzeugender wäre allerdings, auch unter Berücksichtigung der EuGH Rechtsprechung zur Begrenzung der Auslegung europäischer Rechtsakte durch ihren Wortlaut,[526] für diese Fälle die europäische Haftungsvorschrift entsprechend anzuwenden.[527] Sowohl das Bestehen einer planwidrigen Regelungslücke als auch das Vorliegen einer vergleichbaren Interessenlage können hier angenommen werden.

b. Besondere Voraussetzungen des Abs. 1 Unterabs. 3

Art. 35a Abs. 1 Unterabs. 3 Rating-VO hat besondere Anspruchsvoraussetzungen zum Gegenstand, die ausschließlich den Emittenten betreffen. Danach muss sich das fehlerhafte Rating auf den Emittenten oder eines seiner Finanzinstrumente beziehen. Zudem bestimmt die Vorschrift, dass die Zuwiderhandlung der Ratingagentur nicht die Folge einer Irreführung oder falschen Informierung der Ratingagentur durch den Emittenten sein darf. Für beide Voraussetzungen trägt der Emittent die Darlegungs- und Beweislast.

aa. Bewertungsobjekt: Emittent oder eines seiner Finanzinstrumente

Art. 35a Abs. 1 Unterabs. 3 Rating-VO stellt zunächst klar, dass ein Emittent nur Schadensersatz verlangen kann, soweit er oder eines seiner Finanzinstrumente Gegenstand des fehlerhaften Ratings ist. Nach dem Wortlaut gilt diese Vorschrift nur für Emittenten i.S.d. Art. 3 Abs. 1 lit. s) Rating-VO. Allerdings

---

525 Vgl. Erwägungsgrund 32 der Rating-VO Nr. 462/2013.

526 Vgl. EuGH Urt. v. 01.04.1965 – Rs. C-40/64 – Marcello Sgarlata u.a./Kommission der Europäischen WG, Slg. 1965 00279, 00312; EuGH Urt. v. 13.07.1966 – Rs. C-56/64 – Consten und Grundig/Kommission der Europäischen WG, 1966, 326, 387.

527 Vgl. zur Problematik der Bedeutung des Wortlauts in der Rechtsprechung des EuGH *Bleckmann/Pieper* in: Dauses, Hdb. des EU-Wirtschaftsrechts, B I Rn. 5 ff.

kann Art. 35a Rating-VO analog für bewertete Unternehmen i.S.d. Art. 3 Abs. 1 lit. f) Rating-VO angewendet werden,[528] für welche die weiteren Voraussetzungen des Art. 35a Abs. 1 Unterabs. 3 Rating-VO entsprechend zu beachten sind.

bb. Keine Falschinformation oder Irreführung durch den Emittenten

Ein Emittent kann nach Art. 35a Abs. 1 Unterabs. 3 Rating-VO keinen Schadensersatz geltend machen, wenn die Zuwiderhandlung der Ratingagentur darauf zurückzuführen ist, dass der Emittent „die Ratingagentur direkt oder aufgrund öffentlich zugänglicher Informationen irreführend oder falsch informiert hat". Maßgeblich für die Auslegung ist nach Art. 35a Abs. 4 Satz 2 Rating-VO nationales Sachrecht, da die Begriffe nicht durch den europäischen Rechtsakt selbst definiert werden.

(1) Irreführend oder falsch informiert

Informiert ein Emittent irreführend, so ist damit die Erzeugung eines unzutreffenden Gesamtbilds bei der Ratingagentur gemeint.[529] Das kann durch die Unvollständigkeit von Angaben, aber auch durch die Darstellung wahrer Informationen, z.B. wenn sie besonders miteinander verknüpft werden, erfolgen.[530] Der Emittent muss sich daran messen lassen, ob eine Ratingagentur eine falsche Vorstellung über den Inhalt gewinnen kann und die Art der Darstellung dazu objektiv geeignet ist.[531] Eine Rechtspflicht zur vollständigen Veröffentlichung von Informationen darf aus Art. 35a Abs. 1 Unterabs. 3 Rating-VO aber nicht hergeleitet oder begründet werden.[532]

Für die Beurteilung, ob eine unvollständige Auskunft die Schwelle zur Irreführung überschreitet, können die aus dem Ratingvertrag resultierenden Emittenten-Pflichten berücksichtigt werden.

Eine Falschinformation liegt vor, wenn die Angabe nicht der Wahrheit entspricht, also nichtvorhandene Umstände als vorhandene und vorhandene Umstände als nicht vorhanden vorgegeben werden.[533] Überwiegend handelt

528 Siehe oben, Teil 2 B. III. 1. a. aa.

529 Vgl. *Worms* in: Assmann/Schütze, Hdb. KapitalanlageR, § 10 Rn. 89.

530 *Schwark* in: Schwark/Zimmer, Kapitalmarktrecht, § 20a WpHG Rn. 17 f.; *Worms* in: Assmann/Schütze, Hdb. KapitalanlageR, § 10 Rn. 89.

531 *Schwark* in: Schwark/Zimmer, Kapitalmarktrecht, § 20a WpHG Rn. 18.

532 Vgl. *Worms* in: Assmann/Schütze, Hdb. KapitalanlageR, § 10 Rn. 88. Eine Rechtspflicht zur vollständigen Mitteilung könnte sich aber aus dem mit der Ratingagentur abgeschlossenen Ratingvertrag ergeben.

533 *Worms* in: Assmann/Schütze, Hdb. KapitalanlageR, § 10 Rn. 88; *Schwark* in: Schwark/Zimmer, Kapitalmarktrecht, § 20a WpHG Rn. 15.

es sich bei den weitergegebenen Informationen um Tatsachen.[534] Nichtsdestotrotz werden bei beauftragten Ratings auch die Unternehmenspolitik und die Einschätzung von Risiken durch die Unternehmensleitung berücksichtigt,[535] bei denen es sich auch um Werturteile handeln kann. Obgleich diese wegen ihres subjektiven Einschlags einer Überprüfung auf wahr oder unwahr entzogen sind,[536] können sie völlig unvertretbar und damit falsch i.S.d. Art. 35a Abs. 1 Unterabs. 3 Rating-VO sein. Das ist etwa der Fall, wenn die Bewertungen auf einer falschen Tatsachenbasis gründen oder nicht vertretbare Schlussfolgerungen aus zutreffenden Tatsachen gezogen werden.[537]

Ein Vorsatzerfordernis ist dem Wortlaut des Abs. 1 Unterabs. 2 nicht zu entnehmen, sodass es einzig darauf ankommt, ob die Informationen objektiv irreführend oder falsch sind.

(2) „Direkt oder aufgrund öffentlich zugänglicher Informationen"

Die Vorschrift unterscheidet bei der Irreführung und der unzureichenden Informierung darin, ob ihr Grund in einer direkten Täuschung liegt oder sie auf öffentlich zugängliche Informationen zurückzuführen ist. Diese Unterscheidung resultiert prinzipiell daraus, dass Art. 35a Rating-VO sowohl für beauftragte als auch unbeauftragte Ratings gilt. Während bei einem beauftragten Rating der Emittent relevante Informationen überwiegend direkt an die Ratingagentur übermittelt, greift eine Ratingagentur für ein unbeauftragtes Rating vermehrt auf öffentlich zugängliche Informationen zurück.[538] Diese können etwa aus öffentlich zugänglichen Jahresabschlüssen, Zwischenberichten oder Ad-hoc-Mitteilungen stammen.[539]

(3) Zuwiderhandlung oder Fehlbewertung

Art. 35a Abs. 1 Unterabs. 3 Rating-VO schließt einen Schadensersatzanspruch für Emittenten aus, soweit die Zuwiderhandlung der Ratingagentur gegen eine ihrer durch die Rating-VO auferlegten Verhaltenspflichten auf obiges Fehlverhalten des Emittenten zurückzuführen ist. Der hinter dieser Vorschrift stehende Sinn und Zweck scheint auf den ersten Blick klar zu sein: Ein Emittent soll nicht auch noch dafür belohnt werden, dass er mit der Täuschung des vermeintlichen

534 Siehe oben, Teil 1 B.

535 Siehe oben, Teil 1 B.

536 BGH NJW 2015, 773; *Worms* in: Assmann/Schütze, Hdb. KapitalanlageR, § 10 Rn. 88; *Heuser*, LMK 2015, 367002.

537 *BaFin*, Emittentenleitfaden 2013, S. 89.

538 Siehe oben, Teil 1 B. II.

539 Vgl. *Schwark* in: Schwark/Zimmer, Kapitalmarktrecht, § 20a WpHG Rn. 15.

Schädigers selbst die Ursache für den von ihm erlittenen Schaden gesetzt hat. Andernfalls läge ein Verstoß gegen das Gebot von Treu und Glauben nahe.

Wendet man die Vorschrift allerdings wortgetreu an, so wird schnell klar, dass sie ins Leere läuft. Nach systematischer Auslegung und damit unter Berücksichtigung von Art. 35a Abs. 1 Unterabs. 1 Rating-VO müsste der Begriff „Zuwiderhandlung" in Abs. 1 Unterabs. 3 eine der in Anhang III der Rating-VO aufgeführten Zuwiderhandlungen meinen. Denn in Art. 35a Abs. 1 Unterabs. 1 Rating-VO unterscheidet die Haftungsvorschrift zwischen den in Anhang III aufgeführten Zuwiderhandlungen einerseits und der Auswirkung auf das Rating andererseits. Entsprechend dem klaren Wortlaut kommt es bei Art. 35a Abs. 1 Unterabs. 3 Rating-VO auf die Zuwiderhandlungen der Ratingagentur an und nicht auf die Auswirkung auf das Ratingergebnis.

Eine Zuwiderhandlung kann einen Verstoß im Zusammenhang mit Interessenkonflikten, organisatorischen oder operationellen Anforderungen, Aufsichtstätigkeiten und Offenlegungspflichten betreffen.[540] Diese Verstöße gegen aufsichtsrechtliche Organisations- und Verhaltenspflichten treten aber gänzlich unabhängig davon ein, ob ein Emittent falsch oder irreführend informiert hat.[541]

Hätte der Verordnungsgeber entsprechend der obigen Annahme solche Fälle vom Anwendungsbereich der Haftungsvorschrift ausschließen wollen, in denen der Emittent die Ratingagentur in einer das Ratingergebnis beeinflussenden Weise falsch oder irreführend informiert hat, dann hätte es in Art. 35a Abs. 1 Unterabs. 3 Rating-VO statt „Zuwiderhandlung" richtigerweise „Auswirkung auf das Rating" und damit „Beeinflussung des Ratingergebnisses" heißen müssen. Ein unbewusster Gestaltungsfehler des Verordnungsgebers, welcher eine über den Wortlaut hinausgehende Auslegung rechtfertigen könnte, ist ebenfalls nicht anzunehmen.[542] Dagegen spricht v.a. auch die systematische Erwägung, dass maßgeblicher Anknüpfungspunkt dieser zivilrechtlichen Haftungsvorschrift nicht lediglich die Abgabe eines fehlerhaften Ratings ist, sondern es vielmehr eines Verstoßes gegen die öffentlichrechtlichen Verhaltenspflichten bedarf.[543] Die Regelung des Art. 35a Abs. 1 Unterabs. 3 Rating-VO setzt diesen Regelungsansatz fort, indem spiegelbildlich nur solch ein Verhalten zum Wegfall des Schadensersatzanspruchs führen soll, welches das sanktionsbehaftete Verhalten der Ratingagenturen beeinflusst hat.

---

540 Vgl. Untergliederung von Anhang III.

541 Siehe unten, Teil 2 B. IV.

542 Vgl. auch *Dutta*, WM 2013, 1729, 1734; *Gietzelt/Ungerer*, GPR 2013, 333, 343, die die Vorschrift entsprechend ihres Wortlauts auslegen.

543 Siehe oben, Teil 2 A. V. 2.

2. *Anleger*

a. *Allgemeine Voraussetzungen*

Die zweite anspruchsberechtigte Gruppe i.S.d. Art. 35a Rating-VO sind die Anleger.

Obgleich Anleger nicht nur in Art. 35a und 39b Rating-VO genannt werden, sondern auch einerseits eine wesentliche Rolle in den Erwägungsgründen der Änderungsverordnung einnehmen[544] und andererseits die Verbesserung des Anlegerschutzes ausdrückliches Regelungsziel der Rating-VO ist,[545] ist der Begriff „Anleger" im Gegensatz zum „Emittenten" nicht in Art. 3 Rating-VO legaldefiniert. Das mag auf den ersten Blick als Unachtsamkeit des europäischen Verordnungsgebers beurteilt werden, ist aber im Vergleich zu anderen europäischen Rechtsakten wie der Marktmissbrauchsrichtlinie[546], der Transparenzrichtlinie[547] oder der Prospektrichtlinie[548], die ebenfalls das Ziel der Verbesserung des Anlegerschutzes verfolgen, nichts Ungewöhnliches. Denn hier wie dort fehlt es an einer Definition für Anleger.

Für die Prospektrichtlinie gilt zwar insofern einschränkend, dass dort der Rechtsbegriff „qualifizierte Anleger" definiert ist.[549] Dabei wird jedoch lediglich zwischen qualifiziert und nicht qualifiziert abgegrenzt, also zwischen Anlegergruppen unterschieden, während der Begriff des Anlegers selbst keiner

544 Vgl. Erwägungsgrund 4, 7, 8, 9, 10, 11, 19, 24, 27, 29, 30, 31, 32, 34, 35, 36, 40, 46, und 49 Rating-VO (EU) Nr. 462/2013.

545 Vgl. Art. 1 Rating-VO (EU) Nr. 462/2013 und Erwägungsgrund 4 und 7 der Rating-VO (EG) Nr. 1060/2009.

546 Richtlinie 2003/6/EG des Europäischen Parlaments und des Rates vom 28.01.2003 über Insider-Geschäfte und Marktmanipulation, ABl. EU Nr. L 96/16 vom 12.04.2013, zuletzt geändert durch Art. 3 ÄndRL 2010/78/EU vom 24.11.2010, ABl. EU Nr. L 331/120 vom 15.12.2010.

547 Richtlinie 2004/109/EG des Europäischen Parlaments und des Rates vom 15.12.2004 zur Harmonisierung der Transparenzanforderungen in Bezug auf Informationen über Emittenten, deren Wertpapiere zum Handel auf einem geregelten Markt zugelassen sind, und zur Änderung der Richtlinie 2001/34/EG, ABl. EU Nr. L 390/38 vom 31.12.2004, zuletzt geändert durch Art. 1 ÄndRL 2013/50/EU vom 22.10.2013, ABl. EU Nr. L 294/13 vom 06.11.2013.

548 Richtlinie 2003/71/EG des Europäischen Parlaments und des Rates vom 04.11.2003 betreffend den Prospekt, der beim öffentlichen Angebot von Wertpapieren oder bei deren Zulassung zum Handel zu veröffentlichen ist, und zur Änderung der Richtlinie 2001/34/EG, ABl. EU Nr. L 345/64 vom 31.12.2003, zuletzt geändert durch Art. 2 ÄndRL 2013/50/EU vom 22.10.2013, ABL. Nr. L 294/13 vom 06.11.2013.

549 Vgl. Art. 2 Abs. 1 lit. e) der Prospektrichtlinie 2003/71/EG.

Definition zugeführt wird. Ein Blick in das deutsche Kapitalmarktrecht verdichtet den Eindruck, dass der Anlegerbegriff grundsätzlich nicht legaldefiniert wird.[550] Exemplarisch seien ursprünglich das Investmentgesetz[551] sowie das Vermögensanlagegesetz[552], das Wertpapierprospektgesetz[553], das Wertpapierhandelsgesetz[554] und die Verordnung zur Konkretisierung des Verbotes der Marktmanipulation[555] genannt, wobei die beiden letzteren Rechtsakte das erweiterte Kriterium des „verständigen" Anlegers aufgenommen haben[556]. Im deutschen Schrifttum versteht man unter Anlegern allgemein einen Personenkreis, der in bestimmte Wertpapiere investiert.[557]

Ob es für die Bestimmung des Anlegerbegriffes eines Rückgriffs auf das nationale Sachrecht nach Art. 35a Abs. 4 Satz 1 Rating-VO bedarf, ist nicht eindeutig.[558] Eine inhaltliche Bestimmung des Anlegerbegriffs könnte trotz fehlender Legaldefinition möglicherweise durch die Verordnungen (EG) Nr. 1060/2009 und (EU) Nr. 462/2013 selbst, insbesondere unter Einbeziehung ihrer Erwägungsgründe, erfolgen, was einen Rückgriff auf nationales Sachrecht überflüssig machen würde.

---

550 So auch *Buck-Heeb*, ZHR 177 (2013), 310, 335 f.

551 Investmentgesetzt vom 15.12.2003, BGBl. I, S. 2676, aufgehoben mit Wirkung vom 22.07.2013 durch Art. 2a AIFM-Umsetzungsgesetz vom 04.07.2013, BGBl. I, S. 1981.

552 Gesetz über Vermögensanlagen vom 06.12.2011, BGBl. I, S. 2481, zuletzt geändert durch Art. 3 Abs. 2 des Gesetzes zur Änderung des HGB vom 04.10.2013, BGBl. I, S. 3746.

553 Verkündet als Art. 1 des Prospektrichtlinien-Umsetzungsgesetz vom 22.06.2005, BGBl. I., S. 1698.

554 Gesetz über den Wertpapierhandel, in der Fassung der Bekanntmachung vom 09.09.1998, BGBl. I, S. 2708, zuletzt geändert durch Art. 6 Abs. 3CRD IV-Umsetzungsgesetz vom 28.08.2013, BGBl. I, S. 3395.

555 Verordnung zur Konkretisierung des Verbotes der Marktmanipulation (Marktmanipulations-Konkretisierungsverordnung – MaKonV) vom 01.03.2005, BGBl. I, S. 515, zuletzt geändert durch Art. 5 HochfrequenzhandelsgG vom 07.05.2013, BGBl. I, S. 1162.

556 Vgl. § 13 Abs. 1 Satz 2 WpHG und § 2 Abs. 1 Satz 1 MaKonV; § 31a Abs. 2 und 3 WpHG differenziert zudem zwischen professionellen und nicht-professionellen „Kunden".

557 Vgl. *Grunewald/Schlitt*, Kapitalmarktrecht, S. 12; *Edelmann* in: Assmann/Schütze, Hdb. KapitalanlageR, § 2 Rn. 1, der Anleger als Personen beschreibt, die sich an Kapitalanlagen beteiligen.

558 So aber *Dutta*, WM 2013, 1729, 1731; *Schultes*, Regulierung und Haftung von Ratingagenturen, S. 305.

aa. Abgrenzung des Anlegerbegriffs durch die Rating-VO

In den Rating-VOen (EG) Nr. 1060/2009 und (EU) Nr. 462/2013 ist an unterschiedlichsten Stellen von Verbrauchern, Kreditnehmern, Anlegern, institutionellen Anlegern und kleineren Anlegern die Rede,[559] die allesamt vor fehlerhaften Ratings geschützt werden sollen.[560] Dazu hat der Verordnungsgeber Organisations- und Verhaltensregelungen für Ratingagenturen eingeführt, die die Qualität von Ratings sicherstellen sollen. Ein weiteres Schutzinstrumentarium ist die zivilrechtliche Haftung von Ratingagenturen. Allerdings haften Ratingagenturen nach Art. 35a Rating-VO nicht gegenüber jedem, der sich auf das Rating verlässt,[561] sondern nur gegenüber Anlegern. Daher gilt es zu ermitteln, wer Anleger ist und wie er sich von anderen Marktteilnehmern[562] unterscheidet.

Die Rating-VO unterscheidet zwischen institutionellen Anlegern wie Kreditinstituten und Versicherungsgesellschaften[563] und den übrigen Anlegern, zu denen insbesondere die kleineren Anleger[564] gehören. Unter institutionellen Anlegern versteht man Anleger, die einer Regulierung unterliegen,[565] wie dies beispielsweise durch Art. 4 Abs. 1 Rating-VO oder die jeweiligen Vorschriften zur Eigenkapitalunterlegung der Banken geschieht.[566] Aus Erwägungsgrund 36 der Rating-VO (EU) Nr. 462/2013 ergibt sich eindeutig, dass beide Anlegergruppen nach Art. 35a Rating-VO Schadensersatz verlangen können.

Im Verhältnis zu nicht anspruchsberechtigten Dritten lassen sich Anleger nach Art. 35a Abs. 1 Unterabs. 2 und Art. 3 Abs. 1 lit. a) Rating-VO wie folgt abgrenzen: Anleger sind natürliche oder juristische Personen des öffentlichen Rechts oder Privatrechts, die in eines der in Art. 3 Abs. 1 lit. a) Rating-VO oder in eines der in Anhang I Abschnitt C der Richtlinie 2004/39/EG[567] genannten

559 Vgl. Erwägungsgrund 4, 7, 8, 9, 10, 11, 19, 24, 27, 29, 30, 31, 32, 34, 35, 36, 40, 46, und 49 Rating-VO (EU) Nr. 462/2013.

560 Vgl. Art. 1 Unterabs. 1 Satz 2 Rating-VO; Erwägungsgrund 4 und 7 der Rating-VO (EG) Nr. 1060/2009.

561 Zutreffend *Gietzelt/Ungerer*, GPR 2013, 333, 340.

562 Vgl. Abgrenzung in Erwägungsgrund 49 Rating-VO (EU) Nr. 462/2013.

563 Vgl. Erwägungsgrund 8 und 36 der Rating-VO (EU) Nr. 462/2013.

564 Vgl. Erwägungsgrund 36 der Rating-VO (EU) Nr. 462/2013.

565 Vgl. Erwägungsgrund 8 und 36 der Rating-VO (EU) Nr. 462/2013.

566 Allg. zur Differenzierung zwischen privaten und institutionellen Anlegern *Veil* in: Veil, Europäisches Kapitalmarktrecht, § 9 Rn. 7 ff.; *Buck-Heeb*, ZHR 177 (2013), 310, 333 f.

567 Nach Art. 3 Abs. 1 lit. k Rating-VO sind neben den dort genannten Finanzinstrumenten auch alle in Anhang I Abschnitt C der Richtlinie 2004/39/EG des Europäischen Parlaments und des Rates vom 21.04.2004 über Märkte für Finanzinstrumente, ABl. EU Nr. L 145/1 vom 30.04.2004, aufgeführten Finanzinstrumente erfasst.

Finanzinstrumente investieren, eines dieser Instrumente verkaufen oder weiter halten. Dabei ist es möglich, dass Anleger zugleich Verbraucher sind. Umgekehrt ist nicht jeder Verbraucher Anleger, so etwa wenn er Aktien eines Unternehmens erwirbt, bei denen es sich nicht um Vorzugsaktien handelt.[568] Auch Staaten erfüllen obige Kriterien, sodass sie Anleger i.S.d. der Haftungsvorschrift sein können.[569] Eine weitere Präzisierung des Anlegerbegriffs durch nationales Sachrecht ist somit weder erforderlich noch angezeigt.[570]

bb. Grundkonstellationen

Ein Anleger ist in drei unterschiedlichen Fallkonstellationen nach Art. 35a Abs. 1 Satz 2 Rating-VO aktivlegitimiert: erstens, er kauft eines der oben genannten Finanzinstrumente, zweitens, er behält dieses, oder drittens, er veräußert es.

(1) Kauf

Die Haftungsvorschrift verwendet in Abs. 1 Unterabs. 2 den Begriff „investieren" und meint damit in Abgrenzung zu den beiden anderen Varianten den Ankauf von Finanzinstrumenten. Entscheidend ist nicht die dingliche Übertragung, sondern der Abschluss des schuldrechtlichen Geschäfts, da sich hier das fehlerhafte Rating auf die Investitionsentscheidung auswirkt.[571]

Ein Ankauf von Anleihen ist sowohl am Primär- als auch am Sekundärmarkt möglich.[572] Beide Konstellationen sind von der Vorschrift erfasst.[573] Denn es wäre wenig sinnvoll, den Ankauf von Anleihen am Primärmarkt nicht der Haftungsvorschrift zu unterstellen, dagegen den Verkauf von Finanzinstrumenten, der zwangsläufig am Sekundärmarkt erfolgen muss, in den Anwendungsbereich aufzunehmen.

---

568 Vgl. Art. 3 Abs. 1 lit. a Rating-VO und Anhang I Abschnitt C der Richtlinie 2004/39/EG.

569 Im Ergebnis auch *Gietzelt/Ungerer*, GPR 2013, 333, 340.

570 A.A. *Dutta,* WM 2013, 1729, 1731; *Schultes,* Regulierung und Haftung von Ratingagenturen, S. 305.

571 Vgl. zu §§ 37b, 37c WpHG *Zimmer/Grotheer* in: Schwark/Zimmer, Kapitalmarktrecht, § 37c WpHG Rn. 64; *Sethe* in: Assmann/Schneider, WpHG, § 37c WpHG Rn. 58; *Möllers/Leisch* in: Kölner Kommentar zum WpHG, §§ 37b, c WpHG Rn. 203; unklar *Grundmann* in: Ebenroth/Boujong/Joost/Strohn, HGB, § 37c WpHG Rn. VI372.

572 Vgl. allg. *Furrer/Körner* in: Remien, Schadensersatz im europäischen Privat- und Wirtschaftsrecht, S. 233, 235.

573 Allg. gegen die Ersatzfähigkeit von Schäden, die ein Anleger am Sekundärmarkt erleidet *Haar,* NZG 2010, 1281, 1284.

Es stellt sich die Frage, ob ein Anleger auch dann Schadensersatz nach Art. 35a Rating-VO verlangen kann, wenn er sich aufgrund eines zu schlechten Ratings gegen den Ankauf eines bestimmten Finanzinstruments entscheidet. Ein Schaden wäre zumindest in Form des entgangenen Gewinns (Zinsen) denkbar. Der Wortlaut der Vorschrift besagt, dass sich der Anleger „bei seiner Entscheidung, in ein Finanzinstrument (…) zu investieren", auf das Rating, welches sich auf dieses Instrument bezieht, verlassen haben muss, und ist damit nicht ganz eindeutig. Zum einen kann die Formulierung „Entscheidung" den Entscheidungsprozess meinen, der durch die Infinitivgruppe eine inhaltliche Konkretisierung erfährt. Geschützt wäre damit der Entscheidungsvorgang, unabhängig davon, ob der Anleger das Finanzinstrument erwirbt oder nicht. Zum anderen kann die Formulierung auch so ausgelegt werden, dass nur Entscheidungen für einen Wertpapierkauf geschützt werden. Entscheidung müsste dann unter Einbeziehung des erweiterten Infinitivs als Entscheidungsergebnis gelesen werden, sodass nur solche Anleger aktivlegitimiert wären, die tatsächlich investiert haben. Für mehr Rechtsklarheit können auch die englische und die französische Sprachfassung der Rating-VO nicht sorgen, da diese ebenfalls unterschiedliche Deutungsmöglichkeiten zulassen.

Letzten Endes muss eine Berücksichtigung dieser Konstellation bei Art. 35a Rating-VO abgelehnt werden. Ratingagenturen wären nicht nur einem schier unbegrenzten Haftungsrisiko ausgesetzt, sondern ebenso könnten Missbrauchsanreize geschaffen werden. Auch wäre ein Nachweis, dass sich ein Anleger aufgrund eines zu schlechten Ratings gegen den Erwerb eines Finanzinstruments entschieden hat, kaum zu erbringen. Im Übrigen fehlt es in diesen Fällen an der Anlegereigenschaft,[574] sodass man richtigerweise von potentiellen Anlegern sprechen müsste. Auch ist der Schutz potenzieller Anleger in anderen, speziellen kapitalmarktrechtlichen Haftungsvorschriften wie bei der Prospekthaftung[575] oder der Haftung für Verstöße des Emittenten gegen seine Mitteilungspflichten[576] nicht anerkannt, sodass sich Art. 35a Rating-VO in dieses Gefüge unproblematisch einfügen lässt.

(2) Halten

Die zweite Variante betrifft Fälle, in denen ein Anleger im Vertrauen auf das Rating sein Finanzinstrument weiter hält und dadurch einen Schaden erleidet. Häufigster Anwendungsfall dieser Variante wird sein, dass er ein Finanzinstrument

574 Siehe oben, Teil 2 B. III. 2. a. aa.

575 Vgl. §§ 21 ff. WpPG.

576 Vgl. §§ 37b, 37c WpHG.

aufgrund eines Erstratings erwirbt und dieses infolge eines fehlerhaften Folgeratings weiter hält, wodurch ihm ein Schaden entsteht.

Auf die Haltensvariante der Haftungsvorschrift kommt es nicht an, wenn der Anleger im Vertrauen auf ein fehlerhaftes Rating ein Finanzinstrument erwirbt und er dieses nur unter fortwährender Überzeugung von der Fehlerfreiheit desselben Ratings behält. Hier ist der Anleger schon beim Ankauf in seiner Anlageentscheidung beeinflusst, sodass die erste Variante einschlägig ist.

Unwahrscheinlich, aber nicht gänzlich auszuschließen, ist, dass ein Anleger erst nach Ankauf einer Anleihe von einem zu positiven Rating Kenntnis erlangt, was ihn nicht nur in seiner Kaufentscheidung bestätigt, sondern auch zum weiteren Halten der Anlage veranlasst. Auch dieser Fall ist grundsätzlich von Art. 35a Rating-VO erfasst.

(3) Veräußern

Schließlich schützt die Vorschrift Anleger, die sich bei ihrer Entscheidung, ein bestimmtes Finanzinstrument zu veräußern, auf ein Rating verlassen. Diese Variante erfasst ausschließlich Konstellationen, deren Geschehen dem Sekundärmarkt zuordenbar sind. Im Gegensatz zu den Fällen, in denen der Anleger ein Finanzinstrument erwirbt, wird er hier regelmäßig nur bei einem zu schlechten Rating betroffen sein.[577] Maßgeblich ist auch hier der Abschluss des schuldrechtlichen Geschäfts.[578]

b. Besondere Voraussetzungen des Abs. 1 Unterabs. 2

Wie in Art. 35a Abs. 1 Unterabs. 3 Rating-VO für Emittenten enthält die Haftungsvorschrift in Abs. 1 Unterabs. 2 besondere Anspruchsvoraussetzungen für Anleger. Danach muss sich der Anleger bei seiner Anlageentscheidung in vertretbarer Weise im Einklang mit Artikel 5a Absatz 1 Rating-VO oder in sonstiger Weise mit gebührender Sorgfalt auf das Rating verlassen haben.

Der Schadensersatzanspruch für Anleger scheint das Bestehen eines Kausalzusammenhangs zwischen dem Vertrauen auf das fehlerhafte Rating und der Anlageentscheidung zu verlangen. Dabei ist aber nicht jedes Vertrauen in Ratings schutzwürdig, vielmehr müssen die Einschränkungen des Art. 35a Abs. 1 Unterabs. 2 Rating-VO beachtet werden.

Art. 35a Abs. 1 Unterabs. 2 Rating-VO ist nach deutscher Dogmatik dem anspruchsbegründenden Teil und nicht der Rechtsfolgenseite zuzuordnen.[579]

577 Siehe oben, Teil 1 E. III.

578 Siehe oben, Teil 2 B. III. 2. a. bb. (1).

579 Vgl. auch *Wojcik*, NJW 2013, 2385, 2387.

Dies mag v.a. deswegen überraschen, weil etwa übermäßiges, unangemessenes Vertrauen von Anlegern in Ratingurteile regelmäßig als Frage des Mitverschuldens behandelt und daher im Kontext des § 254 Abs. 2 BGB aufgegriffen wird.[580] Nichtsdestotrotz ist der Wortlaut eindeutig, dass ein Vertrauen auf das Rating in unvertretbarer Weise nicht zur Minderung des Schadensersatzes führt, sondern stattdessen die Geltendmachung insgesamt ausschließt.[581] Obgleich die dahinter stehenden Erwägungen des Verordnungsgebers, das blinde Vertrauen auf Ratings nicht zu fördern, nachvollziehbar und begrüßenswert sind, stößt die methodische Umsetzung von vornherein auf Bedenken. Denn es wird Fälle geben, bei denen nicht eindeutig ist, ob sich ein Anleger in „vertretbarer Weise auf ein Rating verlassen hat". Solche Fallkonstellationen verlangen nach ausgewogenen Lösungen. Diesem Anspruch kann Abs. 1 Unterabs. 2 kaum gerecht werden, da die Anwendung des Haftungsregimes prinzipiell angeordnet oder ausgeschlossen wird. Richtigerweise hätte die Frage des übermäßigen Vertrauens auf ein fehlerhaftes Rating durch eine Feinjustierung beispielsweise im Wege der Schadensaufteilung behandelt werden müssen, was die Frage aufwirft, ob Abs. 1 Unterabs. 2 restriktiv auszulegen ist.

Darüber hinaus muss geklärt werden, ob die konkrete Kenntnisnahme von dem fehlerhaften Rating durch den Anleger erforderlich ist, wie es der Wortlaut auf den ersten Blick vermuten lässt. Mit Blick auf das deutsche Sachrecht gilt es zu ermitteln, was unter „vertretbarer Weise im Einklang mit Art. 5a Abs. 1 Rating-VO" sowie unter „sonstiger Weise mit gebührender Sorgfalt" zu verstehen ist.

aa. Transaktionskausalität

Ein Anleger kann nach Art. 35a Abs. 1 Unterabs. 2 Rating-VO nur Schadensersatz verlangen, wenn er sich bei seiner Anlageentscheidung in vertretbarer Weise im Einklang mit Art. 5a Abs. 1 Rating-VO oder in sonstiger Weise mit gebührender Sorgfalt auf dieses Rating verlassen hat. Auf den ersten Blick scheint der Regelungsgehalt der Vorschrift eindeutig: Der Anleger muss das Rating kennen und nur deshalb die Anlageentscheidung so und nicht anders getroffen haben, weil er auf das falsche Rating vertraut hat. Haftungsvoraussetzung wäre somit konkretes Anlegervertrauen.[582]

---

580 *Peters*, Die Haftung und die Regulierung von Rating-Agenturen, S. 137.

581 Vgl. auch den Wortlaut der englischen Fassung von Art. 35a Abs. 1 Unterabs. 2 Rating-VO; so auch *Angelé*, Das Rating von CDOs, S. 181 f.

582 Vgl. allg. zu Abgrenzung von konkretem und abstraktem Vertrauen bei ad-hoc-Mitteilungen *Piekenbrock*, WM 2010, 429, 432.

Vor dem Hintergrund, dass es eines der Hauptanliegen des Verordnungsgebers war, das blinde Vertrauen von Anlegern in Ratings zu erschüttern,[583] könnte man demgegenüber in Abs. 1 Unterabs. 2 lediglich eine Einschränkung der Anspruchsberechtigung erblicken, wonach solche Anleger vom Anwendungsbereich der Vorschrift ausgeschlossen sind, die sich bei ihrer Anlageentscheidung „blind" auf ein Rating verlassen haben. Die Vorschrift würde damit lediglich eine Grenze für schutzwürdiges Vertrauen setzen, ohne aber konkretes Vertrauen als Tatbestandsvoraussetzung vorauszusetzen. Sinn und Zweck des Abs. 1 Unterabs. 2 wäre damit, nicht schutzbedürftige Anleger von dem Anwendungsbereich der Haftungsvorschrift auszunehmen. Dies ließe sich auch mit der englischen Sprachfassung stützen: „an investor may claim damages under this Article where it establishes that it has reasonably relied, in accordance with Article 5a(1) or otherwise with due care, on a credit rating for a decision to invest into (...) covered by that credit rating". Ausreichend wäre dann schon ein abstraktes Vertrauen des Anlegers. Darunter versteht man das Vertrauen eines Anlegers darauf, dass nur zutreffende Informationen den Marktpreis für das betreffende Finanzinstrument bestimmt haben.[584] Ausgangspunkt dieses Ansatzes ist die US-amerikanische *„fraud-on-the-market-theory"*, wonach alle relevanten Informationen den Preis eines Finanzinstruments bestimmen.[585] Ist das Rating zu gut, muss der Anleger einen höheren Preis zahlen, den er im Vertrauen auf den Marktpreisbildungsprozess erbringt.[586] Eine Entscheidung für das eine oder andere Verständnis von Art. 35a Abs. 1 Unterabs. 2 Rating-VO kann v.a. für die Bestimmung des ersatzfähigen Schadens bedeutsam sein und hat damit große praktische Relevanz.[587]

Gegen das Erfordernis eines konkreten Vertrauens auf das fehlerhafte Rating für die Anlageentscheidung könnte angeführt werden, dass die Rating-VO und damit auch Art. 35a Rating-VO zu einem reibungslos funktionierenden Binnenmarkt beitragen soll.[588] Auch wäre ein solches Verständnis der Norm im Hinblick auf die einen Anleger treffende Darlegungs- und Beweislast sinnvoll, da er

583 Erwägungsgrund 9 der Rating-VO 462/2013; vgl. auch *Wojcik*, NJW 2013, 2385, 2388; *Kontogeorgou*, DStR 2014, 1397, 1403.

584 *Piekenbrock*, WM 2010, 429, 432; *Buck-Heeb/Dieckmann*, AG 2008, 681, 685.

585 *Wagner* in: FS Blaurock, 467, 495; *Piekenbrock*, WM 2010, 429, 432; *Buck-Heeb/Dieckmann*, AG 2008, 681, 685.

586 *Wagner* in: FS Blaurock, 467, 495; vgl. auch *Piekenbrock*, WM 2010, 429, 432; *Buck-Heeb/Dieckmann*, AG 2008, 681, 685.

587 Siehe unten, Teil 2 B. VI. 3.

588 Art. 1 Rating-VO.

vor dem Spagat zwischen Glaubhaftmachung einerseits, dass er sich generell auf das Rating verlassen hat, und Glaubhaftmachung andererseits, sich dabei aber nicht in ungebührender Weise verlassen zu haben, bewahrt werden würde. Ein Anleger wäre stattdessen nur verpflichtet nachzuweisen, dass er sich bei seiner Anlageentscheidung nicht blind auf das Rating verlassen hat.[589]

Obwohl letzterer Ansatz einige Vorzüge verspricht und der Wortlaut des Abs. 1 Unterabs. 2 grundsätzlich einer solchen Auslegung zugänglich wäre, sprechen gewichtigere Gründe für das Erfordernis eines konkreten Vertrauens des Anlegers. Zunächst ist maßgeblicher Anknüpfungspunkt in Art. 35a Abs. 1 Unterabs. 2 Rating-VO das Rating, genauer gesagt das durch die Zuwiderhandlung der Ratingagentur fehlerhafte Rating,[590] und nicht der Marktpreis, sodass es auf dessen Bildung in erster Linie nicht ankommen kann. Der Wortlaut der Vorschrift impliziert zudem das Vorhandensein eines Grundvertrauens des Anlegers in das fehlerhafte Rating.[591] Das wird v.a. im Zusammenspiel mit Art. 5a Abs. 1 Rating-VO deutlich, der anordnet, dass institutionelle Anleger die Bonitätsbewertung nicht ausschließlich oder automatisch auf Ratings stützen dürfen, und damit ebenfalls von der Prämisse ausgeht, dass die für die Verordnung maßgeblichen Anlageentscheidungen aufgrund von Ratings getroffen werden. Dieses Verständnis wird von Erwägungsgrund 32 der Rating-VO 462/2013 gestützt: Einleitend wird dort festgestellt, dass Ratings „erheblichen Einfluss auf Anlageentscheidungen“ hätten, weswegen Ratingagenturen gegenüber Anlegern besonders in der Pflicht ständen, eine zivilrechtliche Haftbarmachung allerdings oft schwierig sei. Daher sollte mit Einführung von Art. 35a ein angemessener Entschädigungsanspruch für Anleger geschaffen werden, „die sich in vertretbarer Weise auf ein Rating verlassen haben“. Diese Überlegungen haben Einzug in die Haftungsvorschrift durch Abs. 1 Unterabs. 2 erhalten, wonach ein Kausalzusammenhang zwischen fehlerhaftem Rating und der Anlageentscheidung erforderlich ist. Schließlich spricht ein historischer Gesichtspunkt dafür, dass der Anleger in Kenntnis des fehlerhaften Ratings seine Anlageentscheidung

---

589 Siehe unten, Teil 2 E.

590 Das ergibt sich aus der Formulierung „dieses Rating“ („that rating“ in der engl. Sprechfassung), womit das in Abs. 1 Unterabs. 1 der Haftungsvorschrift näher konkretisierte, fehlerhafte Rating gemeint sein muss.

591 Das ergibt sich v.a. auch aus der englischen Fassung, wonach der Anleger nur Schadensersatz verlangen kann „(…)where it establishes that it has reasonably relied (…)“ und das schutzwürdige Vertrauen durch eine eingeschobene Apposition näher konkretisiert wird: „relied, in accordance with Article 5a(1) or otherwise with due care, on a credit rating“.

treffen muss. Der erste Vorschlag der Europäischen Kommission sah vor, dass ein Anleger nur dann Schadensersatz verlangen könne, wenn er auf das Rating vertraut hat.[592] Erst im Nachhinein wurden Einschränkungen hinsichtlich des Vertrauensgrades in die Haftungsvorschrift mit dem Ziel aufgenommen, blindes Vertrauen in Ratings nicht zu belohnen oder gar zu fördern. Damit ist die tatsächliche Kenntnisnahme von dem fehlerhaften Rating und das „gesunde" Vertrauen des Anlegers darauf Haftungsvoraussetzung.[593] Dies erscheint aus Sicht einer Ratingagentur begrüßenswert, da sich der potentielle Klägerkreis im Vergleich zur anderen Variante tendenziell verkleinert.[594]

Regelungstechnisch weist Art. 35a Abs. 1 Unterabs. 2 Rating-VO damit aus deutscher Sicht bezüglich des Kriteriums der tatsächlichen Kenntnisnahme von der fehlerhaften Information Parallelen auf zur Prospekthaftung und der Haftung wegen sittenwidriger Schädigung nach § 826 BGB.[595]

bb. Vertrauensmaßstab

Ein Anleger kann nach Art. 35a Rating-VO nur dann Schadensersatz verlangen, wenn er sich bei seiner Anlageentscheidung auf das fehlerhafte Rating verlassen hat. Allerdings schützt die Haftungsvorschrift nicht vor übermäßigem, gar blindem Vertrauen in Ratings, sondern einschränkend nur dann, wenn er sich in vertretbarer Weise im Einklang mit Art. 5a Abs. 1 Rating-VO oder in sonstiger Weise mit gebührender Sorgfalt auf dieses Rating verlassen hat. Damit soll dem Regelungsziel der Rating-VO entsprochen werden, einem übermäßigen Rückgriff auf Ratings entgegenzuwirken.[596] Die Differenzierung in Art. 35a Abs. 1 Unterabs. 2 Rating-VO hinsichtlich des Vertrauensmaßstabs ist darauf zurückzuführen, dass sowohl institutionelle Anleger als auch kleinere Anleger aktivlegitimiert sind. Die erste Variante gilt für institutionelle Anleger, wie bspw. Kreditinstitute, Wertpapierfirmen, Versicherungsunternehmen oder

---

592 Vorschlag für eine Verordnung des Europäischen Parlaments und Rates zur Änderung der Verordnung (EG) Nr. 1060/2009 über Ratingagenturen vom 15.11.2011, KOM(2011) 747 endgültig (2011/0361 (COD)), S. 37.

593 So auch *Horsch/Kleinow/Heinrich*, Kreditwesen 2013, 297, 299 f.; a.A. *Wagner* in: FS Blaurock, 467, 495.

594 Vgl. *Wagner* in: FS Blaurock, 467, 495, der sich daher auch gegen ein solches Erfordernis ausspricht.

595 Vgl. zu ersterem: *Assmann* in: Assmann/Schütze, Hdb. KapitalanlageR, § 5 Rn. 90 ff.; zu letzterem: BGH NZG 2013, 992, 995; str. bei Ad-hoc-Mitteilungen *Assmann* in: Assmann/Schütze, Hdb. KapitalanlageR, § 6 Rn. 45 ff.

596 Vgl. auch *Kontogeorgou*, DStR 2014, 1397, 1403; *Wojcik*, NJW 2013, 2385, 2388.

Einrichtungen der betrieblichen Altersvorsorge.[597] Die zweite Variante erfasst alle übrigen Anleger, insbesondere die Kleinanleger.

Was ein Anleger im Einzelnen zu beachten hat, bleibt für den Rechtsanwender zunächst unklar, da sich der Verordnungsgeber einer Anordnung unbestimmter Rechtsbegriffe bedient hat, deren inhaltliche Ausgestaltung gem. Art. 35a Abs. 4 Satz 1 Rating-VO nach nationalem Sachrecht erfolgen soll.

(1) Institutionelle Anleger – Abs. 1 Unterabs. 2 Var. 1

Institutionelle Anleger müssen sich auf das fehlerhafte Rating „in vertretbarer Weise in Einklang mit Art. 5a Abs. 1 Rating-VO (…) verlassen" haben. Obgleich die unbestimmten Rechtsbegriffe „in vertretbarer Weise verlassen" ausweislich des Art. 35a Abs. 4 Rating-VO nach nationalem Sachrecht auszulegen sind, ist hier Vorsicht geboten, da sich deren inhaltliche Bedeutung weitestgehend durch Art. 5a Abs. 1 Rating-VO selbst erschließt. So kann sich ein Anleger nur dann i.S.d. Art. 35a Abs. 1 Unterabs. 2 Var. 1 Rating-VO „in vertretbarer Weise auf ein Rating verlassen", wenn er den Anforderungen des Art. 5a Abs. 1 Rating-VO entspricht.

(a) Voraussetzungen des Art. 5a Abs. 1 Rating-VO

Art. 5a Abs. 1 Rating-VO verpflichtet institutionelle Anleger, eigene Kreditrisikobewertungen vorzunehmen. Während die Durchführung eigener Bewertungen zwingend vorgeschrieben ist, lässt der Verordnungsgeber die Art und Weise der Durchführung weitestgehend offen.[598] Sprachlich ungenau gefasst ist Art. 5a Abs. 1 Halbs. 2 Rating-VO. Denn entgegen seinem Wortlaut „und" handelt es sich hier um keine weitere Voraussetzung, sondern um eine Konkretisierung des Halbs. 1, wie sich auch aus Erwägungsgrund 9 der Rating-VO (EU) Nr. 462/2013 ergibt:

> „Kreditinstitute und Wertpapierfirmen sollten dazu angehalten werden, interne Verfahren einzurichten, die es ihnen ermöglichen, Kreditrisiken selbst zu bewerten; außerdem sollten sie darauf hinwirken, dass Anleger eine sorgfältige Prüfung durchführen. In diesem Zusammenhang sieht die vorliegende Verordnung vor, dass sich Finanzinstitute nicht ausschließlich oder automatisch auf Ratings verlassen sollten."

Nach Art. 5a Abs. 2 Rating-VO sollen die sektoralen zuständigen Behörden, in Deutschland handelt es sich dabei um die BaFin, die Angemessenheit der Kreditrisikobewertungsverfahren überwachen. Von institutionellen Anlegern wird man eine unabhängige Prüfung in Umfang und Tiefe eines ordnungsgemäß

597 Das ergibt sich aus Art. 5a Abs. 1 i.V.m. Art. 4 Abs. 1 Rating-VO.

598 Vgl. *Dreher/Ballmaier*, WM 2015, 1357, 1368; *Möllers/Niedorf*, ECFR 2014, 333, 347.

durchgeführten externen Ratingverfahrens wohl grundsätzlich nicht verlangen können. Dies würde Anleger nicht nur finanziell erheblich belasten, sondern wäre auch mit dem Wortlaut der Vorschrift nicht zu vereinbaren. Die Formulierung „ausschließlich" besagt, dass die eigene Bewertung nicht allein auf das externe Rating gestützt werden darf, und stellt damit die denkbar geringste Anforderung dar.[599] Derselbe Maßstab gilt für die Formulierung „automatisch"[600]. Institutionelle Anleger dürfen externe Ratingergebnisse nicht automatisch als ihre eigene Bewertung übernehmen. Vielmehr gilt es, eigene Erwägungen anzustellen.[601] Eine klare Trennung zwischen ausschließlich und automatisch ist zwar nicht möglich, aber auch nicht erforderlich. Vielmehr dürfen Ratings nach dem Sinn und Zweck des Art. 5a Abs. 1 Rating-VO nicht mehr „einziger Parameter für die Bewertung der Bonität eines Investments" sein.[602]

Dafür wird wohl eine Institutionalisierung der Kreditrisikobewertung, wie die Einrichtung einer eigenen Abteilung, die den personellen und fachlichen Anforderungen gerecht wird,[603] unerlässlich sein.[604] Ob allerdings beispielsweise eine Tochtergesellschaft des institutionellen Anlegers für die Muttergesellschaft „eigene Kreditrisikobewertungen" vornehmen darf, eine Durchführung der Überprüfung durch Drittunternehmen möglich ist oder ob die maßgebliche Abteilung dem betroffenen Anleger unmittelbar angehören muss, bleibt von der Rating-VO unbeantwortet.[605]

Darüber hinaus gilt es, ein internes Verfahren mit Leitlinien und Regelungen zu entwickeln, die eine eigene Bewertung möglich machen.[606] Dabei wird sich

---

599 Entsprechendes gilt für die englische („solely") und französische („exclusivement") Sprachfassung.

600 Vgl. „mechanistically" in der englischen und „mécaniquement" in der französischen Sprachfassung.

601 Vgl. EBA/EIOPA/ESMA, Final Report on mechanistic references to credit ratings in the ESAs' guidelines and recommendations, 2014, S. 8 Nr. 26.

602 Erwägungsgrund 9 der Rating-VO (EU) Nr. 462/2013.

603 BaFin, Hinweise zur Verwendung externer Ratings und zur Durchführung eigener Kreditrisikobewertungen vom 23.10.2013, zuletzt geändert am 24.04.2014, unter I.

604 Vgl. Erwägungsgrund 9 der Rating-VO (EU) Nr. 462/2013.

605 Vgl. zur Möglichkeit der Auslagerung eigener Beurteilungen durch Versicherungs- und Rückversicherungsunternehmen im Rahmen des VO-E zu Durchführungsstandards für eine Bewertung externer Ratings durch Versicherungsunternehmen der EIOPA (EIOPA, Consultation Paper on the proposal for draft Implementing Technical Standards with regard to the procedures for assessing external credit assessment vom 27.11.2014). *Dreher/Ballmaier,* WM 2015, 1357, 1366 f.

606 Vgl. Erwägungsgrund 9 der Rating-VO (EU) Nr. 462/2013.

das Verfahren daran messen lassen müssen, in welchem Umfang und in welcher Tiefe Informationen eingeholt und bei der Bewertung des Finanzinstruments Eingang gefunden haben. Die BaFin erachtet es zunächst als ausreichend, wenn eine Plausibilitätsprüfung der „externen Ratingbeurteilungen vorgenommen wird".[607] Dazu könne der Ratingbericht der externen Ratingagentur herangezogen werden.[608] Im Hinblick auf nicht beauftragte Ratings ist das nicht ganz unproblematisch, weil Anleger faktisch gezwungen wären, den Ratingbericht von der jeweiligen Ratingagentur zu erwerben, was wiederum ein Abhängigkeitsverhältnis begründen würde.

Für die Plausibilitätsprüfung sind zudem die Meldungen der ESMA auf ihrer Webseite zu einzelnen Ratings beachtlich.[609] Weitere Anhaltspunkte liefert ein Vergleich zwischen aktuellem Spread und dem Spreadverlauf seit Erstellung des externen Ratings, was insbesondere der von nicht aktualisierten Ratings ausgehenden Gefahr entgegenwirken soll.[610] Auch sind sonstige öffentlich zugängliche Informationen einzuholen.[611] Institutionelle Anleger werden dabei gut beraten sein, die Kreditrisikobewertung entsprechend zu dokumentieren,[612] um ihrer Darlegungs- und Beweislast im Hinblick auf Art. 35a Abs. 1 Unterabs. 2 Rating-VO gerecht werden zu können.

Kommt der institutionelle Anleger bei der Plausibilitätsprüfung zu einer besseren Beurteilung als die externe Ratingagentur, so soll nach Vorstellung der BaFin eine „angemessene quantitative Bewertung" durchgeführt werden,[613] worunter letztlich die Durchführung einer eigenen, umfassenden Beurteilung zu verstehen ist.[614]

(b) „in vertretbarer Weise verlassen"

Führen institutionelle Anleger gem. Art. 5a Rating-VO eine Plausibilitätskontrolle für das externe Rating durch und hält das Rating dieser stand, so ist dem Erfordernis des Art. 35a Abs. 1 Unterabs. 2 Rating-VO, sich in vertretbarer

---

607 BaFin, Hinweise zur Verwendung externer Ratings und zur Durchführung eigener Kreditrisikobewertungen vom 23.10.2013, zuletzt geändert am 24.04.2014, unter I. 2.

608 BaFin, Hinweise zur Verwendung externer Ratings und zur Durchführung eigener Kreditrisikobewertungen vom 23.10.2013, zuletzt geändert am 24.04.2014, unter I. 2.

609 *Dreher/Ballmaier*, WM 2015, 1357, 1361.

610 *Dreher/Ballmaier*, WM 2015, 1357, 1361.

611 *Dreher/Ballmaier*, WM 2015, 1357, 1361.

612 BaFin, Hinweise zur Verwendung externer Ratings und zur Durchführung eigener Kreditrisikobewertungen vom 23.10.2013, zuletzt geändert am 24.04.2014, unter I. 2.

613 BaFin, Hinweise zur Verwendung externer Ratings und zur Durchführung eigener Kreditrisikobewertungen vom 23.10.2013, zuletzt geändert am 24.04.2014, unter I. 2.

614 *Dreher/Ballmaier*, WM 2015, 1357, 1361.

Weise auf das fehlerhafte Rating zu verlassen, Genüge getan. Findet eine Plausibilitätskontrolle nicht statt, können institutionelle Anleger keinen Schadensersatz nach Art. 35a Rating-VO verlangen. Umgekehrt schaden vertiefte, über die Plausibilitätskontrolle hinausgehende Untersuchungen dem Anleger grundsätzlich nicht. Denn Sinn und Zweck der Rating-VO ist es, die Bedeutung von Ratings insgesamt zu senken.[615] Im Gesamtgefüge der Rating-VO muss es daher bei Art. 35a Abs. 1 Unterabs. 2 Rating-VO ausreichend sein, dass das fehlerhafte Rating mitursächlich für die Anlageentscheidung war.[616] Andernfalls stünde ein Anleger vor dem unüberwindbaren Hindernis zu beweisen, dass er einerseits eigene Erwägungen angestellt hat, sich aber andererseits in einem Maße auf das Rating verlassen hat, dass es entscheidungserheblich war.[617]

Hält das Rating einer Plausibilitätskontrolle nicht stand, darf sich der Anleger auf das Rating nicht verlassen. Dies ist nach Ansicht der BaFin der Fall, wenn die eigene Beurteilung durch den institutionellen Anleger besser ausfällt als die Beurteilung der Ratingagentur.[618] Fällt die eigene Beurteilung schlechter aus als das Ergebnis der Ratingagentur und investiert der Anleger entgegen seiner eigenen Überzeugung dennoch, verhält er sich widersprüchlich. Denn indirekt würde er zum Ausdruck bringen, dass er seiner eigenen Kontrolle nicht vertraut und damit seinen Pflichten aus Art. 5a Abs. 1 Rating-VO nicht angemessen nachgekommen ist,[619] sodass er auch nicht schutzwürdig i.S.d. Art. 35a Rating-VO sein kann. Die Geltendmachung von Schadensersatz nach Art. 35a Rating-VO muss auch dann ausscheiden. Der Grat, auf dem sich institutionelle Anleger bewegen, ist damit äußerst schmal und im Hinblick auf die Funktionstauglichkeit des Haftungsregimes sehr bedenklich.[620]

(2) Sonstige Anleger – Abs. 1 Unterabs. 2 Var. 2

Anders als institutionelle Anleger müssen sonstige Anleger, insbesondere Kleinanleger, keine eigenen Kreditrisikobewertungen nach Art. 5a Abs. 1 Rating-VO vornehmen. Eine Plausibilitätskontrolle von Ratings ist daher nicht erforderlich. Insofern hilft der zum Teil im Schrifttum unterbreitete Vorschlag, die Wertungen

---

615 Vgl. nur Art. 5a, 5b und 5c der Rating-VO.

616 Vgl. auch *Wojcik*, NJW 2013, 2385, 2388; allg. *Peters*, Die Haftung und die Regulierung von Rating-Agenturen, S. 134; a.A. *Möllers/Niedorf*, ECFR 2014, 333, 347.

617 So *Möllers/Niedorf*, ECFR 2014, 333, 347, die nicht Mitursächlichkeit genügen lassen wollen.

618 BaFin, Hinweise zur Verwendung externer Ratings und zur Durchführung eigener Kreditrisikobewertungen vom 23.10.2013, zuletzt geändert am 24.04.2014, unter I. 2.

619 Vgl. *Möllers/Niedorf*, ECFR 2014, 333, 347.

620 Siehe unten, Teil 5.

des Art. 5a Rating-VO zur Orientierung entsprechend heranzuziehen,[621] praktisch wenig weiter.[622]

Ausgangspunkt der hier angestellten Überlegungen ist der Wortlaut der Vorschrift: Anleger müssen sich in sonstiger Weise mit gebührender Sorgfalt auf das fehlerhafte Rating verlassen haben. Wie auch bei institutionellen Anlegern ist es bei den übrigen Anlegern erforderlich, dass das Rating für die Anlageentscheidung mitursächlich war.[623] Auch für Kleinanleger gilt kein uneingeschränkter Vertrauensschutz. Es wird nur das Vertrauen geschützt, das der Anleger bei Beachtung der „gebührenden Sorgfalt" einem Rating entgegenbringen durfte. Dabei handelt es sich um einen unbestimmten Rechtsbegriff, der nach Art. 35a Abs. 4 Rating-VO nach nationalem Sachrecht zu bestimmen ist. Für die Beurteilung, ob mit „gebührender Sorgfalt" gehandelt wurde, ist in Anlehnung an das englische Ausführungsgesetz[624] zur Änderungsverordnung 462/2013 grundsätzlich ein objektiver Maßstab zugrundezulegen.[625] Danach ist maßgeblich, was von einem durchschnittlich besonnenen und gewissenhaften Anleger verlangt werden kann.[626] Während einerseits eine inhaltliche Plausibilitätsprüfung des Ratings ausscheidet, andererseits aber jedwedes Vertrauen offensichtlich nicht geschützt sein kann, gilt es, in den dazwischen liegenden Graubereich mehr Licht zu bringen.

Bei der zivilrechtlichen Haftung von Ratingagenturen nach deutschem Recht werden im Kontext des Mitverschuldens verschiedene Umstände diskutiert, die ein Mitverschulden des Anlegers begründen sollen.[627] Diese Erwägungen können hier Berücksichtigung finden. So wird ein Anleger nicht mit gebührender Sorgfalt handeln, wenn er seine Investitionsentscheidung auf ein Rating stützt, das bereits im Wege eines Folgeratings geändert wurde.[628] Ob gleiches auch dann gilt, wenn ein Anleger im Vertrauen auf das zu gute Rating der einen Ratingagentur investiert, dabei aber das korrekte und damit wesentlich schlechtere Rating einer anderen

---

621 *Wojcik*, NJW 2013, 2385, 2388.

622 *Dutta*, WM 2013, 1729, 1734 will den Haftungsmaßstab für Kleinanlger mit Verweis auf Erwägungsgrund 36 der Rating-VO (EU) Nr. 462/2013 „nicht zu niedrig anlegen".

623 Vgl. *Peters*, Die Haftung und die Regulierung von Rating-Agenturen, S. 134.

624 The Credit Rating Agencies (Civil Liability) Regulations 2013, 2013 No. 1637, Financial Services and Markets, No. 7 („due care").

625 Vgl. zur Unterscheidung zwischen objektivem und subjektivem Maßstab bei § 276 BGB hinsichtlich der Fahrlässigkeit *Unberath* in: Bamberger/Roth, BGB, § 276 Rn. 20 ff.; *Grundmann* in: Münchener Kommentar zum BGB, § 276 Rn. 55 f.

626 Vgl. *Unberath* in: Bamberger/Roth, BGB, § 276 Rn. 21 m.w.N. auch in der Rspr.

627 *Peters*, Die Haftung und die Regulierung von Rating-Agenturen, S. 137.

628 Vgl. *Peters*, Die Haftung und die Regulierung von Rating-Agenturen, S. 137.

Ratingagentur unberücksichtigt lässt, ist im Hinblick auf den Sinn und Zweck der Rating-VO äußerst fraglich. Würde man dies annehmen, sähe man sich dem Vorwurf ausgesetzt, den Einfluss von Ratings auf Anlageentscheidungen auf der einen Seite zu reduzieren, um ihn gleich auf der anderen Seite wieder aufleben zu lassen.

Nicht weniger problematisch ist der Fall, dass eine Ratingagentur ein zu positives Rating abgibt und dieses in der einschlägigen Fachpresse als zu optimistisch eingeschätzt wird. Aus Anlegersicht steht der Expertenmeinung der Ratingagentur eine kritische Gegenmeinung gegenüber, die jeweils nach außen hin Richtigkeit beanspruchen.[629] Regelmäßig wird der Anleger nicht in der Lage sein zu überprüfen, welche Ansicht „richtig" und damit vorzugswürdig bei der Anlageentscheidung zu berücksichtigen ist.[630] Andernfalls wäre der Informationsbeschaffungs- und Aufbereitungsdienstleistung im Allgemeinen und der Ratingindustrie im Besonderen ihre Daseinsberechtigung entzogen. Ebenso gilt es zu berücksichtigen, dass, soweit man Ratings als Werturteil qualifiziert, diese allein wegen einer anderen Gewichtung unterschiedlich ausfallen können. Infolgedessen sind an den vom Anleger zu beachtenden Sorgfaltsmaßstab nur geringe Anforderungen zu stellen. Von einem besonnenen und gewissenhaften Anleger wird man jedenfalls eine Prüfung der Überwachungsliste der Ratingagentur verlangen können.[631] Auch kann man von ihm erwarten, die Tagespresse zu verfolgen.[632] Allerdings lässt sich keine schematische Aussage darüber treffen, ab welchem Berichterstattungsumfang über fehlerhafte Ratings ein Anleger nicht mehr sorgfältig bei seiner Anlageentscheidung handeln kann. Vielmehr sind alle Umstände des Einzelfalls einzubeziehen. Ein Anleger wird dann nicht mit gebührender Sorgfalt i.S.d. Art. 35a Abs. 1 Unterabs. 2 Rating-VO handeln, wenn sich ihm die Fehlerhaftigkeit des maßgeblichen Ratings aus den im Zeitpunkt der Anlageentscheidung herrschenden Gesamtumständen geradezu aufdrängt. Die Konsultation eines Anlageberaters und die Durchsicht von Fachjournalen zur Überprüfung des Ratings können hingegen von einem Privatanleger nicht verlangt werden. Die Aufbürdung einer solchen Verpflichtung wäre weder angesichts des damit verbunden Zeitaufwands noch unter dem Kostengesichtspunkt verhältnismäßig.[633]

---

629 Vgl. auch *Bruchwitz* in: Just/Voß/Ritz/Becker, WpHG, § 17 Rn. 24.

630 Das erkennt auch der Verordnungsgeber in Erwägungsgrund 36 der Rating-VO (EU) Nr. 462/2013.

631 Vgl. *Peters*, Die Haftung und die Regulierung von Rating-Agenturen, S. 137.

632 Vgl. *Peters*, Die Haftung und die Regulierung von Rating-Agenturen, S. 137.

633 Vgl. zu dieser Thematik im Kontext der Anlageberatung *Edelmann*, BKR 2003, 438, 438 f.

Sollte aber ein Anleger fachkundige Dritte konsultieren, so können deren Aussagen und Beurteilungen für die Bemessung der vom Anleger an den Tag gelegten Sorgfalt berücksichtigt werden. Beachtung muss auch finden, dass bestimmte Informationen wie vertrauliche Emittentendaten oder spezielle Aspekte eines strukturieren Finanzinstruments Anlegern nicht zugänglich gemacht werden, sodass eine Überprüfung dieser Informationen kategorisch ausscheidet.[634] Bestenfalls hat der Anleger seine Anlageentscheidung auf einer breiten Informationsgrundlage getroffen[635] und hat das dokumentiert.

IV. Pflichtverletzung – Zuwiderhandlung gegen Anhang III der Rating-VO

Anleger und Emittenten können nur dann Schadensersatz nach der europäischen Haftungsvorschrift verlangen, wenn die Ratingagentur eine der in Anhang III der Rating-VO aufgeführten Zuwiderhandlungen begangen hat. Anhang III der Rating-VO erfasst Verstöße im Zusammenhang mit Interessenkonflikten, organisatorischen oder operationellen Anforderungen (dort unter Abschnitt I.), Verstöße im Zusammenhang mit Aufsichtstätigkeiten (dort unter Abschnitt II.) sowie Verstöße im Zusammenhang mit Vorschriften zur Offenlegung (dort unter Abschnitt III.).

Bevor geklärt werden soll, nach welchen Grundsätzen die einzelnen Pflichtverletzungsregelungen auszulegen sind, ist zunächst ein kurzer Blick auf die Regelungstechnik des Verordnungsgebers zu werfen. Daran anschließen wird die Untersuchung des Kausalitätserfordernisses zwischen Pflichtverletzung und Ratingergebnis, da nach Art. 35a Abs. 1 Unterabs. 1 Rating-VO nur solche Zuwiderhandlungen für die zivilrechtliche Haftungsvorschrift relevant sind, die sich auf das Ratingergebnis ausgewirkt haben. Damit erfährt die Haftungsvoraussetzung der Zuwiderhandlung eine tatbestandliche Begrenzung. So ist es nicht ausreichend, dass ein Rating nur wegen einer falschen Gewichtung oder Bewertung einzelner wirtschaftlicher Faktoren anders ausfällt.[636] Ebenso scheidet die Anwendbarkeit der europäischen Haftungsvorschrift aus, wenn die Ratingagentur sich gem. den Vorgaben der Rating-VO verhält, ein fehlerhaftes Rating aber wegen sonstiger handwerklicher Mängel erteilt wird.[637] Abschließend wird die

634 *Schroeter,* Ratings, S. 951.

635 Vgl. *Pukropski*, Regulierung von Ratingagenturen als Reaktion auf die Finanzkrise, S. 283.

636 *Pukropski*, Regulierung von Ratingagenturen als Reaktion auf die Finanzkrise, S. 290.

637 *Angelé*, Das Rating von CDOs, S. 183.

Erörterung einzelner Zuwiderhandlungskategorien im Fokus dieser Untersuchung stehen.

1. Systematik

Die Rating-VO legt in ihren Artikeln 6 bis 12 sowie im Anhang I und II unterschiedliche Pflichten für Ratingagenturen fest.[638] Erfüllt die Ratingagentur eine dieser Pflichten nicht, ist damit aber noch keine bußgeldbewehrte oder für die zivilrechtliche Haftung relevante Zuwiderhandlung begangen. Vielmehr hat der Verordnungsgeber alle für die Rating-VO maßgeblichen Pflichtverstöße ausdrücklich und abschließend in Anhang III aufgezählt. Dabei bedient er sich durchgängig einer einfachen Regelungstechnik. Eine Zuwiderhandlung liegt vor, wenn gegen eine bestimmte Aufsichts- oder Verhaltenspflicht verstoßen wird: „Die Ratingagentur verstößt gegen Artikel 4 Absatz 3, wenn (...)".[639]

Insgesamt umfasst die Aufzählung in Anhang III fünfundneunzig mögliche Verstöße, wovon neunundsechzig auf Zuwiderhandlungen im Zusammenhang mit Interessenkonflikten, organisatorischen und operationellen Anforderungen entfallen.

Während in der Bußgeldvorschrift des Art. 36a Rating-VO die Ober- und Untergrenzen der Geldbußen unterschiedlich hoch, in Abhängigkeit von der jeweiligen Zuwiderhandlung angesetzt sind,[640] gilt bei der zivilrechtlichen Haftung eine andere Einschränkung: Nicht jeder Verstoß ist gleich geeignet, eine Auswirkung auf das Ratingergebnis hervorzurufen.[641] Beispielsweise werden Verstöße gegen Dokumentationspflichten im Ratingprozess[642] grundsätzlich nicht das Ratingergebnis beeinflussen. Hingegen können unbeständige, willkürliche Änderungen der Ratingmethoden ganz erhebliche Folgen für das Beurteilungsergebnis haben,[643] wie sich in der Vergangenheit schon im Fall der ThyssenKrupp AG gezeigt hatte.[644]

---

638 Eingeführt wurde der Pflichtenkatalog mit der Rating-VO (EU) Nr. 1095/2010 des Europäischen Parlaments und des Rates vom 24.11.2010, ABl. EU Nr. L 331/84 vom 15.12.2010.

639 Anh. III Absch. 1 Nr. 1 Rating-VO.

640 Vgl. Artikel 36a Abs. 2 lit. a bis i Rating-VO.

641 So auch: *Wojcik*, NJW 2013, 2385, 2387; *Schroeter*, Ratings, S. 842 ff.

642 Anh. III Absch. II. Nr. 1.: „Die Ratingagentur verstößt gegen Artikel 6 Abs. 2 in Verbindung mit Anhang I Abschnitt B Nummer 7, wenn sie nicht sicherstellt, dass die in diesen Bestimmungen festgelegten Aufzeichnungen und Prüfungspfade über ihre Ratingtätigkeiten geführt werden."

643 Anh. III Absch. I. Nr. 43: „Die Ratingagentur verstößt gegen Artikel 8 Absatz 3, wenn sie keine Ratingmethoden anwendet, die streng, sysematisch und beständig sind und einer Validierung unterliegen, die auf historischen Erfahrungswerten, insbesondere Rückvergleichen, beruht."

644 Siehe oben, Teil 1 D. I.

2. *Auslegung*

Ein wesentliches Problem für den Rechtsanwender wird einmal mehr die Auslegung der Rating-VO sein. Denn wirft man einen Blick in Anhang III der Rating-VO, so begegnet man einer Fülle unbestimmter Rechtsbegriffe, für die die Rating-VO keine Definition bereithält.[645] Auch hier stellt sich die Frage, ob diese Begriffe unionsautonom oder nach dem jeweiligen nationalen Sachrecht auszulegen sind. Obgleich man für Letzteres anführen könnte, dass die in Anhang III einzeln aufgezählten Zuwiderhandlungen durch Art. 35a Abs. 1 Rating-VO in die Haftungsvorschrift eingefügt und damit auch Art. 35a Abs. 4 Satz 1 Rating -VO zugänglich wären, hat richtigerweise die Auslegung autonom zu erfolgen. Zum einen stellt Art. 35a Abs. 4 Rating-VO darauf ab, dass die unbestimmten Rechtsbegriffe in der Haftungsvorschrift selbst „genannt“[646] werden,[647] was auf die Zuwiderhandlungen gerade nicht zutrifft.

Zum anderen wäre es wenig sinnvoll, unbestimmte Rechtsbegriffe des Anhang III im Bußgeldverfahren der ESMA autonom auszulegen, beim zivilrechtlichen Haftungsanspruch hingegen nationales Sachrecht heranzuziehen.[648] Es wäre schließlich nicht mit dem Sinn und Zweck der Verordnung, die Schaffung einheitlicher Regelungsstandards für europäische Ratingagenturen, zu vereinbaren, wenn die Verstöße des Anhangs III und damit mittelbar auch die Pflichten der Ratingagenturen von nationalem Sachrecht bestimmt werden würden. Wegen fehlender Definitionen und Konkretisierungen in der Rating-VO wird die praktische Anwendung der jeweiligen haftungsausfüllenden Tatbestände mit Schwierigkeiten verbunden sein.[649]

3. *Tatbestandliche Begrenzung: Kausalzusammenhang zwischen Pflichtverletzung und Ratingergebnis*

Die Vorschrift bestimmt, dass sich eine der in Anhang III der Rating-VO aufgeführten Zuwiderhandlungen „auf ein Rating ausgewirkt“ haben muss. Was

645 Bspw. „angemessene Kenntnisse und Erfahrungen“ in Anh. III Absch. I Nr. 27; „Ratingmethoden, die streng, systematisch und beständig sind“ in Anh. III Absch. I Nr. 43; „verlässliche Daten“ in Anh. III Absch. I Nr. 51.

646 Ähnlich die franz. Sprachfassung: „qui sont visés au présent article“; etwas unklarer allerdings die engl. Sprachfassung „referred to in this Article“.

647 Dass nur in Art. 35a Rating-VO genannte Begriffe dem nationalen Sachrecht unterfallen sollen, zeigt sich auch aus der nicht abschließenden Aufzählung der dort genannten unbestimmten Rechtsbegriffe.

648 Bezgl. des Vorsatzes und der Fahrlässigkeit tritt dies allerdings ohnehin ein.

649 *Schroeter,* Ratings, S. 841.

mit „ausgewirkt" genau gemeint ist, überlässt der Verordnungsgeber nach Art. 35a Abs. 4 Satz 2 Rating-VO nationalem Sachrecht. Insofern ist die deutsche Sprachfassung der Rating-VO einmal mehr ungenau: Während Abs. 4 Satz 1 das Substantiv „Auswirkung" dem nationalen Sachrecht zur Interpretation unterstellt, wird in Abs. 1 die Verbform „hat ausgewirkt" verwendet. Dass es sich hier lediglich um eine sprachliche Ungenauigkeit handelt, ergibt sich aus der englischen Sprachfassung, in der sowohl in Abs. 1 Unterabs. 1 als auch Abs. 4 Satz 1 der Vorschrift die Formulierung „impact" gebraucht wird.

a. Vorgaben durch die Rating-VO selbst

Aus Art. 3 Abs. 1 lit. a) Rating-VO und Erwägungsgrund 32 der Rating-VO (EU) Nr. 462/2013 ergibt sich, dass mit „Rating" i.S.d. Art. 35a Abs. 1 Unterabs. 1 Rating-VO das Ratingergebnis und nicht das Ratingverfahren gemeint ist.[650] Denn in Erwägungsgrund 32 der Rating-VO (EU) Nr. 462/2013 heißt es wörtlich: „Der Anleger und der Emittent sollten die Ratingagentur für Schäden haftbar machen können, die durch eine das Ratingergebnis beeinflussende Verletzung der genannten Verordnung verursacht wurden." Die Formulierung „Auswirkung auf das Rating" meint damit grundsätzlich die Beeinflussung des Ratingergebnisses, beispielsweise die Herabstufung.[651]

Nur innerhalb dieses eng gesteckten Rahmens darf nationales Sachrecht die Kausalität konkretisieren.[652] Daher überrascht die Definition des englischen Gesetzgebers in seinem Ausführungsgesetz[653] zur Änderungsverordnung 462/2013 wenig und entspricht gänzlich dem Sinn und Zweck der Haftungsvorschrift: „an infringement has an impact on a credit rating if it results in a different rating category"[654].

650 *Schroeter,* Ratings, S. 841; *Wojcik,* NJW 2013, 2385, 2387; *Berger/Ryborz,* WM 2014, 2241, 2246; *Schultes,* Regulierung und Haftung von Ratingagenturen, S. 308.

651 Vgl. Erwägungsgrund 32 der Rating-VO (EU) 462/2013.

652 Erwägungsgrund 35 der Rating-VO (EU) Nr. 462/2013 ist insofern irreführend, als es dort heißt: „Was Fragen der zivilrechtlichen Haftunger einer Ratingagentur angeht, die nicht unter diese Verordnung fallen oder darin nicht geregelt werden, darunter die Kausalität (…), so sollten diese Angelegenheiten dem geltenden nationalen Recht (…) unterliegen."

653 The Credit Rating Agencies (Civil Liability) Regulations 2013, 2013 No. 1637, Financial Services and Markets.

654 The Credit Rating Agencies (Civil Liability) Regulations 2013 No. 1637, No. 5.

b. Ergänzendes nationales Sachrecht nach Art. 35a Abs. 4 Rating-VO

Die Zuwiderhandlung der Ratingagentur ist nach der conditio-sine-qua-non-Formel dann kausal für das Ratingergebnis, wenn das Verhalten der Ratingagentur nicht hinweggedacht werden kann, ohne dass zugleich der Erfolg, also die Erteilung einer bestimmten Ratingnote, entfiele.[655] Unterlässt die Ratingagentur die Durchführung einer erforderlichen Maßnahme, kommt es darauf an, ob bei Hinzudenken der Handlung ein anderes Rating erteilt worden wäre.[656] Dabei ist es ausreichend, wenn die Zuwiderhandlung lediglich mitursächlich für die Erteilung der bestimmten Ratingnote gewesen ist, einer „richtungweisenden" Beeinflussung bedarf es hingegen nicht.[657] Insbesondere spielt es keine Rolle, wenn das konkrete Ratingergebnis zwar unter Einfluss der Zuwiderhandlung, aber nur im Zusammenwirken mit weiteren, nicht von der Rating-VO geahndeten Faktoren zustande gekommen ist.[658]

Maßgeblicher Zeitpunkt für die Beurteilung der Fehlerhaftigkeit ist derjenige der Ratingerstellung.[659] Dennoch darf nicht hinter jeder Ratingänderung die Korrektur eines ursprünglich fehlerhaften Ratings vermutet werden, weil Ratings ständig an die aktuelle Situation des Ratingobjekts angepasst werden müssen.

4. Einzelne Zuwiderhandlungskategorien

Da eine detaillierte Auseinandersetzung mit jeder einzelnen der fünfundneunzig Pflichtverstöße den Rahmen dieser Arbeit sprengen würde, soll sich die anschließende Bearbeitung darin erschöpfen, die jeweiligen Verstöße entsprechend ihrem Regelungsbereich zu bündeln und zusammengefasst darzustellen. Dabei soll auch der Frage nachgegangen werden, welche der in Anhang III genannten Zuwiderhandlungen generell geeignet sind, sich auf das Ratingergebnis auszuwirken.

---

655 Vgl. allg. *Oetker* in: Münchener Kommentar zum BGB, § 249 Rn. 103.

656 Vgl. allg. *Oetker* in: Münchener Kommentar zum BGB, § 249 Rn. 103.

657 BGH NJW 2000, 3423, 3424; BGH NJW-RR 2005, 897, 898; *Grüneberg* in: Palandt, BGB, Vorb. v. § 249 Rn. 34; *Oetker* in: Münchener Kommentar zum BGB, § 249 Rn. 134.

658 *Oetker* in: Münchener Kommentar zum BGB, § 249 Rn. 135; *Grüneberg* in: Palandt, BGB, Vorb. v. § 249 Rn. 34.

659 *Gietzelt/Ungerer*, GPR 2013, 333, 341.

a. *Zuwiderhandlungen im Kontext der Vermeidung von Interessenkonflikten nach Art. 6 Rating-VO*

Ratingagenturen sind nach Art. 6 Abs. 1 Rating-VO verpflichtet, alle erforderlichen Schritte zu unternehmen, um eine Einflussnahme von im Ratingverfahren potentiell auftretenden Interessenkonflikten auf die Abgabe eines Ratings oder Ratingausblicks auszuschließen. Konkretisiert werden diese Pflichten nach Art. 6 Abs. 2 Rating-VO durch Anhang I Abschnitte A und B, die zum einen organisatorische, zum anderen operationelle Anforderungen umfassen.

Zu den organisatorischen Anforderungen gehören u.a. die Konstituierung eines Verwaltungs- oder Aufsichtsorgans,[660] die Ernennung einer qualifizierten Geschäftsleitung,[661] die Schaffung und Aufrechterhaltung einer funktionstauglichen Compliance-Einrichtung[662] sowie die Einrichtung einer Überprüfungsstelle für die angewandten Bewertungsmethoden[663]. Wird die Ratingagentur diesen Pflichten nicht gerecht, verstößt sie gegen die Rating-VO.[664] Darüber hinaus können Verstöße durch die fehlerhafte Besetzung des Aufsichtsorgans[665] oder dessen Vergütungssystem begründet werden.[666]

Zur Vermeidung von Interessenkonflikten haben Ratingagenturen zudem operationelle Anforderungen zu erfüllen.[667] Verstöße sind hier v.a. dann denkbar, wenn Ratingagenturen ein Rating oder einen Ratingausblick erteilen, obwohl zwischen der Ratingagentur und dem bewerteten Unternehmen ein für die Rating-VO relevantes gesellschaftsrechtliches Abhängigkeitsverhältnis besteht, sei es, weil die Ratingagentur am bewerteten Emittenten beteiligt ist oder umgekehrt.[668] In der Regel wird eine Auswirkung dieser Verstöße auf ein konkretes Rating nicht zu erwarten sein, sodass diese Zuwiderhandlungen für die Haftungsvorschrift des Art. 35a Rating-VO wenig relevant sind.[669]

---

660 Art. 6 Abs. 2 i.V.m. Anh. I Absch. A Nr. 1 Rating-VO.

661 Art. 6 Abs. 2 i.V.m. Anh. I Absch. A Nr. 2 Abs. 2 Rating-VO.

662 Art. 6 Abs. 2 i.V.m. Anh. I Absch. A Nr. 6 und 7 Rating-VO.

663 Art. 6 Abs. 2 i.V.m. Anh. I Absch. A Nr. 9 Rating-VO.

664 Entsprechend der Reihenfolge des vorangehenden Satzes liegen Verstöße vor gem. Anh. III Absch. I Nr. 3, 5, 13, 14 und 17 Rating-VO.

665 Anh. III Absch. I Nr. 6 und 8 Rating-VO.

666 Anh. III Absch. I Nr. 7 Rating-VO.

667 Vgl. Anh. I Absch. B Rating-VO.

668 Anh. III Absch. I Nr. 20, 20a, 21, 22, 22a und 23 Rating-VO.

669 Vgl. auch *Schroeter*, Ratings, S. 842 f.; a.A. *Möllers/Niedorf*, ECFR 2014, 333, 353, die außer Acht lassen, dass ein Verstoß i.S.d. Anh. III Absch. I Nr. 21 nur dann vorliegt, wenn die Ursache für die Änderung oder Rücknahme eines Ratings in einem Interessenkonflikt i.S.d. Art. 6 Abs. 1 Rating-VO begründet liegt.

b. Zuwiderhandlungen im Kontext von am Ratingverfahren beteiligten Personen

Da die Erstellung von Ratings durch natürliche Personen erfolgt, müssen diese hinsichtlich ihrer Qualifikation bestimmte Voraussetzungen erfüllen,[670] die bei Nichtbeachtung sanktioniert werden können. Darüber hinaus hat die Ratingagentur sicherzustellen, dass von ihren Mitarbeitern bestimmte Verhaltensweisen[671] und organisatorische Anforderungen[672] eingehalten werden. Auch hier soll das Auftreten von Interessenkonflikten verhindert werden. So ist etwa das Mitwirken von am Ratingverfahren beteiligten Mitarbeitern bei Zahlungsverhandlungen mit dem bewerteten Unternehmen untersagt.[673] Ein Verstoß liegt auch dann vor, wenn die Ratingagentur die Arbeit eines Ratinganalysten im Zeitraum von zwei Jahren vor seinem Weggang zu einem bewerteten Unternehmen, an dessen Rating der Analyst beteiligt war, nicht überprüft.[674] Hintergrund dieser Regelungen ist, dass Investmentbanken oft Personal von Ratingagenturen abwerben und es so zu Interessenkonflikten zu Lasten von Anlegern kommen kann.[675] Auswirkungen auf das Ratingergebnis sind hier denkbar. Gleiches gilt bei Anhang III, Abschnitt I, Nummer 27 Rating-VO. Danach verstößt die Ratingagentur gegen Artikel 7 Abs. 1 Rating-VO, wenn sie nicht sicherstellt, dass die unmittelbar an den Ratingtätigkeiten beteiligten Ratinganalysten, Mitarbeiter und sonstigen natürlichen Personen, deren Leistungen sie in Anspruch nehmen oder sie kontrollieren kann, über angemessene Kenntnisse und Erfahrungen für die ihnen zugewiesenen Aufgaben verfügen.

c. Zuwiderhandlungen im Kontext von Dokumentations- und Aufbewahrungspflichten

Ratingagenturen sind zu umfassender Dokumentation sowie Aufbewahrung interner Aufzeichnungen, Unterlagen und Arbeitspapiere verpflichtet.[676] Dies soll vor allem ihre Überprüfung durch die ESMA möglich machen.[677] Zwar sind Verstöße auch hier von Anhang III erfasst[678] und damit von Art. 35a Rating-VO inkludiert,

670 Vgl. Art. 7 Rating-VO.
671 Anh. III Absch. I Nr. 29, 32, 33, 34 und 35 Rating-VO.
672 Anh. III Absch. I Nr. 37, 38, 39 und 40 Rating-VO.
673 Anh. III Absch. I Nr. 28 Rating-VO.
674 Anh. III Absch. I Nr. 31 Rating-VO.
675 Vgl. *Wagner* in: FS Blaurock, 467, 469.
676 Anh. I Absch. B Nr. 7, 8 und 9 Rating-VO.
677 *Schroeter*, Ratings, S. 843.
678 Anh. III Absch. I Nr. 26, Absch. II Nr. 1, 2 und 3 Rating-VO.

aber scheidet eine Auswirkung auf das Ratingergebnis regelmäßig aus, sodass diese nur durch Bußgeld geahndet werden können.[679]

d. Zuwiderhandlungen im Kontext von angewandten Ratingmethoden und Modellen

Art. 8 Rating-VO verpflichtet die Ratingagentur zur Beachtung bestimmter Organisations- und Verhaltenspflichten hinsichtlich der technischen Durchführung des Ratingverfahrens, die durch die delegierte Verordnung (EU) Nr. 447/2012[680] der Kommission eine Konkretisierung erfahren.[681] Demnach müssen Ratingagenturen geeignete Verfahren beschließen, umsetzen und einhalten, um sicherzustellen, dass die von ihnen abgegebenen Ratings und Ratingausblicke auf einer gründlichen Analyse aller Informationen basieren, die ihnen zur Verfügung stehen und für ihre Analyse nach den anwendbaren Ratingmethoden von Bedeutung sind.[682] Darüber hinausgehende Informationen dürfen bei der Bewertung nicht berücksichtigt werden.[683] Ein Verstoß liegt auch dann vor, wenn die Ratingagentur keine Bewertungsmethoden anwendet, die streng, systematisch und beständig sind sowie keiner Validierung unterliegen, die auf historischen Erfahrungswerten, insbesondere Rückvergleichen, beruht.[684] Gleiches gilt für Bekanntgaben von Ratingänderungen, die nicht mit den von der Ratingagentur veröffentlichten Ratingmethoden übereinstimmen.[685] Eine Auswirkung auf das Ratingergebnis ist bei Zuwiderhandlung der Ratingagentur möglich.

Besondere Relevanz für die zivilrechtliche Haftung sind Verstöße gegen laufende Überwachungs- und Prüfungspflichten[686] erteilter Ratings.[687] Andere, für die Praxis nicht weniger bedeutsame Verstöße liegen vor, wenn die von einer Änderung ihrer verwendeten Methoden, Modelle oder grundlegenden

---

679 Ob ein Verstoß gegen Dokumenationspflichten prozessuale Erleichterungen für den Kläger mitsichbringt, ist an dieser Stelle nicht von Bedeutung.

680 Delegierte Verordnung (EU) Nr. 447/2012 der Kommission vom 21.03.2012 zur Ergänzung der Verordnung (EG) Nr. 1060/2009 des Europäischen Parlaments und des Rates über Ratingagenturen durch Festlegung technischer Regulierungsstandards für die Bewertung der Normgerechtheit der Ratingmethoden, ABl. EU Nr. L 140/14 vom 30.05.2012.

681 Vgl. auch *Angelé*, Das Rating von CDOs, S. 161 f.

682 Art. 8 Abs. 2 Satz 1 Rating-VO.

683 Anh. III Absch. I Nr. 42a Rating-VO.

684 Anh. III Absch. I Nr. 43 Rating-VO.

685 Anh. III Absch. I Nr. 42b Rating-VO.

686 Anh. III Absch. I Nr. 21, 46, 46a und 47 Rating-VO.

687 So auch *Schroeter*, Ratings, S. 845.

Annahmen betroffenen Ratings ebenfalls nicht überprüft oder unter Beobachtung gestellt werden[688] und die Ratingagentur kein neues Rating für all diejenigen Ratings durchführt, in denen das Zusammenwirken der betreffenden Methoden- und Modelländerungen Auswirkungen auf diese Ratings hat[689]. Gleichsam liegt eine Zuwiderhandlung vor, wenn die Ratingagentur im Falle von Fehlern in den Ratingmethoden oder bei deren Anwendung, die dieses Rating beeinflusst haben, kein neues Rating erstellt.[690]

e. Zuwiderhandlungen im Kontext von Veröffentlichungspflichten

Ratingagenturen treffen eine Reihe von Veröffentlichungspflichten, deren Nichtbeachtung Verstöße gegen die Rating-VO darstellen. Dies betrifft Veröffentlichungen zu erzielten Jahreseinnahmen durch Großkunden,[691] Nebendienstleistungen für das bewertete Unternehmen[692] oder Mitteilungen von Änderungen der Ratingmethoden[693]. Die Ratingagentur hat auch das betroffene Unternehmen einen Tag vor Veröffentlichung des Ratings zu informieren, anderenfalls verstößt sie gegen die Rating-VO.[694] Generell sind Verstöße im Zusammenhang mit den Offenlegungspflichten der Ratingagentur nicht geeignet, sich auf das Ratingergebnis auszuwirken.[695]

f. Zuwiderhandlungen im Kontext der Bewertung strukturierter Finanzinstrumente

Eine besonders für Anleger relevante Zuwiderhandlung von Ratingagenturen stellt die Bewertung eines strukturierten Finanzinstruments oder die nicht erfolgte Rücknahme eines Ratings dar, sofern keine verlässlichen Daten vorliegen oder die Struktur eines neuen Typs von Finanzinstrument oder die Qualität der verfügbaren Informationen nicht zufriedenstellend sind oder ernsthafte Fragen aufwerfen, ob ein glaubwürdiges Rating erstellt werden kann.[696] In diesen Fällen hat die Ratingagentur auf die Ratingerteilung zu verzichten oder ein vorhandenes Rating zurückzuziehen.[697] Veröffentlicht die Ratingagentur entgegen

---

688 Anh. III Absch. I Nr. 48 Rating-VO.
689 Anh. III Absch. I Nr. 49 Rating-VO.
690 Anh. III Absch. I Nr. 50 Rating-VO.
691 Anh. III Absch. III Nr. 1 Rating-VO.
692 Anh. III Absch. III Nr. 2 Rating-VO.
693 Anh. III Absch. III Nr. 4, 4a, 4b und 4c Rating-VO.
694 Anh. III Absch. III Nr. 7 Rating-VO.
695 So auch *Schroeter*, Ratings, S. 842.
696 Anh. III Absch. I Nr. 51 Rating-VO.
697 Art. 10 Abs. 2 i.V.m. Anh. I Absch. D Nr. 4 Abs. 2 Rating-VO.

dieser Anforderungen dennoch, stellt sich die Frage, ob sie gegenüber dem Anleger für dessen erlittene Schäden alleine schon deswegen haftet, weil sie das Rating pflichtwidrig abgegeben hat.[698] Anders formuliert ist unklar, ob es auch bei dieser Zuwiderhandlung einer Auswirkung auf das Ratingergebnis derart bedarf, dass dessen Höhe unterschiedlich ausfällt. Eine ähnliche Problematik wird bei der Übernahme von Ratings drittstaatlicher Agenturen im Schrifttum diskutiert.[699] Nach teilweise vertretener Ansicht müsse hier die Pflichtverletzung keine Auswirkungen auf den Inhalt des Ratings haben, vielmehr reiche die Übernahme aus.[700]

Gegen einen Kausalzusammenhang zwischen Zuwiderhandlung und Ratingergebnis ließe sich anführen, dass bei pflichtgemäßem Unterlassen der Ratingagentur der Anleger sich erst gar nicht auf das Rating hätte verlassen können und damit ein potentieller Anlageverlust infolge des an sich unbegründeten und damit unzulässigen Ratings von vornherein ausgeschlossen wäre. Gerade bei strukturierten Finanzinstrumenten sind Anleger von professionellen Bewertungen abhängig, da sie mit eigenen Einschätzungen schnell an ihre Grenzen stoßen werden,[701] sodass diese Ratings erhebliche Bedeutung haben. Begreift man Art. 35a Rating-VO als „*private enforcement*"-Norm, so müsste man hier auf eine potentielle Auswirkung auf die Ratinghöhe verzichten, da bereits die Veröffentlichung und die Nichtrücknahme eines nicht fundierten Ratings erhebliche Gefahren mit sich bringen, die gerade durch Anhang III Abschnitt I Nr. 51 Rating-VO von vornherein unterbunden werden sollen.

Nichtsdestotrotz darf auf einen notwendigen Kausalzusammenhang zwischen Zuwiderhandlung und Ratingergebnis nicht verzichtet werden. Der Wortlaut des Art. 35a Abs. 1 Unterabs. 1 Rating-VO ist insofern eindeutig.[702] Ebenso klar ist Erwägungsgrund 32 der Rating-VO (EU) 462/2013: „Der Anleger und der Emittent sollten die Ratingagentur für Schäden haftbar machen können, die durch eine das Ratingergebnis beeinflussende Verletzung der genannten Verordnung verursacht wurden." Daher stellt sich die Frage, ob das Kausalitätserfordernis zwischen Zuwiderhandlung und Ratingergebnis nicht bereits der verordnungswidrigen Erstellung oder Nichtrücknahme des betroffenen Ratings innewohnt. Man könnte argumentieren: Mit Erstellung des verordnungswidrigen Ratings

---

698 Dies grds. als nicht ausreichend erachtend *Schroeter*, Ratings, S. 841.

699 Siehe unten, Teil 2 B. IV. 4. g.

700 *Dutta*, WM 2013, 1729, 1733.

701 Siehe oben, Teil 2 B. III. 2. b.

702 Dort heißt es: „(…) und hat sich diese [Zuwiderhandlung] auf ein Rating ausgewirkt (…)".

liegt zugleich ein anderes Rating vor als es bei einem pflichtgemäßen Verhalten der Ratingagentur der Fall gewesen wäre, denn dann würde schließlich kein Rating existieren. Damit hätte die Zuwiderhandlung Auswirkungen auf das Ratingergebnis. Der vom Anleger erlittene Schaden wäre darauf zurückzuführen, dass er auf ein Rating vertraut hat, das es bei ordnungsgemäßen Verhalten gar nicht erst gegeben hätte. Eine solche Auslegung der Vorschrift könnte allerdings auf den ersten Blick für folgende Konstellation auf Bedenken stoßen: Die Ratingagentur erstellt trotz des Nichtvorliegens verlässlicher Daten ein Rating über ein strukturiertes Finanzinstrument und verstößt damit gegen Anhang III Abschnitt I Nr. 51 Rating-VO. Ein Anleger investiert im Vertrauen auf dieses Rating in eine Anleihe, die in der Folge verlustig geht. Dasselbe Rating hätte die Ratingagentur aber auch dann erstellt und veröffentlicht, wenn zusätzliche oder genauere Informationen für die Bewertung zur Verfügung gestanden hätten, sie also nicht gegen die Rating-VO verstoßen hätte.

Obgleich in letzterer Konstellation durch den Verstoß gegen Anhang III Abschnitt I Nr. 51 Rating-VO nicht die Ratinghöhe an sich beeinflusst wurde, ist eine Haftung der Ratingagentur angezeigt. Fundament der europäischen Haftungsvorschrift ist die Zuwiderhandlung gegen bestimmte Aufsichts- und Verhaltenspflichten. Darunter fällt das Verbot, Ratings für strukturierte Finanzinstrumente bei „dünner" Informationslage zu erstellen bzw. das Gebot diese zurückzuziehen, da wegen ihrer Undurchsichtigkeit erhebliche Gefahren für Anleger bestehen. Anleger sollen gerade nicht ihre Investitionsentscheidungen auf solche Ratings stützen können. Wie ein Rating bei Hinzutreten weiterer, hypothetischer Informationen zu erstellen gewesen wäre, darf daher *de lege lata* keine Rolle spielen. Einem Anleger wäre es gänzlich unmöglich vorzutragen, dass erstens ein Verstoß gegen Anhang III Abschnitt I Nr. 51 Rating-VO vorliege und zweitens ein Rating in anderer Höhe bei verlässlicheren Daten erteilt worden wäre.

Zusammenfassend gilt, dass sich auch die verordnungswidrige Erstellung eines Ratings i.S.d. Anhangs III Abschnitt I Nr. 51 Rating-VO auf das Ratingergebnis auswirken muss. Ein solcher Kausalzusammenhang liegt bereits mit Erstellung des Ratings vor, wenn das Rating bspw. wegen fehlender verlässlicher Daten gar nicht erst hätte erstellt werden dürfen.[703] Auf die Fehlerhaftigkeit der Ratingnote kommt es damit grundsätzlich nicht an. Entsprechendes gilt, wenn eine Ratingagentur nach Anhang III Abschnitt I Nr. 51 Rating-VO zur Rücknahme eines solchen Ratings verpflichtet wäre. Nichtsdestotrotz sollten

703 Im Ergebnis gleich *Dutta,* WM 2013, 1729, 1733.

europäischen Ratingagenturen für Fälle, in denen sie dasselbe Rating auch erstellt und veröffentlicht hätten, wenn zusätzliche oder genauere Informationen für die Bewertung strukturierter Finanzinstrumente zur Verfügung gestanden hätten, die Möglichkeit offenstehen, ihrerseits darzulegen und zu beweisen, dass selbst bei Vorliegen verlässlicher Daten das Rating so ausgefallen wäre, wie es auf Grundlage der nicht verlässlichen Daten tatsächlich veröffentlicht wurde. Eine kausale Pflichtverletzung wäre dann abzulehnen. Aus der Sicht von Anlegern und Emittenten handelt es sich folglich um eine Umkehr der Darlegungs- und Beweislast zulasten der europäischen Ratingagenturen.

g. Zuwiderhandlungen im Kontext der Übernahme von Ratings

Einer europäischen Ratingagentur ist es nach Art. 4 Abs. 3 Rating-VO unter Einhaltung der in diesem Artikel genannten Voraussetzungen gestattet, ein in einem Drittland abgegebenes Rating zu übernehmen, wenn dies nicht der Umgehung der Vorschriften der Rating-VO dient.[704] Vor allem bei den drei großen amerikanischen Ratingagenturen ist zu erwarten, dass die Übernahme von in Drittländern abgegebenen Ratings eine hohe praktische Relevanz haben wird, da die Analystenteams wohl weit überwiegend von den USA aus agieren werden.

Art. 4 Abs. 3 Rating-VO verbietet die Übernahme des Ratings, wenn eine der dort genannten Voraussetzungen nicht erfüllt ist. Darunter fällt, dass das Regulierungssystem des Drittlandes die Einflussnahme auf den Inhalt von Ratings und Ratingmethoden durch ihre Behörden nicht unterbindet[705] oder Ratings übernommen werden, die nicht von derselben Gruppe angehörenden Ratingagenturen erstellt wurden.[706] Noch bedeutsamer wird ein Verstoß gegen Art. 4 Abs. 3 lit. b) Rating-VO sein, wonach die Ratingagentur zu überprüfen und ständig nachzuweisen hat, dass die der Abgabe des zu übernehmenden Ratings zugrunde liegenden Ratingtätigkeiten der Ratingagentur des Drittlands solchen Anforderungen genügen, die mindestens so streng sind wie die Anforderungen der Artikel 6 bis 12 und Anhang I der Rating-VO. Die Ratingagentur kann sich aber einer Inanspruchnahme entziehen, wenn sie nachweist, dass sich der Grund für den Verstoß ihrer Kenntnis oder Kontrolle entzieht.[707]

---

704 So der Wortlaut von Art. 4 Abs. 1, 4 Unterabs. 2 Rating-VO; vgl. zum Verstoß Anh. III Absch. I Nr. 2 Rating-VO.

705 Anh. III Absch. I Nr. 1 i.V.m. Art. 4 Abs. 3 lit. g Rating-VO.

706 Anh. III Absch. I Nr. 1 i.V.m. Art. 4 Abs. 3 lit. a Rating-VO.

707 Anh. III Absch. I Nr. 1 Teils. 2 Rating-VO. Richtigerweise muss das „oder" als „und" gelesen werden, da es wenig sinnig wäre, Ratingagenturen zu entlasten, wenn sie trotz Kenntnis von einem Verstoß das Rating unter Berufung darauf, dass eine Kontrolle

Wie bei den Zuwiderhandlungen im Kontext strukturierter Finanzinstrumente ist auch der pflichtwidrigen Übernahme eines im Drittland abgegebenen Ratings die Auswirkung auf das Ratingergebnis immanent, da bei pflichtgemäßem Verhalten der Ratingagentur ein entsprechendes Rating gar nicht erst in den Umlauf hätte kommen können.[708] Ratingagenturen haben bei der Übernahme andere Pflichten zu erfüllen als bei der selbstständigen Ratingerstellung. Soweit ein Rating aus einem Drittland übernommen wird, scheiden potentielle Verstöße der Ratingagentur im Zusammenhang mit dem Ratingverfahren, also der Erstellung, weitestgehend aus. Ungeachtet dessen sind die europäischen Ratingagenturen aber nicht von den oben genannten Kontroll- und Korrekturverpflichtungen entbunden, vielmehr sind diese ebenfalls so einzuhalten als hätten sie das Rating selbst erstellt.[709]

V. Verschulden

Die Ratingagentur muss vorsätzlich oder grob fahrlässig eine der in Anhang III aufgeführten Zuwiderhandlungen begangen haben. Der Verordnungsgeber sah den Verschuldensmaßstab mit Vorsatz und grober Fahrlässigkeit als angemessen an, weil die Ratingtätigkeit auch die Bewertung komplexer wirtschaftlicher Faktoren beinhalte und die Anwendung verschiedener Methoden zu unterschiedlichen Ratings führe, von denen keines als falsch angesehen werden könne.[710] Verwunderlich ist diese Begründung vor allem, wenn man die Bußgeldvorschriften des Art. 36a Rating-VO beachtet.[711] Danach genügt es, wenn die Ratingagentur fahrlässig eine der in Anhang III Rating-VO genannten Zuwiderhandlungen begangen hat.[712] Da die Ratingagentur hier denselben Anforderungen genügen muss, ist die Anwendung der unterschiedlichen Verschuldensmaßstäbe wenig nachvollziehbar, insbesondere überzeugt die Argumentation des Verordnungsgebers in Erwägungsgrund 33 der Rating-VO (EU) Nr. 462/2013 nicht. Ein nachvollziehbarer Grund für die höheren Anforderungen an das Verschulden in

---

nicht möglich war, übernehmen. Gleiches gilt umgekehrt bei Unkenntnis von dem Verstoß, wenn die Ratingagentur durch Kontrollmaßnahmen von dem Verstoß hätte Kenntnis erlangen können.

708 Gleiches Ergebnis aber anderer Ansatz *Dutta,* WM 2013, 1729, 1733; im Ergebnis auch *Schultes,* Regulierung und Haftung von Ratingagenturen, S. 308.

709 Vgl. Art. 4 Abs. 4 und 5 Rating-VO.

710 Erwägungsgrund 33 der Rating-VO (EU) Nr. 462/2013.

711 So auch *Dutta,* WM 2013, 1729, 1734, der die Begründung in Erwägungsgrund 33 der Rating-VO (EU) Nr. 462/2013 als „fadenscheinig" bezeichnet.

712 Art. 36a Abs. 1 Rating-VO.

Abgrenzung zu den Bußgeldvorschriften könnte allerdings sein, dass die zivilrechtliche Haftung ihrer Höhe nach unbeschränkt ist.[713]

Im Hinblick auf deutsche, kapitalmarktrechtliche Haftungsansprüche liegt Art. 35a Rating-VO auf einer Linie mit der Haftung für fehlerhafte Ad-hoc-Mitteilungen nach §§ 37b, 37c WpHG und der Prospekthaftung nach §§ 21 ff. WpPG. Auch hier hat sich der Gesetzgeber für eine Haftung für vorsätzliches oder grob fahrlässiges Verhalten entschieden. Stellt man sich auf den Standpunkt, dass Art. 35a Rating-VO primär Vermögensinteressen schützt,[714] so wird man im Vergleich mit § 826 BGB gar einen geringeren Verschuldensmaßstab konstatieren müssen, zumal sich die Väter des BGB gegen eine Fahrlässigkeitshaftung für reine Vermögensschäden außerhalb von Vertragsverhältnissen entschieden haben[715].

Obgleich die Ratingagenturen selbst Adressat der Verhaltenspflichten der Rating-VO sind und nicht ihre Organwalter und auch die Verstöße in Anhang III an das Verhalten der Ratingagenturen anknüpfen, können Ratingagenturen als juristische Person selbst nicht schuldhaft handeln.[716] Dazu bedarf es natürlicher Personen in Gestalt ihrer Organmitglieder.[717] Kommt deutsches Sachrecht ergänzend zur Anwendung, ist ein Rückgriff auf § 31 BGB analog erforderlich.[718] Danach ist das Verhalten und damit auch das Verschulden der Organmitglieder, insbesondere das des Vorstands, der Ratingagentur zuzurechnen.[719] Die Zurechnung einzelner Tatbestandsmerkmale findet ebenfalls dann statt, wenn nicht das Organmitglied sondern allein die juristische Person Pflichtenträgerin ist.[720]

Einziger Bezugspunkt für das Verschulden ist die Zuwiderhandlung gegen Verhaltens- und Organisationspflichten der Ratingagentur. Weder auf das fehlerhafte Rating noch auf den entstehenden Schaden muss sich das Verschulden beziehen.

---

713 *Dutta,* WM 2013, 1729, 1734; *Berger/Ryborz,* WM 2014, 2241, 2247.

714 Siehen oben, Teil 2 A. III. 2., V. 2.

715 *Wagner* in: FS Blaurock, 467, 478.

716 Vgl. *Zimmer/Grotheer* in: Schwark/Zimmer, Kapitalmarktrecht, § 37c WpHG Rn. 53.

717 *Spindler* in: Fleischer, Vorstandsrecht, § 13 Rn. 22.

718 Die Anwendung des § 31 BGB richtet sich nach dem Delikts- und nicht nach dem Gesellschaftsstatut, sodass auch hier dasjenige nationale Sachrecht maßgeblich ist, das nach Art. 35a Abs. 4 Rating-VO berufen ist, OLG Köln, NJW-RR 1998, 756; *Westermann* in: Erman BGB, § 31 Rn. 1.

719 Ausführlich zu §§ 37b, c WpHG *Möllers/Leisch* in: Kölner Kommentar zum WpHG, §§ 37b, c WpHG Rn. 158.

720 *Kleindiek,* Deliktshaftung und juristische Person, S. 238 ff., 243; *K. Schmidt,* Gesellschaftsrecht, S. 427 f.; *Arnold* in: Münchener Kommentar zum BGB, § 31 Rn. 31.

Was im Einzelnen unter „vorsätzlich“ und „grob fahrlässig“ zu verstehen ist, richtet sich gem. Art. 35a Abs. 4 Satz 1 Rating-VO nach nationalem Sachrecht.

1. Vorsatz

Unterstellt man, dass ergänzend deutsches Sachrecht nach Art. 35a Abs. 4 Satz 1 und 2 Rating-VO zur Anwendung kommt, dann setzt Vorsatz ein Wissens- und ein Wollenselement voraus. „Der Handelnde muss die Umstände, auf die sich der Vorsatz beziehen muss, gekannt bzw. vorausgesehen und in seinen Willen aufgenommen haben.“[721] Bei bedingtem Vorsatz reicht es aus, dass das handelnde Organmitglied zumindest die relevanten Umstände für möglich gehalten und billigend in Kauf genommen hat.[722]

2. Grobe Fahrlässigkeit

Der deutsche Gesetzgeber definiert Fahrlässigkeit in § 276 Abs. 1 BGB. Danach handelt fahrlässig, wer die im Verkehr erforderliche Sorgfalt außer Acht lässt. Grobe Fahrlässigkeit kennzeichnet ein Verhalten, „durch das die im Verkehr erforderliche Sorgfalt in besonders schwerem, ungewöhnlichem Maße verletzt wird“.[723] Es werden ganz naheliegende Überlegungen nicht angestellt und es wird das nicht beachtet, was im gegebenen Fall jedem einleuchten müsste.[724] Zur Abgrenzung der einfachen von der groben Fahrlässigkeit wird teils danach unterschieden, ob man sage, „das kann vorkommen“ oder „das darf nicht vorkommen“.[725]

In Abgrenzung zur einfachen Fahrlässigkeit sind bei der groben Fahrlässigkeit grundsätzlich auch subjektive, in der Individualität des Handelnden begründete Umstände zu berücksichtigen.[726] Das wird von einer stark vertretenen Ansicht im Schrifttum mit guten Argumenten dann abgelehnt, wenn Organisationsmängel bei Unternehmen oder Mängel allgemein im beruflichen Verkehr streitgegenständig sind. Hier soll der objektive Pflichtverstoß genügen, da es dem

---

721 BGH NJW-RR 2012, 404, 404 Rn. 10.

722 BGH NJW-RR 2009, 1207, 1210 Rn. 23; BGH NJW 2004, 446, 448; BGH BeckRS 1966, 30400845.

723 Pfeiffer in: Soergel, BGB, § 276 Rn. 126; *Caspers* in: Staudinger, BGB, § 276 Rn. 93.

724 Pfeiffer in: Soergel, BGB, § 276 Rn. 126; *Grüneberg* in: Palandt, BGB, § 277 Rn. 5.

725 *Möllers/Leisch* in: Kölner Kommentar zum WpHG, §§ 37b, c WpHG Rn. 152.

726 BGHZ 10, 17; 119, 149; BGH NJW 2001, 2092; *Grüneberg* in: Palandt, BGB, § 277 Rn. 5; *Zimmer/Grotheer* in: Schwark/Zimmer, Kapitalmarktrecht, § 37c WpHG Rn. 53; in: Schäfer/Hamann, Kapitalmarktgesetze, §§ 44, 45 BörsG Rn. 213; *Groß*, Kapitalmarktrecht, § 21 WpPG Rn. 75; *Gietzelt/Ungerer*, GPR 2013, 333, 341.

betroffenen Unternehmen zugemutet werden könne, subjektives Fehlverhalten seiner Angestellten durch Organisationsmaßnahmen zu vermeiden. Auch seien in erster Linie einheitlich zu bestimmende Markterwartungen betroffen, was wenig Raum für individuelle Komponenten lasse.[727]

Ob grobe Fahrlässigkeit vorliegt, wird nach den Besonderheiten des Einzelfalls vom Tatrichter zu klären sein.[728] Dabei gilt es zu berücksichtigen, dass Verstöße gegen eindeutig formulierte, dem Schutz anderer dienender Normen wie Unfallverhütungsvorschriften das Vorliegen grober Fahrlässigkeit oftmals nahelegen, da sie für den Regelungsadressaten erkennbar und damit vermeidbar sind.[729] Folglich sollten im Hinblick auf die Zuwiderhandlungen des Anhang III Rating-VO nicht allzu hohe Anforderungen gestellt werden. Kann hingegen nur einfache Fahrlässigkeit festgestellt werden, so kommt eine Minderung des Haftungsanspruchs nicht in Betracht, vielmehr scheidet dieser *de lege lata* gänzlich aus.[730]

VI. Schaden

Die Vorschrift setzt in Abs. 1 Unterabs. 1 den Eintritt eines Schadens voraus, was gleichermaßen für Anleger und Emittenten gilt. Eine Definition, was Schaden ist oder alles sein kann, enthält die Rating-VO nicht. Vielmehr soll der Begriff „Schaden" gemäß Art. 35a Abs. 4 Satz 1 Rating-VO nach nationalem Sachrecht ausgelegt und angewendet werden. Das kodifizierte Recht der einzelnen europäischen Mitgliedstaaten sieht nur vereinzelt eine Definition für „Schaden" vor.[731] So ist bspw. im österreichischen Recht nach § 1293 Satz 1 ABGB ein Schaden jeder Nachteil, welcher jemandem an Vermögen, Rechten oder seiner Person zugefügt worden ist. In anderen Mitgliedstaaten haben sich Definitionen im Schrifttum und durch die Rechtsprechung herausgebildet. So wird in

727 *Grundmann* in: Münchener Kommentar zum BGB, § 276 Rn. 95; *Caspers* in: Staudinger, BGB, § 276 Rn. 96; bereits in der Voraufl. *Löwisch* in: Staudinger, BGB, Neubearb. 2004, § 276 Rn. 96; *Repgen* in: Baumgärtel/Laumen/Prütting, Hdb. Beweislast, § 277 Rn. 2; *Möllers/Leisch* in: Kölner Kommentar zum WpHG, §§ 37b, c WpHG Rn. 153.

728 Vgl. *Caspers* in: Staudinger, BGB, § 276 Rn. 97.

729 *Grundmann* in: Münchener Kommentar zum BGB, § 276 Rn. 99; *Caspers* in: Staudinger, BGB, § 276 Rn. 93.

730 Vgl. zur gleichen Problematik bei der Prospekthaftung *Assmann* in: Assmann/Schütze, Hdb. KapitalanlageR, § 5 Rn. 181.

731 *von Bar,* Gemeineuropäisches Deliktsrecht II, § 1 Rn. 3; *Vaquer* in: Koziol/Schulze (Hrsg.), Tort Law of the European Community, S. 23, 23 f.

Deutschland grundsätzlich mittels der Differenzhypothese das Bestehen eines Schadens und dessen Höhe ermittelt.[732] Danach ist für die Schadensermittlung die Differenz maßgeblich, welche sich aus dem potentiellen Vermögensstand ohne das schädigende Ereignis und dem gegenwärtigem Vermögensstand ergibt.[733] Im englischen Recht wird hingegen noch nicht einmal versucht, eine allgemeine Definition für den Schadensbegriff zu entwickeln.[734]

Wie eingangs aufgezeigt wurde, haben Ratings erheblichen Einfluss sowohl auf die Preisbildung als auch auf die Anlageentscheidungen von Investoren, sodass unterschiedlichste Variationen vorstellbar sind, in denen fehlerhafte Ratings zu Schäden führen können.[735] Nachfolgend soll hier zunächst der Frage nachgegangen werden, welcher Schaden im Rahmen des Art. 35a Rating-VO ersatzfähig ist.[736] Denn nicht jeder Schaden ist automatisch auch ersatzfähiger Schaden.[737] Wäre dies beispielsweise bei Art. 35a Rating-VO der Fall, würden sich Ratingagenturen einer schier unbegrenzten Haftungsgefahr ausgesetzt sehen. Bevor der jeweils ersatzfähige Schaden für Anleger und Emittenten getrennt ermittelt werden soll, muss festgelegt werden, welches Recht – Art. 35a Rating-VO selbst oder nationales Sachrecht – für die Bestimmung maßgeblich ist.

1. *Bemessungsgrundlage*

Anders als man mit erstem Blick auf Art. 35a Abs. 4 Satz 1 oder Satz 2 Rating-VO vermuten könnte, ist die Frage des ersatzfähigen Schadens nicht (ausschließlich) nationalem Sachrecht überlassen. Diese Beurteilung lässt sich auf zwei Erwägungen stützen. Grundsätzlich wird die Ersatzfähigkeit von Schäden in erster

---

732 *Oetker* in: Münchener Kommentar zum BGB, § 249 Rn. 18.

733 *Lange/Schiemann,* Schadensersatz, 3. Aufl., S. 26 ff.

734 *Wurmnest,* Grundzüge des europäischen Haftungsrechts, S. 198.

735 Siehe oben, Teil 1 E. III., Teil 2 A. III. 2.

736 *Wagner,* Deliktsrecht, S. 161, 165 nähert sich der Thematik mit der Frage, ob Schäden in den Schutzbereich des Delikts fallen; *Maier-Reimer/Seulen* in: Habersack/Mülbert/Schlitt, Hdb. Kapitalmarktinformation, § 30 Rn. 104 stellen auf das Schutzgut der verletzten Pflicht oder auf den Schutzzweck der unmittelbaren Ersatznorm ab; *Vaquer* in: Koziol/Schulze (Hrsg.), Tort Law of the European Community, S. 23, 25 stellt auf das Prinzip des „reparable damage" ab; vgl. auch *Koziol,* ZEuP 12 (2004), 234, 238.

737 Vgl. allg. zur Begrenzung auf den ersatzfähigen Schaden EuGH, Urt. v. 31.01.2001 – T-76/94 – Rendert Jansma/Rat der Europäischen Union und Kommision, BeckEuRs 2001, 250542 Rn. 50; *Vaquer* in: Koziol/Schulze (Hrsg.), Tort Law of the European Community, S. 23; *Koziol* in: European Group on Tort Law, Principles of Tort Law, S. 24; *Oetker* in: Münchener Kommentar zum BGB, § 249 Rn. 120.

Linie durch die Ersatznorm selbst, konkret durch das Zusammenspiel der einzelnen Tatbestandsmerkmale und der der Haftungsnorm zugrundeliegenden Wertungen, bestimmt.[738] Gesetzliche Würdigung findet dieser Zusammenhang v.a. im niederländischen Recht, wo es im einleitenden Teil von Artikel 6:95 BW[739] heißt: „der Schaden, der aufgrund einer gesetzlichen Verpflichtung zum Schadensersatz ersetzt werden muss (…)"[740]. Im Einzelnen können die in einer Haftungsnorm enthaltenen Regelungen zur Kausalität[741] und zum Verschulden sowie die Schadensart[742], aber auch das geschützte Rechtsgut[743] bzw. der Schutzzweck der Verhaltensnorm[744] für die Ermittlung des ersatzfähigen Schadens Berücksichtigung finden.[745] Folgt man dem Verweis des Art. 35a Abs. 4 Satz 1 und Satz 2 Rating-VO in das nationale Recht, so sind bei der Bestimmung des ersatzfähigen Schadens die verordnungsimmanenten Vorgaben und Wertungen nach dem Gebot der unionsrechtskonformen Auslegung nationalen Rechts[746], auch unter Berücksichtigung des Anwendungsvorrangs europäischer Verordnungen gegenüber mitgliedstaatlichen Rechtsakten[747], einzuhalten und hinreichend zu

---

738 Vgl. *Maier-Reimer/Seulen* in: Habersack/Mülbert/Schlitt, Hdb. Kapitalmarktinformation, § 30 Rn. 104; *von Bar*, ZEuP 2001, 515, 522; *Koziol* in: European Group on Tort Law, Principles of Tort Law, S. 24 Rn. 1; allg. *von Bar*, Gemeineuropäisches Deliktsrecht II, § 1 Rn. 3, 4, 16, 24; *Lange/Hagen*, Wandlung des Schadensersatzrechts, S. 36.

739 Artikel 95 Burgerlijk Wetboek (niederländisches Bürgerliches Gesetzbuch), Buch 6 regelt den Umfang des Schadensersatzes.

740 Vgl. *von Bar*, Gemeineuropäisches Deliktsrecht II, § 1 Rn. 3.

741 Vgl. *Maier-Reimer/Seulen* in: Habersack/Mülbert/Schlitt, Hdb. Kapitalmarktinformation, § 30 Rn. 98.

742 Für reine Vermögensschäden soll der Schädiger außervertraglich in vielen europäischen Rechtsordnungen nur ausnahmsweise aufkommen *von Bar*, Gemeineuropäisches Deliktsrecht II, § 1 Rn. 25.

743 So kann die Anknüpfung an eine Eigentumsverletzung zur Ausgrenzung reiner Vermögensschäden führen *von Bar*, Gemeineuropäisches Deliktsrecht II, § 1 Rn. 29.

744 Vgl. *Sethe* in: Assmann/Schneider, WpHG, § 37c WpHG Rn. 86; *Oetker* in: Münchener Kommentar zum BGB, § 249 Rn. 120.

745 Vgl. *Vaquer* in: Koziol/Schulze (Hrsg.), Tort Law of the European Community, S. 23, 25; *von Bar*, Gemeineuropäisches Deliktsrecht II, § 1 Rn. 3, 24 f., 29.

746 Vgl. EuGH Urt. v. 19.01.2010 – Rs. C-555/07 – Seda Kücükdeveci/Swedex GmbH & Co. KG, NJW 2010, 427, 429 Rn. 48; EuGH Urt. v. 05.10.2004 – Rs. C-397/01 bis C-403/01 – Bernhard Pfeiffer u.a./Deutsches Rotes Kreuz, Kreisverband Waldshut e.V., Slg. 2004 I-8835, 8917 Rn. 114; *Schröder* in: Streinz, EUV/AEUV, Art. 288 AEUV Rn. 125.

747 Vgl. allg. zum Anwendungsvorrang *Ruffert* in: Calliess/Ruffert, EUV/AEUV, Art. 288 AEUV Rn. 20; *Schroeder* in: Streinz, EUV/AEUV, Art. 288 AEUV Rn. 59.

berücksichtigen. Dies gebietet nicht zuletzt der europäische Effektivitätsgrundsatz.[748]

Dogmatisch kann man zudem argumentieren, dass in Art. 35a Abs. 4 Satz 1 Rating-VO lediglich für die Auslegung, d.h. für Ermittlung des Inhalts unbestimmter Rechtsbegriffe auf nationales Sachrecht verwiesen wird. Bestimmt man dementsprechend den Begriff „Schaden" i.S.d. Art. 35a Abs. 1 Unterabs. 1 Rating-VO beispielsweise nach österreichischem Recht nach § 1293 Satz 1 ABGB als jeden Nachteil, welcher jemandem an Vermögen, Rechten oder seiner Person zugefügt worden ist, so wird klar, dass die Frage der Ersatzfähigkeit weit über die Klärung der inhaltlichen Bedeutung hinausgeht. Denn mit der Definition des Schadensbegriffs ist noch gar nichts darüber gesagt, welcher konkrete Nachteil von Art. 35a Rating-VO geschützt werden soll.[749]

Ein Rückgriff auf nationales Recht könnte für die Bestimmung des ersatzfähigen Schadens damit allenfalls auf Art. 35a Abs. 4 Satz 2 Rating-VO gestützt werden, wonach Regelungslücken durch nationales Sachrecht zu schließen sind. Unterstellt man, dass der ersatzfähige Schaden durch die Ersatznorm selbst zu bestimmen ist, so ist kein Raum für Art. 35a Abs. 4 Satz 2 Rating-VO, da es insofern an einer erforderlichen Regelungslücke fehlt. Daher sind für die Bestimmung des ersatzfähigen Schadens zuvorderst die unionsrechtlichen Anordnungen maßgeblich. Sollten sich Regelungslücken im Rahmen der nachstehenden Untersuchung auftun, ist ein Rückgriff auf nationales Sachrecht nach Art. 35a Abs. 4 Satz 2 Rating-VO zulässig und angezeigt.

2. Beschränkungen durch Kausalitätserfordernisse

Obgleich für Anleger und Emittenten nachfolgend der ersatzfähige Schaden getrennt voneinander untersucht werden soll, so gelten doch für beide Gruppen gemeinsame Einschränkungen in Form von Kausalitätserfordernissen, sodass diese vorab kurz aufgegriffen werden sollen.

a. Kausalzusammenhang zwischen Zuwiderhandlung und Schaden

Eine erste Einschränkung des Haftungstatbestands, die sich auf die Ersatzfähigkeit des Schadens auswirkt, ist das Erfordernis, dass Ratingagenturen nur dann nach Art. 35a Rating-VO haften, wenn sie eine der in Anhang III der Rating-VO aufgeführten Zuwiderhandlungen begangen haben. Ein Anleger oder Emittent

---

748 *Schantz*, Die zivilrechtliche Verantwortlichkeit von Ratingagenturen gegenüber Investoren, S. 355 m.w.N. zur Rechtsprechung des EuGH.

749 Vgl. allg. *Koziol* in: European Group on Tort Law, Principles of Tort Law, S. 24 Rn. 1 f.

kann nur solche Schäden ersetzt verlangen, die aufgrund dieser Zuwiderhandlungen entstanden sind.[750] Der Wortlaut des Art. 35a Abs. 1 Unterabs. 1 Rating-VO ist insofern eindeutig. Sollte die Ratingagentur aus anderen Gründen als einem Verstoß gegen die Ordnungs- und Verhaltenspflichten der Rating-VO ein fehlerhaftes Rating erstellen, so kann ein Ausgleich der dem Anleger oder Emittenten dadurch entstandenen Schäden nicht nach Art. 35a Rating-VO verlangt werden.

b. Kausalzusammenhang zwischen Ratingergebnis und Schaden

Allein das Bestehen eines Kausalverhältnisses zwischen Verstoß gegen die Rating-VO und eingetretenem Schaden genügt nicht, damit ein Anleger oder Emittent Schadensersatz verlangen kann. Vielmehr bedarf es einer kausalen Verknüpfung zwischen Zuwiderhandlung und eingetretenem Schaden durch Beeinflussung des Ratingergebnisses: Der Verstoß gegen die Rating-VO muss sich auf das Ratingergebnis auswirken, was wiederum zu einem Schaden bei den Anlegern und Emittenten führt.[751] Stützen lässt sich dieses Verständnis nicht nur auf den Sinn und Zweck der Haftungsvorschrift, sondern auch auf ihren Wortlaut: Nach Art. 35a Abs. 1 Unterabs. 1 Halbs. 2 Rating-VO kann ein Anleger oder Emittent von der Ratingagentur für den ihm aufgrund „dieser Zuwiderhandlungen“ entstandenen Schaden Ersatz verlangen. „Zuwiderhandlungen“ in Halbs. 2 sind unter Einbeziehung von Art. 35a Abs. 1 Unterabs. 1 Halbs. 1 Rating-VO Zuwiderhandlungen, die sich auf das Ratingergebnis ausgewirkt haben. Darüber hinaus wird im Schrifttum Art. 35a Abs. 1 Unterabs. 2 und 3 der Rating-VO für die Erforderlichkeit eines Kausalitätserfordernisses zwischen Ratingergebnis und Schaden angeführt.[752] Weitaus eindeutiger ist schließlich Erwägungsgrund 32 der Rating-VO (EU) 462/2013: „Der Anleger und der Emittent sollten die Ratingagentur für Schäden haftbar machen können, die durch eine das Ratingergebnis beeinflussende Verletzung der genannten Verordnung verursacht wurden.“

Damit sind Schäden, die dem Anleger oder Emittenten dadurch entstehen, dass die Ratingagentur zwar eine ihrer nach Anhang III der Rating-VO obliegenden Pflichten nicht erfüllt, diese aber ansonsten keine Auswirkungen auf das jeweilige Rating hat, nach der europäischen Haftungsvorschrift nicht ersatzfähig.

---

750 So auch *Gietzelt/Ungerer*, GPR 2013, 333, 342.
So der ausdrückliche Wortlaut des Art. 35a Abs. 1 Rating-VO.

751 So auch *Dutta*, WM 2013, 1729, 1734; *Wojcik*, NJW 2013, 2385, 2387; *Berger/Ryborz*, WM 2014, 2241; a.A. *Gietzelt/Ungerer*, GPR 2013, 333, 342.

752 *Dutta*, WM 2013, 1729, 1734.

Verstößt eine Ratingagentur bspw. gegen Art. 10 Abs. 3 Rating-VO und kennzeichnet ihr Rating nicht mit einem besonderen Symbol für ein strukturiertes Finanzinstrument, so kann sich ein Anleger nicht darauf berufen, wenn seine Investition aufgrund des marktüblichen Risikos (teils) verlustig geht.[753]

Kann ein das Ratingergebnis beeinflussender Verstoß gegen die Rating-VO festgestellt werden und erleidet der Anleger oder Emittent durch dieses Ratingergebnis einen Schaden, dann liegt zugleich ein ursächlicher Zusammenhang zwischen Zuwiderhandlung und Schaden vor. Einer gesonderten Prüfung bedarf es insofern nicht.

3. *Ersatzfähigkeit einzelner Schäden*

a. *Anleger*

Die Vorschrift erfasst drei Grundfälle, in denen einem Anleger ein Schaden entstehen kann: beim Kauf, beim weiteren Halten und bei der Weiterveräußerung eines Finanzinstruments.[754] Unabhängig davon, ob der Anleger infolge eines fehlerhaften Ratings ein Finanzinstrument unmittelbar vom Emittenten bzw. der emissionsbegleitenden Bank am Primärmarkt übernimmt oder das Wertpapier am Sekundärmarkt ersteht, und gleichgültig, ob es sich um ein beauftragtes oder nicht beauftragtes Erst- oder Folgerating handelt, ist Art. 35a Rating-VO anwendbar.[755] Anders verhält es sich, wenn der Anleger aufgrund eines zu negativen Ratings von der Investition absieht.[756]

Im Rahmen dieser Grundkonstellationen sind grundsätzlich zwei Szenarien vorstellbar, in denen der Anleger einen Schaden auf ein fehlerhaftes Rating zurückführt: Er erleidet entweder einen (Teil-) Ausfall von Rück- und/oder Zinszahlungen oder er macht geltend, dass sich durch das Rating ein zu niedriger Risikozinssatz am Markt gebildet hat,[757] der bei zutreffender Risikobewertung zugunsten des Anlegers höher ausgefallen wäre.[758] Dementsprechend

---

753 Verstöße gegen Transparenzpflichten sollten keine zivilrechtlichen Haftungsansprüche auslösen, so Erwägungsgrund 24 des Vorschlags für eine Verordnung des Europäischen Parlaments und Rates zur Änderung der Verordnung (EG) Nr. 1060/2009 über Ratingagenturen vom 15.11.2011, KOM(2011) 747 endgültig (2011/0361 (COD)), S. 23 f.

754 Siehe oben, Teil 2 B. III. 2. a. bb.

755 Siehe oben, Teil 2 B. II.

756 Siehe oben, Teil 2 B. III. 2. a. bb. (1).

757 Denkbar ist eine Auswirkung auch in Form eines niedrigeren Kaufpreises.

758 Vgl. allg. *Mühl*, Haftung für fehlerhafte Ratings, S. 48; *Ebenroth/Daum*, WM 1992, Sonderbeilage Nr. 5, 1, 11.

würde der Anleger entweder behaupten, er hätte bei korrektem Rating gar nicht (erste Konstellation) oder aber zu besseren Konditionen (zweite Konstellation) verfügt. Zieht man die Problematik auf eine allgemeine Ebene, so geht es im Kern um die Frage, ob der Kursdifferenzschaden oder der Transaktionsschaden[759] oder gar beides im Rahmen des Art. 35a Rating-VO ersatzfähig ist.[760] Dies ist im noch jungen Schrifttum zu Art. 35a Rating-VO umstritten. Teilweise wird lediglich der Kursdifferenzschaden als ersatzfähig beurteilt, teilweise wird die Ersatzfähigkeit beider Schadensarten befürwortet.[761] Nachfolgend soll dieser Frage nachgegangen werden. Dafür wird auch auf die Erkenntnisse aus dem deutschen Kapitalmarktrecht, v.a. im Kontext der fehlerhaften Kapitalmarktinformation nach §§ 37b, 37c WpHG, zurückgegriffen werden.[762] Dortige Grundsätze, Wertungen und Argumentationen hinsichtlich der umstrittenen[763] Ersatzfähigkeit des Transaktionsschadens und des Kursdifferenzschadens werden aber nur dann Berücksichtigung finden, soweit dem keine Besonderheiten aus der europäischen Haftungsvorschrift entgegenstehen.

aa. Transaktionsschaden

(1) Inhalt

Bei einem Transaktionsschaden handelt es sich um den Schaden, der sich aus einem Vergleich der Lage des Anlegers nach der Transaktion (aktuelle Lage) mit derjenigen Lage, die ohne Vornahme der Transaktion bestehen würde, ergibt.[764] Da die europäische Haftungsvorschrift tatbestandlich auch das weitere Halten von Finanzinstrumenten erfasst, ist für diese Variante maßgeblich, dass der

---

759 Auch als Vertragsabschlussschaden bezeichnet: *Möllers/Leisch* in: Kölner Kommentar zum WpHG, §§ 37b, c Rn. 243 ff.; *Klöhn*, AG 2012, 345, 350; *Möllers/Leisch,* BKR 2002, 1071, 1072.

760 Vgl. *Maier-Reimer/Seulen* in: Habersack/Mülbert/Schlitt, Hdb. Kapitalmarktinformation, § 30 Rn. 99 ff.; *Sethe* in: Assmann/Schneider, WpHG, § 37c WpHG Rn. 85.

761 Für ersteres: *Gietzelt/Ungerer*, GPR 2013, 333, 344; für Letzteres: *Schantz,* Die zivilrechtliche Verantwortlichkeit von Ratingagenturen gegenüber Investoren, S. 366.

762 So auch *Gietzelt/Ungerer*, GPR 2013, 333, 344.

763 Vgl. zum Meinungsstand: *Maier-Reimer/Seulen* in: Habersack/Mülbert/Schlitt, Hdb. Kapitalmarktinformation, § 30 Rn. 108 ff.; *Sethe* in: Assmann/Schneider, WpHG, § 37c WpHG Rn. 85 ff.; *Richter,* Schadenszurechnung bei deliktischer Haftung für fehlerhafte Sekundärmarktinformation, S. 82 ff.

764 *Maier-Reimer/Seulen* in: Habersack/Mülbert/Schlitt, Hdb. Kapitalmarktinformation, § 30 Rn. 102.

Anleger bei korrektem Rating eine Transaktion in Form des Verkaufs vorgenommen hätte.

Transaktionsschäden sind im Kontext der europäischen Haftungsvorschrift in drei Konstellationen denkbar, die sich wie folgt beschreiben lassen: Der Anleger behauptet, er hätte die Anleihen nicht gekauft, nicht weiter gehalten oder nicht verkauft, wenn das Finanzinstrument korrekt beurteilt worden wäre. Ausgangspunkt der Untersuchung ist damit die Behauptung des Anlegers, dass er die jeweilige Tatbestandshandlung ohne das Rating nicht vorgenommen hätte. Er wäre dann so zu stellen, als hätte er wegen der falschen Information nicht investiert, veräußert oder das Finanzinstrument weiter gehalten.[765] Vom ersatzfähigen Schaden erfasst wären damit auch Wertminderungen eines Finanzinstruments, die auf allgemeine Marktrisiken zurückzuführen sind und grundsätzlich vom Anleger selbst getragen werden müssen.[766] Diesem Umstand geschuldet lehnen Teile des Schrifttums den Ersatz von Transaktionsschäden im Kapitalmarktrecht generell ab.[767]

(2) Ersatzfähigkeit

Bei Art. 35a Rating-VO kommt es darauf an, ob der Transaktionsschaden von dem Schutzbereich der Haftungsnorm erfasst ist, wie allgemein und insbesondere im Kontext der Haftung für fehlerhafte Kapitalmarktinformationen zutreffend gefordert wird.[768] Die besseren Gründe sprechen dafür.[769] Zunächst ist Art. 35a Abs. 1 Unterabs. 2 der Haftungsvorschrift anzuführen. Danach muss sich der Anleger bei seiner jeweiligen Anlageentscheidung auf das fehlerhafte Rating verlassen haben, um anspruchsberechtigt sein zu können.[770] Damit stellt der Verordnungsgeber die Anlageentscheidung in den Fokus der Haftungsvorschrift, zumal

765 *Assmann* in: Medicus/Mertens/Nörr/Zöllner, FS für Hermman Lange, S. 345, 350 f.; *Baums*, ZHR 167 (2003), 139, 185; *Veil*, BKR 2005, 91, 97; darstellend *Reichert/Weller*, ZRP 2002, 49, 55.

766 Vgl. *Assmann* in: Medicus/Mertens/Nörr/Zöllner, FS für Hermman Lange, S. 345, 349.

767 *Hopt/Voigt*, WM 2004, 1801, 1804; zu § 37b WpHG-E *Zimmer*, WM 2004, 9, 17; *Reichert/Weller*, ZRP 2002, 49, 55; kritisch auch *Veil*, ZHR 167 (2003), 365, 373.

768 *Oetker* in: Münchener Kommentar zum BGB, § 249 Rn. 120; *Reimer/Seulen* in: Habersack/Mülbert/Schlitt, Hdb. Kapitalmarktinformation, § 30 Rn. 12; *Zimmer*, WM 2004, 9, 17; *Schäfer*, NZG 2005, 985, 991 leitet den Schutzzweck der Haftungsnorm über den Kausalzusammenhang zwischen Anlageentscheidung und fehlerhafter Information her; offen lassend *Assmann* in: Medicus/Mertens/Nörr/Zöllner, FS für Hermman Lange, S. 345, 368.

769 A.A. *Gietzelt/Ungerer*, GPR 2013, 333, 344.

770 Ähnlich auch Erwägungsgrund 32 der Rating-VO (EU) Nr. 462/2013.

Art. 35a Abs. 1 Unterabs. 2 Rating-VO als anspruchsbegründende Tatbestandsvoraussetzung ausgestaltet ist.[771] Ein Anleger soll nur dann aktivlegitimiert sein, wenn er bei seiner Investitionsentscheidung auf das fehlerhafte Rating vertraut hat. Die Aufnahme eines solchen Kausalzusammenhangs in den Haftungstatbestand wäre überflüssig, hätte der Unionsgesetzgeber lediglich die Preisbildung am Markt schützen wollen.[772] Denn das fehlerhafte Rating beeinflusst den Kaufpreis des Finanzinstruments und den Risikozins unabhängig davon, ob der Anleger Kenntnis von dem Rating hat oder nicht.[773] Positiv bringt der Verordnungsgeber in den Erwägungsgründen der Rating-VO Nr. 462/2013 zum Ausdruck, dass Anleger vor fehlerhaften Ratings durch die Haftungsvorschrift deshalb geschützt werden sollen, weil diese erheblichen Einfluss auf ihre Anlageentscheidungen haben.[774] Auch an anderer Stelle wird die Rolle von Ratings für Anlageentscheidungen in den Erwägungsgründen durch den Verordnungsgeber herausgestellt.[775] Schließlich spricht auch ein historischer Aspekt für den Ersatz des Transaktionsschadens. Wirft man einen Blick in die Materialien zum europäischen Gesetzgebungsverfahren zu Art. 35a Rating-VO, so stellt man zum einen fest, dass ursprünglich ausschließlich Anleger und nicht Emittenten aktivlegitimiert sein sollten.[776] Zum anderen wird klar, dass von Anfang an eine Haftung nur dann in Betracht kommen sollte, wenn der Anleger auf das fehlerhafte Rating vertraut hat.[777] Es wäre gänzlich unlogisch, das Vertrauen von Anlegern

---

771 Siehe oben, Teil 2 B. III. 2. b.

772 Vgl. zu § 37b, c WpHG BGH NJW 2012, 1800, 1806 Rn. 53; *Möllers/Leisch* in: Kölner Kommentar zum WpHG, § 37b, c Rn. 272; zu § 37b WpHG-E *Zimmer*, WM 2004, 9, 17; *Möllers/Leisch*, BKR 2002, 1071, 1073.

773 Vgl. *Maier-Reimer/Seulen* in: Habersack/Mülbert/Schlitt, Hdb. Kapitalmarktinformation, § 30 Rn. 128; *Möllers/Leisch* in: Kölner Kommentar zum WpHG, § 37b, c Rn. 266, 272, 277; *Richter*, Schadenszurechnung bei deliktischer Haftung für fehlerhafte Sekundärmarktinformation, S. 87, 104 ff.; *Wagner*, ZGR 2008, 495, 529; *Baums*, ZHR 167 (2003), 139, 181; *Maier-Reimer/Webering*, WM 2002, 1857, 1860; *Leisch*, ZIP 2004, 1573, 1578; *Sauer*, ZBB/JBB 2005, 24, 29 f.; *Möllers/Leisch*, BKR 2002, 1071, 1079; *Zimmer*, WM 2004, 9, 17; a.A. wohl *Oellinger*, Die Haftung für Ratings, S. 155.

774 Vgl. am Anfang von Erwägungsgrund 32 der Rating-VO (EU) Nr. 462/2013.

775 Vgl. Erwägungsgrund 8 und 31 der Rating-VO (EU) Nr. 462/2013.

776 Vorschlag für eine Verordnung des Europäischen Parlaments und Rates zur Änderung der Verordnung (EG) Nr. 1060/2009 über Ratingagenturen vom 15.11.2011, KOM(2011) 747 endgültig (2011/0361 (COD)), S. 37 f.

777 Vorschlag für eine Verordnung des Europäischen Parlaments und Rates zur Änderung der Verordnung (EG) Nr. 1060/2009 über Ratingagenturen vom 15.11.2011, KOM(2011) 747 endgültig (2011/0361 (COD)), S. 37.

in Ratings als Haftungsvoraussetzung aufzunehmen, den daraus resultierenden Transaktionsschaden aber als nicht ersatzfähig zu beurteilen.

Gegen die Ersatzfähigkeit des Transaktionsschadens spricht auch nicht, dass damit der Ratingagentur allgemeine Marktrisiken aufgebürdet würden.[778] Die durch die Verwirklichung allgemeiner Marktrisiken eingetretene Vermögensminderung ist ebenso Folge der auf Grundlage des fehlerhaften Ratings getroffenen Transaktionsentscheidung.[779] Anleger haben zwar grundsätzlich keinen Anspruch auf Schutz vor Kursverlusten oder anderen dem Kapitalmarkt innewohnenden Risiken, aber sie sind vor unlauterem Verhalten und Fehlinformationen zu bewahren.[780] Dies findet seinen Ausdruck in Art. 35a Rating-VO, da die zivilrechtliche Haftungsvorschrift sowohl einen Verstoß gegen die Rating-VO voraussetzt als auch eine Auswirkung auf das Rating verlangt.[781]

Gegen die Ersatzfähigkeit des Transaktionsschadens spricht auch nicht, wie teils im Schrifttum vorgebracht wird, dass Ratingagenturen als Dritte nach § 249 BGB zur Übernahme der vom Anleger infolge eines fehlerhaften Ratings erworbenen Finanzinstrumente verpflichtet wären, obwohl sie ursprünglich an dem Erwerb gar nicht beteiligt waren.[782] Zutreffend ist, dass eine Übernahme der Finanzinstrumente durch die Ratingagentur ausscheidet,[783] aber es kann daraus nicht geschlussfolgert werden, dass der Transaktionsschaden nicht ersatzfähig ist. Denn zum einen bleibt ein Ausgleich auch im Rahmen des § 251 BGB möglich, zum anderen muss zwischen Schaden (Tatbestandsebene) und Art und Umfang des Schadensersatzes (Rechtsfolge) dogmatisch unterschieden werden.

Gegen den Ausgleich des Transaktionsschadens wird weithin vorgebracht, dass nicht die Willensfreiheit des einzelnen Anlegers geschützt sei, sondern Art. 35a Rating-VO den Schutz der unverfälschten Preisbildung verfolge.[784] Dies

---

778 Die Ersatzfähigkeit des Transaktionsschadens auf dem Sekundärmarkt u.a. aus diesem Grund ablehnend *Sethe* in: Assmann/Schneider, WpHG, § 37c WpHG Rn. 91; *Sauer*, ZBB/JBB 2005, 24, 31.

779 Vgl. BGH NJW 2012, 1800, 1806 Rn. 58; *Möllers/Reichert* in: Kölner Kommentar zum WpHG, § 37b, c Rn. 295.

780 Vgl. allg. zur Zielsetzung des kapitalmarktrechtlichen Anlegerschutztes *Furrer/Körner* in: Remien, Schadensersatz im europäischen Privat- und Wirtschaftsrecht, S. 233, 233; vgl. auch *Wagner*, The Law of Torts in the DCFR, S. 225, 227.

781 Auch im deutschen Schadensersatzrecht (§§ 281 Abs. 5, 283 Satz 2 BGB) und auch bei § 346 Abs. 3 Satz 1 Nr. 3 BGB ist es üblich, dass die Gefahr der zufälligen Verschlechterung beim Schädiger verbleibt, vgl. BGH NJW 2012, 1800, 1806 Rn. 58.

782 *Gietzelt/Ungerer*, GPR 2013, 333, 344.

783 Siehe unten, Teil 2 C.

784 *Gietzelt/Ungerer*, GPR 2013, 333, 344.

ist aus zweifacher Hinsicht nicht überzeugend: Erstens enthält die Rating-VO eine Reihe positiver Hinweise, dass sich der Schadensersatzanspruch für Anleger tatsächlich auch auf die Willensfreiheit stützt, wie oben bereits gezeigt wurde. Zweitens sind in der Rating-VO (EU) Nr. 462/2013 weder im Kontext von Art. 35a Rating-VO noch sonst an anderer Stelle ausdrückliche Hinweise enthalten, dass der Schutzzweck der Haftungsvorschrift die unverfälschte Preisbildung betrifft. Erst recht fehlt es an Anzeichen, dass sich der Schutzzweck darauf beschränkt. Allein die anerkannte Tatsache, dass Ratings auf die Preisbildung Einfluss nehmen,[785] vermag die haftungsspezifische Frage des ersatzfähigen Schadens jedenfalls nicht zu beantworten. Richtigerweise ist daher der Transaktionsschaden im Rahmen des Art. 35a Rating-VO als ersatzfähiger Schaden anzuerkennen.

bb. Kursdifferenzschaden

(1) Inhalt

Unter dem Kursdifferenzschaden versteht man den Schaden, der sich aus der Differenz zwischen tatsächlich gezahltem Preis und dem Preis, der sich bei korrektem Informationsverhalten eingestellt hätte, ergibt.[786] Der Schaden wird durch einen Vergleich der aktuellen Lage des Anlegers mit derjenigen, in der er sich befände, wenn er die Anlage nicht zum tatsächlichen, sondern zu dem Preis erworben hätte, der sich bei Kenntnis des wahren Bonitätsrisikos eingestellt hätte, ermittelt.[787] Mit den Worten von *Assmann* kann der Anleger den Betrag als Schaden verlangen, „den er im Vertrauen auf die Richtigkeit der Information im getätigten Erwerb der konkreten Anlage zuviel aufgewandt hat".[788] Für den Eintritt des Kursdifferenzschadens wird unterstellt, dass z.B. im Rahmen einer Anleiheemission der Anleger bei Kenntnis des korrekten Ratings investiert und der Emittent trotz der für ihn ungünstigeren Konditionen Fremdkapital aufgenommen hätte.[789] Damit soll der Anleger so gestellt werden, als hätte er die

---

785 Siehe oben, Teil 1 E. II.

786 Vgl. allg. *Maier-Reimer/Seulen* in: Habersack/Mülbert/Schlitt, Hdb. Kapitalmarktinformation, § 30 Rn. 101; *Maier-Reimer/Webering*, WM 2002, 1857, 1861; *Möllers/Leisch*, BKR 2002, 1071, 1072 und dieselben in: Kölner Kommentar zum WpHG, § 37b, c Rn. 267 verwenden den Begriff des „Alternativinteresses", der sich inhaltlich nicht vom Kursdifferenzschaden unterscheidet.

787 *Peters*, Die Haftung und die Regulierung von Rating-Agenturen, S. 136; unzutreffend hingegen *Oellinger*, Die Haftung für Ratings, S. 155, der als ersatzfähig alles ersachtet, was die „von der Agentur mittels Rating vorausgesagten Entwicklung erbracht hätte".

788 *Assmann* in: Medicus/Mertens/Nörr/Zöllner, FS für Hermman Lange, S. 345, 357 f.

789 Vgl. *Assmann* in: Medicus/Mertens/Nörr/Zöllner, FS für Hermman Lange, S. 345, 358.

Anleihe zu für ihn besseren Konditionen erworben, weiter gehalten oder veräußert.[790]

Nicht gemeint und damit klar davon abzugrenzen ist, dass der Anleger von der Ratingagentur verlangen kann, so gestellt zu werden, als sei das erteilte Rating zutreffend. Wird der Emittent beispielsweise zahlungsunfähig, kann der Anleger nicht die Rendite verlangen, die theoretisch mit dem gekauften Finanzinstrument zu erzielen gewesen wäre. Denn das Rating ist grundsätzlich keine Garantie und verspricht damit nicht den Eintritt eines bestimmten wirtschaftlichen Erfolges.[791]

Dennoch ist die Grenze zwischen diesen unterschiedlichen Ansätzen beim Ersterwerb einer festverzinslichen Anleihe nicht immer ganz eindeutig. Geht ein zu gutes Rating der Emission einer Anleihe voraus, so wird der Anleger entweder einen höheren Ausgabepreis zahlen müssen oder eine geringere Zinszahlung erhalten, als dies bei einem korrekten Rating der Fall gewesen wäre. Stellt man auf den zu hohen Ausgabepreis ab, so wird man den durch das zu gute Rating zu viel aufgewandten Betrag als ersatzfähigen Schaden beurteilen müssen.[792] Unterstellt man hingegen, dass der Ersterwerber höhere Zinszahlungen bei einem korrekten, also schlechteren Rating erhalten hätte und will man diese ausgleichen, wird dem Anleger nicht nur der vereinbarte Risikozins „garantiert“, sondern auch der darüber hinaus gehende Betrag, der sich bei korrektem Rating eingestellt hätte.[793] Unterstellt man, dass die höheren Zinszahlungen einen niedrigeren Kaufpreis lediglich ratenweise kompensieren,[794] so müssen beide Konstellationen richtigerweise gleichbehandelt werden, da der vom Anleger erlittene

---

790 Vgl. allg. BGH NJW 2006, 3139, 3141; zu §§ 37b, 37c WpHG *Möllers/Leisch,* BKR 2002, 1071, 1072.

791 *Peters,* Die Haftung und die Regulierung von Rating-Agenturen, S. 135; allg. *Assmann* in: Medicus/Mertens/Nörr/Zöllner, FS für Hermman Lange, S. 345, 351; zur Anlageberatung *Arendts,* WM 1993, 229, 236; *Hopt* in: Lutter/Stimpel/Wiedemann, FS für Robert Fischer, S. 237, 254.

792 BGH NJW 1977, 1536, 1537 f.; 1990, 1659, 1661; 1991, 1819, 1820; siehe auch *Korth,* Dritthaftung von Ratingagenturen, S. 190.

793 Vgl. *Assmann* in: Medicus/Mertens/Nörr/Zöllner, FS für Hermman Lange, S. 345, 357 f.

794 Der Anleger wird wohl bei einem niedrigeren Kaufpreis nicht exakt dieselbe Rendite erhalten, wie bei einer Risikosteuerung über eine ratenweise Risikozinszahlung. Denn für die Ratenzahlungen ist ein Risikoaufschlag zu gewähren, um die mit ihnen verbundenen Zahlungsausfallrisiken ausgleichen zu können. Soweit man den Risikozinsaufschlag für die jeweilige Ratenzahlung außer Acht lässt, werden sich beide Renditen im Idealfall jedoch entsprechen.

Renditeschaden grundsätzlich derselbe ist.[795] Denn eine unterschiedliche rechtliche Behandlung kann nicht allein darauf gestützt werden, dass an verschiedenen Preisschrauben gedreht wird.

(2) Ersatzfähigkeit

Wie beim Transaktionsschaden stellt sich die Frage, ob ein Anleger den Kursdifferenzschaden im Wege des Art. 35a Rating-VO ersetzt verlangen kann. Das würde voraussetzen, dass die Haftungsvorschrift neben der Geltendmachung des Transaktionsschadens auch für den Ersatz des Kursdifferenzschadens offen wäre.[796]

Obgleich im allgemeinen Schrifttum zur Haftung von Ratingagenturen davon ausgegangen wird, dass bei einem fehlerhaften Rating der Anleger den Kursdifferenzschaden ersetzt verlangen kann und zwar unabhängig davon, wie die jeweilige Anspruchsgrundlage ausgestaltet ist,[797] ist eine solche Annahme für die Belange der europäischen Haftungsvorschrift weder zwingend noch offenkundig. Insbesondere verbietet es sich, die Ersatzfähigkeit des Kursdifferenzschadens über einen Erst-Recht-Schluss herzuleiten: Transaktionsschaden und Kursdifferenzschaden können sich zwar entsprechen, wenn man unmittelbar nach der Transaktion den Wert der Anleihe mit dem Marktpreis gleichsetzt, der sich bei richtiger Bewertung eingestellt hätte, aber sind es ganz verschiedene Schäden mit unterschiedlichem Entstehungsgrund und abweichenden Voraussetzungen, für die nach verschiedenartigen Grundsätzen gehaftet wird.[798]

Teilweise wird die Ersatzfähigkeit des Kursdifferenzschadens darauf gestützt, dass Art. 35a Rating-VO die unverfälschte Preisbildung schützen will.[799] Obgleich ein negativer Zusammenhang zwischen fehlerhaftem Rating und einer unangemessenen Preisbildung am Markt regelmäßig besteht und es ein allgemeines Bedürfnis gibt, dies – auch mit dem Mittel der zivilrechtlichen Haftung der Ratingagenturen – zu unterbinden, kann das für eine konkret ausgestaltete Haftungsvorschrift nicht automatisch bedeuten, dass sie tatsächlich vor

795 *Korth*, Dritthaftung von Ratingagenturen, S. 189, 192.

796 Vgl. zur ähnlichen Problematik bei §§ 37b, 37c WpHG *Möllers/Leisch*, BKR 2002, 1071, 1076.

797 Vgl. *Peters*, Die Haftung und die Regulierung von Rating-Agenturen, S. 136; *Korth*, Dritthaftung von Ratingagenturen, S. 190.

798 *Maier-Reimer/Seulen* in: Habersack/Mülbert/Schlitt, Hdb. Kapitalmarktinformation, § 30 Rn. 103.

799 *Gietzelt/Ungerer*, GPR 2013, 333, 344.

unangemessener Preisbildung schützen will. Vielmehr muss dies aus der Haftungsvorschrift selbst heraus beurteilt werden.

(a) Hinweise für den Schutzzweck: Unterbindung einer unangemessenen Preisbildung

In der Rating-VO (EU) Nr. 462/2013 lässt sich weder in den einzelnen Vorschriften der Verordnung noch in den Erwägungsgründen ein ausdrücklicher Hinweis darauf finden, dass die Haftungsvorschrift eine unangemessene Preisbildung verhindern will, sodass ein solcher Schutzzweck der Haftungsvorschrift keineswegs selbstverständlich angenommen werden kann. Trotz Fehlens haftungsspezifischer Hinweise ist es nichtsdestotrotz möglich, die Verhinderung unangemessener Preisbildung als Schutzzweck der Haftungsvorschrift über die übrigen Regelungen und Wertungen der Rating-VO herzuleiten. So ergibt sich zunächst sowohl aus Art. 1 Rating-VO als auch aus der in der Präambel genannten Rechtsgrundlage des Art. 114 AEUV, dass die Rating-VO und damit auch die Haftungsvorschrift zu einem reibungslos funktionierenden Binnenmarkt beitragen soll. In den Erwägungsgründen 7 und 28 der Rating-VO (EU) Nr. 462/2013 wird herausgestellt, dass die Rating-VO allgemein die europäischen Märkte vor fehlerhaften Ratings schützen und das Vertrauen in diese Märkte aufrechterhalten möchte.[800] Noch deutlicher wird diese Intention, wenn man den Fokus auf die Erwägungsgründe der Rating-VO (EG) Nr. 1060/2009 richtet. Hier betont der Verordnungsgeber mehrfach die Notwendigkeit des Marktschutzes und die Aufrechterhaltung der Finanzmarktstabilität[801] sowie die Aufrechterhaltung und Verbesserung des Binnenmarktes.[802]

Unter die Gewährleistung eines funktionierenden Binnenmarkts fällt auch die Sicherstellung eines unverfälschten Wettbewerbs,[803] was die Schaffung von Rahmenbedingungen erforderlich macht, die dafür Sorge tragen, dass die effizienteste Nutzung von ökonomischen Ressourcen durch den Leistungswettbewerb

800 Vgl. Erwägungsgrund 7 und 28 der Rating-VO (EU) Nr. 462/2013.

801 Vgl. Erwägungsgrund 14, 23, 37, 51, 58, 61 und 74 der Rating-VO (EG) Nr. 1060/2009.

802 Das ergibt sich auch aus den Erwägungsgrund 11, 32, 43 und 64 der Rating-VO (EG) Nr. 1060/2009.

803 EuGH, Urt. v. 11.06.1991 – Rs. C-300/89 – Kommission/Rat, Slg. 1991, I-02867, 02899 Rn. 15; EuGH, Urt. v. 13.07.1995 – Rs. C-350/92 – Spanien/Europäische Union. Slg. 1995, I-01985, 02040 Rn. 32; *Schröder* in: Streinz, EUV/AEUV, Art. 26 AEUV Rn. 24; *van Vormizeele* in: von der Groeben/Schwarze/Hatje, Europäisches Unionsrecht, Art. 26 AEUV Rn. 28.

gewährleistet ist.[804] Da auch private Marktteilnehmer, sei es durch wettbewerbshindernde Maßnahmen oder durch ihre zu große Marktmacht, den freien Wettbewerb gefährden können, bedarf es eines Systems, das vor Verfälschungen durch die Marktteilnehmer selbst schützt.[805] Einer solchen Verfälschung sehen sich Anleger gerade im Kontext fehlerhafter Ratings ausgesetzt. Das Rating verfälscht im ersten Schritt den Preis und führt im zweiten Schritt dazu, dass Anleger in Finanzinstrumente investieren, die aufgrund ihres Ausfallrisikos tatsächlich qualitativ schlechter zu beurteilen wären als ein anderes Finanzinstrument, in das der Anleger stattdessen hätte investieren können. Es kommt damit zu einer Fehlallokation von Ressourcen, welche durch die Rating-VO im Allgemeinen, nämlich durch die Schaffung bestimmter Organisations- und Verhaltenspflichten, verhindert werden soll. Die Haftungsvorschrift soll Anreize schaffen, diesen Regelungsrahmen einzuhalten, sodass sich der allgemeine Zweck der Rating-VO, das Funktionieren des Binnenmarkts zu verbessern, in ihr fortsetzt.[806] Der Ausgleich solcher Schäden, die den Anlegern aufgrund einer unangemessenen Beeinflussung des Marktes durch das Rating entstehen, wäre damit mit dem Sinn und Zweck der Rating-VO zu vereinbaren und ließe sich systematisch auf obige Erwägungen stützen.

(b) Ausschluss nach Art. 35a Abs. 1 Unterabs. 2 Rating-VO

Vor dem Hintergrund fehlender ausdrücklicher Hinweise in der Rating-VO, dass die Haftungsvorschrift Anlegerschäden ersetzen will, die auf eine unzutreffende Preisbildung zurückzuführen sind, stellt sich die Frage, ob der Kursdifferenzschaden als ersatzfähiger Schaden aus speziellen, der Haftungsvorschrift immanenten Gründen vom Anwendungsbereich des Art. 35a Rating-VO ausgeschlossen ist. Hierfür könnte zunächst Art. 35a Abs. 1 Unterabs. 2 Rating-VO angeführt werden. Danach kann der Anleger nur dann Schadensersatz verlangen, wenn er sich bei seiner Anlageentscheidung auf das fehlerhafte Rating

---

804 *Bock, Rechtsangleichung und Regulierung im Binnenmarkt, S. 28*; *Schröder* in: Streinz, EUV/AEUV, Art. 26 AEUV Rn. 24.

805 Protokoll Nr. 27 zum Vertrag von Lissabon über den Binnenmarkt und den Wettbewerb; *Schröder* in: Streinz, EUV/AEUV, Art. 26 AEUV Rn. 24; *Bast* in: Grabitz/Hilf/Nettesheim, Das Recht der EU, Art. 26 Rn. 12; *van Vormizeele* in: von der Groeben/Schwarze/Hatje, Europäisches Unionsrecht, Art. 26 AEUV Rn. 28.

806 Vgl. auch Rat der Europäischen Union, Beitrag des Juristischen Dienstes. Vorschlag für eine Verordnung des Europäischen Parlaments und des Rates zur Änderung der Verordnung (EG) Nr. 1060/2009 über Ratingagenturen – Zivilrechtliche Haftung, 16.03.2012, Dok.-Nr. des Rates 7801/12, S. 5.

verlassen hat. Aus der Vorschrift könnte man im Wege des Umkehrschlusses ableiten, dass nur solche Schäden ersatzfähig sein sollen, die Anlegern überhaupt infolge konkreter Anlageentscheidungen entstehen können. Soweit man zutreffend davon ausgeht, dass der Kursdifferenzschaden unabhängig von der tatsächlichen Kenntnisnahme des Ratings durch den Anleger eintritt,[807] dann wäre dieser nicht nach Art. 35a Rating-VO ersatzfähig.[808]

Allerdings ist diese, auf Art. 35a Abs. 1 Unterabs. 2 Rating-VO basierende, Annahme keineswegs zwingend. Denn die Funktion des Art. 35a Abs. 1 Unterabs. 2 Rating-VO könnte sich darin erschöpfen, den tatbestandlichen Anwendungsbereich der Haftungsvorschrift durch Aufnahme der Transaktionskausalität einzuschränken, ohne zugleich den ersatzfähigen Schaden begrenzen zu wollen. So hat beispielsweise der II. Zivilsenat des BGH lange Zeit im Rahmen der Haftung für fehlerhafte Ad-hoc-Mitteilungen nach § 826 BGB einen Kausalzusammenhang zwischen Täuschung und Anlageentscheidung auch für den Ersatz des Kursdifferenzschadens verlangt.[809] Das erklärte Ziel des BGH war es, eine „uferlose Ausweitung des ohnehin offenen Haftungstatbestands der sittenwidrigen Schädigung“ zu vermeiden,[810] ohne sich jemals darauf berufen zu haben, dass zwischen der Anlageentscheidung und dem eingetretenen Schaden einen Kausalzusammenhang in Gestalt des falschen Marktpreises bestehe. Dasselbe Interesse könnte vorliegend hinter der Anordnung des Art. 35a Abs. 1 Unterabs. 2 Rating-VO stehen: Nicht jeder Anleger soll einen Schaden geltend machen können, sondern nur wer sich auf das Rating verlassen hat. Vertraut der Anleger tatsächlich auf das Rating, dann kann er sowohl den Transaktionsschaden als auch den Kursdifferenzschaden ersetzt

---

807 Vgl. *Maier-Reimer/Seulen* in: Habersack/Mülbert/Schlitt, Hdb. Kapitalmarktinformation, § 30 Rn. 128; *Möllers/Leisch* in: Kölner Kommentar zum WpHG, § 37b, c Rn. 266, 272, 277; *Richter*, Schadenszurechnung bei deliktischer Haftung für fehlerhafte Sekundärmarktinformation, S. 87, 104 ff.; *Wagner*, ZGR 2008, 495, 529; *Baums*, ZHR 167 (2003), 139, 181; *Maier-Reimer/Webering*, WM 2002, 1857, 1860; *Leisch*, ZIP 2004, 1573, 1578; *Sauer*, ZBB/JBB 2005, 24, 29 f.; *Möllers/Leisch*, BKR 2002, 1071, 1079; *Zimmer*, WM 2004, 9, 17; *Schäfer*, NZG 2005, 985, 991; a.A. wohl *Oellinger*, Die Haftung für Ratings, S. 155.

808 Ähnliche Argumentation zu §§ 37b, 37c WpHG *Richter*, Schadenszurechnung bei deliktischer Haftung für fehlerhafte Sekundärmarktinformation, S. 106 f.

809 BGH NZG 2007, 346, 347 (ComROAD II); NJW 2008, 76, 78 (ComROAD IV); NZG 2007, 345, 346 (ComROAD I); NZG 2007, 269, 269 (ComROAD III); NJW-RR 2007, 1532, 1534 (ComROAD V), NZG 2008, 382, 384 (ComROAD VI); NJW 2004, 2971, 2972 (Infomatec).

810 So ausdrücklich BGH NZG 2008, 382, 384 (ComROAD VI).

verlangen, obwohl letzterer auch ohne das Vertrauen des Anlegers in das Rating eingetreten wäre.

Anders als es der BGH für unterlassene Ad-hoc-Mitteilung i.S.d. § 37b WpHG zwischenzeitlich entschieden hatte,[811] kann für die Geltendmachung des Kursdifferenzschadens nach Art. 35a Rating-VO jedenfalls nicht auf die Transaktionskausalität verzichtet werden, insofern ist der Wortlaut des Art. 35a Abs. 1 Unterabs. 2 Rating-VO eindeutig.

(c) Abgrenzung zum ersatzfähigen Schaden des Emittenten

Für die Begrenzung des ersatzfähigen Schadens auf den Transaktionsschaden ließe sich zwar weiterhin anführen, dass der Verordnungsgeber in den Erwägungsgründen ausschließlich in Bezug auf den Emittenten erhöhte „Finanzierungskosten" als kausalen Schaden eines fehlerhaften Ratings nennt.[812] Daraus aber abzuleiten, dass der durch ein zu positives Rating erhöhte Kaufpreis nicht ersatzfähig sein soll, ginge wohl zu weit. Denn die durch ein zu negatives Rating bedingten, zu hohen Finanzierungskosten des Emittenten stellen seinen typischen Schaden dar, was bei Anlegern, die eben auch einen Transaktionsschaden erleiden können, nicht der Fall ist. Der Umstand, dass der Verordnungsgeber die erhöhten Finanzierungskosten des Emittenten als einen typischen Schaden eines fehlerhaften Ratings benennt, vermag nicht die Schlussfolgerung zu rechtfertigen, dass ein Anleger Schäden in Form von zu hohen Kaufpreiszahlungen oder zu geringen Verkaufserlösen nicht ersetzt verlangen kann.[813]

(d) Änderungen der Erwägungsgründe im Laufe des Gesetzgebungsverfahrens

Schließlich könnte gegen die Ersatzfähigkeit des Kursdifferenzschadens ein historischer Gesichtspunkt sprechen. Nach dem Erwägungsgrund 24 des Vorschlags der Europäischen Kommission zur Änderung der Rating-VO (EG) Nr. 1060/2009 sollte der Anleger „die Ratingagentur für **alle** Schäden haftbar machen können, die durch eine das Ratingergebnis beeinflussende Verletzung der genannten Verordnung verursacht wurden" (Hervorhebung durch den

---

811 BGH NZG 2012, 263, 269 (IKB), wonach der Kursdifferenzschaden unabhägig von dem Bestehen eines Kausalzusammenhangs zwischen unterlassener Ad-hoc-Mitteilung und Kaufentschluss ersatzfähig sein soll.

812 Vgl. Erwägungsgrund 32 der Rating-VO (EU) Nr. 462/2013.

813 Auch der englische Gesetzgeber schränkt den ersatzfähigen Schaden für Anleger nicht ein, sondern verweist allgemein auf die Haftung aus *tort of negligence*: The Credit Rating Agencies (Civil Liability) Regulations 2013, 2013 No. 1637, Financial Services and Markets, No. 13 para. 1 lit. b und No. 14 lit. b.

Bearbeiter).[814] In der Endfassung der Rating-VO (EU) Nr. 462/2013 wurde die Formulierung „alle" gestrichen, sodass man daraus ableiten könnte, dass der Verordnungsgeber eine Eingrenzung des ersatzfähigen Schadens vornehmen wollte.[815] Bei genauerer Betrachtung wird man allerdings lediglich von einer redaktionellen Änderung ausgehen können. Denn trotz der Streichung von „alle" bleibt die Aussage dieselbe: Es sind nur solche Schäden ersatzfähige, die auf eine das Ratingergebnis beeinflussende Verletzung zurückzuführen sind.[816]

(e) Zwischenergebnis

Zusammenfassend kann an diesem Punkt festgestellt werden, dass es keinen belastbaren Hinweis in der Rating-VO gibt, der gegen die Ersatzfähigkeit des Kursdifferenzschadens bei Anlegern spricht. Trifft ein Anleger in (schutzwürdigem) Vertrauen auf das fehlerhafte Rating eine Anlageentscheidung, dann sind die Voraussetzungen des Art. 35a Abs. 1 Unterabs. 2 Rating-VO erfüllt. Unterstellt man, dass sich der Schutzzweck des Art. 35a Rating-VO für Anleger im Schutz der freien Willensentscheidung erschöpft, dann wäre eine Begrenzung des ersatzfähigen Schadens auf den Transaktionsschaden gerechtfertig.[817] Allerdings kann eine Begrenzung des Schutzzwecks weder auf die Haftungsnorm selbst noch auf die Erwägungsgründe und auch nicht auf sonstige Materialien aus dem europäischen Gesetzgebungsverfahrens zu Art. 35a Rating-VO belastbar gestützt werden. Daher wäre eine Begrenzung des ersatzfähigen Schadens auf den Transaktionsschaden nicht gerechtfertigt, sodass Anleger auch den Kursdifferenzschaden ersetzt verlangen können, wenn sie sich auf das fehlerhafte Rating verlassen haben.[818]

b. Emittenten

Emittenten und Unternehmen können grundsätzlich nur solche Schäden geltend machen, die ihnen dadurch entstehen, dass sie selbst Bewertungsobjekt des

---

814 Vorschlag für eine Verordnung des Europäischen Parlaments und Rates zur Änderung der Verordnung (EG) Nr. 1060/2009 über Ratingagenturen vom 15.11.2011, KOM(2011) 747 endgültig (2011/0361 (COD)), S. 23.

815 Vgl. *Schantz*, Die zivilrechtliche Verantwortlichkeit von Ratingagenturen gegenüber Investoren, S. 366.

816 Vgl. auch Stellungnahme des Rechtsausschusses vom 03.05.2012, PE480.852v05–00, S. 91 zu Änderungsantrag 2 hinsichtlich Art. 35a Abs. 1 des Vorschlags zur Änderung der Rating-VO (EG) Nr. 1060/2009.

817 Vgl. allg. zur Begrenzung des ersatzfähigen Schadens durch den Schutzzweck der Haftungsnorm BGH NJW 2012, 1800, 1805 f.; NZG 2008, 382, 384.

818 So auch *Schantz*, Die zivilrechtliche Verantwortlichkeit von Ratingagenturen gegenüber Investoren, S. 366; *Möllers/Niedorf*, ECFR 2014, 333, 349.

fehlerhaften Ratings sind. Das ergibt sich aus Art. 35a Abs. 1 Unterabs. 3 Rating-VO, wonach der Emittent nachweisen muss, dass sich das fehlerhafte Rating auf ihn oder seine Finanzinstrumente bezieht. Nicht ersatzfähig sind daher z.B. Schäden, die einem Emittenten dadurch entstehen, dass ein Konkurrent zu gut bewertet wird und daher Kapital zu besseren Konditionen am Markt aufnehmen kann als er selbst.

In erster Linie kann der Emittent die mit einer zu schlechten Bewertung verbundenen, erhöhten Finanzierungskosten ersetzt verlangen.[819] Darüber hinaus sind Schäden von der Haftungsvorschrift erfasst, die dem Emittenten durch eine Schädigung seines Rufes entstehen, soweit sie sich auch vermögensmindernd auswirken.[820] Das kann einerseits Aufwendungen betreffen, die der Rufschädigung unmittelbar entgegenwirken sollen, andererseits Schäden anbelangen, die mit Rückgang oder Abbruch von Geschäftsbeziehungen einhergehen.[821] Auch für diese Folgeschäden ist maßgeblich, dass sie auf das zu negative Rating zurückzuführen sind, was den Emittenten vor nicht unerhebliche Beweisschwierigkeiten stellen wird.

Keinen Schadensersatz nach Art. 35a Rating-VO kann der Emittent verlangen, wenn er bei einem beauftragten Rating von der Veröffentlichung aufgrund seiner schlechten Bewertung absieht und stattdessen Fremdkapital zu schlechten Konditionen auf andere Weise beschafft. Insofern ist der Anwendungsbereich der Haftungsvorschrift nach Art. 2 Abs. 1 lit. a) Rating-VO nicht eröffnet.

C. Art und Umfang des Schadensersatzes

I. Grundsätze

Während Anleger sowohl den Transaktionsschaden als auch den Kursdifferenzschaden ersetzt verlangen können, werden Emittenten von Art. 35a Rating-VO vor erhöhten Finanzierungskosten und Schäden, die mit dem Verlust ihres Ansehens entstehen, geschützt. Zu klären ist, in welcher Art und welchem Umfang Schadensersatz von Anlegern und Emittenten verlangt werden kann. Wendet man nach Art. 35a Abs. 4 Rating-VO subsidiär deutsches Sachrecht an, so sind die Bestimmungen der §§ 249 ff. BGB maßgeblich.

---

819 Erwägungsgrund 32 der Rating-VO (EU) Nr. 462/2013.

820 Erwägungsgrund 32 der Rating-VO (EU) Nr. 462/2013.

821 Vgl. *Peters*, Die Haftung und die Regulierung von Rating-Agenturen, S. 83.

1. Art des Schadensersatzes

Nach § 249 Abs. 1 BGB hat die Ratingagentur den Zustand herzustellen, der bestehen würde, wenn der zum Ersatz verpflichtende Umstand nicht eingetreten wäre. Welcher Zustand das im Einzelnen ist, beurteilt sich nach den Umständen des Einzelfalls. Dabei betrifft die Art des Schadensersatzes vor allem die Frage, ob der Ersatz durch Naturalrestitution oder in Form der Geldentschädigung zu erfolgen hat.[822] Insbesondere bei Anlegern gilt es zu klären, ob eine Übertragung der durch das fehlerhafte Rating begünstigten Finanzinstrumente auf die Ratingagentur möglich ist.

2. Umfang des Schadensersatzes

Der Umfang des Schadensersatzes betrifft den Problemkreis, ob der eingetretene Schaden in voller Höhe auszugleichen ist, der Geschädigte darüber hinaus Zahlungen erhalten soll (*punitive oder exemplary damages*) oder vielmehr Einschränkungen etwa wegen eines Mitverschuldens hinnehmen muss.[823] Es geht also nach deutschem Verständnis um die Haftungsausfüllung,[824] die im englischen Recht thematisch unter dem Schlagwort „*damages*" behandelt wird.[825]

Sowohl für Anleger als auch für Emittenten stellt sich unabhängig davon, ob einerseits der Transaktionsschaden oder Kursdifferenzschaden oder andererseits die erhöhten Finanzierungskosten verlangt werden, die Frage, ob der Geschädigte so zu stellen ist, als sei ein zutreffendes Rating erstellt und veröffentlicht worden oder als sei das Rating nie erlassen worden. Beide Ansätze führen zu ganz unterschiedlichen Ergebnissen. Da es sich um einen deliktsrechtlichen Schadensersatzanspruch handelt,[826] scheidet zumindest aber eine Abgrenzung zwischen positivem und negativem Interesse aus.[827]

---

822 Vgl. Fragen 2 und 3 des Fragenkatalogs der European Group on Tort Law (ehemalig Tilburg Group) in Magnus, Unification of Tort Law: Damages, S. 3.

823 Vgl. Fragen 2 und 3 des Fragenkatalogs der European Group on Tort Law (ehemalig Tilburg Group) in Magnus, Unification of Tort Law: Damages, S. 3.

824 Vgl. *Oetker* in: Münchener Kommentar zum BGB, § 249 Rn. 1.

825 *Koziol* in: Mankowski/Wurmnest, FS für Ulrich Magnus, S. 61, 64; *Oliphant* in: Winiger/Koziol/Koch/Zimmermann, Digest of European Tort Law, Vol. 2, S. 37 Rn. 5.

826 *Oetker* in: Münchener Kommentar zum BGB, § 249 Rn. 30; *Lange/Schiemann*, Schadensersatz, 3. Aufl., S. 66.

827 Vgl. *Lampe*, Die Regulierung von Ratingagenturen, S. 108; *Peters*, Die Haftung und die Regulierung von Rating-Agenturen, S. 134 f.; bei §§ 37b, 37c WpHG *Möllers/Leisch*, BKR 2002, 1071, 1072.

Im Kontext vorvertraglicher Aufklärungspflichten, in welchem eine ähnliche Problematik besteht, orientiert man sich überwiegend am Schutzweck der jeweiligen Verhaltensnorm, teilweise am Zweck der jeweiligen Aufklärungspflicht.[828] Danach ist anhand der verletzten Verhaltensnorm zu entscheiden, ob der Geschädigte so zu stellen ist, als habe er keine fehlerhafte oder alternativ die richtige Information erhalten.[829] Einschränkend würde Letzteres grundsätzlich voraussetzen, dass eine Informationspflicht besteht.[830] Eine solche Informationspflicht liege wiederum dann vor, wenn zwischen Emittent und Ratingagentur ein Vertragsverhältnis bestehe.[831] Denn eine Ratingagentur sei nicht zur Mitteilung eines irgendwie gearteten Ratings verpflichtet, sondern sie müsse ein Rating lediglich sachgerecht erstellen. Bei dem deliktsrechtlichen Anspruch des § 823 Abs. 1 BGB solle der Anleger oder Emittent hingegen so gestellt werden, als sei die Publizierung des fehlerhaften Ratings nicht erfolgt.[832]

Obgleich Art. 35a Rating-VO als deliktsrechtliche Haftungsvorschrift zu qualifizieren ist und damit nach dem oben Gesagten der Geschädigte so zu stellen wäre, als habe die Ratingagentur kein Rating veröffentlicht, unterscheidet sich die europäische Haftungsvorschrift von § 823 Abs. 1 BGB in einem wesentlichen Punkt. Maßgeblicher Anknüpfungspunkt für Art. 35a Rating-VO ist die Verletzung bestimmter Verhaltens- und Organisationspflichten,[833] während es bei § 823 Abs. 1 BGB auf die „Erstellung eines unvertretbaren und daher rechtswidrigen Rating[s]" ankommt[834]. Die Vorschriften grenzen sich damit hinsichtlich des zum Ersatz verpflichtenden Umstands wesentlich voneinander ab: Nach § 823 Abs. 1 BGB soll der Geschädigte generell so gestellt werden, als sei das fehlerhafte Rating nicht erstellt worden, bei Art. 35a Rating-VO kommt es hingegen auf den Zustand an, der bestünde, wenn die Ratingagentur keine Zuwiderhandlung begangen hätte. Ähnlich verhält sich die Haftung nach §§ 37b,

---

828 Vgl. *Geibel*, Der Kapitalanlegerschaden, S. 18 m.w.N.

829 *Lange*, Schadensersatz, 2. Aufl., S. 67 f.

830 Vgl. *Lange*, Schadensersatz, 2. Aufl., S. 67 f.; *Geibel*, Der Kapitalanlegerschaden, S. 18 ff.

831 Vgl. *Lampe*, Die Regulierung von Ratingagenturen, S. 109; *Peters*, Die Haftung und die Regulierung von Rating-Agenturen, S. 82; *Korth*, Dritthaftung von Ratingagenturen, S. 190 differenziert hingegen nicht, sondern stellt allgemein auf den Betrag ab, der sich bei Veröffentlichung des korrekten Ratings eingestellt hätte.

832 *Peters*, Die Haftung und die Regulierung von Rating-Agenturen, S. 82; wohl auch *Lampe*, Die Regulierung von Ratingagenturen, S. 88 hinsichtlich des Emittenten.

833 Siehe oben, Teil 2 A. III. 2.; vgl. auch *Schroeter*, Ratings, S. 840; *Berger/Ryborz*, WM 2014, 2241, 2246; *Dutta*, IPRax 2014, 33, 35; *Blaurock*, EuZW 2013, 608, 611.

834 *Peters*, Die Haftung und die Regulierung von Rating-Agenturen, S. 84.

37c WpHG. Dort erfordert der Haftungsgrund ebenfalls einen Verstoß gegen gesetzliche Verhaltenspflichten (die des § 15 WpHG), namentlich die unverzügliche und korrekte Veröffentlichung von Insiderinformationen.[835] Geschädigte Anleger sollen dort bei einer Verletzung dieser Pflichten so gestellt werden, als ob der Emittent der Publizitätspflicht aus § 15 WpHG ordnungsgemäß nachgekommen wäre.[836]

Neben dem Schadensausgleich ist es das Kernziel der europäischen Haftungsvorschrift, Ratingagenturen zur Beachtung ihrer organisatorischen und operationellen Ordnungs- und Verhaltenspflichten anzuhalten.[837] An diesem Pflichtenkatalog müssen sich Ratingagenturen messen lassen. Dabei kommt den Pflichten, soweit sie geeignet sind, das Ratingergebnis zu beeinflussen, gesetzliche Individualschutzwirkung gegenüber Anlegern und Emittenten unabhängig davon zu, ob ein Vertragsverhältnis besteht oder nicht.[838] Würde man daher einen Emittenten oder Anleger grundsätzlich so stellen, als sei die Zuwiderhandlung gegen die Verordnung schlicht nicht erfolgt, dann würde man dem Zweck dieser Vorschrift, nämlich die Ratingagenturen zu einem bestimmten Verhalten zu veranlassen, nicht gerecht werden, da man das auf Tatbestandsebene eingeforderte Verhalten auf der Rechtsfolgenseite wieder entfallen ließe.[839]

Anleger und Emittenten sind daher nach Art. 35a Rating-VO i.V.m. §§ 249 ff. BGB so zu stellen, als habe die Ratingagentur ihren Verhaltenspflichten entsprochen. Erfordert die Verhaltenspflicht eine bestimmte Handlung, so ist der Emittent so zu stellen, als hätte die Ratingagentur ein Rating abgegeben, das unter Erfüllung der unterlassenen Pflicht abgegeben worden wäre. Ist es hingegen die Pflicht der Ratingagentur, ein Rating zu unterlassen, dann ist der Emittent so zu stellen, als wäre ein entsprechendes Rating nicht erstellt worden.[840]

---

835 Vgl. *Zimmer/Grotheer* in: Schwark/Zimmer, Kapitalmarktrecht, § 37c WpHG Rn. 5.

836 *Fleischer* in: Assmann/Schütze, Hdb. KapitalanlageR, § 6 Rn. 52; *Zimmer/Grotheer* in: Schwark/Zimmer, Kapitalmarktrecht, § 37c WpHG Rn. 91.

837 Siehe oben, Teil 2 A. V. 2.

838 Ähnlich der BGH NZG 2012, 263, 268 f. zu §§ 37b, 37c WpHG.

839 So die Argumentation von *Geibel*, Der Kapitalanlegerschaden, S. 20 bzgl. des Schadensumfangs bei der Verletzung vorvertraglicher Aufklärungspflichten.

840 Vgl. allg. zum Haftungsumfang von Emittenten *Peters*, Die Haftung und die Regulierung von Rating-Agenturen, S. 82.

II. Anleger

Welcher Zustand bei Anlegern im Einzelnen herzustellen ist, hängt zunächst davon ab, ob der Transaktionsschaden oder der Kursdifferenzschaden ersetzt verlangt wird.

1. Transaktionsschaden

Macht der Anleger den Transaktionsschaden geltend, kann er von der Ratingagentur verlangen, den Zustand herzustellen, der bestehen würde, wenn er die betreffende Anleihe wegen des falschen Ratings nicht gekauft, weitergehalten oder veräußert hätte. Dabei scheidet allerdings für alle drei Varianten die Anwendung von § 249 Abs. 1 BGB aus.[841] Kauft ein Anleger eine Anleihe im Vertrauen auf das zu gute Rating, kommt eine Rückerstattung des Kaufpreises Zug um Zug gegen Übernahme der Anleihe wegen rechtlicher Unmöglichkeit nicht in Betracht, weil Ratingagenturen nach Art. 6 Abs. 1, 2 i.V.m. Anhang I Abschnitt B Abs. 3 lit. a) Rating-VO keine von ihnen selbst bewerteten Anleihen besitzen dürfen.[842] Gleiches gilt, wenn ein Anleger aufgrund eines zu guten Folgeratings von einer Veräußerung absieht und die Anleihe stattdessen weiter hält. Auch hier scheitert die Geltendmachung des hypothetischen Veräußerungserlöses Zug um Zug gegen Übertragung der Anleihe an Art. 6 Abs. 1, 2 i.V.m. Anhang I Abschnitt B Abs. 3 lit. a) Rating-VO. Schließlich wird ein Anleger, der beispielsweise im Vertrauen auf ein zu schlechtes Rating seine Anleihe unter Wert veräußert hat, die Rückübertragung der Anleihe Zug um Zug gegen Zahlung des erzielten Erlöses nicht verlangen können, da die Ratingagentur nicht Inhaber der verkauften Anleihen ist.[843] Daher kann ein Anleger, der auf ein fehlerhaftes Rating vertraut, den erlittenen Transaktionsschaden grundsätzlich (nur) nach § 251 Abs. 1 Var. 1 BGB in Geld ersetzt verlangen.[844]

---

841 Vgl. auch *Korth*, Dritthaftung von Ratingagenturen, S. 174; a.A. *Schantz*, Die zivilrechtliche Verantwortlichkeit von Ratingagenturen gegenüber Investoren, S. 326, der zwar auf eine Übertragung der Wertpapiere Zug-um-Zug gegen Zahlung von Schadensersatz auf die Ratingagentur ablehnt, aber einen Schadensersatzanspruch gekürzt um den Restwert des Finanzinstruments anerkennt und dies als Form der Naturalrestitution qualifiziert.

842 Vgl. *Korth*, Dritthaftung von Ratingagenturen, S. 174, der diese Argumentation auf Grundlage des Regelwerks der IOSCO führt.

843 Vgl. zur ähnlichen Problematik bei §§ 37b, 37c WpHG *Reichert/Weller*, ZRP 2002, 49, 55.

844 A.A. *Gietzelt/Ungerer*, GPR 2013, 333, 344, die sich insgesamt wegen der Nichtanwendbarkeit des § 249 BGB gegen die Ersatzfähigkeit des Transaktionsschadens aussprechen.

Richtigerweise reicht es für die Belange des Art. 35a Rating-VO nicht aus, dass der Anleger lediglich aufgrund des fehlerhaften Ratings eine Anlageentscheidung trifft, sondern vielmehr bedarf es darüber hinaus einer bezifferbaren Vermögenseinbuße i.S.d. Differenzhypothese.[845]

a. *Kauf*

Hat ein Anleger im Vertrauen auf ein zu gutes Rating eine Anleihe vom Emittenten oder einer Konsortialbank am Primärmarkt gekauft und ist der Emittent aufgrund von Zahlungsunfähigkeit nicht in der Lage, den Nennwert am Ende der Laufzeit auszuzahlen, kann der Anleger diesen Schadensposten geltend machen.[846] Dieser besteht in der Differenz zwischen Erwerbspreis und erhaltener Rückzahlungsquote unter Anrechnung erhaltener Zinszahlungen.[847] Daneben können die mit der Investition verbundenen Anschaffungskosten und Gebühren ersetzt verlangt werden.[848] Alternativ besteht die Möglichkeit, Zinsgewinne nach § 252 Satz 1 BGB geltend zu machen, die sich bei Investition in eine andere Anleihe realisiert hätten, wenn der Anleger nicht auf das fehlerhafte Rating vertraut hätte.[849]

Dieselben Grundsätze gelten für den Kauf von Anleihen am Sekundärmarkt. Auch hier kann der Anleger Ersatz für den von ihm aufgewandten Betrag zuzüglich Aufwandskosten oder alternativ entgangenen Gewinn nach §§ 251 Abs. 1 Var. 1, 252 Satz 1 BGB verlangen.

---

845 *Geibel*, Der Kapitalanlegerschaden, S. 90; *Möllers/Leisch*, BKR 2002, 1071, 1073; *Maier-Reimer/Webering*, WM 2002, 1857, 1862; a.A. *Baums*, ZHR 167 (2003), 139, 185.

846 Vgl. *Korth*, Dritthaftung von Ratingagenturen, S. 176.

847 Vgl. *Peters*, Die Haftung und die Regulierung von Rating-Agenturen, S. 135; wohl auch *Korth*, Dritthaftung von Ratingagenturen, S. 177 mit Fn. 559 und 560, in dessen Rechenbeispielen die Berücksichtigung der Zinszahlungen nicht ganz deutlich wird.

848 *Peters*, Die Haftung und die Regulierung von Rating-Agenturen, S. 135; *Korth*, Dritthaftung von Ratingagenturen, S. 180 differenziert zwischen Aufwendungen vor Bekanntwerden des fehlerhaften Ratings und solchen, die im Anschluss an die Bekanntgabe des fehlerhaften Ratings angefallen sind, wobei er nur letztere als ersatzfähig beurteilt. Für den Fall, dass ein Anleger von einer alternativen Investition völlig abgesehen hätte, überzeugt das nicht.

849 BGH NJW 1992, 1223, 1224; *Eisen*, Haftung und Regulierung internationaler Rating-Agenturen, S. 338; *Peters*, Die Haftung und die Regulierung von Rating-Agenturen, S. 135 f.; *Korth*, Dritthaftung von Ratingagenturen, S. 179; *Krämer* in: Achleitner/Everling, Ratingpraxis, S. 699, 713.

b. Halten

Im Wesentlichen gilt für das Halten von Finanzinstrumenten dasselbe wie beim Kauf einer Anleihe. So ist etwa denkbar, dass sich der Anleger infolge eines zu guten Ratings nicht von seiner Anleihe trennt und der Emittent am Ende der Laufzeit den Nennbetrag nicht zurückzahlen kann. Der Anleger kann die Differenz zwischen hypothetisch erzieltem Kaufpreis bei Veräußerung der Anleihe im Zeitpunkt der Erteilung des korrekten Ratings und der Rückzahlungsquote unter Anrechnung erhaltener Zinszahlungen verlangen.

c. Verkauf

Die für die Verkaufsvariante in Betracht kommenden Schadensposten unterscheiden sich wesentlich von denen der Kauf- und Halte-Variante. Denn verkauft ein Anleger im Vertrauen auf ein zu schlechtes Rating seine Anleihe, scheidet ein Rückzahlungsausfall des Nennwerts an diesen Anleger aus. Stattdessen ist der Anleger so zu stellen, als hätte er die Anleihe nicht veräußert. Ersatzfähig ist damit die Differenz zwischen der tatsächlichen Rückzahlungsquote des Nennwerts der Anleihe und dem erzielten Veräußerungserlös. Darüber hinaus kann der Anleger entgangene Zinsgewinne nach § 252 Satz 1 BGB geltend machen, die sich beim Halten der Anleihe realisiert hätten.

2. Kursdifferenzschaden

Der Anleger kann auch den Kursdifferenzschaden nach §§ 249 ff. BGB ersetzt verlangen, wobei er sich entweder auf § 249 BGB oder auf § 251 BGB berufen kann – beides ist hier vertretbar und hat keine praktischen Auswirkungen.[850]

Für den Eintritt des Kursdifferenzschadens wird unterstellt, dass z.B. bei einer Anleiheemission der Anleger bei Kenntnis des korrekten Ratings investiert und der Emittent trotz der für ihn ungünstigeren Konditionen Fremdkapital aufgenommen hätte.[851] Damit soll der Anleger so gestellt werden, als hätte er die Anleihe zu für ihn besseren Konditionen erworben, weiter gehalten oder veräußert.[852]

Für die Berechnung des Kursdifferenzschadens kann auf die im Schrifttum und die in der Rechtsprechung zu §§ 37b, 37c WpHG entwickelten Grundsätze zurückgegriffen werden: Während der Transaktionspreis bekannt ist, kann für

---

850 Vgl. *Möllers/Leisch* in: Kölner Kommentar zum WpHG, §§ 37b, c WpHG Rn. 369; differenzierend: *Wagner*, ZGR 2008, 495, 516 ff.

851 Vgl. *Assmann* in: Medicus/Mertens/Nörr/Zöllner, FS für Hermman Lange, S. 345, 358.

852 Vgl. allg. zu §§ 37b, 37c WpHG *Möllers/Leisch*, BKR 2002, 1071, 1072.

die Ermittlung des hypothetischen Preises die Kursänderung unmittelbar nach Bekanntwerden des richtigen Ratings als Näherungsgröße herangezogen werden, von der auf den hypothetischen Preis des Finanzinstruments am Tag der Investition auch unter Einbeziehung eines Sachverständigen näherungsweise rückgeschlossen werden kann.[853] Die Differenz zwischen tatsächlich gezahltem Preis und dem hypothetischen Preis ist dann von der Ratingagentur in Ausgleich zu bringen.

3. *Mitverschulden*

Kommt deutsches Sachrecht ergänzend zur Anwendung, ist zu prüfen, ob den Anleger ein Mitverschulden i.S.d. § 254 BGB an dem Schadenseintritt trifft. Kauft ein Anleger beispielsweise auf Grundlage eines zu guten Ratings eine Anleihe und hält er an dieser nach Bekanntwerden der Fehlerhaftigkeit des Ratings dennoch fest, könnte ihn ein Mitverschulden für den Eintritt weiterer Schäden treffen.[854]

Eine Ratingagentur könnte sich erstens darauf berufen, dass der Kausalzusammenhang zwischen fehlerhaftem Rating und erlittenem Schaden unterbrochen worden sei. Dies wird man allerdings nur in besonderen Ausnahmefällen annehmen können und wäre im Übrigen von der Ratingagentur zu beweisen.[855] Zweitens könnte die Ratingagentur auf die Schadensabwendungs- und Schadensminderungspflicht des Anlegers i.S.d. § 254 Abs. 2 Satz 1 Var. 2 und Var. 3 BGB abstellen.[856] Hier ist einzelfallabhängig zu entscheiden, ob eine Minderungspflicht besteht. Tendenziell wird eine Veräußerungsobliegenheit mit zunehmender Ausfallwahrscheinlichkeit der Nennwertsauszahlung anzunehmen sein.[857] Dabei gilt es bei der Bemessung des Schadensminderungsumfangs aber zu berücksichtigen, dass der durch einen Verkauf zu erzielende Erlös regelmäßig nicht viel höher sein wird als die Rückzahlungsquote des Emittenten.[858] Darüber hinaus muss eine Besonderheit bei Art. 35a Rating-VO beachtet werden. Während man im

---

853 BGH NZG 2005, 672, 675 f.; *Fleischer* in: Assmann/Schütze, Hdb. KapitalanlageR, § 6 Rn. 53; *Zimmer/Grotheer* in: Schwark/Zimmer, Kapitalmarktrecht, § 37c WpHG Rn. 92; ausführlich *Möllers/Leisch* in: Kölner Kommentar zum WpHG, §§ 37b, c WpHG Rn. 374 ff.

854 *Korth*, Dritthaftung von Ratingagenturen, S. 178.

855 *Korth*, Dritthaftung von Ratingagenturen, S. 178; *Geibel*, Der Kapitalanlegerschaden, S. 323 f.

856 *Korth*, Dritthaftung von Ratingagenturen, S. 178.

857 *Korth*, Dritthaftung von Ratingagenturen, S. 179; *Geibel*, Der Kapitalanlegerschaden, S. 465 f.

858 *Korth*, Dritthaftung von Ratingagenturen, S. 179.

deutschen Recht im Kontext des § 254 BGB schadensmindernd berücksichtigt, dass sich ein Anleger z.B. blind auf die Bewertung einer Ratingagentur verlassen und dabei Expertenmeinungen Dritter völlig außer Acht gelassen hat,[859] kann ein solcher Fall bei Art. 35a Rating-VO nicht auf der Rechtsfolgenseite Berücksichtigung finden, da dieser nach Abs. 1 Unterabs. 2 bereits tatbestandlich nicht erfasst ist. Nichtsdestotrotz wird sich bei restriktiver Handhabung des Art. 35a Abs. 1 Unterabs. 2 Rating-VO nicht selten die Mitverschuldensfrage stellen, die es mit den oben angestellten Erwägungen zu beantworten gilt.[860]

III. Emittent

Ein Emittent kann nach § 249 BGB verlangen, so gestellt zu werden, wie er bei ordnungsgemäßer Erfüllung der Pflichten der Ratingagentur gestanden hätte.[861]

1. Korrektur des Ratings

Unklar ist, ob der Emittent eine Korrektur des Ratings nach Art. 35a Rating-VO i.V.m. § 249 Abs. 1 BGB verlangen kann.[862] Dies wird er insbesondere dann begehren, wenn es sich um ein zu schlechtes Emittentenrating handelt, da hier der Eintritt weiterer Schäden zu befürchten ist. Weder Art. 35a Rating-VO selbst noch den Erwägungsgründen der Rating-VO (EU) Nr. 462/2013 ist eine solche Anordnung zu entnehmen. Der Wortlaut von Art. 35a Abs. 1 Unterabs. 1 Rating-VO, wonach der „entstandene Schaden" ersetzt verlangt werden kann, spricht wohl eher dagegen. Denn eine Korrektur des Ratings würde nicht zum Ausgleich bereits erlittener Schäden führen, sondern (nur) den Eintritt weiterer Schäden verhindern. Ein Anspruch des Emittenten auf Beseitigung des Ratings gem. § 1004 BGB analog wäre hingegen von der Rating-VO nicht von vornherein ausgeschlossen, soweit ein absolut geschütztes Rechtsgut des Emittenten im Einzelfall betroffen ist. Dem sollte insbesondere Art. 35a Abs. 5 Rating-VO und Erwägungsgrund 35 der Rating-VO (EU) Nr. 462/2013 nicht entgegenstehen, da es sich bei dem Abwehranspruch gerade um keinen zivilrechtlichen Haftungsanspruch handelt. Dem Emittenten würde vor allem in diesen Fällen der Wegfall des Verschuldenserfordernisses entgegenkommen.[863]

---

859 *Peters*, Die Haftung und die Regulierung von Rating-Agenturen, S. 137.

860 Siehe oben, Teil 2 B. III. 2. b. bb.

861 *Lampe*, Die Regulierung von Ratingagenturen, S. 88; *Schroeter*, Ratings, S. 840.

862 So *Krämer* in: Achleitner/Everling, Ratingpraxis, S. 699, 718 bei § 823 Abs. 1 BGB; ablehnend *Lampe*, Die Regulierung von Ratingagenturen, S. 89 f.

863 Vgl. zur Abgrenzung des Haftungs- und Abwehranspruchs *Baldus* in: in: Münchener Kommentar zum BGB, § 1004 Rn. 217 ff.

2. *Finanzierungskosten*

Als ersatzfähige Schadensposten kommen die durch das Rating verursachten höheren Finanzierungskosten in Betracht, die sich regelmäßig in höheren Zinszahlungen niederschlagen. Hinsichtlich des Umfangs der ersatzfähigen Finanzierungskosten muss zwischen zwei Fällen differenziert werden. Erfordert die Verhaltenspflicht der Ratingagentur die Vornahme einer bestimmten Handlung, so ist der Emittent so zu stellen, als hätte die Ratingagentur ein Rating abgegeben, das bei tatsächlicher Vornahme der von ihr unterlassenen Handlung abgegeben worden wäre. Ist es hingegen die Pflicht der Ratingagentur, ein Rating gänzlich zu unterlassen, dann ist der Emittent so zu stellen, als wäre ein entsprechendes Rating nicht erteilt worden.[864]

Teilweise wird im Schrifttum die Aussage getätigt, dass der Emittent ausschließlich den Kursdifferenzschaden ersetzt verlangen könne.[865] Dabei wird jedoch verkannt, dass eine Differenzierung zwischen Transaktionsschaden und Kursdifferenzschaden, wie sie beim Anleger erforderlich ist, schon grundsätzlich nicht vorgenommen werden kann, da es bei Emittenten an zwei unterschiedlichen, ersatzfähigen Schäden fehlt.[866] Hier sind einzig die Mehrkosten für die Fremdkapitalbeschaffung, die dem Emittenten durch das zu negative Rating entstehen, ersatzfähig.[867] Begreift man diesen als äquivalenten Nachteil des Anlegervorteils in Gestalt günstiger Zinsrenditen, dann könnte man zwar diesen Schaden begrifflich dem Kursdifferenzschaden zuordnen, hierfür besteht aber kein Grund.[868]

3. *Weitere Schadensposten*

Entstehen dem Emittenten durch das Rating weitere, messbare Vermögensschäden, beispielsweise infolge eines Ansehensverlusts, so können diese grundsätzlich nach Art. 35a Rating-VO i.V.m. § 249 BGB ersetzt verlangt werden. Dies ergibt sich aus Erwägungsgrund 32 der Rating-VO (EU) Nr. 462/2013, wonach Ratings erheblichen Einfluss auf die finanzielle Attraktivität und das Ansehen der Emittenten haben.

---

864 Siehe oben, Teil 2 C. 1. b.

865 *Gietzelt/Ungerer*, GPR 2013, 333, 344.

866 Siehe oben, Teil 2 B. VI. 3. b.

867 So auch ausdrücklich das englische Ausführungsgesetz zu Art. 35a Rating-VO: The Credit Rating Agencies (Civil Liability) Regulations 2013, 2013 No. 1637, Financial Services and Markets, No. 13 Abs. 1 lit. b.

868 So aber *Gietzelt/Ungerer*, GPR 2013, 333, 344.

4. *Mitverschulden*

Wie den Anleger kann auch den Emittenten ein Mitverschulden am Schadenseintritt treffen. Besonders praxisrelevant wird die Mitteilung falscher oder irreführender Informationen sein, die sich zwar nicht auf die Zuwiderhandlung der Ratingagentur ausgewirkt, aber die Ratingnote beeinflusst haben. Da dieser Fall nicht von Art. 35a Abs. 1 Unterabs. 3 Rating-VO erfasst ist,[869] kann und muss er nach § 254 Abs. 1 BGB behandelt werden. Es wäre schließlich nicht interessengerecht, die Ratingagentur vollumfänglich für den beim Emittenten eingetretenen Schaden haften zu lassen, wenn dieser selbst einen Beitrag für das fehlerhafte Rating und damit für das Aufkommen erhöhter Finanzierungskosten geleistet hat.

IV. Haftungsbeschränkung nach Art. 35a Abs. 3 der Rating-VO

In Art. 35a Abs. 3 Rating-VO lässt der Verordnungsgeber eine Beschränkung der europäischen Haftung für Ratingagenturen grundsätzlich zu, soweit es sich nicht um eine nachträgliche Haftungsbeschränkung handelt.[870] In der Regel werden von Abs. 3 Fälle erfasst, in denen zwischen Ratingagenturen einerseits und Anlegern bzw. Emittenten andererseits Haftungsbeschränkungen im Rahmen eines Vertrages vereinbart worden sind. Die Zulässigkeit einer solchen Haftungsbeschränkung macht die Vorschrift augenscheinlich von zwei Bedingungen abhängig: Erstens muss die Beschränkung angemessen und verhältnismäßig sein.[871] Zweitens muss sie nach dem jeweils geltenden nationalen Recht im Einklang mit Art. 35a Abs. 4 Rating-VO zulässig sein[872]. Ist eine der in Abs. 3 Unterabs. 1 genannten Voraussetzungen nicht erfüllt, ordnet Art. 35a Abs. 3 Unterabs. 2 Rating-VO die Unwirksamkeit der Beschränkung an.

1. *Zulässigkeitsvoraussetzungen für eine Beschränkung*

a. *Verhältnis zwischen lit. a) und lit. b)*

Art. 35a Abs. 3 Unterabs. 1 lit. a) Rating-VO setzt voraus, dass die Beschränkung angemessen sowie verhältnismäßig ist und zielt damit auf die inhaltliche Ausgestaltung einer Haftungsbeschränkung ab. Ob eine angemessene und verhältnismäßige Beschränkung vorliegt, richtet sich gem. Art. 35a Abs. 4 Satz 1 Rating-VO nach dem jeweils geltenden nationalen Recht.

---

869 Siehen oben, Teil 2 B. III. 1. b. bb. (3).

870 So auch *Wojcik*, NJW 2013, 2385, 2389.

871 Art. 35a Abs. 3 Unterabs. 1 lit. a Rating-VO.

872 Art. 35a Abs. 3 Unterabs. 1 lit. b Rating-VO.

Wesentlich weiter gefasst ist Art. 35a Abs. 3 Unterabs. 1 lit. b) Rating-VO. Danach sind Haftungsbeschränkungen im Voraus nur möglich, wenn sie nach dem jeweils geltenden nationalen Recht im Einklang mit Abs. 4 der Haftungsvorschrift zulässig sind. Letztenendes handelt es sich bei lit. a) um einen Unterfall von lit. b), da ein wesentliches Kriterium für die Zulässigkeit von Haftungsbeschränkungen ihre Angemessenheit und Verhältnismäßigkeit ist. Im Ergebnis richtet sich somit die Zulässigkeit von Haftungsbeschränkungen ausschließlich nach nationalem Sachrecht.[873]

b. Maßgebliche Kollisionsnormen

Geht man davon aus, dass die jeweiligen Haftungsbeschränkungen vertraglicher Natur sind, stellt sich die Frage, ob das Vertragsstatut oder das Deliktsstatut für die Zulässigkeitsprüfung i.S.d. Art. 35a Abs. 3 Unterabs. 1 lit. b) Rating-VO maßgeblich ist. Richtigerweise muss auf dasjenige nationale Recht zurückgegriffen werden, auf das die Kollisionsnormen der Rom II-VO[874] verweisen.[875] Dies ergibt sich aus dem Wortlaut der Vorschrift: „im Einklang mit Absatz 4"[876]. Die Rom II-VO wiederum bestimmt in ihrem Art. 15 lit. b), dass das Deliktsstatut auch für Haftungsausschlussgründe und Beschränkungen der Haftung anzuwenden ist.[877] Eine Zersplitterung des ergänzend anzuwendenden Haftungsstatuts ist damit ausgeschlossen.

Obgleich bei Anwendung der Rom II-VO das subsidiäre Haftungsstatut nach Art. 4 Abs. 3 Satz 2 Rom II-VO durch ein bestehendes Vertragsverhältnis bestimmt sein kann, ist dies keineswegs zwingend durch die Rating-VO vorgegeben.[878] Der Verordnungsgeber wollte vom Grundsatz her eine vom Bestehen von Verträgen unabhängige Haftung schaffen, was er sowohl in den Erwägungsgründen[879] als auch in Art. 35a Abs. 3 Unterabs. 2 lit. b) Rating-VO zum Ausdruck

---

873 So auch *Schroeter*, Ratings, S. 847; *Berger/Ryborz*, WM 2014, 2241, 2247; a.A. *Wojcik*, NJW 2013, 2385, 2389, der übersieht, dass „angemessen und verhältnismäßig" auch nach nationalem Sachrecht zu bestimmen ist.

874 Gilt nur für Klagen, die in einem europäischen Mitgliedstaat erhoben werden.

875 Siehe unten, Teil 3 A.

876 In der englischen Sprachfassung heißt es: „allowed by the applicable national law in accordance with paragraph 4", in der französischen Sprachfassung heißt es: „autorisée par le droit national applicable conformément au paragraphe 4".

877 *Dutta*, WM 2013, 1729, 1735; vgl. allg. *Hohloch* in: Erman BGB, Art. 15 Rom II-VO Rn. 9 ff.

878 So aber *Schroeter*, Ratings, S. 835, der in der Existenz des Art. 35a Abs. 3 Rating-VO einen Grund sieht, nach Art. 4 Abs. 3 Satz 2 Rom II-VO ratingvertragsakzessorisch anzuknüpfen.

879 Erwägungsgrund 32 der Rating-VO (EU) Nr. 462/2013.

bringt: Die Wirksamkeit der Haftungsbeschränkungsvereinbarung folgt dem Deliktsstatut und nicht umgekehrt. Ob eine Anknüpfung an den Ratingvertrag oder den Abonnementvertrag nach Art. 4 Abs. 3 Satz 2 Rom II-VO sachgerecht ist, wird später noch zu diskutieren sein.[880]

c. Zulässigkeit nach deutschem Sachrecht

Eine Ratingagentur kann ihre Haftung für vorsätzliches Fehlverhalten nach § 276 Abs. 2 BGB weder ausschließen noch beschränken.[881]

Unterstellt man, dass es sich bei Ratingverträgen in der Regel um Formularverträge handelt,[882] ist darüber hinaus ein Ausschluss oder eine Begrenzung der Haftung i.S.d. Art. 35a Rating-VO in AGB nicht möglich. Nach § 309 Nr. 7 lit. b) BGB ist eine Haftungsbegrenzung für Schäden unzulässig, die auf einer grob fahrlässigen Pflichtverletzung des Verwenders beruhen. Dies gilt unabhängig davon, ob die Ratingagentur die AGB einem Privatanleger, einem institutionellen Anleger oder einem Emittenten gegenüber gestellt hat, da die Wertungen des § 309 Nr. 7 lit. b) BGB im Wege des § 307 Abs. 1, 2 Nr. 2 BGB auch zugunsten von Unternehmern gelten.[883] Ob ein Haftungsausschluss oder eine Begrenzung für einfache Fahrlässigkeit nach deutschem Recht zulässig ist, ist für die Anwendung von Art. 35a Rating-VO unerheblich, da diese tatbestandlich schon nicht erfasst ist.

2. Wirkung

Soweit die Beschränkung der zivilrechtlichen Haftung nach Art. 35a Rating-VO nicht die in Abs. 3 Unterabs. 1 genannten Voraussetzungen erfüllt, hat sie keine rechtliche Wirkung. Obgleich die deutsche Sprachfassung, insbesondere die Formulierung „soweit", vermuten lassen könnte, dass in diesen Fällen nur eine

---

880 Siehe unten, Teil 3 B. II. 3. c.

881 *Ebenroth/Koos,* in: Büschgen/Everling, Hdb. Rating, S. 483, 495; *Ebenroth/Daum,* WM 1992, Sonderbeilage Nr. 5, 1, 10; *Habersack,* ZHR 169 (2005), 185, 203; *Dutta,* WM 2013, 1729, 1735; a.A. wohl *Lemke* in: Achleitner/Everling, Ratingpraxis, S. 699, 727, der generell von der Zulässigkeit einer summenmäßigen Begrenzung ausgeht.

882 *Deipenbrock,* BB 2003, 1849, 1851.

883 BGH NJW 2007, 3774, 3775 Rn. 13 ff.; *Grundmann* in: Münchener Kommentar zum BGB, § 276 Rn. 184; *Ebenroth/Koos,* in: Büschgen/Everling, Hdb. Rating, S. 483, 495; *Thiele,* Die zivilrechtliche Einordnung des Rating im deutschen Recht, S. 44 ff.; *Lemke,* Haftungsrechtliche Fragen des Ratingwesens, S. 40; *Peters,* Die Haftung und die Regulierung von Rating-Agenturen, S. 85; *Berger/Stemper,* WM 2010, 2289, 2293; *Ebenroth/Daum,* WM 1992, Sonderbeilage Nr. 5, 1, 10 f.; *Lemke* in: Achleitner/Everling, Ratingpraxis, S. 699, 726; nur auf Anleger abstellend *Berger/Ryborz,* WM 2014, 2241, 2247.

geltungserhaltende Reduktion einer rechtswidrigen Haftungsbeschränkung auf das zulässige Maß erfolgt,[884] ist eine vollumfängliche Unwirksamkeit seitens des Verordnungsgebers gewollt. Sowohl die englische[885] als auch die französische[886] Sprachfassung lassen keinen Zweifel daran, dass rechtswidrige Beschränkungen in Gänze keine rechtliche Wirkung entfalten sollen und damit einer geltungserhaltenden Reduktion nicht zugänglich sind. Eine solche wäre auch aus präventiven Erwägungen nicht wünschenswert.[887]

Erst recht ist ein zwischen Ratingagenturen und Anlegern bzw. Emittenten vereinbarter Haftungsausschluss unwirksam, wie u.a. aus der englischen Sprachfassung des Abs. 3 Unterabs. 2 eindeutig hervorgeht: „Any limitation that does not comply with the first subparagraph, or any exclusion of civil liability shall be deprived of any legal effect."

D. Verjährung

Die Verjährungsfrist deliktsrechtlicher Ansprüche variiert in den einzelnen europäischen Mitgliedstaaten erheblich.[888] Während in Spanien eine einjährige Frist nach Art. 1968 Abs. 2 Código civil gilt, beträgt sie dreißig Jahre in Luxemburg, Art. 2262 Code civil.

Auch der Fristbeginn ist nicht einheitlich geregelt: So wird teils auf den Zeitpunkt der Schädigung, teils auf den Zeitpunkt der Kenntnisnahme durch den Geschädigten abgestellt.[889] Allein dieser kurze Aufriss zeigt, dass das subsidiäre Haftungsstatut nicht nur eine Rolle bei der konkreten Ausgestaltung der

---

884 Vgl. allg. zur geltungserhaltenden Reduktion *Lorenz* in: Münchener Kommentar zum BGB, § 475 Rn. 23 ff.

885 Dort heißt es: „3. The civil liability of credit rating agencies, as referred to in paragraph 1, shall only be limited in advance where that limitation is: (a) reasonable and proportionate; and (b) allowed by the applicable national law in accordance with paragraph 4. Any limitation that does not comply with the first subparagraph, or any exclusion of civil liability shall be deprived of any legal effect."

886 Dort heißt es: „3. La responsabilité civile de l'agence de notation de crédit visée au paragraphe 1 ne peut être limitée a priori que lorsque cette limitation est: a) raisonnable et proportionnée; et b) autorisée par le droit national applicable conformément au paragraphe 4. Toute limitation qui ne satisfait pas au premier alinéa, ou toute exclusion de responsabilité civile n'a aucun effet juridique."

887 Vgl. allg. *Lorenz* in: Münchener Kommentar zum BGB, § 475 Rn. 25.

888 *Magnus*, ZEuP 12 (2004), 562, 579.

889 *Magnus*, ZEuP 12 (2004), 562, 579.

einzelnen Haftungsvoraussetzungen spielt, sondern u.U. auch über die Durchsetzbarkeit des europäischen Schadensersatzanspruchs entscheidet.

Kommt deutsches Sachrecht subsidiär zur Anwendung, unterliegen Schadensersatzansprüche i.S.d. Art. 35a Rating-VO der regelmäßigen Verjährungsfrist von drei Jahren nach § 195 BGB, wobei sich der Beginn der Verjährungsfrist nach § 199 Abs. esqwl BGB richtet. Ohne Rücksicht auf die Kenntnis oder die Entstehung beträgt die Verjährungshöchstfrist nach § 199 Abs. 3 BGB zehn bzw. dreißig Jahre.[890]

E. Darlegungs- und Beweisregeln

Sind die Tatbestandsvoraussetzungen der europäischen Haftungsvorschrift erfüllt, so ist nur die erste Hürde für Anleger bzw. Emittent genommen. Erforderlich ist vielmehr, dass der Geschädigte die seinen Anspruch begründenden Tatsachen hinreichend darlegen und im Falle des Bestreitens durch die Ratingagentur beweisen kann.[891] Fehlt es an speziellen Regelungen, trägt grundsätzlich jede Partei die Beweislast für das Vorliegen aller Tatbestandsmerkmale einer sie begünstigenden Norm.[892] Dieser in Deutschland unter der Rosenbergschen Formel bekannte Grundsatz[893] gilt auch in allen übrigen europäischen Mitgliedstaaten.[894]

890 Vgl. *Gietzelt/Ungerer*, GPR 2013, 333, 345.

891 Zutreffend führt *Habersack*, ZHR 169 (2005), 185, 201 aus: „Praktisch steht und fällt deshalb die Schadensersatzhaftung der Rating-Agentur mit der Verteilung der Beweislast zwischen Pflichtverletzung und Schaden (…)".

892 *Rosenberg*, Die Beweislast, S. 90 ff.; *Rosenberg/Schwab/Gottwald*, Zivilprozessrecht, § 115 Rn. 7; *Jakob/Picht* in: Rauscher, EuZPR/EuIPR, Art. 22 Rom II-VO Rn. 11; *Berger/Stemper*, WM 2010, 2289, 2294; *Mankowski*, IPRax 2009, 474, 475; *Lubrich*, GPR 2014, 116, 118; vgl. zu weiteren Beweislasttheorien *Hansen*, Beweislast und Beweiswürdigung im Versicherungsrecht, S. 63 ff.

893 *Rosenberg*, Die Beweislast nach der Civilprozeßordnung und dem bürgerlichen Gesetzbuche, S. 58.

894 *Lubrich*, GPR 2014, 116, 118; *Storme*, Rapprochement du Droit Judiciaire de l'Union européenne, S. 65 f.; *Layton/Mercer*, European Civil Practice, S. 164 Rn. 7.001; vgl. zum englischen Recht *Tapper*, Cross & Tapper on evidence, S. 144 und *Bunge*, Zivilprozess und Zwangsvollstreckung in England und Schottland, S. 143; vgl. zum schwedischen Recht *Kohler*, Die Entwicklung des schwedischen Zivilprozessrechts, S. 84 f.; vgl. zur Berücksichtigung dieses Grundsatzes vor dem EuGH *Andová* in: Rengeling/Middeke/Gellermann, Hdb. d. Rechtsschutzes der EU, § 24 Rn. 8; vgl zur Geltung in den USA *Mössle*, Extraterritoriale Beweisbeschafftung im internationalen Wirtschaftsrecht, S. 116.

In der Vergangenheit wurden Anleger und Emittenten im Rahmen nationaler Haftungsvorschriften vor erhebliche Probleme gestellt, die eine erfolgreiche Geltendmachung von Schadensersatz gegenüber Ratingagenturen geradezu unmöglich machten.[895] Vor diesem Hintergrund sollen bei Art. 35a Rating-VO nicht nur die Darlegungs- und Beweisregelungen für die einzelnen Tatbestandsmerkmale herausgearbeitet, sondern auch zulässige Erleichterungen diskutiert werden. Dabei gilt es zunächst zu ermitteln, welche Anordnungen die Rating-VO selbst trifft, da diese Vorrang gegenüber dem nationalen Recht haben.[896] Anschließend soll geklärt werden, ob darüber hinaus nationales Recht zwecks Ergänzung Berücksichtigung finden kann. Unterstellt man, dass die europäische Haftungsvorschrift hinsichtlich der Darlegungs- und Beweisregeln nicht abschließend ist,[897] wird mehrfach die Frage zu stellen sein, ob auf das Recht der *lex causae* oder dasjenige des Forumstaats zurückzugreifen ist.

I. Spezialregelungen der Rating-VO

Die europäische Haftungsvorschrift enthält in Art. 35a Abs. 1 Unterabs. 2 und 3 sowie in Abs. 2 Rating-VO Beweis- und Darlegungsregelungen. Diese gehen nationalen Beweisregeln vor, sodass deren Inhalt und die dogmatische Einordnung nachstehend zuerst untersucht werden müssen.

1. Art. 35a Abs. 2 Rating-VO

Eine solche Regelung ist in Art. 35a Abs. 2 Rating-VO enthalten. Danach obliegt es Anlegern und Emittenten, genaue und detaillierte Informationen vorzulegen, aus denen hervorgeht, dass die Ratingagentur gegen die Rating-VO verstoßen hat und dass sich diese Zuwiderhandlung auf das Ratingergebnis ausgewirkt hat. Nach überwiegender Ansicht im Schrifttum werden durch Art. 35a Abs. 2 Unterabs. 2 Rating-VO die Anforderungen an die Substantiierung des Klägervortrags

---

895 *Niedostadek*, Rating, S. 144; *Gietzelt/Ungerer*, GPR 2013, 333, 343; *Berger/Ryborz*, WM 2014, 2241, 2243; *Amort*, EuR 2013, 272, 278 f.; *Bauer*, BB 2013, 363, 364; vgl. allg. zur Problematik der Beweisschwierigkeiten in Anlageprozessen *Piekenbrock*, WM 2010, 429, 432.

896 Siehe oben, Teil 2 A. IV.; i.Ü. *Oetker* in: Münchener Kommentar zum BGB, § 249 Rn. 480; *Mankowski*, IPRax 2009, 474, 475; *Lubrich*, GPR 2014, 116, 117.

897 Vgl. allg. zur Unterscheidung zwischen objektiver Beweislast, subjektiver Beweislast, abstrakter Behauptungslast (Darlegungslast) und konkreter Behauptungslast (Substantiierungslast) *Hansen*, JuS 1991, 588, 588 ff.

gesenkt.[898] Denn das zuständige nationale Gericht soll darüber entscheiden, was als genaue und detaillierte Informationen gilt, „wobei es berücksichtigt, dass der Anleger oder Emittent möglicherweise keinen Zugang zu Informationen hat, die allein in der Sphäre der Ratingagentur stehen".

Während des Verordnungsgebungsverfahrens zu Art. 35a Rating-VO wurde sogar eine Beweislastumkehr zugunsten geschädigter Anleger favorisiert, wonach die Ratingagentur beweisen musste, dass sie keine Zuwiderhandlung begangen hatte, wenn ein Anleger Tatsachen für einen Verstoß glaubhaft gemacht hatte.[899] Allerdings sorgte dieser Teil der Haftungsvorschrift für großen politischen Zündstoff.[900] Entsprechend anders verhält es sich nun mit der aktuellen Fassung der Haftungsvorschrift: Art. 35a Abs. 2 Rating-VO lässt im Vergleich zu den Vorentwürfen nicht nur die Beweislastumkehr zugunsten von geschädigten Anlegern entfallen, sondern vielmehr verzichtet der Verordnungsgeber gänzlich auf die Aufnahme einer ausdrücklichen Beweislastregelung in die Haftungsvorschrift, welche die Zuwiderhandlungen der Ratingagentur betrifft. Im Unterschied zu Art. 35a Abs. 1 Unterabs. 2 und 3 Rating-VO betrifft Abs. 2 der Haftungsvorschrift ausschließlich den Umfang der Darlegungs- bzw. Substantiierungspflicht, wie unschwer aus dem Wortlaut zu erkennen ist.[901] Eine Erleichterung oder gar Umkehr der Beweislast zugunsten des klagenden Anlegers oder Emittenten kann Art. 35a Abs. 2 Rating-VO hingegen nicht entnommen werden.[902]

Teilweise werden Parallelen zur deutschen Rechtsprechung gezogen, in der die nicht beweisbelastete Partei höhere Substantiierungsanforderungen treffen, wenn die darlegungspflichtige Partei außerhalb des darzulegenden Geschehensablaufs

898 *Wojcik*, NJW 2013, 2385, 2388; *Kontogeorgou*, DStR 2014, 1397, 1403; *Schroeter*, Ratings, S. 845 f.; *Schantz*, Die zivilrechtliche Verantwortlichkeit von Ratingagenturen gegenüber Investoren, S. 362 f.; a.A. *Dutta*, WM 2013, 1729, 1733, der sogar eine Beweislastumkehr befürwortet.

899 In Art. 35a Abs. 4 KOM(2011) 747 endgültig, abgedruckt in Bundesrat Drucksache 739/11 vom 10.02.2012 heißt es wörtlich: „Kann ein Anleger Tatsachen glaubhaft machen, die darauf schließen lassen, dass eine Ratingagentur eine der in Anhang III aufgeführten Zuwiderhandlungen begangen hat, so ist es an der Ratingagentur zu beweisen, dass sie diese Zuwiderhandlung nicht begangen hat oder dass sich diese Zuwiderhandlung nicht auf das abgegebene Rating ausgewirkt hat."

900 Vgl. *Friedrich*, VW 2012, 669, 175.

901 *Wojcik*, NJW 2013, 2385, 2388; *Kontogeorgou*, DStR 2014, 1397, 1403.

902 So auch *Wojcik*, NJW 2013, 2385, 2388; *Kontogeorgou*, DStR 2014, 1397, 1403; *Schroeter*, Ratings, S. 845 f.; *Gietzelt/Ungerer*, GPR 2013, 333, 344; a.A. *Dutta*, WM 2013, 1729, 1733.

steht und die Tatsachen daher nicht näher kennt, während sie dem Beklagten bekannt und ergänzende Angaben zumutbar sind.[903]

Sowohl Art. 35a Abs. 2 Rating-VO als auch die einschlägigen Stellungnahmen im Schrifttum werfen Fragen auf. Zunächst ist unklar, ob Regelungsadressat des Abs. 2 der Haftungsvorschrift das jeweils angerufene Gericht ist oder ob sich die Regelung an den Anspruchsberechtigten richtet. Man könnte auch fragen, ob es sich bei Abs. 2 um eine Regelung des materiellen Rechts oder eine gerichtliche Verfahrensregelung handelt. Die jeweilige Zuordnung hat insbesondere Auswirkungen darauf, ob drittstaatliche Gerichte an Art. 35a Abs. 2 Unterabs. 2 Rating-VO gebunden sind. Denn unterstellt man, dass es sich hier um eine Verfahrensregelung handelt, deren Adressat das Gericht selbst ist, so ist eine Bindungswirkung gegenüber nichtmitgliedstaatlichen Gerichten zweifelhaft, da europäische Verordnungen nach Art. 288 AEUV unmittelbar nur in den Mitgliedstaaten gelten und damit ausschließlich mitgliedstaatliche Gerichte verpflichten können.[904]

Darüber hinaus gilt es zu überprüfen, ob tatsächlich von einer „Absenkung des Substantiierungsmaßstabs“[905] für Kläger gesprochen werden kann. Auch wird zu klären sein, ob über Art. 35a Abs. 2 Rating-VO hinausgehende, im nationalen Sachrecht anerkannte Darlegungs- und Beweiserleichterungen prozessrechtlicher oder materiellrechtlicher Art Beachtung finden dürfen.

a. Regelungsinhalt

aa. Isolierte Betrachtung von Abs. 2 Unterabs. 1

Anleger und Emittenten obliegt es, genaue und detaillierte Informationen vorzulegen, aus denen sich ein Verstoß gegen die Rating-VO und eine daraus resultierende Auswirkung auf das Ratingergebnis ergibt.[906] Obgleich die Haftungsvorschrift hier keine ausdrückliche Anordnung zur Beweislastverteilung trifft, liegt ihr das Verständnis zugrunde, dass der klagende Emittent oder Anleger den Beweis für das Vorliegen einer Zuwiderhandlung seitens der Ratingagentur

---

903 *Kontogeorgou*, DStR 2014, 1397, 1403; allg. zum substantiierten Bestreiten BGH NJW 1999, 1404, 1406; *Rosenberg/Schwab/Gottwald*, Zivilprozessrecht, § 109 Rn. 7.

904 Vgl. *Nettesheim* in: Grabitz/Hilf/Nettesheim, Das Recht der EU, Art. 288 AEUV Rn. 98; *Ruffert* in: Calliess/Ruffert, EUV/AEUV, Art. 288 AEUV Rn. 20 ff.; *Schroeder* in: Streinz, EUV/AEUV, Art. 288 Rn. 57 ff.; *Fink* in: Spindler, Recht der elektronischen Medien, Teil 1 B III Rn. 45.

905 So *Schroeter*, Ratings, S. 845.

906 Art. 35a Abs. 2 Unterabs. 1 Rating-VO.

zu erbringen hat. In der „Erinnerung, dass dem Anspruchsteller die Darlegungs- und Beweislast der für ihn günstigen Umstände obliegt", erschöpft sich aber der Regelungsinhalt des Art. 35a Abs. 2 Unterabs. 1 Rating-VO keineswegs, wie dies teils im Schrifttum vertreten wird.[907] Vielmehr ist der Kläger gehalten, „genaue und detaillierte Informationen" vorzubringen. Bei isolierter Betrachtung des Abs. 2 Unterabs. 1 wird man sogar zu dem Schluss kommen müssen, dass der Kläger ein höheres Maß an Tiefe und Genauigkeit für seinen Vortrag und dessen Substantiierung beachten muss, als es sonst üblich wäre, ganz gleich, was unter „genau" und „detailliert" konkret zu verstehen ist.[908]

Was „genaue und detaillierte Informationen" im Einzelnen meint, erschließt sich dem Rechtsanwender jedenfalls nicht ohne Weiteres, da es sich hier um unbestimmte Rechtsbegriffe handelt. Unter erneuter Ausklammerung von Abs. 2 Unterabs. 2 wäre Abs. 4 des Art. 35a Rating-VO anzuwenden, womit diese Begriffe nach dem jeweils geltenden nationalen Sachrecht, also mithilfe des subsidiären Haftungsstatuts, auszulegen und anzuwenden wären. Ob der Anleger „genaue und detaillierte Informationen" für die Belange des Abs. 2 Unterabs. 1 Rating-VO vorbringt oder nicht, wäre damit der *lex causae* unterstellt.

bb. Einbeziehung von Abs. 2 Unterabs. 2

Bezieht man Art. 35a Abs. 2 Unterabs. 2 Rating-VO in die Auslegung des Abs. 2 Unterabs. 1 der Haftungsvorschrift ein, so ergibt sich ein gänzlich anderes Bild. Entgegen der obigen Annahme, dass die unbestimmten Rechtsbegriffe gemäß Abs. 4 Satz 1 der europäischen Haftungsvorschrift nach dem jeweils zu ergänzenden nationalen Sachrecht auszulegen und anzuwenden seien, ist diese Aufgabe den zuständigen nationalen Gerichten zugewiesen, wie sich aus dem eindeutigen Wortlaut der Vorschrift ergibt.[909]

Demnach beschränkt sich die Aufgabe der zuständigen Gerichte nicht darauf zu überprüfen, ob Anleger und Emittenten genaue und detaillierte Informationen vorlegen, sondern vielmehr sollen die an die Kläger im konkreten Fall zu stellenden Darlegungsanforderungen im Ermessen des Gerichts stehen.[910] Die vorstehende These, dass von dem Kläger ein höheres Maß an Tiefe und Genauigkeit für seinen Vortrag als sonst üblich erwartet wird, wie dies eine isolierte Betrachtung von Abs. 2 Unterabs. 1 nahe legen würde, ist damit entkräftet.

---

907 So *Wojcik*, NJW 2013, 2385, 2388.
908 Vgl. *Schroeter*, Ratings, S. 845.
909 So auch Erwägungsgrund 34 der Rating-VO (EU) Nr. 462/2013.
910 Das ergibt sich vor allem aus der Formulierung „Was" statt „Ob".

Stattdessen berücksichtigt das Gericht, dass der Anleger oder Emittent möglicherweise keinen Zugang zu Informationen hat, die alleine in der Sphäre der Ratingagentur stehen. Zutreffend ist somit davon auszugehen, dass die zuständigen Gerichte geringere Anforderungen an den Vortrag des Klägers stellen müssen und dies auch tun werden.[911]

Regelungsadressat des Art. 35a Abs. 2 Rating-VO ist das jeweils angerufene nationale Gericht, wofür auch Erwägungsgrund 34 und 36 der Rating-VO (EU) 462/2013 sprechen. In dessen Ermessen soll es stehen, in welchem Umfang Anleger und Emittenten darzulegen und zu substanziieren haben. Die Ermessensausübung findet ihre Grenzen darin, dass das Gericht die Zugangsmöglichkeit des Klägers zu den jeweiligen Informationen zu berücksichtigen hat. Eine solche Berücksichtigung ist für das Gericht nicht optional, sondern zwingend, wie aus dem klaren Wortlaut der Vorschrift hervorgeht.[912] Rechtsdogmatisch handelt es sich damit bei Art. 35a Abs. 2 Rating-VO einerseits um eine Verfahrensregelung.[913] Andererseits wird in Abgrenzung zu Abs. 4 Satz 1 und 2 Rating-VO für diese Fragen indirekt das Recht des Forumstaats berufen, da es an einer abschließenden, konkreten Ausgestaltung in der Rating-VO fehlt.

b. Schlussfolgerungen

aa. Mindestschutz im Prozess

Art. 35a Abs. 2 Rating-VO ist als prozessuale Regelung zu qualifizieren, die sich an das jeweils zuständige Gericht richtet. Wirft man einen Blick auf das Prozessrecht verschiedener Staaten, so stellt man fest, dass sich die jeweiligen Verfahrensregelungen teils erheblich voneinander unterscheiden. Während in Deutschland der zivilprozessuale Grundsatz herrscht, dass eine Partei generell nicht zu einem Verhalten verpflichtet ist, das für die Wahrheitsfindung am besten geeignet ist (*nemo tenetur se ipsum accusare*),[914] sind die Parteien nach englischen Prozessrecht verpflichtet, grundsätzlich alle relevanten Beweismittel

---

911 *Wojcik,* NJW 2013, 2385, 2388; *Kontogeorgou,* DStR 2014, 1397, 1403; *Schroeter,* Ratings, S. 845 f.

912 A.A. wohl *Dutta,* WM 2013, 1729, 1733, der mit der Formulierung „kann das Gericht nach Art. 35a Abs. 2 Unterabs. 2 berücksichtigen" von einer Wahlmöglichkeit des jeweiligen Gerichts auszugehen scheint.

913 A.A. wohl *Halfmeier,* VuR 2014, 327, 333, der Art. 35a Rating-V"O rein materiellrechtlichen Charakter" zuspricht.

914 BGH NJW 1990, 3151; *R. Magnus,* Das Anwaltsprivileg und sein zivilprozessualer Schutz, S. 188.

auszutauschen und dem Gericht vorzulegen.[915] Dem liegt die Überlegung zugrunde, dass das Gericht erst bei Offenlegung aller relevanten Informationen eine gerechte Entscheidung treffen kann.[916] Darüber hinaus ist es im englischen Prozess möglich, die Voraussetzungen an die Substantiierungspflicht erheblich zu reduzieren, wenn zwischen dem Kläger und der Beklagten ein Informationsgefälle besteht.[917] Im französischen Prozess bestehen ebenfalls umfangreiche prozessuale Mitwirkungspflichten beider Streitparteien nach Art. 10 Code civil und Art. 11 CPC, bei deren Nichtbeachtung der säumigen Partei erhebliche Nachteile drohen.[918]

Ist man sich der unterschiedlich ausgestalteten nationalen Verfahrensrechte bewusst, so ist Abs. 2 Unterabs. 2 der Haftungsvorschrift als eine Regelung zu begreifen, die ein Mindestmaß an Klägerschutz auf Ebene der Sachverhaltsaufklärung im Prozess schaffen möchte.[919] Obgleich die Darlegungs- und Beweislast für das Vorliegen einer Zuwiderhandlung und dessen Auswirkung auf das Rating beim Kläger liegt, wird er im Prozess durch Art. 35a Abs. 1 Unterabs. 2 Rating-VO entlastet.[920]

bb. Zulässigkeit weiterer prozessualer Erleichterungen

Während Art. 35a Abs. 2 Rating-VO in seiner unmittelbaren Anwendung eine Beweiserleichterung in Form der Absenkung des Substantiierungsmaßstabs für den Kläger bedeutet, stellt sich zugleich die Frage, ob die Vorschrift hier implizit die Berücksichtigung weiterer Beweiserleichterungen ausschließt. Dies würde das Verständnis voraussetzen, dass es sich bei Abs. 2 der Haftungsvorschrift im Hinblick auf zulässige Beweiserleichterungen um eine abschließende Regelung handelt, die weitere Erleichterungen für alle übrigen Tatbestandsvoraussetzungen verbietet.[921] Eine solche Auslegung ist abzulehnen. Art. 35a Abs. 2 Rating-VO

---

915 *R. Magnus*, Das Anwaltsprivileg und sein zivilprozessualer Schutz, S. 188.

916 *R. Magnus*, Das Anwaltsprivileg und sein zivilprozessualer Schutz, S. 188.

917 *Lang*, Die Aufklärungspflicht der Parteien des Zivilprozesses, S. 216; *R. Magnus*, Das Anwaltsprivileg und sein zivilprozessualer Schutz, S. 191 f.

918 Vgl. ausführlich *Lang*, Die Aufklärungspflicht der Parteien des Zivilprozesses, S. 102 ff.; *R. Magnus*, Das Anwaltsprivileg und sein zivilprozessualer Schutz, S. 111 ff.

919 Vgl. auch *Halfmeier*, VuR 2014, 327, 333.

920 *Kontogeorgou*, DStR 2014, 1397, 1403; *Wojcik*, NJW 2013, 2385, 2388; *Schroeter*, Ratings, S. 845 f.; *Schantz*, Die zivilrechtliche Verantwortlichkeit von Ratingagenturen gegenüber Investoren, S. 362 f.

921 Vgl. EuGH, Urt. v. 08.02.2001 – Rs. C-350/99 – Lange/Schünemann, Slg. 2001, I-01061, 01088 Rn. 31 ff.

möchte einen prozessualen Mindestschutz für den Kläger schaffen, ohne zugleich andere nationale Erleichterungen kategorisch auszuschließen. Insofern mangelt es bei Abs. 2 der Haftungsvorschrift schon an einem entsprechenden substanziellen Regelungsgehalt, der auf eine abschließende Regelung rückschließen ließe. Vielmehr streitet der vage Wortlaut der Vorschrift dafür, dass zur Gewährleistung umfassender Funktionstauglichkeit der Haftungsvorschrift auch auf prozessualer Ebene nationales Recht ergänzend und ausfüllend zum Zuge kommt. Damit würde man dem Grundverständnis des Verordnungsgebers gerecht werden, dass es sich bei Art. 35a Rating-VO um kein in sich geschlossenes Haftungssystem handelt, sondern für Einzelfragen auf das jeweilige nationale Recht zurückzugreifen ist.[922]

cc. Eingeschränkte Wirkung für drittstaatliche Gerichte

Gemäß Art. 288 AEUV ist Art. 35a Abs. 2 Unterabs. 2 Rating-VO für mitgliedstaatliche Gerichte verbindlich.[923] Soweit man unterstellt, dass geschädigte Anleger oder Emittenten auch vor drittstaatlichen Gerichten Schadensersatz nach Art. 35a Rating-VO geltend machen können, ist eine Anwendbarkeit von Art. 35a Abs. 2 Unterabs. 2 Rating-VO nicht sichergesellt, da drittstaatliche Gerichte nicht an diese Vorschrift gebunden sind.

Für drittstaatliche Gerichte ist Art. 35a Rating-VO grundsätzlich nur dann beachtlich, wenn die Kollisionsnormen des drittstaatlichen Forums auf das nationale Sachrecht eines Mitgliedstaates verweisen, in dem die Rating-VO gem. Art. 288 AEUV unmittelbar gilt. Unproblematisch würden dann unbestimmte Rechtsbegriffe und Lücken gem. Art. 35a Abs. 4 Rating-VO nach demselben mitgliedstaatlichen Sachrecht definiert und geschlossen werden, welches bereits für die Anwendung der Rating-VO maßgeblich war. Anders verhält es sich aber bei Art. 35a Abs. 2 Unterabs. 2 Rating-VO, weil Regelungsadressat der Vorschrift das jeweilige Gericht ist, für das, soweit es sich um ein drittstaatliches Gericht handelt, prozessuale Anordnungen einer europäischen Verordnung grundsätzlich unbeachtlich sind.[924]

---

922 Vgl. Erwägungsgrund 35 der Rating-VO (EU) Nr. 462/2013.

923 Vgl. *Nettesheim* in: Grabitz/Hilf/Nettesheim, Das Recht der EU, Art. 288 AEUV Rn. 98.

924 Etwas anderes könnte dann gelten, wenn das nichtmitgliedstaatliche Gericht Art. 35a Abs. 2 Unterabs. 2 Rating-VO entgegen seinem klaren Wortlaut der lex causae zuordnen würde und damit im Wege seiner IPR-Regelungen beachten müsste.

dd. Substantiierungserleichterung vor deutschen Gerichten

Verklagt ein Anleger oder Emittent eine europäische Ratingagentur auf Schadensersatz nach Art. 35a Rating-VO, muss das Gericht hinreichend berücksichtigen, dass der Kläger möglicherweise keine Informationen vorbringen kann, weil diese in der Sphäre der Ratingagentur liegen. Daher gilt es, einen angemessenen Maßstab für die Substantiierungsanforderungen zu finden. Dies kann vorliegend durch die Anwendung anerkannter Grundsätze zur sekundären Darlegungslast im deutschen Recht erreicht werden.[925] So erlegt die deutsche Rechtsprechung unter Zuspruch des Schrifttums „dem Gegner der primär behauptungs- und beweisbelasteten Partei (…) eine gewisse (sekundäre) Behauptungslast auf, nämlich vor allem dann, wenn eine darlegungspflichtige Partei außerhalb des von ihr darzulegenden Geschehensablaufes steht und keine nähere Kenntnis der maßgebenden Tatsachen besitzt, während der Prozessgegner sie hat und ihm nähere Angaben zumutbar sind.“[926]

2. Art. 35a Abs. 1 Unterabs. 2 Rating-VO

Der Anleger trägt nach Art. 35a Abs. 1 Unterabs. 2 Rating-VO die Beweislast dafür, dass er sich bei seiner Finanzentscheidung auf das fehlerhafte Rating in vertretbarer Weise verlassen hat. Er muss sich einerseits auf das Rating verlassen haben, andererseits aber auch nicht zu sehr, um schutzbedürftig und damit anspruchsberechtigt zu bleiben. Es muss ihm mit anderen Worten der Spagat gelingen, zu vertrauen und gleichzeitig nicht die Augen vor dem Offensichtlichen zu verschließen. Der Anleger ist damit gezwungen, eine innere Tatsache zu beweisen, was in der Vergangenheit regelmäßig erhebliche Probleme bereitet hat.[927]

---

925 *Schantz*, Die zivilrechtliche Verantwortlichkeit von Ratingagenturen gegenüber Investoren, S. 363; *Wojcik*, NJW 2013, 2385, 2388; *Berger/Ryborz*, WM 2014, 2241, 2246.

926 BGH NJW 1990, 3151; vgl. i.Ü. BGH BeckRS 2014, 22154 Rn. 107; 2009, 24398; NJW 2011, 2130, 2132 Rn. 19 f.; 2005, 2395, 2397; 1985, 1774, 1775; 1958, 1188, 1188 f.; NJW-RR 1993, 746, 747; *Pfeiffer*, ZIP 2017, 2077, 2077; *Ahrens*, Der Beweis im Zivilprozess, Kap. 9 Rz. 94 f.; *Stieper*, ZZP 123 (2010), 27, 36.

927 Vgl. allg. zur Schwierigkeit des Nachweises, dass eine Anlageentscheidung auf einer Falschinformation beruht BGH NJW 2012, 1800, 1807; 2008, 76, 77 f.; 2004, 2664, 2666 ff.; *Schroeter*, Ratings, S. 949 f.; *Buck-Heeb/Dieckmann*, AG 2008, 681, 682; *Wünsche*, BB 2008, 691, 692; *Findeisen/Backhaus*, WM 2007, 100, 104; *Möllers/Leisch*, BKR 2002, 1071, 1077; *Sauer*, ZBB/JBB 2005, 24, 27.

a. Dokumentation des Anlagevorgangs

Grundsätzlich ist Anlegern, ganz gleich, ob es sich um institutionelle Anleger oder Privatanleger handelt, die Dokumentation des Anlagevorgangs zu empfehlen.[928] Während Privatanleger gehalten sind, diejenigen Quellen und Informationen zu dokumentieren und aufzubewahren, die Grundlage für ihre Anlageentscheidung waren, gilt es für institutionelle Anleger, die Schaffung eines geeigneten, eigenen Bewertungsverfahrens dazulegen und die Rolle des Ratings in ihrer Anlageentscheidung zu beweisen. Für Anleger, die in keinem Vertragsverhältnis mit Ratingagenturen stehen, gilt es, die maßgeblichen Auszüge aus den allgemeinen Finanzmedien oder das Emissionsprospekt aufzubewahren,[929] in dem sie von dem Ratingergebnis erfahren haben.

b. Zulässigkeit des Anscheinsbeweises der „Anlagestimmung"

Für einen Anleger wird es sehr schwierig sein, den ihm obliegenden Beweis der Ursächlichkeit des fehlerhaften Ratings für die von ihm getroffene Anlageentscheidung zu führen,[930] insbesondere weil eine vollumfängliche Dokumentation des Anlageentscheidungsvorgangs nicht immer stattfindet[931]. Ursprünglich wurde daher bei der Emissionsprospekthaftung (§§ 45 ff. BörsG a.F.), die gleiche Beweisschwierigkeiten für Anleger offenbarte, ein Anscheinsbeweis aufgrund typischen Geschehensablaufs zwischen fehlerhaftem Prospekt und Kaufentschluss von der Rechtsprechung zugelassen.[932] Man ging davon aus, dass der Emissionsprospekt wesentlicher Bestandteil der Wertpapierbeurteilung in Fachkreisen darstellt und damit beim Publikum eine sog. Anlagestimmung erzeugt.[933] Unabhängig davon, ob der Anleger individuelle Kenntnis von dem Prospekt hatte – dies wurde vermutet, da das Prospekt in der Anfangsphase einziges Bewertungskriterium für das Wertpapier ist und der Anleger mittelbar über Veröffentlichungen im Internet, Presseberichte und Bankberatungen davon Kenntnis erlangt – konnte er im Wege einer

928 So auch *Richter*, Schadenszurechnung bei deliktischer Haftung für fehlerhafte Sekundärmarktinformation, S. 55.

929 Vgl. zur Kenntnisnahmemöglichkeiten von Ratings *Berger/Stemper*, WM 2010, 2289, 2289.

930 Vgl. allg. BGH NJW 2004, 2664, 2666; *Richter*, Schadenszurechnung bei deliktischer Haftung für fehlerhafte Sekundärmarktinformation, S. 54.

931 Vgl. *Wagner* in: FS Blaurock, 467, 495; *Mankowski*, IPRax 2009, 474, 475.

932 *Assmann* in: Assmann/Schütze, Hdb. KapitalanlageR, § 5 Rn. 163; vgl. BGH NJW 2004, 2664, 2666 f.

933 *Piekenbrock*, WM 2010, 429, 430 f.

tatsächlichen Vermutung diese Anlagestimmung für den Kausalzusammenhang zwischen Prospektfehlern und seinem Kaufentschluss in Anspruch nehmen.[934]

Eine entsprechende Berücksichtigung dieser Grundsätze wurde bei der Haftung für fehlerhafte Ad-hoc-Mitteilungen befürwortet, deren pauschale Anwendung der BGH in der *Infomatec-Entscheidung* aber ablehnte.[935] Er führte dazu aus, dass es bei individuell geprägten Willensentschlüssen, um die es sich bei Anlageentscheidungen handele, keinen Anscheinsbeweis für sicher bestimmbare Verhaltensweisen von Menschen gebe, da eine Anlageentscheidung durch vielfältige rationale und irrationale Faktoren, teils spekulative Elemente, beeinflusst sei.[936] Anders als bei einem Prospekt sei eine Ad-hoc-Mitteilung „weder dazu bestimmt noch geeignet, über alle anlagerelevanten Umstände des Unternehmens vollständig zu informieren".[937] Nichtsdestotrotz ließ der BGH erkennen, dass in Einzelfällen eine Anlagestimmung auch durch Ad-hoc-Mitteilungen hervorgerufen werden kann, wobei dies durch ein Sachverständigengutachten festzustellen sei.[938]

Teilweise wird im deutschen Schrifttum für die Haftung von Ratingagenturen nach §§ 823 ff. BGB ein Anscheinsbeweis zugunsten von Anlegern anerkannt, wonach anzunehmen sei, dass der Anleger bei Kenntnis des tatsächlichen Bonitätsrisikos vom Erwerb der falsch bewerteten Anleihe abgesehen hätte.[939] Auch das Schrifttum zu Art. 35a Rating-VO befürwortet teils einen Rückgriff auf die Figur der Anlagestimmung.[940] Dafür spricht in Abgrenzung zu Ad-hoc-Mitteilungen, dass sich der Informationsgehalt eines Ratings nicht „ausschnittartig auf wesentliche aktuelle, neue Tatsachen aus dem Unternehmensbereich"[941] begrenzt, sondern vielmehr das Kernkriterium für eine Anlageentscheidung betrifft: das Ausfallrisiko der Anleihe. Da eine Ratingagentur zur laufenden Überwachung ihrer Ratings und unter Umständen zur Anpassung verpflichtet ist und damit

---

934 BGH NJW 2004, 2664, 2666 f.; 1998, 3345, 3347; 1982, 2827, 2828; *Buck-Heeb/Dieckmann*, AG 2008, 681, 683.

935 BGH NJW 2004, 2664, 2666 ff.

936 BGH NJW 2004, 2664, 2666.

937 BGH NJW 2004, 2664, 2667.

938 BGH NJW 2008, 76, 77 f.; 2004, 2664, 2667; die Erforderlichkeit eines Sachverständigengutachten im Rahmen des Anscheinsbeweises zu Recht kritisch beurteilend *Buck-Heeb/Dieckmann*, AG 2008, 681, 684.

939 *Peters*, Die Haftung und die Regulierung von Rating-Agenturen, S. 139 f.; einschränkend *Lampe*, Die Regulierung von Ratingagenturen, S. 110 f.

940 *Schantz*, Die zivilrechtliche Verantwortlichkeit von Ratingagenturen gegenüber Investoren, S. 365.

941 BGH NJW 2004, 2664, 2667.

stets dem Anspruch der Aktualität genügen muss,[942] wäre die Bemessung der Dauer einer Anlagestimmung nicht ganz unproblematisch.[943] Eine Abnahme der Wirkung mit zeitlichem Abstand zur Veröffentlichung, wie sie sich bei der Ad-hoc-Mitteilung einstellt, kann jedenfalls nicht eins zu eins angenommen werden.[944]

Andere sprechen sich gegen eine Berücksichtigung der Figur der Anlagestimmung bei Art. 35a Abs. 1 Unterabs. 2 Rating-VO aus, da empirische Kapitalmarktforschungen bisher keine verlässlichen Marktreaktionen bei Ratingänderungen hätten feststellen können: So könne man zwar bei einer Herabstufung eines Ratings in den non-investment-grade-Bereich Veräußerungstendenzen bei Anlegern feststellen, aber biete sich bei anderen Schnittstellen zwischen Ratingnoten kein eindeutiges Anlegerverhaltensbild.[945]

Zudem stellt sich die Frage, ob die Figur des Anscheinsbeweises mit der Anordnung des Art. 35a Abs. 1 Unterabs. 2 Rating-VO vereinbar ist. Denn danach obliegt es ausdrücklich dem Anleger, den Nachweis dafür zu erbringen, dass er sich auf das fehlerhafte Rating konkret verlassen hat. Unabhängig davon, ob man den Anscheinsbeweis der Beweiswürdigung zuordnet oder als Beweislastnorm qualifiziert,[946] könnte sich der Verdacht aufdrängen, dass die unionsrechtliche Verteilung der Beweislast verordnungswidrig durch nationales Recht ausgehöhlt oder umgangen werden würde. Anders als bei der Haftung für fehlerhafte Ad-hoc-Mitteilungen, wo die ablehnende Haltung der Rechtsprechung zu Beweiserleichterungen hinsichtlich der haftungsbegründenden Kausalität im Schrifttum kritisiert wird,[947] enthält Art. 35a Abs. 1 Unterabs. 2 Rating-VO eine explizite Regelung für die Beweislastverteilung zu Lasten des Anlegers, die inhaltlich eine konkrete, tatsächliche Kenntnisnahme des fehlerhaften Ratings

942 Art. 8 Abs. 5 Rating-VO; vgl. auch *Tönningsen*, ZBB/JBB 2011, 460, 467.

943 In aller Regel geht die Rechtsprechung von höchstens 12 Monaten aus: BGH NJW 2004, 2664, 2667; 1998, 3345, 3347.

944 So der BGH NJW 2004, 2664, 2667 zur ad-hoc-Mitteilung.

945 *Schroeter*, Ratings, S. 950.

946 Pro Beweisführung: *Prütting* in: Münchener Kommentar zur ZPO, § 286 Rn. 50; *Nagel/Gottwald*, IZPR, § 10 Rn. 58; *Ahrens*, Der Beweis im Zivilprozess, Kap. 16 Rz. 17; *Schack*, Int. ZVR, Rn. 746 f.; unentschieden *von Hein* in: Rauscher, EuZPR/EuIPR, Art. 18 Rom I-VO Rn. 9; pro Beweislast: *Piekenbrock*, WM 2010, 429, 433; *Junker* in: Münchener Kommentar zum BGB, Art. 22 Rom II-VO Rn. 8; *Coester-Waltjen*, Internationales Privatrecht, S. 264 ff.; *Geimer*, Int. ZPR, Rn. 2291; *Jakob/Picht* in: Rauscher, EuZPR/EuIPR, Art. 22 Rom II-VO Rn. 8; *Staudinger*, NJW 2011, 650, 651 f.

947 *Hellgardt*, AG 2012, 154, 160 f.

voraussetzt.[948] Die Annahme eines Anscheinsbeweises, der gerade dem Kläger den Nachweis für seine Kenntnis von dem fehlerhaften Rating und dessen Bedeutung für seine Anlageentscheidung erspart, würde die Anordnung des Art. 35a Abs. 1 Unterabs. 2 Rating-VO faktisch leerlaufen lassen.

Ein weiterer Gesichtspunkt gegen die Zulässigkeit eines Anscheinsbeweises im Kontext der Transaktionskausalität ist, dass der Anleger nur dann schutzwürdig i.S.d. Haftungsvorschrift ist, wenn er sein Vertrauen in das fehlerhafte Rating in vernünftiger Weise ausgeübt hat. Ein Berufen auf typische Geschehensabläufe ist mit der Systematik des Art. 35a Abs. 1 Unterabs. 2 Rating-VO unvereinbar. Denn die Beurteilung, ob der Anleger sich auf das Rating verlassen durfte, ist einzelfallabhängig anhand seines konkreten Verhaltens und der ihm zur Verfügung stehenden Informationen vorzunehmen. Für pauschale Vermutungen ist hier kein Raum, zumal die institutionellen Anleger einerseits und die übrigen Anleger andererseits unterschiedlichen Sorgfaltsanforderungen gerecht werden müssen. Daher kann die Figur der Anlagestimmung bei Art. 35a Abs. 1 Unterabs. 2 Rating-VO nicht berücksichtigt werden.[949]

c. *Prozessuale Möglichkeiten*

Entsprechend der obigen Ausführungen gilt es für den Anleger darzulegen und zu beweisen, dass er seine Anlageentscheidung auf Grundlage des fehlerhaften Ratings getroffen hat, ohne dass ihm dabei ein Anscheinsbeweis zur Hilfe kommt. Klagt er vor einem deutschen Gericht, ist als Beweismittel, abgesehen von möglichen Dokumentationen, die Parteivernehmung denkbar.[950] Eine Vernehmung des Anlegers nach § 447 ZPO scheidet grundsätzlich aus, da es regelmäßig an einer erforderlichen Zustimmung seitens der Ratingagentur fehlen wird. Damit verbleiben zwei weitere Möglichkeiten: Erstens wird der Anleger nach § 448 ZPO vernommen oder zweitens tritt er die Forderung an einen Dritten ab, sodass er als Zeuge im Prozess gehört werden kann.[951]

---

948 Siehe oben, Teil 2 B. III. 2. b.

949 Selbst wenn man die Figur der Anlagestimmung auf Art. 35a Abs. 1 Unterabs. 2 Rating-VO entgegen der hier vertretenen Ansicht anwenden wollte, so wäre diese für den Anleger nicht von großem Nutzen, da er weiterhin zu beweisen hätte, dass sein Vertrauen vernünftig war, was gerade eine Untersuchung der Anlageentscheidung mit allen ihr zur Grunde liegenden Informationen erforderlich machen würde.

950 Vgl. zur gleichen Problematik bei der Haftung für fehlerhafte Ad-hoc-Mitteilungen *Buck-Heeb/Dieckmann*, AG 2008, 681, 687.

951 Vgl. *Buck-Heeb/Dieckmann*, AG 2008, 681, 687 f.

Eine Vernehmung von Amts wegen gemäß § 448 ZPO setzt eine Anfangswahrscheinlichkeit voraus, dass sich der Anleger auf das Rating für seine Anlageentscheidung schutzwürdig verlassen hat.[952] Maßgeblich sind die Verhandlungserkenntnisse aus der bisher durchgeführten Beweisaufnahme.[953] Das setzt voraus, dass das fehlerhafte Rating geeignet war, die Anlageentscheidung zu beeinflussen[954], was regelmäßig anzunehmen ist. Ob darüber hinaus die Anlageentscheidung zeitnah nach dem Rating erfolgen muss, wie dies bei Ad-hoc-Mitteilungen vertreten wird,[955] ist zweifelhaft, da Ratingagenturen zur ständigen Kontrolle verpflichtet sind und bei gegebener Erforderlichkeit Anpassungen vornehmen müssen.[956] Schließlich obliegt es dem Anleger, schlüssig die Kenntnisnahme von dem fehlerhaften Rating darzulegen.[957] Entsprechende Dokumentationen wären in diesem Zusammenhang hilfreich.

Die Aussage des Klägers ist gem. § 453 Abs. 1 i.V.m. § 286 ZPO vom Gericht frei zu würdigen. Der Aussage wird in der Literatur grundsätzlich ein hoher Beweiswert zugemessen,[958] dennoch sollte auch hier nicht pauschalisiert werden, da letztendlich das Gericht einzelfallabhängig entscheiden wird.

3. Art. 35a Abs. 1 Unterabs. 3 Rating-VO

a. Regelungsinhalt

Der Emittent muss nach Art. 35a Abs. 1 Unterabs. 3 Rating-VO darlegen und beweisen, dass sich das fehlerhafte Rating auf ihn oder eines seiner Finanzinstrumente bezieht und die Zuwiderhandlung der Ratingagentur nicht darauf zurückzuführen ist, dass er selbst falsche oder irreführende Informationen weitergegeben hat.[959] Art. 35a Abs. 1 Unterabs. 3 Halbs. 1 Rating-VO entspricht dem Grundsatz, dass jede Partei die Beweislast für das Vorhandensein aller

---

952 Vgl. *Huber* in: Musielak/Voit, ZPO, § 448 ZPO Rn. 3.

953 BAG NJW 2002, 2196, 2198; BGH NJW 1999, 363, 364; *Huber* in: Musielak/Voit, ZPO, § 448 ZPO Rn. 3; a.A. *Wittschier*, Die Parteivernehmung in der zivilprozessualen Praxis, S. 30 ff. Rn. 124 ff.

954 Vgl. *Buck-Heeb/Dieckmann*, AG 2008, 681, 687.

955 BGH NJW 2008, 76, 77; 2004, 2664, 2667; *Fleischer*, ZIP 2005, 1805, 1808; *Buck-Heeb/Dieckmann*, AG 2008, 681, 687.

956 Siehe oben, Teil 1 B. III.

957 Vgl. *Buck-Heeb/Dieckmann*, AG 2008, 681, 687 f.

958 *Buck-Heeb/Dieckmann*, AG 2008, 681, 688; *Wünsche*, BB 2008, 691, 692 im Rahmen der Parteianhöhrung i.S.d. § 141 ZPO.

959 Siehe zu den Tatbestandsvoraussetzungen oben, Teil 2 B. III. 1. b.

Tatbestandsmerkmale einer sie begünstigenden Norm trägt.[960] Bei Art. 35a Abs. 1 Unterabs. 3 Halbs. 2 Rating-VO handelt es sich nicht um ein rechtshinderndes, rechtsvernichtendes oder rechtshemmendes Tatbestandsmerkmal, für das der Anspruchsgegner die Beweislast trägt, sondern vielmehr ist Art. 35a Abs. 1 Unterabs. 3 Halbs. 2 Rating-VO als rechtsbegründendes Tatbestandsmerkmal ausgestaltet.[961] Geht man auch hier von obiger Regel aus, dass der Anspruchsgegner die für ihn günstigen Tatsachen zu beweisen hat, dann hat der europäische Verordnungsgeber hier konzeptionell die Beweislast zugunsten der Ratingagenturen umgekehrt. Der Emittent muss den Negativbeweis erbringen, dass die Zuwiderhandlung nicht darauf zurückzuführen ist, dass er falsch oder irreführend informiert hat.[962]

b. Darlegungserleichterung

Nach der Vorschrift obliegt es dem Emittenten zu beweisen, dass die Zuwiderhandlung nicht darauf zurückzuführen ist, dass er die Ratingagentur irreführend oder falsch informiert hat. Dem kann der Emittent auf unterschiedliche Weise gerecht werden. Erstens könnte er sich darauf berufen, dass die von ihm mitgeteilten Informationen abstrakt nicht dazu geeignet sind, Einfluss auf die in Streit stehende Zuwiderhandlung zu nehmen.[963] Zweitens könnte er versuchen zu beweisen, dass er ausschließlich richtig informiert hat. Dies kann sich in der Praxis aber als äußerst schwierig erweisen, weil der Emittent den Beweis erbringen müsste, dass jedwede von ihm mitgeteilte Information richtig und eindeutig gewesen ist.[964] Durch die Anwendung anerkannter Grundsätze zur sekundären Darlegungslast im deutschen Recht könnte eine Besserstellung des Emittenten erreicht werden.[965] Bei Übertragung dieses Grundsatzes auf die von Art. 35a Abs. 1 Unterabs. 3 Halbs. 2 Rating-VO erfassten Fälle kann ein Emittent zunächst behaupten, dass er die Ratingagentur korrekt informiert hat, woraufhin die Ratingagentur die Übermittlung falscher oder irreführender Informationen

---

960 *Rosenberg/Schwab/Gottwald*, Zivilprozessrecht, § 115 Rn. 7; *Jakob/Picht* in: Rauscher, EuZPR/EuIPR, Art. 22 Rom II-VO Rn. 11.

961 *Rosenberg*, Die Beweislast, S. 108; *Ahrens*, Der Beweis im Zivilprozess, Kap. 9 Rn. 36; 51 ff.

962 Es ist von einem Negativbeweis zu sprechen, wenn Tatbestandsmerkmal einer anspruchsbegründenden Rechtsnorm das Nichtvorhandensein tatsächlicher Umstände ist, BGH NJW 1985, 1774, 1775; *Rosenberg*, Die Beweislast, S. 330 ff.

963 Siehe oben, Teil 2 B. III. 1. b. bb. (3).

964 Vgl. allg. zum Negativbeweis *Ahrens*, Der Beweis im Zivilprozess, Kap. 9 Rn. 94 f.

965 Siehe oben, Teil 2 E. I. 1. b. dd.

substantiiert behaupten muss.[966] Kommt dem die Ratingagentur nach, dann trifft den Emittenten die Beweislast für die Unrichtigkeit der Gegenbehauptung.[967] Trägt die Ratingagentur nicht substantiiert hinsichtlich der Übermittlung falscher Informationen vor, gilt die Mitteilung von richtigen Informationen durch den Emittenten als zugestanden.[968] Die Beweislast kehrt sich aber nicht um.[969] Vielmehr betrifft die von der Rechtsprechung entwickelte Darlegungserleichterung auch hier inhaltlich den Umfang der Substantiierungspflicht und wirkt sich für den Begünstigten positiv im Rahmen der Beweisführung aus.[970]

In diesem Kontext stellen sich zwei Fragen: erstens, ob eine solche Darlegungserleichterung im Kontext des Art. 35a Abs. 1 Unterabs. 3 Rating-VO überhaupt zulässig ist und zweitens, auf welcher Grundlage sie zur Anwendung kommen kann.

aa. Zulässigkeit der Darlegungserleichterung

Eine Darlegungserleichterung, wie sie vorstehend beschrieben wurde, ist mit der europäischen Haftungsvorschrift vereinbar. Dem steht weder Art. 35a Abs. 2 Rating-VO entgegen, da dieser lediglich dem Mindestschutz dient, noch trifft die Rating-VO an anderer Stelle einschränkende Anordnungen, die Gegenteiliges vermuten ließen.[971] So kann man auch Art. 35a Abs. 1 Unterabs. 3 Rating-VO einen solchen Regelungsinhalt nicht entnehmen. Unzweifelhaft erlegt die Haftungsvorschrift dem Emittenten die Beweislast und damit auch die Darlegungslast dafür auf, dass er die Ratingagentur nicht falsch informiert hat. Eine Verlagerung der Gefahr der Nichterweislichkeit bestimmter Tatbestandsmerkmale vom Emittenten auf die Ratingagentur durch die Anwendung nationalen Rechts, sei es materielles Recht oder Prozessrecht, wäre mit der Rating-VO unvereinbar. Allerdings betrifft die Frage, was der Kläger konkret zu behaupten hat, damit er den Anforderungen seines Sachvortrags gerecht wird und das Pendel der Darlegungslast auf die andere Streitpartei hinüber schwingen kann, inhaltlich etwas anderes als die Verteilung des Risikos der Nichterweislichkeit einer Behauptung. Genaue Anordnungen dazu trifft die Rating-VO gerade

---

966 Vgl. *Ahrens*, Der Beweis im Zivilprozess, Kap. 9 Rn. 94 f.

967 Vgl. BGH NJW 2006, 1429, 1430; 1985, 1774, 1775; *Ahrens*, Der Beweis im Zivilprozess, Kap. 9 Rn. 94.

968 Vgl. *Stieper*, ZZP 123 (2010), 27, 37 m.w.N. in der Rspr.

969 BGH NJW 1985, 1774, 1775; *Ahrens*, Der Beweis im Zivilprozess, Kap. 9 Rn. 94; *Stieper*, ZZP 123 (2010), 27, 35 m.w.N.

970 Vgl. BGH NJW 1993, 746, 747.

971 Siehe oben, Teil 2 E I. 1. b. aa.

nicht, sondern stellt sich lückenhaft dar, was im Hinblick auf die Regelung des Art. 35a Abs. 4 Rating-VO auch nicht ungewöhnlich ist. Daher ist eine Darlegungserleichterung grundsätzlich zulässig.

bb. Anwendung durch die lex fori oder die lex causae

Unklar ist, unter welchen Voraussetzungen die Darlegungserleichterung für negative Tatsachen im Kontext von Art. 35a Abs. 1 Unterabs. 3 Rating-VO Anwendung findet: Ist es eine Frage des materiellen Rechts, deren Antwort im subsidiären Haftungsstatut zu suchen ist, das nach Art. 35a Abs. 4 Satz 2 Rating-VO berufen wird, oder ist die in Deutschland praktizierte Beweiserleichterung dem Prozessrecht zuordenbar, sodass das Recht des Forumstaats maßgeblich ist? Da sich sowohl Argumente für den einen als auch den anderen Ansatz finden lassen, ist es wenig überraschend, dass die Zuordnung äußerst umstritten ist.[972]

Maßstab für die Qualifikation kann nicht nationales Recht, sondern muss grundsätzlich Unionsrecht sein, da es vorliegend um die Anwendung einer europäischen Haftungsvorschrift mit Verordnungscharakter geht. Dementsprechend können Art. 22 Abs. 1 und Art. 1 Abs. 3 Rom II-VO herangezogen werden, in deren Rahmen eine Abgrenzung zwischen Angelegenheiten des materiellen Rechts einerseits und prozessualen Aspekten andererseits erforderlich ist. Danach unterliegen Beweisfragen als Teil des Verfahrensrechts grundsätzlich der *lex fori*,[973] wie Art. 1 Abs. 3 Rom II-VO deklaratorisch feststellt. Abweichend davon kommt nach Art. 22 Abs. 1 Rom II-VO das durch die Rom II-VO berufene Sachrecht zur Anwendung, wenn für außervertragliche Schuldverhältnisse gesetzliche Vermutungen aufgestellt werden oder die Beweislast verteilt wird. Allerdings besteht auch hier größte Unsicherheit, welche Fragen genau der Beweislast noch zuordenbar sind und damit der *lex causae* unterstehen sowie was in erster Linie der *lex fori* überlassen und damit nach dem Recht des angerufenen Gerichts zu beurteilen ist.[974] Richtigerweise sollte der Umfang

972 Für ersteres: *Geimer*, Int. ZPR, Rn. 1994; *Geimer* in Zöller, ZPO, § 363 ZPO Rn. 158; wohl auch *Ahrens*, Der Beweis im Zivilprozess, Kap. 28 Rn. 23; im Hinblick auf die Beweisführungslast wohl auch *Nagel/Gottwald*, IZPR, § 10 Rn. 75; *Schack*, Int. ZVR, Rn. 754; *Mankowski*, IPRax 2009, 474, 483; für Letzteres BGH, Urt. v. 27.04.1977 – VIII ZR 184/75 Rn. 21, juris; OLG Celle RIW 1988, 137, 137.

973 *Hohloch* in: Erman BGB, Art. 22 Rom II-VO Rn. 3.

974 Vgl. zur strittigen Zuordnung des Anscheinsbeweises: pro lex causae *Junker* in: Münchener Kommentar zum BGB, Art. 22 Rom II-VO Rn. 8; *Coester-Waltjen*, Internationales Privatrecht, S. 264 ff.; *Geimer*, Int. ZPR, Rn. 2291; *Jakob/Picht* in: Rauscher,

der Substantiierungspflicht grundsätzlich nach der *lex fori* beurteilt werden, da sie im Kern die „mit den Geboten von Treu und Glauben zu vereinbarende Prozessführung" betrifft.[975] Dieser Ansatz wird von Art. 35a Abs. 2 Unterabs. 2 Rating-VO gestützt, wonach die jeweils zuständigen Gerichte zu entscheiden haben, welche Informationen ein Anleger oder Emittent konkret vorzulegen hat, damit er seiner Darlegungs- und Beweispflicht genügt.[976] Obgleich sich Art. 35a Abs. 2 Unterabs. 2 Rating-VO ausdrücklich nur auf die Zuwiderhandlungen von Ratingagenturen und deren Auswirkungen auf das Ratingergebnis bezieht, gebietet eine einheitliche Auslegung der Haftungsvorschrift, auch für die Bestimmung der Anforderungen an den Umfang der Substantiierungspflicht bei Art. 35a Abs. 1 Unterabs. 3 Rating-VO auf die *lex fori* abzustellen. Demnach kommt eine Erleichterung der Substantiierungspflicht auf Grundlage der Grundsätze zur Darlegung negativer Tatsachen dann in Betracht, wenn der Emittent vor dem zuständigen Gericht in Deutschland Klage erhebt.

II. Darlegungs- und Beweislast hinsichtlich der übrigen Tatbestandsmerkmale

1. *Verschulden*

Anders als bei der Prospekthaftung[977] und der Haftung für unterlassene oder fehlerhafte Ad-hoc-Mitteilungen[978] enthält Art. 35a Rating-VO keine ausdrückliche Beweislastregelung zugunsten geschädigter Anleger und Emittenten, die der Ratingagentur die Bürde auferlegt zu beweisen, dass sie nicht vorsätzlich oder fahrlässig gegen die Rating-VO verstoßen hat. Daher obliegt es grundsätzlich Anlegern und Emittenten darzulegen und zu beweisen, dass die Ratingagentur ein Verschulden trifft. Im Vergleich zu deutschen kapitalmarktrechtlichen Haftungsvorschriften ist das ungewöhnlich, da diese regelmäßig eine Beweislastumkehr zugunsten der Anleger vorsehen.[979]

EuZPR/EuIPR, Art. 22 Rom II-VO Rn. 8; *Staudinger*, NJW 2011, 650, 651 f.; pro lex fori *Prütting* in: Münchener Kommentar zur ZPO, § 286 Rn. 50; *Nagel/Gottwald*, IZPR, § 10 Rn. 58; *Ahrens*, Der Beweis im Zivilprozess, Kap. 16 Rz. 17; *Schack*, Int. ZVR, Rn. 746 f.; unentschieden *von Hein* in: Rauscher, EuZPR/EuIPR, Art. 18 Rom I-VO Rn. 9.

975 *Ahrens*, Der Beweis im Zivilprozess, Kap. 11 Rn. 22.

976 Siehe oben, Teil 2 E. I. 1.

977 § 23 Abs. 1 WpPG.

978 § 37b Abs. 2 WpHG und § 37c Abs. 2 WpHG.

979 *Hellgardt*, Kapitalmarktdeliktsrecht, S. 540.

Der Grundsatz, dass der Geschädigte das Verschulden des Schädigers zu beweisen hat, wird von deutschen Gerichten für bestimmte Fallkonstellationen aufgeweicht, was im Schrifttum Unterstützung findet.[980] So sind sowohl bei Verstößen gegen Verkehrssicherungspflichten[981] als auch bei der Verletzung von Schutzgesetzen[982] Erleichterungen anerkannt. Bis heute ist aber ungeklärt, ob es sich bei dem beweisrechtlichen Institut um einen Anscheinsbeweis,[983] eine sekundäre Darlegungslast[984] oder eine Beweislastumkehr[985] handelt.[986]

Ungeachtet ihrer dogmatischen Einordnung ist Voraussetzung für die Anwendbarkeit der Beweiserleichterung bei Schutzgesetzverletzungen, dass das Schutzgesetz das geforderte Verhalten konkret beschreibt und sich nicht auf ein Verbot eines bestimmten Verletzungserfolgs beschränkt.[987] Diesen Anforderungen würde Art. 35a Rating-VO in Verbindung mit Anhang III gerecht werden. Die Zuwiderhandlungen des Anhangs III beziehen sich auf Verhaltenspflichten, die in Art. 6 bis 12 Rating-VO detailliert dargestellt sind.[988] Ratingagenturen

---

980 RGZ 145, 107, 116; BGH NJW 2013, 1304, 1305; 1992, 1039, 1042; 1985, 1774, 1775; *Hager* in: Staudinger, BGB, § 823 Rn. E 72, G 40; *Spickhoff* in: Soergel, BGB, § 823 Rn. 232; *Wagner* in: Münchener Kommentar zum BGB, § 823 Rn. 439 einschränkend bei „Schutzgesetzen verwaltungsrechtlicher Provenienz, die regelmäßig kein Verschuldenserfordernis aufstellen"; ausdrücklich für eine partielle Beweislastumkehr bei § 823 Abs. 1 BGB für fehlerhafte Ratings *Peters*, Die Haftung und die Regulierung von Rating-Agenturen, S. 84.

981 BGH NJW 1986, 2757, 2758; *Hager* in: Staudinger, BGB, § 823 Rn. E 72.

982 RGZ 113, 293, 294 f.; BGH NJW 1985, 1774, 1775; *Hager* in: Staudinger, BGB, § 823 Rn. G 40; *Hellgardt*, Kapitalmarktdeliktsrecht, S. 540.

983 Wohl RGZ 113, 293, 294 f.; BGH NJW 1986, 2757, 2758; widersprüchlich und damit unklar RGZ 145, 107, 116; BGH NJW 1985, 1774, 1775; *Hainmüller*, Der Anscheinsbeweis und die Fahrlässigkeitstat, S. 128; *Deutsch* in: Münch, Prozessrecht und materielles Recht, S. 41, 52.

984 BGH NJW 2013, 1304, 1305

985 BGH NJW 1969, 269, 274; widersprüchlich und damit unklar RGZ 145, 107, 116; BGH NJW 1985, 1774, 1775.

986 *Wagner* in: Münchener Kommentar zum BGB, § 823 Rn. 439; schon *Musielak*, Grundlagen der Beweislast im Zivilprozess, S. 156; offen lassend *Spickhoff* in: Soergel, BGB, § 823 Rn. 232; vgl. zur Abgrenzung des Anscheinsbeweises zur Beweislastumkehr *Ahrens*, Der Beweis im Zivilprozess, Kap. 16 Rn. 9 ff.

987 BGH NJW 1992, 1039, 1042; *Wagner* in: Münchener Kommentar zum BGB, § 823 Rn. 439; *Hager* in: Staudinger, BGB, § 823 Rn. G 40; *Spickhoff* in: Soergel, BGB, § 823 Rn. 232.

988 Siehe oben, Teil 2 B. IV. 1.

ist es möglich, ihr Verhalten an diesen Vorgaben auszurichten und somit einer zivilrechtlichen Haftung zu entgehen.

a. Zulässigkeit der Beweiserleichterung

Obgleich eine strukturelle Ähnlichkeit zwischen den in Deutschland bekannten Fällen zur Beweiserleichterung und der europäischen Haftungsvorschrift besteht, stellt sich die Frage, ob diese Beweiserleichterung bei Art. 35a Rating-VO zulässig ist. Dies sollte bejaht werden. Erstens stehen dem keine ausdrücklichen Regelungen in der Verordnung entgegen und zweitens spricht erst recht folgender dogmatischer Gesichtspunkt für die Zulässigkeit von Beweiserleichterungen im Rahmen des Verschuldens: Wenn man schon für die Beweislastverteilung auf den Grundsatz zurückgreift, dass jede Partei die Beweislast für das Vorliegen aller sie begünstigenden Tatbestandsmerkmale einer Norm trägt,[989] dann müssen gleichermaßen anerkannte Ausnahmen dieses Grundsatzes Berücksichtigung finden, wie sie etwa in Form von Beweiserleichterungen in der deutschen Rechtspraxis Geltung beanspruchen. Daher sind Beweiserleichterungen im Hinblick auf das Verschuldenselement des Art. 35a Rating-VO nach der hier vertretenen Auffassung grundsätzlich zulässig.

b. Lex fori oder lex causae

Erneut stellt sich die Frage, unter welchen Voraussetzungen die Beweiserleichterungen des deutschen Rechts anwendbar sind: Handelt es sich um eine Frage des materiellen Rechts oder ist die in Deutschland praktizierte Beweiserleichterung verfahrensrechtlich zu qualifizieren und damit der *lex fori* zuordenbar? Unterstellt man, dass es sich bei der Beweiserleichterung um eine Regelung der Beweislastverteilung handelt,[990] wäre sie nach herrschender Ansicht im deutschen Schrifttum

---

989 *Rosenberg,* Die Beweislast, S. 90 ff.; *Rosenberg/Schwab/Gottwald,* Zivilprozessrecht, § 115 Rn. 7; *Jakob/Picht* in: Rauscher, EuZPR/EuIPR, Art. 22 Rom II-VO Rn. 11; *Berger/Stemper,* WM 2010, 2289, 2294; *Mankowski,* IPRax 2009, 474, 475; *Lubrich,* GPR 2014, 116, 118; *Lubrich,* GPR 2014, 116, 118; *Storme,* Rapprochement du Droit Judiciaire de l'Union européenne, S. 65 f.; *Layton/Mercer,* European Civil Practice, S. 164 Rn. 7.001; vgl. zum englischen Recht *Tapper,* Cross & Tapper on evidence, S. 144 und *Bunge,* Zivilprozess und Zwangsvollstreckung in England und Schottland, S. 143; vgl. zum schwedischen Recht *Kohler,* Die Entwicklung des schwedischen Zivilprozessrechts, S. 84 f.; vgl. zur Berücksichtigung dieses Grundsatzes vor dem EuGH *Andová* in: Rengeling/Middeke/Gellermann, Hdb. d. Rechtsschutzes der EU, § 24 Rn. 8; vgl zur Geltung in den USA *Mössle,* Extraterritoriale Beweisbeschafftung im internationalen Wirtschaftsrecht, S. 116.

990 So wohl zuletzt BGH NJW 2013, 1304, 1305.

der *lex causae* zuzuweisen.[991] Dagegen ist die Zuordnung des Anscheinsbeweises im Schrifttum äußerst umstritten.[992] Während die Rechtsprechung die Beweislastverteilung als Frage der *lex causae* qualifiziert,[993] ordnet sie den Anscheinsbeweis der Beweisführung zu und qualifiziert sie damit als Regelung, die der *lex fori* unterfällt.[994] Aus diesem Befund lässt sich für die Praxis schlussfolgern, dass, soweit man einen Anscheinsbeweis annimmt, eine Beweiserleichterung für das Verschulden von Ratingagenturen zugunsten klagender Anleger und Emittenten dann in Betracht kommt, wenn vor deutschen Gerichten Klage erhoben wird. Dabei spielt es nach aktueller Rechtsprechung keine Rolle, ob für das subsidiäre Haftungsstatut das nationale Sachrecht eines anderen Mitglied- oder Drittstaates Anwendung findet. Wird in einem anderen Staat Klage erhoben, hängt es davon ab, ob das angerufene Gericht die deutschen Beweisregelungen der *lex causae* oder der *lex fori* zuordnet.[995] Nur im ersten Fall wären die in Deutschland praktizierten Beweiserleichterungen zu berücksichtigen.

2. Schaden

Erhebt ein Anleger oder ein Emittent vor einem deutschen Gericht Klage, so kommt ihnen die Erleichterung der Darlegungs- und Beweislast nach § 287 ZPO zugute, wonach das Beweismaß für das Vorliegen einer bestimmten Schadenshöhe auf überwiegende Wahrscheinlichkeit herabgesenkt wird.[996]

---

991 *Coester-Waltjen*, Internationales Privatrecht, S. 283 ff.; *Ahrens*, Der Beweis im Zivilprozess, Kap. 58 Rn. 23; *Geimer*, Int. ZPR, Rn. 2340.

992 Pro lex causae *Junker* in: Münchener Kommentar zum BGB, Art. 22 Rom II-VO Rn. 8; *Coester-Waltjen*, Internationales Privatrecht, S. 264 ff.; *Geimer*, Int. ZPR, Rn. 2291; *Jakob/Picht* in: Rauscher, EuZPR/EuIPR, Art. 22 Rom II-VO Rn. 8; *Staudinger*, NJW 2011, 650, 651 f.; pro lex fori *Prütting* in: Münchener Kommentar zur ZPO, § 286 Rn. 50; *Nagel/Gottwald*, IZPR, § 10 Rn. 58; *Ahrens*, Der Beweis im Zivilprozess, Kap. 16 Rn. 17; *Schack*, Int. ZVR, Rn. 746 f.; unentschieden *von Hein* in: Rauscher, EuZPR/EuIPR, Art. 18 Rom I-VO Rn. 9; *Thole*, IPRax 2010, 285, 287.

993 BGH NJW 1965, 489, 490 f.; OLG Stuttgart BeckRS 2010, 25127; 2000, 12821.

994 BGH NJW 1985, 554, 554 f.; OLG Nürnberg NJOZ 2007, 5109; LG Saarbrücken BeckRS 2015, 09091; AG Geldern NJW 2011, 686, 687; offen lassend OLG Stuttgart Beck RS 2010, 11751.

995 *Kessel*, RIW 1996, 293, 294; vgl. allg. zur Anwendbarkeit der *lex fori* hinsichtlich des Beweisrechts in verschiedenen europäischen Staaten *Nagel*, Grundzüge des Beweisrechts im europäischen Zivilprozess, S. 407 ff.

996 Vgl. *Peters*, Die Haftung und die Regulierung von Rating-Agenturen, S. 83; allg. BGH NJW 1992, 2694, 2695; *Wagner* in: Münchener Kommentar zum BGB, § 823 Rn. 56.

Das begünstigt vor allem Anleger, die den Kursdifferenzschaden geltend machen.[997]

Verlangt der Anleger den Transaktionsschaden ersetzt und beruft er sich darauf, dass er ohne das fehlerhafte Rating in ein anderes, gewinnbringendes Finanzinstrument investiert hätte, so kann er den entgangenen Gewinn nach § 252 Satz 1 BGB bzw. § 249 Abs. 1 BGB ebenfalls ersetzt verlangen,[998] wofür ihm in Ergänzung zu § 287 ZPO die Beweiserleichterung des § 252 Satz 2 BGB hilft.[999] Der Anleger müsste danach beweisen, dass ohne Schadensereignis mit überwiegender Wahrscheinlichkeit ein Gewinn eingetreten wäre.[1000] Auch wenn das Gericht unter Würdigung aller Umstände die Entstehung und Höhe des Schadens nach freier Überzeugung bestimmen kann,[1001] obliegt es Anlegern und Emittenten, ‚sich in zumutbarem Umfang um eine genaue Substantiierung zu bemühen[1002] sowie für die richterliche Schätzung eines Mindestschadens greifbare Tatsache darzulegen und diese im Bestreitensfall zu beweisen[1003].

III. Zusammenfassung

Art. 35a Abs. 2 Rating-VO erleichtert die Beweisführung für Anleger und Emittenten. Mitgliedstaatliche Gerichte sind dazu angehalten, beim Klägervortrag hinreichend zu berücksichtigen, dass Anleger und Emittenten möglicherweise keinen Zugang zu Informationen haben, aus denen eine Zuwiderhandlung der Ratingagentur und deren Auswirkung auf das Ratingergebnis hervorgeht. Deutsche Gerichte sollten sich dabei an den anerkannten Grundsätzen zur sekundären Darlegungslast orientieren.[1004]

Anleger sind nach Art. 35a Abs. 1 Unterabs. 2 Rating-VO verpflichtet nachzuweisen, dass sie sich mit gebührender Sorgfalt auf das Rating verlassen haben. Da ihnen nicht der Anscheinsbeweis zur Anlagestimmung zu Hilfe kommt,

---

997 Vgl. BGH NZG 2005, 672, 676; *Fleischer* in: Assmann/Schütze, Hdb. KapitalanlageR, § 6 Rn. 53.

998 § 252 Satz 1 BGB hat insofern klarstellende Funktion: *Oetker* in: Münchener Kommentar zum BGB, § 252 Rn. 1.

999 Vgl. *Möllers/Leisch* in: Kölner Kommentar zum WpHG, §§ 37b, c WpHG Rn. 335.

1000 Vgl. *Peters*, Die Haftung und die Regulierung von Rating-Agenturen, S. 136; *Teichmann* in: Jauernig, BGB, § 252 Rn. 2; *Oetker* in: Münchener Kommentar zum BGB, § 252 Rn. 31, 37.

1001 *Peters*, Die Haftung und die Regulierung von Rating-Agenturen, S. 83.

1002 *Prütting* in: Münchener Kommentar zur ZPO, § 287 Rn. 28.

1003 BGH NJW 2012, 2267, 2268 Rn. 9.

1004 Siehe oben, Teil 2 E. I. 1. b. dd.

sollten Anleger den Anlageprozess umfassend dokumentieren.[1005] Vor deutschen Gerichten können die Geschädigten zudem auf die Parteivernehmung nach §§ 447 f. ZPO als Beweismittel zurückgreifen.[1006]

Emittenten müssen nach Art. 35a Abs. 1 Unterabs. 2 Rating-VO nachweisen, dass die Zuwiderhandlung der Ratingagentur nicht auf falsche oder irreführende Informationen zurückzuführen ist. Grundsätzlich wird es ausreichend sein, dass der Emittent substantiiert darlegt, dass die in Frage stehende Zuwiderhandlung nicht durch die von ihm erteilten Informationen hätte beeinflusst werden können.[1007] Im Übrigen begünstigen ihn Darlegungserleichterungen.[1008] Schließlich sind Beweiserleichterungen beim Verschulden und Umfang des Schadens sowohl bei Anlegern als auch Emittenten denkbar.[1009]

1005 Siehe oben, Teil 2 E. I. 2.
1006 Siehe oben, Teil 2 E. I. 2. c.
1007 Siehe oben, Teil 2 E. I. 3. a.
1008 Siehe oben, Teil 2 E. I. 3. b.
1009 Siehe oben, Teil 2 E. II.

Teil 3: Kollisions- und zuständigkeitsrechtliche Bezüge der europäischen Haftungsvorschrift

Die europäische Haftungsvorschrift weist sowohl Bezüge zum Internationalen Privat- (IPR) als auch zum Internationalen Zivilverfahrensrecht (IZVR) auf, die einer näheren Betrachtung wert sind. Nach Art. 35a Abs. 4 Satz 1 und 2 Rating-VO ist zur Schließung von Lücken und zur Auslegung unbestimmter Rechtsbegriffe nationales Sachrecht anzuwenden, welches sich nach den jeweils einschlägigen Bestimmungen des IPR bestimmt. Zur Ermittlung der internationalen Gerichtszuständigkeit im Falle der Klage eines Anlegers oder Emittenten gegen europäische Ratingagenturen soll nach dem Wortlaut des Art. 35a Abs. 4 Satz 3 Rating-VO ebenfalls auf das IPR zurückgegriffen werden, wobei richtigerweise die einschlägigen Bestimmungen des IZVR gemeint sind.[1010]

Nach welchen Kriterien sich das subsidiäre Haftungsstatut bestimmt[1011] und welche Gerichte im Einzelnen zuständig sind[1012], ist Gegenstand der nachstehenden Untersuchungen. In deren Rahmen soll auch der im Schrifttum aufgeworfenen Frage nachgegangen werden, ob es für die Anwendung der europäischen Haftungsvorschrift einer kollisionsrechtlichen Vorprüfung bedarf oder ob Art. 35a Rating-VO aus sich heraus unmittelbar anwendbar ist.[1013] Ausgangspunkt der Prüfung ist die Qualifikation des Art. 35a Rating-VO als deliktsrechtlicher Haftungsvorschrift i.S.d. IPR und des IZVR.[1014]

A. Qualifikation als deliktsrechtliche Haftungsvorschrift i.S.d. IPR und IZVR

Die rechtliche Einordnung der europäischen Haftungsvorschrift hat erhebliche praktische Bedeutung, wenn es das subsidiäre Haftungsstatut und die internationale Gerichtszuständigkeit zu bestimmen gilt. So hängt die Anwendbarkeit der Rom I- oder Rom II-VO davon ab, ob ein vertraglicher oder deliktsrechtlicher

---

1010 Der Wortlaut der Haftungsvorschrift, wonach die Bestimmungen des „internationalen Privatrechts" maßgeblich sind, ist insofern ungenau.

1011 Siehe unten, Teil 3 B. II.

1012 Siehe unten, Teil 3 C.

1013 Siehe unten, Teil 3 B. I.

1014 Siehe unten, Teil 3 A.

Schadensersatzanspruch vorliegt. Weil sich die Rating-VO ausschließlich an europäische Ratingagenturen richtet, bemisst sich die internationale Zuständigkeit der mitgliedstaatlichen Gerichte ausnahmslos nach der Brüssel Ia-VO,[1015] die ihrerseits im Rahmen der zur Verfügung gestellten besonderen Gerichtsstände eine Unterscheidung zwischen vertraglichen und deliktsrechtlichen Ansprüchen in Art. 7 Nr. 1 und Nr. 2 Brüssel Ia-VO vornimmt[1016].

Zutreffend ist Art. 35a Rating-VO als deliktsrechtlicher Schadensersatzanspruch sowohl i.S.d. Rom II-VO als auch für die Belange der Brüssel Ia-VO zu qualifizieren.[1017] Wegweisend für eine Qualifikation von Art. 35a Rating-VO i.S.d. Brüssel Ia-VO ist Art. 7 Brüssel Ia-VO. Dort wird die besondere internationale Gerichtszuständigkeit bei vertraglichen Ansprüchen in Nr. 1 und bei deliktsrechtlichen Ansprüchen in Nr. 2 geregelt. Voraussetzung für einen vertraglichen Anspruch ist danach, dass eine freiwillig eingegangene Verpflichtung vorliegt.[1018] Ein Anspruch aus unerlaubter Handlung i.S.d. Art. 7 Nr. 2 Brüssel Ia-VO liegt hingegen nach stetiger EuGH-Rechtsprechung dann vor, wenn die Schadenshaftung nicht an einen Vertrag i.S.d. Nr. 1 anknüpft.[1019] Dazu zählen insbesondere Klagen, welche auf den Ausgleich von Vermögensschäden gerichtet sind.[1020]

Obgleich im Unionsrecht der Grundsatz der harmonischen Auslegung der Rechtsakte auf den Gebieten des IPR und des IZVR gilt,[1021] was besonderen

1015 Vgl. Art. 4 Abs. 1 und Art. 6 Abs. 1 Brüssel Ia-VO.

1016 Vgl. *Dörner* in: Saenger, ZPO, Art. 7 Brüssel Ia-VO Rn. 5 ff., 28 ff.; *Stadler* in: Musielak/Voit, ZPO, Art. 5 VO (EG) 44/2001 Rn. 22; *Junker* in: Münchener Kommentar zum BGB, Art. 4 Rom II-VO Rn. 14.

1017 *Dutta,* IPRax 2014, 33, 40; *Dutta,* WM 2013, 1729, 1731; *Gietzelt/Ungerer*, GPR 2013, 333, 338; *Schroeter,* Ratings, S. 835; *Schantz,* Die zivilrechtliche Verantwortlichkeit von Ratingagenturen gegenüber Investoren, S. 358; *Steinrötter*, ZIP 2015, 110, 114; bereits zum Kommissionsvorschlag für eine Verordnung des Europäischen Parlaments und des Rates zur Änderung der Verordnung (EG) Nr. 1060/2009 über Ratingagenturen, KOM(2011) 747 endgültig vom 15.11.2011 *Wagner* in: FS Blaurock, 467, 487.

1018 EuGH, Urt. v. 17.09.2002 – Rs. C-334/00 – Fonderie Officine Meccaniche Tacconi SpA/Heinrich Wagner Sinto Maschinenfabrik GmbH, NJW 2002, 3159, 3159 Rn. 23; *Pfeiffer* in: Prütting/Gehrlein, ZPO, Art. 7 EuGVO Rn. 2; *Dörner* in: Saenger, ZPO, Art. 7 Brüssel Ia-VO Rn. 5.

1019 EuGH, Urt. v. 27.09.1988 – Rs. 189/87 – Kalfelis/Schröder u.a., NJW 1988, 3088, 3089 Rn. 17; EuGH, Urt. v. 11.07.2002 – Rs. C-96/00 – Gabriel, NJW 2002, 2697, 2697 Rn. 32; EuGH, Urt. v. 20.01.2005 – Rs. C-27/02 – Engler/Janus Versand GmbH, NJW 2005, 811, 812 Rn. 29; BGH BKR 2012, 78, 79 f.; *Dörner* in: Saenger, ZPO, Art. 7 Brüssel Ia-VO Rn. 29; *Kropholler/von Hein,* EurZPR, Art. 5 Brüssel Ia-VO a.F. Rn. 72.

1020 *Kiethe* NJW 1994, 222, 223.

1021 *Kropholler/von Hein,* EurZPR, Einl. Brüssel Ia-VO Rn. 74.

Ausdruck im jeweiligen Erwägungsgrund 7 der Rom I- und der Rom II-VO findet, darf ein strikter Gleichlauf der beiden Rechtsgebiete aufgrund ihrer Eigengesetzlichkeiten nicht angenommen werden.[1022] Gleiche Begriffe können im IPR und im IZVR solange identisch ausgelegt werden, als eine Besonderheit des jeweiligen Rechtsgebiets eine Abweichung nicht erforderlich macht.[1023]

Bei Art. 4 Rom II-VO ist die Einordnung eines Anspruch als deliktsrechtlich mittels derselben Negativkriterien zu bestimmen wie bei Art. 7 Brüssel Ia-VO: Von der Haftung aus unerlaubter Handlung wird diejenige Schadenshaftung erfasst, die nicht aus einem Vertrag herrührt.[1024] So verweist die Kommissionsbegründung[1025] zur Rom II-VO auf die Rechtsprechung des EuGH zu Art. 5 EuGVÜ.[1026] Mit anderen Worten kann für die Abgrenzung zwischen der Rom I- und der Rom II-VO auf die Rechtsprechung zu Art. 5 Nr. 1 und Nr. 2 Brüssel Ia-VO und seinen Vorgängerfassungen zurückgegriffen werden.[1027] Daher ist auch i.S.d. Rom-Verordnungen für das Vorliegen eines vertraglichen Anspruchs maßgeblich, dass eine Partei gegenüber der anderen Partei eine freiwillige Verpflichtung eingegangen ist.[1028]

Aufgrund dieser Kriterien ist Art. 35a Rating-VO als deliktsrechtliche Anspruchsgrundlage zu klassifizieren. Das Bestehen einer freiwilligen Verpflichtung zwischen der Ratingagentur einerseits und dem Anleger oder Emittenten andererseits wird in der Haftungsvorschrift tatbestandlich nicht verlangt. Gemäß den Erwägungsgründen der Rating-VO (EU) Nr. 462/2013 sollen „alle

---

1022 EuGH, Urt. v. 16.01.2014 – Rs. C-45/13 – Andreas Kainz/Pantherwerke AG, BeckRS 2014, 80042 Rn. 19 f.; *Pfeiffer*, Internationale Zuständigkeit und prozessuale Gerechtigkeit, S. 109 ff.; *Kropholler/von Hein*, EurZPR, Einl. Brüssel Ia-VO Rn. 74; *Köck*, Die einheitliche Auslegung der Rom I-, Rom II- und Brüssel I-Verordnung, S. 141, 187; *Girsberger* in: Basedow et al. (Hrsg.), Private Law in the International Arena, S. 219, 226.

1023 EuGH, Urt. v. 16.01.2014 – Rs. C-45/13 – Andreas Kainz/Pantherwerke AG, BeckRS 2014, 80042 Rn. 19 f.; *Kropholler/von Hein*, EurZPR, Einl. Brüssel Ia-VO Rn. 74; *Köck*, Die einheitliche Auslegung der Rom I-, Rom II- und Brüssel I-Verordnung, S. 187; *Girsberger* in: Basedow et al. (Hrsg.), Private Law in the International Arena, S. 219, 226; *Wais*, Der Europäische Erfüllungsgerichtsstand für Dienstleistungsverträge, S. 74 f. *derselbe*, IPRax 2015, 127, 128.

1024 *Junker* in: Münchener Kommentar zum BGB, Art. 4 Rom II-VO Rn. 14; zu Art. 7 Nr. 2 Brüssel Ia-VO *Pfeiffer* in: Prütting/Gehrlein, ZPO, Art. 7 EuGVO Rn. 10.

1025 Europäische Kommission, Vorschlag für eine Verordnung des Europäischen Parlaments und des Rates über das auf außervertragliche Schuldverhältnisse anzuwendende Recht („Rom II") vom 22.07.2003, KOM (2003) 427, S. 9.

1026 *Junker* in: Münchener Kommentar zum BGB, Art. 1 Rom II-VO Rn. 14.

1027 Vgl. *Dutta*, WM 2013, 1729, 1731.

1028 *Junker* in: Münchener Kommentar zum BGB, Art. 1 Rom II-VO Rn. 15.

Anleger und Emittenten, [ganz] unabhängig davon, ob eine vertragliche Beziehung zwischen ihnen und einer Ratingagentur besteht, die Möglichkeit haben, bei einem Verstoß gegen die Verordnung (EG) Nr. 1060/2009 Schadensersatz zu verlangen."[1029] Für die Geltendmachung des europäischen Schadensersatzanspruchs soll es damit gerade nicht auf das Bestehen einer Bindung der Parteien aneinander durch freiwillige Verpflichtungen ankommen. Vielmehr ist vorgesehen, dass Anleger und Emittenten, neben u.U. weiteren Ansprüchen, Schadensersatz nach Art. 35a Rating-VO verlangen können.[1030] Darüber hinaus weist Art. 35a Rating-VO bestimmte, wiederkehrende Charakteristika auf, wie Verstoß gegen eine Rechtsvorschrift, Behauptung eines drohenden Schadens und Ausgleich unter Berücksichtigung der Art und des Umfangs der erlittenen Schädigung, die für die Qualifikation eines Anspruchs als ein solcher aus unerlaubter Handlung anerkannt sind.[1031] Schließlich bedarf es auch keines Rückgriffs auf ein Vertragsverhältnis, um die einzelnen Pflichten, deren Verstoß in Rede steht, zu identifizieren.[1032] Vielmehr kommt es auf den Regelungskatalog der Rating-VO an. Eine vertragliche Einordnung wäre letztlich auch im Hinblick auf die *private enforcement*-Funktion des Art. 35a Rating-VO wenig überzeugend.[1033]

B. Art. 35a Rating-VO im Zusammenspiel mit dem IPR

Für die Bestimmung des subsidiären Haftungsstatuts ist somit die Rom II-VO maßgeblich, soweit der Kläger vor dem Gericht eines europäischen Mitgliedstaates Klage erhebt. Für den Rechtsanwender ergeben sich dadurch zwei Folgefragen auf verschiedenen dogmatischen Ebenen: Erstens, sind die Kollisionsnormen der Rom II-VO bereits im Rahmen einer kollisionsrechtlichen Vorprüfung beachtlich oder ist Art. 35a Rating-VO aus sich heraus unmittelbar anwendbar? Und zweitens, nach welchen Kriterien bestimmt sich das subsidiäre Haftungsstatut der europäischen Vorschrift?

Obgleich beide Fragen dogmatisch unterschiedliche Aspekte behandeln, kann es teilweise zu inhaltlichen Überschneidungen kommen. Denn geht man beispielsweise von der Erforderlichkeit einer kollisionsrechtlichen Vorprüfung aus und gelangt man zur Anwendbarkeit der Rating-VO, so ist zugleich das

---

1029 Erwägungsgrund 32 der Rating-VO (EU) Nr. 462/2013.

1030 Vgl. Art. 35a Abs. 5 Rating-VO.

1031 Vgl. *Junker* in: Münchener Kommentar zum BGB, Art. 1 Rom II-VO Rn. 15.

1032 So der EuGH, Urt. v. 13.03.2014 – C-548/12 – Marc Brogsitter/Fabrication de Montres Normandes EURL, Karsten Fräßdorf, NJW 2014, 1648, 1649 Rn. 24 f.

1033 Siehe oben, Teil 2 A. V. 2.

subsidiäre Haftungsstatut bestimmt, da hier wie dort dieselben Kriterien der Rom II-VO maßgeblich sind. Kommt man hingegen bei einer kollisionsrechtlichen Vorprüfung zu dem Ergebnis der Unanwendbarkeit der Rating-VO, so ist die Bestimmung des ergänzenden nationalen Sachrechts hinfällig. Soweit man die Vornahme einer kollisionsrechtlichen Vorprüfung ablehnt, erlangt die Ermittlung des subsidiären Haftungsstatuts schließlich eine gänzlich selbstständige Bedeutung. Diesen Zusammenhängen geschuldet soll nachfolgend zunächst untersucht werden, ob die Anwendbarkeit des Art. 35a Rating-VO die Durchführung einer kollisionsrechtlichen Vorprüfung erfordert.[1034] Anschließend soll herausgearbeitet werden, nach welchen Kriterien sich das jeweils maßgebliche nationale Sachrecht im Einzelnen bestimmt.[1035]

I. Erforderlichkeit einer kollisionsrechtlichen Vorprüfung

Ob der räumliche Anwendungsbereich von Art. 35a Rating-VO unter Vornahme einer kollisionsrechtlichen Vorprüfung zu bestimmen oder durch die Rating-VO selbst festgelegt ist, wird im einschlägigen Schrifttum zu Art. 35a Rating-VO unterschiedlich beurteilt. Teils wird eine kollisionsrechtliche Vorprüfung vorausgesetzt,[1036] teils wird sie ausdrücklich abgelehnt.[1037] Dabei hat die Annahme der Notwendigkeit einer kollisionsrechtlichen Vorprüfung zur Konsequenz, dass die europäische Haftungsvorschrift nur dann zur Anwendung kommt, wenn die jeweiligen Kollisionsnormen – bei Klageerhebung vor einem mitgliedstaatlichen Gericht die Regeln der Rom II-VO – auf das materielle Recht eines europäischen Mitgliedstaates verweisen.[1038]

Grundsätzlich ist es die Aufgabe des IPR, bei Sachverhalten, die eine Verbindung zum Recht eines ausländischen Staates aufweisen, die anwendbare Rechtsordnung zu bestimmen und nicht den Sachverhalt selbst zu entscheiden.[1039] Dabei muss nach *Friedrich Carl von Savigny* „bei jedem Rechtsverhältnis dasjenige Rechtsgebiet aufgesucht werden, welchem dieses Rechtsverhältnis seiner eigentümlichen Natur nach angehört oder unterworfen ist."[1040]

1034 Siehe unten, Teil 3 B. I.

1035 Siehe unten, Teil 3 B. II.

1036 So *Gietzelt/Ungerer*, GPR 2013, 333, 338 f.; allg. zum Grundsatz der kollisionsrechtlichen Vorprüfung im Zusammenhang mit Art. 28 Rom II-VO *Basedow*, RabelsZ 74 (2010), 118, 127.

1037 So *Dutta*, IPRax 2014, 33, 40; *Halfmeier*, VuR 2014, 327, 333.

1038 Vgl. *Gietzelt/Ungerer*, GPR 2013, 333, 338 f.; vgl. darstellend: *Dutta*, IPRax 2014, 33, 40.

1039 *von Hoffmann/Thorn*, IPR, § 1 Rn. 3–4.

1040 *von Savigny*, S. 28, 108.

Ob eine kollisionsrechtliche Vorprüfung für die Bestimmung des anwendbaren Rechts erforderlich ist, hängt zunächst allgemein davon ab, ob der konkrete Sachverhalt eine Auslandsberührung aufweist oder nicht, was das folgende Beispiel veranschaulichen soll.

Ein Anleger, der seinen gewöhnlichen Aufenthalt in England und seine Anlagegeschäfte über ein englisches Konto abgewickelt hat, klagt gegen eine Ratingagentur mit Sitz in England vor einem Gericht in England auf Schadensersatz, da er sich auf ein von der Ratingagentur abgegebenes, fehlerhaftes Rating verlassen und dadurch eine Vermögenseinbuße erlitten hat.

Einer kollisionsrechtlichen Vorprüfung aus Gründen der Bestimmung des anzuwendenden Sachrechts bedarf es hier nicht. Maßgeblich für die Entscheidung des Sachverhalts ist englisches Recht.

Anders verhält es sich hingegen bei einem Anleger, der seinen gewöhnlichen Aufenthalt in Deutschland hat, seine Anlagegeschäfte über ein deutsches Konto abwickelt und gegen eine Ratingagentur mit Sitz in England vor einem deutschen Gericht klagt. Hier liegt ein Auslandsbezug vor, womit sich die kollisionsrechtliche Frage stellt, ob deutsches oder englisches Sachrecht das Rechtsverhältnis zwischen dem klagenden Anleger und der beklagten Ratingagentur regelt. Unterstellt man die Erforderlichkeit einer kollisionsrechtlichen Vorprüfung für die Anwendbarkeit des Art. 35a Rating-VO, so wäre unabhängig davon, ob diese zur Anwendung englischen oder deutschen Sachrechts führen würde, in beiden Konstellationen die Rating-VO anwendbar, weil sowohl das englische als auch das deutsche Sachrecht nach Art. 288 AEUV unmittelbar geltendes, europäisches Sekundärrecht einschließt.[1041] Die Frage der Erforderlichkeit einer kollisionsrechtlichen Vorprüfung für die Anwendbarkeit einer europäischen Verordnung ist hier akademischer Natur, soweit die Auslandsberührung ausschließlich Staaten betrifft, in denen die Rating-VO nach Art. 288 AEUV unmittelbar gilt.

Praktische Auswirkungen kann eine kollisionsrechtliche Vorprüfung aber dann haben, wenn ein Auslandsbezug zu einem Drittstaat besteht:

Die Ratingagentur A hat ihren satzungsmäßigen Sitz und gewöhnlichen Aufenthalt in England. Kleinanleger B hat seinen gewöhnlichen Aufenthalt in Deutschland, führt seine Anlagegeschäfte aber über ein Bankkonto in der Schweiz. Auf Grund eines fehlerhaften Ratings der A erleidet B einen Vermögensschaden, welchen er nach Art. 35a Rating-VO ersetzt verlangt. Er erhebt Klage in England.

1041 Vgl. *Gietzelt/Ungerer*, GPR 2013, 333, 338 f.

Das zwischen der Ratingagentur und dem klagenden Anleger bestehende Rechtsverhältnis könnte hier durch deutsches, englisches oder schweizerisches Recht bestimmt sein. Käme man im Wege der kollisionsrechtlichen Vorprüfung am Maßstab der Rom II-VO zu dem Ergebnis, dass weder deutsches noch englisches, sondern schweizerisches Recht aufgrund des Schadenseintritts in der Schweiz maßgeblich wäre, müsste eine Anwendbarkeit des Art. 35a Rating-VO grundsätzlich ausscheiden.[1042] Denn europäische Verordnungen gelten nach Art. 288 AEUV nur in den Mitgliedstaaten unmittelbar. Die Durchführung einer kollisionsrechtlichen Vorprüfung hätte damit einschränkende Wirkung auf den Anwendungsbereich der europäischen Haftungsvorschrift.

1. Verhältnis zwischen der Rating-VO und der Rom II-VO

Sowohl bei Art. 35a Rating-VO als auch bei der Rom II-VO handelt es sich um europäische Rechtsakte, die denselben normativen Rang genießen[1043] und gleichermaßen unmittelbar in den europäischen Mitgliedstaaten nach Art. 288 AEUV gelten.[1044] Anders als im Verhältnis von EU-Recht zu nationalem Recht kann damit das Verhältnis nicht durch einen allgemeinen Anwendungsvorrang des europäischen Rechtsakts bestimmt sein.[1045] Herangezogen werden können grundsätzlich der allgemeine *lex specialis*-Grundsatz und der Grundsatz, dass das spätere Gesetz Vorrang gegenüber dem früheren Gesetz hat (*lex posterior derogat legi priori*), soweit die Rating-VO, Art. 27 Rom II-VO und die Wertungen des Art. 23 Rom I-VO nichts anderes bestimmen.[1046]

In Art. 35a Abs. 4 Satz 1 und 2 Rating-VO wird hinsichtlich der Begriffsbestimmungen und Schließung von Lücken lediglich auf bestehende Regelungen des IPR verwiesen. Es handelt sich hierbei um sachrechtsergänzende

---

1042 Art. 35a Rating-VO könnte dann dennoch zur Anwendung geführt werden, wenn Art. 35a Rating-VO den Anforderungen einer Eingriffsnorm i.S.d. Art. 16 Rom II-VO entsprechen würde.

1043 Vgl. *Schilling*, EuZW 2011, 776, 780 f.

1044 Vgl. allgemein zur europäischen Normenhierachie *Hafmeier/Sonder* in: Calliess/Ruffert, EUV/AEUV, Art. 27 Rom II-VO Rn. 6 ff.

1045 Vgl. zum Anwendungsvorrang von EU-Recht gegenüber nationalem Recht *Schöbener*, JA 2011, 885, 885 ff.; *Brödermann/Iversen*, Europ. GemR und IPR, S. 3 m.w.N. in der EuGH-Rechtsprechung.

1046 Vgl. allg. *Helfmeier/Sonder* in: Calliess/Ruffert, EUV/AEUV, Art. 27 Rom II-VO Rn. 9; *Mankowski*, ZVglRWiss 100 (2001), 137, 177; konkret den Anwendungsvorrang der europäischen Passagierrechteverordnung mit dem lex specialis-Grundsatz gegenüber Art. 5 Rom I-VO begründend *Schilling*, EuZW 2011, 776, 781.

Verweisungsnormen.[1047] Darüber hinaus enthält die Haftungsvorschrift keine Anordnungen, die Rückschlüsse auf das Verhältnis zu den Kollisionsnormen der Rom II-VO erlauben.[1048]

Anders verhält es sich aber bei der Rom II-VO. Nach Art. 27 Rom II-VO berührt die Rom II-VO nicht die Anwendung von Vorschriften des Gemeinschaftsrechts, die für besondere Gegenstände Kollisionsnormen für außervertragliche Schuldverhältnisse enthalten.[1049] Von Art. 27 Rom II-VO wird somit spezielleren Kollisionsnormen Vorrang eingeräumt, u.a. für den Fall, dass eine europäische Verordnung eigene Kollisionsnormen für besondere Gegenstände enthält, die eigentlich dem Anwendungsbereich der Rom II-VO unterliegen.[1050] Eine eigene Anordnung für den Kollisionsfall scheint Art. 35a Rating-VO auf den ersten Blick jedoch nicht zu beinhalten.

Ob darüber hinaus auch Vorschriften wie Art. 35a Rating-VO, die auf den ersten Blick lediglich den Anwendungsbereich des materiellen Sekundärrechts festlegen, Kollisionsnormen i.S.d. Art. 27 Rom II-VO sind und damit in dessen Anwendungsbereich fallen, ist nicht ganz eindeutig. Die Regelung internationaler Sachverhalte obliegt jedenfalls nicht nur den Verweisungsnormen des IPR. Vielmehr bildet materielles Sonderrecht, worunter neben dem internationalen Einheitsrecht auch das europäische Sachrecht fällt,[1051] eine Ergänzung oder gar Alternative.[1052] Dabei ist es möglich, dass diese „Sachnormen" ihren internationalen Anwendungsbereich selbst bestimmen.[1053] Allerdings wird schon die Bezeichnung solcher Vorschriften als Kollisionsnormen in Teilen des Schrifttums kritisiert, weil sie nur mittelbar den Konflikt kollidierender Rechtsordnungen entscheiden.[1054] Andere bezeichnen solche Normen als „versteckte Kollisionsnormen" oder „selbstbegrenzte oder selbstbeschränkte Sachnormen".[1055] Unabhängig davon, wie man solche Normen im Ergebnis benennen möchte, wird bereits bei der Diskussion um die richtige Begriffsverwendung

---

1047 Vgl. zur Begrifflichkeit *Wendehorst* in: Langenbucher, S. 391 Rn. 38.

1048 *Dutta,* IPRax 2014, 33, 40.

1049 Entsprechend Art. 23 Rom I-VO bei vertraglichen Rechtsverhältnissen.

1050 *Junker* in: Münchener Kommentar zum BGB, Art. 27 Rom II-VO Rn. 11 f.

1051 *Wendehorst* in: Langenbucher, S. 379 Rn. 6.

1052 *Kropholler,* IPR, S. 95; vgl. *Schilling,* Binnenmarktkollisionsrecht, S. 265 ff.; *Brödermann/Iversen,* Europ. GemR und IPR, S. 270 ff.

1053 *Wendehorst* in: Langenbucher, S. 379 Rn. 6.

1054 *Wendehorst* in: Langenbucher, S. 379 Rn. 6; vgl. auch *Schilling,* EuZW 2011, 776, 780 f.

1055 *Kropholler,* IPR, S. 108.

deutlich, dass eine klare Grenzziehung zwischen materiellem Sachrecht und IPR keineswegs immer möglich ist.[1056]

Richtigerweise kann die oben aufgeworfene Frage, ob Art. 35a Rating-VO kollisioinsrechtlichen Charakter hat, nur durch Auslegung des Art. 27 Rom II-VO beantwortet werden.[1057] Teilweise wird die Berücksichtigung europäischen Sekundärrechts, das seinen räumlichen Anwendungsbereich selbst festlegt, im Rahmen der Rom I-VO bei Art. 23, der das Pendant zu Art. 27 Rom II-VO darstellt, mit dem Argument abgelehnt, dass diese Regelungen Teil des materiellen Rechts seien und somit keine Verweisungsnormen i.S.d. Rom I-VO darstellen könnten.[1058] Eine Auslegung allein anhand des nicht eindeutigen Wortlauts sowohl des Art. 23 Rom I-VO als auch des Art. 27 Rom II-VO führt zu keinem klaren Ergebnis. Jedoch sprechen auch systematische Erwägungen gegen eine Berücksichtigung. So enthält die Rom II-VO ausschließlich solche Kollisionsnormen, die den Konflikt kollidierender Rechtsordnungen entscheiden sollen.[1059] Es liegt daher nahe, dass auch nur solche Verweisungsnormen als „Kollisionsnormen" i.S.d. Art. 27 Rom II-VO berufen sind, die ihrerseits primär die Zuführung eines Rechtsverhältnisses zu einer Rechtsordnung gewährleisten und nicht in erster Linie den materiellen Anwendungsbereich einer Sachnorm bestimmen wollen. Dies wird von Erwägungsgrund 35 Satz 2 gestützt. Danach schließt die Rom II-VO die Möglichkeit der Aufnahme von Kollisionsnormen für außervertragliche Schuldverhältnisse in Vorschriften des Gemeinschaftsrechts in Bezug auf besondere Gegenstände nicht aus. Der europäische Gesetzgeber wollte damit die Möglichkeit wahren, dass europäische Rechtsakte abweichende Verweisungsnormen bezüglich eines besonderen Gegenstands enthalten können und diese den allgemeinen Kollisionsnormen der Rom II-VO vorgehen.

Anders verhält es sich aber mit Erwägungsgrund 35 Satz 3 der Rom II-VO. Danach soll die Rom II-VO die Anwendung anderer Rechtsakte nicht ausschließen, die Bestimmungen enthalten, die zum reibungslosen Funktionieren des Binnenmarkts beitragen sollen, soweit sie nicht in Verbindung mit dem Recht angewendet werden können, auf das die Regeln dieser Verordnung (gemeint ist die Rom II-VO) verweisen. In Abgrenzung zu Erwägungsgrund 35 Satz 2

1056 Vgl. *Schilling*, Binnenmarktkollisionsrecht, S. 301 f., die herausstellt, dass Kollisionsnormen einem materiellen Zweck verpflichtet sind; vgl. auch *Kropholler*, IPR, S. 109.

1057 *Kropholler*, IPR, S. 108.

1058 Vgl. zu Art. 23 Rom I-VO *Schilling*, EuZW 2011, 776, 780 f.

1059 Vgl. *Wendehorst* in: Langenbucher, S. 379, der Sachnormen, die ihren internationalen Anwendungsbereich selbst bestimmen, nicht als „Kollisionsnormen" bezeichnen möchte.

behandelt Satz 3 das Verhältnis der Rom II-VO zu europäischen Rechtsakten des Binnenmarkts. Demnach sollen Rechtsakte des Binnenmarkts auch dann anwendbar sein können, wenn im Wege einer kollisionsrechtlichen Vorprüfung nach der Rom II-VO auf eine Rechtsordnung verwiesen wird, in der europäisches Recht nicht anwendbar ist.[1060] Das dahinterstehende Ziel des Verordnungsgebers ist klar: Es soll ein umfassender materiellrechtlicher Interessenschutz gewährleistet werden.[1061] Dies ist aber nur dann gesichert, wenn der materiellrechtliche Schutz auch eine kollisionsrechtliche Absicherung erfährt, indem im Falle einer bestimmten Verknüpfung eines Sachverhalts mit dem Geltungsbereich einer bestimmten materiellen Regelung deren Anwendung sichergestellt wird.[1062] Damit ist es denkbar, dass die Anwendung einzelner Rechtsakte, die zum reibungslosen Funktionieren des Binnenmarkts beitragen sollen, von einer vorgeschalteten kollisionsrechtlichen Prüfung unabhängig bleiben kann.[1063]

Die Rating-VO allgemein und Art. 35a Rating-VO als *private enforcement*-Regelung im Speziellen sollen zu einem reibungslos funktionierenden Binnenmarkt beitragen, wie nicht nur aus Art. 1 Rating-VO ersichtlich wird, sondern auch in den Erwägungsgründen seinen Niederschlag findet.[1064] In seiner Stellungnahme führte der Juristische Dienst des Rates aus, dass für Art. 35a Rating-VO als Rechtsgrundlage ebenfalls Art. 114 AEUV maßgeblich sei, weil die Wirksamkeit bestehender Vorschriften bezüglich der Arbeitsweise von Ratingagenturen durch das eingeführte Haftungsregime sichergestellt und dadurch der bestehende Rechtsrahmen auf Grundlage eines weiteren konzeptionellen Ansatzes ergänzt werde, was den vom EuGH postulierten Maßgaben[1065] voll entspreche.[1066]

1060 *Wagner* in: FS Kropholler, 715, 725; *Hamburg Group for Private International Law,* RabelsZ 67 (2003), 1, 54.

1061 Vgl. allgemein *Jayme* in: Hommelhoff/Jayme/Mangold, Europäischer Binnenmarkt, S. 49; *Schilling,* Binnenmarktkollisionsrecht, S. 301 f.

1062 *Schilling,* Binnenmarktkollisionsrecht, S. 301 f.

1063 *Wagner* in: FS Kropholler, 715, 725; vgl auch *Schaub* in: Prütting/Wegen/Weinreich, BGB, Art. 27 Rom II-VO Rn. 1, der darauf hinweist, dass Art. 27 Rom II-VO nicht auf Kollisionsnormen im rechtstechnische Sinne abstellt; *Hamburg Group for Private International Law,* RabelsZ 67 (2003), 1, 53 f.

1064 Erwägungsgrund 11, 32, 43 und 64 der Rating-VO (EU) Nr. 462/2013.

1065 EuGH, Urt. v. 08.06.2010 – Rs. C-58/08 – Vodafone u.a./Secretary of State for Business, Slg. 2010, I-0499, Rn. 42 ff.

1066 Rat der Europäischen Union, Beitrag des Juristischen Dienstes, Vorschlag für eine Verordnung des Europäischen Parlaments und des Rates zur Änderung der Verordnung (EG) Nr. 1060/2009 über Ratingagenturen – Zivilrechtliche Haftung, 16.03.2012, Dok.-Nr. des Rates 7801/12.

Unabhängig davon, ob die Gesetzgebungskompetenz der Union tatsächlich auf Art. 114 AEUV gestützt werden konnte,[1067] scheidet eine kollisionsrechtliche Vorprüfung mittels der Rom II-VO somit aus, wenn sie dazu führt, dass der durch die Rating-VO beabsichtigte, materiellrechtliche Interessenschutz abgeschwächt oder gar unterlaufen werden würde. Dies gilt es nachfolgend zu klären.

2. *Festlegung des räumlich persönlichen Anwendungsbereichs durch die Rating-VO selbst*

Maßgebliches Kriterium für die Erforderlichkeit einer kollisionsrechtlichen Vorprüfung ist somit, ob die Durchführung einer kollisionsrechtlichen Vorprüfung zur einer Minderung des vom Verordnungsgeber beabsichtigten Schutzes führen würde. Dies ist grundsätzlich durch Auslegung zu ermitteln.[1068]

Neben dem Anlegerschutz verfolgt der Verordnungsgeber das Ziel, die Qualität von Ratings durch die Beachtung bestimmter Verhaltens- und Organisationspflichten zu verbessern und aufrechtzuerhalten.[1069] Ratingagenturen sollen durch die Möglichkeit der zivilrechtlichen Inanspruchnahme durch Anleger und Emittenten dazu angehalten werden, die ihnen durch die Rating-VO auferlegten Pflichten zu erfüllen.[1070] Je größer der potentielle Klägerkreis ist, desto höher wird das Interesse der Ratingagenturen sein, die Vorgaben der Rating-VO einzuhalten und damit die Sicherung einer bestimmten Qualität von Ratings sicherzustellen. Sollte eine kollisionsrechtliche Vorprüfung bspw. für den Fall, dass ein Anleger mit gewöhnlichem Aufenthalt in Belgien infolge eines fehlerhaften Ratings einer englischen Ratingagentur in die Anleihe eines französischen Unternehmens über ein schweizerisches Konto investiert hat, die Anwendung schweizerischen Rechts und damit die Nichtanwendbarkeit der europäischen Haftungsvorschrift ergeben, so wäre dies wohl kaum von dem Zweck der Rating-VO gedeckt, den Verhaltenspflichten für Ratingagenturen zur Durchsetzung zu verhelfen. Es handelt sich hier gerade um solche Sachverhalte, die von der europäischen Rating-VO geregelt werden sollen.[1071]

Auch aus dem Gesichtspunkt des Anlegerschutzes wäre eine unterschiedliche Beurteilung gegenüber jemandem, der beispielsweise über ein deutsches Konto

1067 Siehe oben, Teil 2 A. II.

1068 Vgl. *Kropholler*, IPR, S. 108.

1069 Siehe oben, Teil 2 A. V. 2.

1070 Siehe oben, Teil 2 A. V. 2.

1071 Vgl. allgemein zur Absicherung von Unionsstandards *Schilling*, Binnenmarktkollisionsrecht, S. 301 f.

investiert hat, kaum nachvollziehbar. Für eine kollisionsrechtliche Unabhängigkeit wird teils im Schrifttum angemerkt, dass die Rating-VO den räumlich-persönlichen Anwendungsbereich der Haftungsvorschrift selbst festlegt, indem ausschließlich europäische Ratingagenturen in Anspruch genommen werden könnten.[1072] Problematisch ist allerdings, dass sich die Frage der Anwendbarkeit bei Art. 35a Rating-VO nicht nur auf Seiten des Anspruchgegners stellt, sondern ebenso auf Seiten des Anspruchstellers. Unabhängig davon, wer materiellrechtlich Anleger oder Emittent i.S.d. Rating-VO ist, besteht zunächst Unklarheit, welches Sachrecht für den Geschädigten maßgeblich ist.

Letztlich muss eine kollisionsrechtliche Vorprüfung für Art. 35a Rating-VO ausscheiden, da anderenfalls die Anwendung der Haftungsregelung und damit die „private Rechtsdurchsetzung" öffentlich-rechtlicher Verhaltenspflichten, welche europäische Ratingagenturen zu erfüllen haben, vom Zufall abhinge. Das würde dem oben aufgezeigten Zweck der Rating-VO nicht gerecht werden.[1073] Darüber hinaus wird im Schrifttum für die Kollisionsrechtsunabhängigkeit zutreffend angeführt, dass der Verordnungsgeber in Art. 35a Abs. 4 Satz 1 und 2 Rating-VO nur für Einzelfragen, nicht aber für die Anwendbarkeit des Haftungstatbestands als solchem, auf die Regeln des Internationalen Privatrechts verwiesen hat.[1074]

Damit verhält es sich bei der Rating-VO wie bei der Fluggastrechte-Verordnung[1075], die Ausgleichsansprüche bei Nichtbeförderung, Annullierungen und Verspätungen für Fluggäste vorsieht. Nach Art. 3 Abs. 1 Fluggastrechte-Verordnung gilt die Fluggastrechte-VO grundsätzlich für Fluggäste, die auf Flughäfen im Gebiet eines Mitgliedstaats einen Flug antreten und für Fluggäste, die von einem Flughafen in einem Drittstaat einen Flug zu einem Flughafen im Gebiet eines Mitgliedstaats antreten, sofern das ausführende Luftunternehmen ein Fluguntemehmen der Gemeinschaft ist.[1076] Dabei ist die Fluggastrechte-VO wie

---

1072 Vgl. *Dutta,* IPRax 2014, 33, 40.

1073 So auch *Dutta,* IPRax 2014, 33, 40; a.A. *Gietzelt/Ungerer*, GPR 2013, 333, 338, die davon ausgehen, dass nur bei Schadenseintritt in einem Mitgliedstaat der EU die Rating-VO anwendbar ist.

1074 *Dutta,* IPRax 2014, 33, 40; *derselbe,* WM 2013, 1729, 1732.

1075 Verordnung (EG) Nr. 261/2004 des Europäischen Parlaments und des Rates vom 11.02.2004 über eine gemeinsame Regelung für Ausgleichs- und Unterstützungsleistungen für Fluggäste im Fall der Nichtbeförderung und bei Annullierung oder großer Verspätung von Flügen und zur Aufhebung der Verordnung (EWG) Nr. 295/91, ABl. EU Nr. L 46/1 vom 17.02.2004

1076 Vgl. allg. zum Anwendungsbereich *Schwerdtfeger/Voigt,* JA 2010, 772, 772; *Naumann,* RRa 2013, 6, 7; *Rodegra,* MDR 2013, 373, 373; *Führich,* MDR 2007, 1, 14.

schon ihre Vorgängerin, die Verordnung (EWG) Nr. 295/91 über Ausgleichsleistungen bei Nichtbeförderung im Linienflugverkehr,[1077] unabhängig von der Nationalität des Fluggastes oder anderer in der Person des Fluggastes bestehender Anknüpfungspunkte zu einem europäischen Mitgliedstaat anwendbar.[1078] Vielmehr entschied das Landgericht Frankfurt, dass die Regelungen der Verordnung (EWG) Nr. 295/91 unmittelbar anwendbar seien:

„Kommt es somit vorrangig auf eine etwaige Regelung des Europäischen Kollisionsrechts an, findet sich diese für den vorliegend streitigen Überbuchungsschaden in Art. 1 Verordnung (EWG) Nr. 295–91, denn danach gelten die Regelungen der Verordnung ungeachtet des Rechts des Staates, in dem das Luftfahrtunternehmen ansässig ist, und auch ungeachtet der Staatsangehörigkeit des Fluggastes sowie des Zielortes für alle überbuchten Linienflüge von Flughäfen innerhalb der EG als gemeinsame Mindestregelungen. Maßgeblich ist somit für Überbuchungsschäden unter den in Art. 1 Verordnung genannten Voraussetzungen das europäische Sachrecht, mithin in erster Linie als gemeinsame Mindestregelung die nachfolgenden Regelungen der Verordnung (EWG) Nr. 295–91.“[1079]

Obgleich es sich bei der Fluggastrechte-VO und der Rating-VO um zwei unabhängige, europäische Rechtsakte handelt, die jeweils autonom ausgelegt werden müssen, sind beide Haftungsregime hinsichtlich des räumlich-persönlichen Anwendungsbereichs auf Seiten des Anspruchstellers universell ausgestaltet. Hier wie dort würde eine kollisionsrechtliche Vorprüfung zu einer Einschränkung des jeweiligen materiellrechtlichen Anwendungsbereichs führen, sodass sie abzulehnen ist. Vielmehr ist Art. 35a Rating-VO in den europäischen Mitgliedstaaten aus sich heraus unmittelbar anwendbar. Klagt ein Anleger

---

1077 Verordnung (EWG) Nr. 295/91 des Rates vom 04.02.1991 über eine gemeinsame Regelung für ein System von Ausgleichsleistungen bei Nichtbeförderung im Linienflugverkehr, ABl. Nr. L 36 S. 5.

1078 Aus Erwägungsgrund 3, 4, 5 und 6 der Fluggastrechte-VO ergibt sich, dass die Verordnung auf der Verordnung (EWG) Nr. 295/91 über Ausgleichsleistungen bei Nichtbeförderung im Linienflugverkehr aufbaut, sodass auf dortige Erkenntnisse zurückgegriffen werden kann, soweit der europäische Gesetzgeber keine abweichenden Anordnungen getroffen hat. Nach Art. 1 Verordnung (EWG) Nr. 295/91 galt die Verordnung unabhängig von der Staatsangehörigkeit des Fluggastes, sodass aufgrund fehlender gegenläufiger Ansatzpunkte davon ausgegangen werden kann, dass dies auch für die Fluggastrechte-Verordnung gilt.

1079 LG Frankfurt NJW-RR 1998, 1589, 1589.

oder Emittent hingegen vor einem drittstaatlichen Forum, ist die Durchführung einer kollisionsrechtlichen Vorprüfung unumgänglich.

II. Bestimmung des subsidiären Haftungsstatuts

Art. 35a Abs. 4 Satz 1 und Satz 2 Rating-VO verweisen für die Auslegung von Begriffen, die nicht in der Rating-VO näher bestimmt sind, und für die Schließung von Lücken auf das jeweils durch das vom IPR berufene nationale Sachrecht. Bereits in Teil 2 wurde behandelt, welche materiellrechtlichen Aspekte hiervon erfasst sind. Bisher nicht erörtert wurde die Frage, wie und vor allem nach welchen Kriterien das nationale Sachrecht für die Belange des Art. 35a Rating-VO zu bestimmen ist.[1080] Ebenso muss überprüft werden, ob die Rom II-VO für alle von Art. 35a Rating-VO geregelten Konstellationen anwendbar ist oder ob u.U. ein Ausschlussgrund nach Art. 1 Abs. 2 Rom II-VO eingreift.[1081] Zuvorderst soll allerdings untersucht werden, ob die Rating-VO die Bestimmung des subsidiären Haftungsstatuts vollends den Normen der Rom II-VO überlässt oder selbst Einschränkungen vornimmt.[1082]

1. Begrenzung des „jeweils geltenden nationalen Rechts" auf mitgliedstaatliches Recht?

Wendet man Art. 35a Abs. 4 Satz 1 und Satz 2 Rating-VO wörtlich an, so ist dasjenige nationale Recht, das von der Rom II-VO zur Anwendung berufen wird, für die Auslegung von Begriffen sowie die Schließung von Regelungslücken anzuwenden. Der Wortlaut ist insofern eindeutig. Allerdings geben die daraus resultierenden Konsequenzen Anlass zu Bedenken. Die Rom II-VO ist universell ausgestaltet, sodass nach Art. 3 Rom II-VO das durch die Rom II-VO berufene Recht auch dann anzuwenden ist, wenn es sich um das Recht eines Nichtmitgliedstaates handelt.[1083] Da das Ratingwesen keine staatlichen Grenzen kennt, sind im Kontext von Art. 35a Rating-VO vielerlei Szenarien vorstellbar, in denen ein für das Kollisionsrecht maßgeblicher Auslandsbezug zu einem Drittstaat bestehen kann. Damit sind Fälle nicht unwahrscheinlich, in denen die Kollisionsnormen der Rom II-VO auf das Sachrecht eines Drittstaates verweisen. Konkret würde dies bedeuten, dass zur Auslegung von nicht definierten Rechtsbegriffen eines europäischen Rechtsakts das nationale Sachrecht eines

1080 Siehe unten, Teil 3 B. II. 3.
1081 Siehe unten, Teil 3 B. II. 2.
1082 Siehe unten, Teil 3 B. II. 1.
1083 *Junker* in: Münchener Kommentar zum BGB, Art. 3 Rom II-VO Rn. 1.

Drittstaates – wie das der USA, Russlands, der Schweiz, Indiens oder jedes anderen Drittstaates – gelten könnte. Daher stellt sich die Frage, ob das die Absicht des europäischen Verordnungsgebers sein kann.

Obgleich die Ergänzung und Ausfüllung einer konkreten deliktsrechtlichen Haftungsnorm im Rang einer europäischen Verordnung um und durch nationales Recht ein absolutes Novum darstellt, ist der Verweis auf nationales Recht in europäischen Rechtsakten allgemein nicht ungewöhnlich.[1084] Während Art. 101 und Art. 102 der Verordnung (EG) Nr. 207/2009[1085] über die Gemeinschaftsmarke zur Ergänzung explizit auf das „Recht eines Mitgliedstaates" verweisen, beruft Art. 7 der Verordnung (EU) Nr. 181/2011[1086] über die Fahrgastrechte im Kraftomnibusverkehr zur Geltendmachung von Entschädigung bei Tod die „geltenden nationalen Rechtsvorschriften". Anders verhält es sich wiederum bei Art. 3 Abs. 1, Art. 9 und Art. 10 der Verordnung (EG) Nr. 2157/2001[1087] über das Statut der Europäischen Gesellschaft (SE), die allesamt auf das Recht eines Mitgliedstaates abstellen. Eine klare Regelungstendenz lässt sich damit anhand anderer europäischer Rechtsakte kaum festmachen.

Zieht man die europäische Haftungsvorschrift selbst heran, so muss man konstatieren, dass der Wortlaut des Art. 35a Abs. 4 Satz 1 und Satz 2 Rating-VO eine Einschränkung auf das nationale Recht eines Mitgliedstaates nicht hergibt. Für eine Einschränkung auf mitgliedstaatliches Sachrecht könnte allerdings ein teleologischer Ansatz sprechen. Ein wesentliches Ziel des europäischen Gesetzgebers war die Harmonisierung europäischer Haftungsstatute für die Geltendmachung von Schadensersatz, soweit Ratingagenturen gegen ihre durch die Rating-VO auferlegten Pflichten verstoßen.[1088] Würde auch das nationale Sachrecht von Drittstaaten in die europäische Haftungsvorschrift Einzug finden, dann wäre die Gefahr einer Aufspaltung der europäischen Haftungsregelung in unterschiedliche mitgliedstaatliche Haftungsregime nur eine Randerscheinung.[1089]

1084 Vgl. *Wendehorst* in: Langenbucher, S. 391 Rn. 38 f.

1085 Verordnung (EG) Nr. 207/2009 des Rates vom 26.02.2009 über die Gemeinschaftsmarke, ABl. Nr. L 78/1 vom 24.03.2009.

1086 Verordnung (EU) Nr. 181/2011 des Europäischen Parlaments und des Rates vom 16.02.2011 über die Fahrgastrechte im Kraftomnibusverkehr und zur Änderung der Verordnung (EG) Nr. 2006/2004, ABl. 2011 Nr. L 55/1 vom 28.02.2011.

1087 Verordnung (EG) Nr. 2157/2001 des Rates vom 08.10.2001 über das Statut der Europäischen Gesellschaft (SE), Abl. Nr. L 294/1 vom 10.11.2001.

1088 Vgl. Kommissionsentwurf zur Änderung der Verordnung (EG) Nr. 1060/2009 über Ratingagenturen vom 15. Novermber 2011, KOM(2011) 747, S. 24.

1089 *Gietzelt/Ungerer*, GPR 2013, 333, 338.

Vielmehr wäre eine Harmonisierung gänzlich unterlaufen, was auch im Widerstreit mit dem *effet utile*-Grundsatz stehen würde.[1090] Deutsches Schadensersatzrecht stände in Konkurrenz zu *punitive damages* des anglo-amerikanischen Rechts. Die europäischen Ratingagenturen sähen sich zudem einer unbegrenzten Anzahl unterschiedlicher Haftungsstatute ausgesetzt, sodass für sie nicht im Geringsten mehr vorhersehbar wäre, nach welchen Kriterien und in welchem Umfang sie haften müssten. So würde drittstaatliches Sachrecht über das Vorliegen grober Fahrlässigkeit sowie die Zulässigkeit und Ausgestaltung möglicher Haftungsbegrenzungen entscheiden. Auch wären die deliktsrechtlichen Ansprüche gegen Ratingagenturen aus Art. 35a Rating-VO unterschiedlichsten Verjährungsvorschriften unterstellt.[1091]

Stützen ließe sich ein Verständnis, dass die Formulierung „jeweils geltendes nationales Recht" sinngemäß als „jeweils geltendes nationales Recht der Mitgliedstaaten" zu lesen ist, auf Erwägungsgrund 35 der Ergänzungsverordnung. Denn dort heißt es in der deutschen Fassung wörtlich:

> „Was Fragen der zivilrechtlichen Haftung einer Ratingagentur angeht, die nicht unter diese Verordnung fallen oder nicht darin geregelt werden, darunter die Kausalität und das Konzept der groben Fahrlässigkeit, so sollten diese Angelegenheiten dem geltenden nationalen Recht gemäß den einschlägigen Regeln des internationalen Privatrechts unterliegen. Den Mitgliedstaaten sollte es insbesondere gestattet sein, nationale Regelungen über die zivilrechtliche Haftung beizubehalten, die günstiger für Anleger oder Emittenten sind oder sich nicht auf Verstöße gegen die Verordnung (EG) Nr. 1060/2009 stützen."[1092] (Hervorhebungen durch den Bearbeiter)

Durch die Formulierung „insbesondere" im zweiten Satz wird die Aussage des ersten Satzes um ein weiteres Regelungsbeispiel konkretisiert. Da der zweite Satz offenkundig nur für Mitgliedstaaten gilt, muss dies auch im ersten Satz der Fall sein, da ansonsten die Formulierung „insbesondere" überflüssig wäre. Entsprechende Formulierungen enthalten die englische und die französische Sprachfassung des Erwägungsgrunds 35 der Rating-VO,[1093] sodass hier keine redaktionelle Eigenheit der deutschen Sprachfassung vorliegt.

Wirft man einen Blick auf das Gesetzgebungsverfahren zu der Rating-VO (EU) Nr. 462/2013, so wird man unweigerlich feststellen müssen, dass für

1090 Vgl. *Schroeter,* Ratings, S. 834.

1091 Siehe oben, Teil 2 A. IV.

1092 Erwägungsgrund 35 der Rating-VO (EU) Nr. 462/2013.

1093 In der englischen Sprachfassung heißt es: „In particular, Member States should (...)", in der französischen Sprachfassung heißt es: „En particulier, les États membres devraient (...)".

Art. 35a Abs. 4 Rating-VO verschiedenartige Vorschläge eingebracht worden waren, bevor sich das Europäische Parlament und der Rat der Europäischen Union auf die aktuell gültige Fassung einigen konnten. Im ursprünglichen Vorschlag der europäischen Kommission zur Einführung einer europäischen Haftungsnorm für Ratingagenturen war ein dem Art. 35a Abs. 4 Rating-VO vergleichbarer Absatz zunächst nicht enthalten.[1094] Der Ausschuss für Wirtschaft und Währung schlug daraufhin vor, dass für die zivilrechtliche Haftung des Art. 35a Rating-VO die Regelung des Landes gelten solle, in dem der geschädigte Investor bei Schadenseintritt seinen gewöhnlichen Aufenthalt hat.[1095] Etwas präziser formuliert sah ein Kompromisstext des Vorsitzes des Rats der Europäischen Union daraufhin vor, dass zur Schließung von Lücken und Auslegung unbestimmter Rechtsbegriffe geltendes einzelstaatliches Recht gemäß den einschlägigen Regeln des IPR anzuwenden sei.[1096] Der Ausschuss für Wirtschaft und Währung unterbreitete schließlich einen weiteren Änderungsvorschlag, wonach für die zivilrechtliche Haftung ausfüllend und ergänzend die Regelung des Mitgliedstaates, in dem der geschädigte Anleger zum Zeitpunkt des Schadenseintritts seinen gewöhnlichen Aufenthalt hatte, gelten sollte.[1097] Aufgrund unterschiedlicher Standpunkte im Europäischen Parlament und dem Rat der Europäischen Union einigte man sich schließlich auf einen Kompromissvorschlag, der vom Ausschuss für Wirtschaft und Währung eingereicht wurde.[1098] Dieser entspricht im Wesentlichen der Endfassung des Art. 35a Rating-VO, die nunmehr zum einen auf die einschlägigen Bestimmungen des IPR und nicht auf den gewöhnlichen Aufenthalt des Schadenseintritts abstellt, zum anderen nicht den Vorschlag aufgenommen hat, ergänzend die Regelung eines Mitgliedstaates

---

1094 Vgl. Kommissionsentwurf zur Änderung der Verordnung (EG) Nr. 1060/2009 über Ratingagenturen vom 15. Novermber 2011, KOM(2011) 747, S. 37 f.

1095 So der Änderungsantrag 37 des Ausschusses für Wirtschaft und Währung vom 15.02.2012, 2011/0361 (COD), S. 31.

1096 Rat der Europäischen Union, Kompromisstext des Vorsitzes vom 20.04.2012, Dok.-Nr. 8956/12, S. 40; ebenso Rat der Europäischen Union, Kompromisstext des Vorsitzes vom 27.04.2012, Dok.-Nr. 9117/12, S. 41.

1097 Bericht über den Vorschlag für eine Verordnung des Europäischen Parlaments und des Rates zur Änderung der Verordnung (EG) Nr. 1060/2009 über Ratingagenturen vom 23.08.2012, A7–0221/2012; Änderungsanträge 38 und 109 des Ausschusses für Wirtschaft und Währung vom 23.08.2012, 2011/0361 (COD), S. 35 f., 75; Änderungsantrag 109 des Ausschusses für Wirtschaft und Währung vom 11.01.2013, A7–0221/001–129.

1098 Änderungsantrag 130 des Ausschusses für Wirtschaft und Währung vom 09.01.2013, A7–0221/130, S. 89.

heranzuziehen, sondern vielmehr allgemein „geltendes nationales Recht" ausreichen lässt. Ob es den Gesetzgebungsorganen in diesem Kompromissvorschlag in erster Linie darauf ankam, die Bestimmung des subsidiären Haftungsstatuts nicht einseitig am gewöhnlichen Aufenthalt festmachen zu wollen und die Streichung der Anknüpfung an mitgliedstaatlichem Recht lediglich redaktioneller Natur war oder ob man sich bewusst auf eine Formulierung geeinigt hat, die die Anwendung drittstaatlichen Sachrechts zulässt, ist nicht eindeutig. Klar ist jedenfalls, dass eine Begrenzung des subsidiär zur Anwendung berufenen nationalen Rechts auf dasjenige von Mitgliedstaaten in das Gesetzgebungsverfahren eingebracht worden war und dies nicht in die Endfassung aufgenommen wurde. Tendenziell spricht das eher dafür, dass der Verordnungsgeber die Bestimmung des subsidiären Haftungsstatuts vollends den Bestimmungen der Rom II-VO überlassen und keine Beschränkungen in Art. 35a Rating-VO aufnehmen wollte. Insgesamt sprechen somit der klare Wortlaut und die Historie des Art. 35a Abs. 4 Rating-VO gegen eine Begrenzung auf mitgliedstaatliche Rechtsordnungen,[1099] sodass sich die Ermittlung des subsidiären Haftungsstatuts frei nach den Bestimmungen der Rom II-VO richtet.[1100]

2. Kein Ausschluss nach Art. 1 Abs. 2 lit. g) Rom II-VO

Art. 35a Rating-VO ist seiner Natur nach ein deliktsrechtlicher Schadensersatzanspruch.[1101] Verklagt ein Anleger oder Emittent eine Ratingagentur vor dem Gericht eines Mitgliedstaates der EU auf Schadensersatz gem. Art. 35a Rating-VO, so denkt man bei der Bestimmung des subsidiären Haftungsstatuts unweigerlich an Art. 4 Rom II-VO als einschlägige Norm des IPR,[1102] soweit keine der besonderen Kollisionsnormen der Rom II-VO einschlägig ist.[1103] Die Anwendbarkeit allgemeiner und spezieller Kollisionsnormen setzt allerdings voraus, dass die Haftung von Ratingagenturen gegenüber Anlegern und Emittenten nicht vom Anwendungsbereich der Rom II-VO nach Art. 1 Abs. 2 ausgeschlossen ist. Ein Ausschluss ist zumindest nach Art. 1 Abs. 2 lit. g) Rom II-VO denkbar. So wird teilweise vertreten, dass ein zu negatives, nicht beauftragtes Rating den

---

1099 So auch *Schroeter,* Ratings, S. 837 Fn. 366; *Steinrötter*, ZIP 2015, 110, 114; a.A. *Bruchwitz* in: Just/Voß/Ritz/Becker, WpHG, § 17 Rn. 53; wohl auch *Haar,* DB 2013, 2489, 2494, die davon auszugehen scheint, dass nur mitgliedstaatliches Sachrecht zur Anwendung berufen wird; unklar *Angelé*, Das Rating von CDOs, S. 180.

1100 So auch *Schroeter,* Ratings, S. 837 Fn. 366.

1101 Siehe oben, Teil 2 A. V. 1.

1102 Das maßgebliche IPR ist das der lex fori, vgl. *von Hoffmann/Thorn*, IPR, § 1 Rn. 30 ff.

1103 *Dutta*, IPRax 2014, 33, 38.

Emittenten in seinen Persönlichkeitsrechten verletzen kann, wenn die Ratingagentur interne Unternehmensinformationen veröffentlicht und damit das Recht zur informationellen Selbstbestimmung verletzt.[1104] In diesem Zusammenhang wird auf ein Urteil des BGH verwiesen, in dem ein Unternehmen in seinem Persönlichkeitsrecht verletzt wurde, als ein Professor der Wirtschaftswissenschaften im Bundesanzeiger veröffentlichte Jahresabschlüsse des Unternehmens in Seminaren zu Fallstudienzwecken verwendete und in diesem Kontext die finanzielle Situation des Unternehmens auch unter Einbeziehung von beauftragten Bankanalysen als kritisch beurteilte.[1105] Einem Außenstehenden stehe nicht das Recht zu, das Interesse fachkundiger Kreise gezielt auf die finanzielle Lage des Unternehmens zu lenken.[1106] Obgleich diese Rechtsprechung mittlerweile überholt sein mag,[1107] sind gewisse Parallelen zur Ratingtätigkeit und ihrer Möglichkeit, Emittenten in ihrem Persönlichkeitsrecht zu verletzen, nicht von der Hand zu weisen.[1108] Maßgeblich ist eine autonome Auslegung von Art. 1 Abs. 2 lit. g) Rom II-VO.[1109] Dort heißt es wörtlich:

> „Vom Anwendungsbereich dieser Verordnung ausgenommen sind außervertragliche Schuldverhältnisse aus der Verletzung der Privatsphäre oder der Persönlichkeitsrechte, einschließlich der Verleumdung."

Ursprünglich waren im Vorentwurf zur Rom II-VO nur persönlichkeitsbezogene Mediendelikte vom Anwendungsbereich ausgeschlossen, da man das Auseinanderfallen von internationaler Gerichtszuständigkeit einerseits und dem anzuwendenden Recht andererseits vermeiden wollte.[1110] Die Erstreckung auf

---

1104 *Arntz*, BKR 2012, 89, 94 unter Bezugnahme von BGH NJW 1994, 1281.

1105 BGH NJW 1994, 1281.

1106 BGH NJW 1994, 1281, 1282; diese Rechtsprechung ist wohl mit Blick auf BGH BB 2011, 1169 überholt; bereits abweichend für die Zulässigkeit von Kreditauskünften BGH NJW 2003, 2904.

1107 Vgl. BGH BB 2011, 1169; bereits abweichend für die Zulässigkeit von Kreditauskünften, BGH NJW 2003, 2904.

1108 Gegen die Übertragung auf Ratings zugunsten der Transparenz von Märkten *Däubler*, BB 2003, 429, 434; gegen eine Übertragung dieser Rechtsprechung auf Ratings, da Ratingagenturen statt geschäftsbezogener Daten eine eigene Bonitätsbeurteilung verbreiten *Lemke*, Haftungsrechtliche Fragen des Ratingwesens, S. 60 f.; vgl. auch *Dutta*, IPRax 2014, 33, 38, der eine an hand ökonomischer Kriterien ermittelte Aussage über die Bonität eines Emittenten generell nicht dazu geeignet sieht, eine Persönlichkeitsverletzung zu begründen.

1109 *Junker* in: Münchener Kommentar zum BGB, Art. 1 Rom II-VO Rn. 43.

1110 *Spickhoff* in: Bamberger/Roth, BGB, Art. 1 Rom II-VO Rn. 18.

alle Persönlichkeitsrechtsverletzungen war allgemein der Tatsache geschuldet, dass sich die Voraussetzungen von Persönlichkeitsrechtsverletzungen in den europäischen Mitgliedsstaaten wesentlich unterschieden.[1111] Auch ließ sich keine Einigung über den Medienbegriff erzielen, was die Abwendung von Mediendelikten zur Folge hatte.[1112] Wie bei der Veröffentlichung von Presseerzeugnissen kann bei veröffentlichten, fehlerhaften Ratings ein Gleichlauf von Gerichtszuständigkeit und anwendbarem Recht Schwierigkeiten bereiten oder gar ausgeschlossen sein. Obgleich es bei einem fehlerhaften Rating in Ausnahmefällen vorstellbar ist, dass auch der soziale Geltungsbereich des Emittenten als Wirtschaftsunternehmen betroffen ist,[1113] er also in seiner Unternehmenspersönlichkeit berührt wird, führt dies im Rahmen von Art. 35a Abs. 4 Rating-VO nicht zur Unanwendbarkeit der Rom II-VO. Ein erster Grund dafür ist Art. 6 Rom II-VO. Dort hat der europäische Verordnungsgeber zu erkennen gegeben, dass Aussagen im Geschäftsverkehr nicht kategorisch nach Art. 1 Abs. 2 lit. g) vom Anwendungsbereich der Rom II-VO ausgeschlossen sein sollen.[1114] Es gibt damit Fälle, in denen das Persönlichkeitsrecht zwar verletzt ist, die Rom II-VO aber anwendbar bleibt. Einen solchen Fall bildet auch die europäische Haftungsvorschrift für Ratingagenturen. Art. 35a Rating-VO knüpft seine Rechtsfolge daran an, dass Ratingagenturen ihre Verhaltens- und Organisationspflichten verletzen, was Ursache für die Abgabe eines fehlerhaften Ratings und den Schadenseintritt beim Emittenten ist. Die Rating-VO will den europäischen Binnenmarkt schützen und speziell mit Art. 35a Rating-VO eine Handhabe für Emittenten gegen unberechtigte Vermögenseinbußen schaffen, unabhängig davon, ob es sich um ein beauftragtes oder unbeauftragtes Rating handelt.[1115] Den Verordnungsmaterialien lässt sich zudem kein Hinweis entnehmen, dass die Möglichkeit der Geltendmachung des Schadensersatzanspruches durch den Emittenten von der Verletzung seines Persönlichkeitsrechts abhängig sein soll.

In diesem Zusammenhang spricht ein zweiter Grund für die Unbeachtlichkeit von Art. 1 Abs. 2 lit. g) Rom II-VO. Der europäische Verordnungsgeber wollte eine einheitliche Haftungsregelung für unbeauftragte und beauftragte Ratings schaffen.[1116] Da eine Persönlichkeitsrechtsverletzung nicht in allen von Art. 35a Rating-VO geregelten Fällen in Betracht kommt, würde faktisch – und

---

1111 *Spickhoff* in: Bamberger/Roth, BGB, Art. 1 Rom II-VO Rn. 17.

1112 *Leible/Lehmann*, RIW 2007, 721, 723.

1113 Vgl. BGH NJW 1994, 1281, 1282.

1114 *Dutta*, IPRax 2014, 33, 37.

1115 Siehe oben, Teil 2 A. V. 2.

1116 Vgl. Erwägungsgrund 32 der Rating-VO (EU) Nr. 462/2013.

damit gegen den Willen des europäischen Verordnungsgebers – eine Differenzierung vorgenommen werden. Denn Anleger können prinzipiell nicht durch ein fehlerhaftes Rating in ihrem Persönlichkeitsrecht verletzt werden, da diese nicht Bewertungsobjekt des Ratings sind. Gleiches gilt grundsätzlich für Emittenten bei beauftragten Ratings, weil sie sich gegen eine Veröffentlichung entscheiden können und damit eine Herabsetzung des Ansehens für sie nicht zu befürchten ist. Damit wird man eine Persönlichkeitsrechtsverletzung des Emittenten selbst dann ablehnen müssen, wenn sich ein nach Einwilligung des Emittenten veröffentlichtes Rating im Nachhinein infolge eines Verstoßes gegen die Rating-VO als zu schlecht herausstellen sollte. Gleiches gilt für Folgeratings, da sich der Emittent mit ihrer Erstellung und Veröffentlichung im Ratingvertrag einverstanden erklärt. Somit kommt eine Verletzung des Persönlichkeitsrechts grundsätzlich nur bei nicht beauftragten Ratings in Betracht, was wohl eine geringe Anzahl von Fällen im Vergleich zu allen übrigen denkbaren Konstellationen darstellt. In diesen Fällen aber die Anwendbarkeit der Rating-VO wegen Art. 1 Abs. 2 lit. g) Rom II-VO zu verneinen, wäre zum einen eine verordnungswidrige Unterscheidung zwischen beauftragten und nicht beauftragten Ratings. Zum anderen will die Rom II-VO ausschließlich außervertragliche Schuldverhältnisse ausschließen, die ihre Grundlage in der Verletzung von Persönlichkeitsrechten haben. Das trifft auf Art. 35a Rating-VO nicht zu, da eine solche Art der Verletzung lediglich in Einzelfällen eine zusätzliche Nebenerscheinung sein kann, beim Großteil der geltend gemachten Ansprüche nach Art. 35a Rating-VO jedoch nicht eintreten wird. Daher muss es für die Belange des Art. 35a Abs. 4 Rating-VO bei der Anwendbarkeit der Rom II-VO bleiben.

3. Bestimmung des subsidiären Haftungsstatuts nach Art. 4 Rom II-VO

Haben die Parteien keine wirksame Rechtswahlvereinbarung nach Art. 14 Rom II-VO getroffen,[1117] richtet sich die Bestimmung des subsidiären Haftungsstatuts für Art. 35a Rating-VO aufgrund fehlender spezieller Kollisionsnormen nach Art. 4 Rom II-VO.[1118]

Entsprechend der inneren Rangordnung des Art. 4 Rom II-VO soll nachfolgend im Rahmen der Ermittlung des nationalen Rechts zunächst der gewöhnliche

---

1117 Vgl. zu den einzelnen Voraussetzungen der Rechtswahlvereinbarung *Junker* in: Münchener Kommentar zum BGB, Art. 14 Rom II-VO Rn. 25 ff.

1118 *Dutta,* IPRax 2014, 33, 38; *Wagner,* IPRax 2008, 1, 6.

Aufenthalt (Art. 4 Abs. 2 Rom II-VO) thematisiert, anschließend der Schadenseintrittsort (Art. 4 Abs. 1 Rom II-VO) ermittelt und schließlich untersucht werden, ob es im Kontext des Art. 35a Rating-VO Fälle gibt, in denen eine engere Verbindung zu einem anderen Staat den Tatbestand des Art. 4 Abs. 3 Rom II-VO erfüllt.[1119]

a. Art. 4 Abs. 2 Rom II-VO

Das subsidiäre Haftungsstatut wird nach Art. 4 Abs. 2 Rom II-VO von dem Recht bestimmt, das an dem Ort gilt, wo die schädigende Ratingagentur einerseits und der geschädigte Anleger bzw. benachteiligte Emittent andererseits zum Zeitpunkt des Schadenseintritts ihren gewöhnlichen Aufenthalt haben. Maßgebend für dessen Bestimmung ist bei juristischen Personen, um die es sich bei Ratingagenturen handelt, Art. 23 Abs. 1 Unterabs. 1 Rom II-VO. Danach ist der Ort des gewöhnlichen Aufenthalts von Gesellschaften, Vereinen und juristischen Personen der Ort ihrer Hauptverwaltung. Abweichendes gilt nach Art. 23 Abs. 1 Unterabs. 2 Rom II-VO, wenn das schadensbegründende Ereignis oder der Schaden aus dem Betrieb einer Zweigniederlassung, Agentur oder sonstigen Niederlassung herrührt. Dann ist der Ort entscheidend, an dem sich diese Zweigniederlassung, Agentur oder sonstige Niederlassung befindet.

Der Begriff „Hauptverwaltung" ist in Anlehnung an Art. 63 Abs. 1 lit. b) Brüssel Ia-VO[1120] und Art. 54 AEUV[1121] der Ort, an dem die Willensbildung und die eigentliche unternehmerische Leitung der Gesellschaft erfolgt.[1122] Dies ist zumeist der Sitz der Organe, da dort die zentralen Leitentscheidungen getroffen werden.[1123] Der Hauptverwaltungssitz bei konzernverbundenen Gesellschaften ist der Ort, an dem die Geschäftsführungs- und Vertretungsorgane dieser

---

1119 Vgl. zur Systematik und Prüfungsreihenfolge *Junker* in: Münchener Kommentar zum BGB, Art. 4 Rom II-VO Rn. 7 f.; *Thorn* in: Palandt, BGB, Art. 4 Rom II-VO Rn. 4; *Wagner*, IPRax 2008, 1, 4.

1120 Nach Erwägungsgrund 7 Rom II-VO sollten der materielle Anwendungsbereich und die Bestimmungen dieser Verordnung mit der Verordnung (EG) Nr. 44/2001 des Rates vom 22.12.2000 über die gerichtliche Zuständigkeit und die Anerkennung und Vollstreckung von Entscheidungen in Zivil- und Handelssachen (Brüssel I) und den Instrumenten, die das auf vertragliche Schuldverhältnisse anzuwendende Recht zum Gegenstand haben, in Einklang stehen.

1121 Die Zuständigkeitsanknüpfungen i.S.d. Art. 63 Brüssel Ia-VO finden wiederum ihren Ursprung in Art. 54 AEUV bzw. Art. 48 Abs. 1 EGV.

1122 *Junker* in: Münchener Kommentar zum BGB, Art. 23 Rom II-VO Rn. 10.

1123 BGH NJW 2008, 2797, 2798; *Kropholler/von Hein*, EurZPR, Art. 60 Brüssel Ia-VO Rn. 2; *Spickhoff* in: Bamberger/Roth, BGB, Art. 23 Rom II-VO Rn. 2.

Gesellschaft und nicht diejenigen der Muttergesellschaft tätig sind.[1124] Dem folgend gilt auch für die europäischen Tochtergesellschaften der drei großen amerikanischen Ratingagenturen, dass der Ort ihres gewöhnlichen Aufenthalts regelmäßig im Gebiet der europäischen Union liegt, da dort am Sitz der Gesellschaft die unternehmerischen Entscheidungen durch die Organe getroffen werden, ungeachtet der einflussreichen Stellung ihrer Muttergesellschaften.

Art. 4 Abs. 2 Rom II-VO setzt weiterhin voraus, dass auch der geschädigte Emittent bzw. Anleger seinen gewöhnlichen Aufenthalt im Gebiet desselben Mitgliedstaates hat. Für die Bestimmung des gewöhnlichen Aufenthaltsortes von Emittenten gilt grundsätzlich dasselbe wie für Ratingagenturen, da es sich bei dem Geschädigten überwiegend um Unternehmen i.S.d. Art. 3 Abs. 1 lit. s) Rating-VO i.V.m. Art. 2 Abs. 1 lit. h) der Richtlinie 2003/71/EG[1125] handeln wird. Bei Anlegern bestimmen nicht nur juristische, sondern auch natürliche Personen den potentiellen Klägerkreis. Letztere haben ihren gewöhnlichen Aufenthalt in dem Staat, in dem der Schwerpunkt ihrer Lebensverhältnisse liegt.[1126] Dies meint nach heute überwiegendem Verständnis[1127] die Eingliederung der Anknüpfungsperson in die soziale Umwelt und ihre tatsächliche Bindung an den Aufenthaltsort, die sich anhand verschiedener Kriterien wie Dauer des Aufenthalts, familiäre und berufliche Bindung, Schul- und Berufsausbildung, Sprachkenntnisse, Anmietung bzw. Kauf einer Wohnung am Aufenthaltsort oder Vorliegen eines Aufenthaltswillens bestimmen lässt.[1128] Das jeweils anzuwendende mitgliedstaatliche Sachrecht ist einzelfallabhängig am Maßstab dieser

1124 Vgl. *Junker* in: Münchener Kommentar zum BGB, Art. 23 Rom II-VO Rn. 10, der u.a. auch darauf hinweist, dass der Hauptverwaltungssitz dem tatsächlichen Sitz der Gesellschaft i.S.d. bisherigen deutschen Internationalen Gesellschaftsrechts entspricht; *Kindler* in: Münchener Kommentar zum BGB, Int. WiR, IntGesR Rn. 438; *Bröhmer* in: Calliess/Ruffert, EUV/AEUV, Art. 54 AEUV Rn. 6.

1125 Richtlinie 2003/71/EG des Europäischen Parlaments und des Rates vom 04.11.2003 betreffend den Prospekt, der beim öffentlichen Angebot von Wertpapieren oder bei deren Zulassung zum Handel zu veröffentlichen ist, und zur Änderung der Richtlinie 2001/34/EG, ABl. EU Nr. L 345/64 vom 31.12.2003.

1126 *Junker* in: Münchener Kommentar zum BGB, Art. 23 Rom II-VO Rn. 16 f.

1127 Vgl. allg. zum unterschiedlichen Verständnis des Begriffs und seiner Entwicklung *Baetge*, Der gewöhnliche Aufenthalt im IPR.

1128 Vgl. zur Herleitung des Begriffs und weiterer Differenzierungen *Baetge*, Der gewöhnliche Aufenthalt im IPR, S. 149 ff.; *Baetge* in: FS Kropholler, 77, 88; *Junker* in: Münchener Kommentar zum BGB, Art. 23 Rom II-VO Rn. 16 f.; *von Hoffmann* in: Staudinger, EGBGB, Art. 40 Rn. 398 ff.; vgl. zur inhaltlichen Entsprechung von Art. 4 Rom II-VO zu Art. 40 EGBGB *Thorn* in: Palandt, BGB, Art. 4 Rom II-VO Rn. 5.

Kriterien zu ermitteln. Es wird sich zeigen, ob für die Bestimmung des anzuwendenden nationalen Rechts Art. 4 Abs. 2 Rom II-VO eine bedeutsame Rolle spielen wird oder ob betroffene Ratingagentur einerseits und der klagende Anleger bzw. Emittent andererseits regelmäßig ihren gewöhnlichen Aufenthalt unterschiedlichen Staat haben werden.

b. Art. 4 Abs. 1 Rom II-VO

Sind die Voraussetzungen des Art. 4 Abs. 2 Rom II-VO nicht erfüllt, bestimmt sich das subsidiäre Haftungsstatut für Art. 35a Rating-VO nach Art. 4 Abs. 1 Rom II-VO. Danach ist das Recht des Staates anzuwenden, in dem der Schaden eintritt, unabhängig davon, in welchem Staat das schadensbegründende Ereignis oder die indirekten Schadensfolgen eingetreten sind. Art. 4 Abs. 1 Rom II-VO grenzt insofern den Schadenseintrittsort zweifach ab.[1129] Hinsichtlich indirekter Schadensfolgen entspricht die Abgrenzung derjenigen, die der EuGH in seiner Rechtsprechung zu Art. 5 Nr. 3 Brüssel Ia-VO vornimmt, sodass grundsätzlich auf die dortigen Erkenntnisse zurückgegriffen werden kann.[1130] Einschränkend gilt freilich, dass Kriterien des IZVR, wie bspw. die Vermeidung eines Wohnsitzgerichtsstands, keine Rolle spielen dürfen.[1131]

Unter der Formulierung „Ort des Schadenseintritts“ ist der Ort gemeint, an dem der Verletzungserfolg eintritt.[1132] Zwecks Bestimmung des Schadenseintrittsorts ist es zuerst erforderlich, den maßgeblichen Verletzungserfolg festzulegen.[1133] Dieser kann grundsätzlich bei Anlegern und Emittenten unterschiedlich ausfallen, sodass sich eine separate Untersuchung anbietet.

aa. Anleger

(1) Verletzungserfolg: freie Willensentscheidung oder Vermögen

Die Ermittlung des Verletzungserfolgsorts setzt voraus, dass der Verletzungserfolg bestimmt ist. Überwiegend wird im Schrifttum zu Art. 35a Rating-VO

1129 *Junker* in: Münchener Kommentar zum BGB, Art. 4 Rom II-VO Rn. 18.

1130 Vgl. *Junker* in: Münchener Kommentar zum BGB, Art. 4 Rom II-VO Rn. 21; *Thorn* in: Palandt, BGB, Art. 4 Rom II-VO Rn. 7; *von Hein* in: Calliess, Rome Regulations, Art. 4 Rome II-VO Rn. 20; *Engert/Groh,* IPRax 2011, 458, 468.

1131 *Girsberger* in: Basedow et al. (Hrsg.), Private Law in the International Arena, S. 219, 225 f.

1132 *Junker* in: Münchener Kommentar zum BGB, Art. 4 Rom II-VO Rn. 20; *Girsberger* in: Basedow et al. (Hrsg.), Private Law in the International Arena, S. 219, 224 f.

1133 *Lehmann* in: NK-BGB, Art. 4 Rom II-VO Rn. 79.

davon ausgegangen, dass dies die Schädigung des Anlegervermögens sei.[1134] Stellt man aber für die Bestimmung des Schadenseintrittsorts nicht automatisch auf die Schädigung des Vermögens ab, wie es die ganz herrschende Meinung allgemein bei Auskunfts- und Täuschungsdelikten tut,[1135] so kommt als maßgeblicher Verletzungserfolg grundsätzlich auch die Beeinträchtigung der freien Willensentscheidung des Anlegers in Betracht.[1136] Teils wird im Schrifttum im Zusammenhang mit Anlegerschadensersatzklagen gegen im Ausland ansässige Wertpapierhändler[1137] die freie Willensentscheidung als das eigentliche Schutzgut von deliktsrechtlichen Ansprüchen wie § 826 BGB beurteilt.[1138] Eine primäre Anknüpfung an den Eintrittsort des Vermögensschadens sei abzulehnen, da dieser bloß die Folge der Willensbeeinträchtigung darstelle.[1139] Stellt man auf die Beeinträchtigung des Willens ab, so tritt der Verletzungserfolg an dem Ort ein, wo der Anleger seine Anlageentscheidung unter Einfluss des fehlerhaften Ratings trifft. Das wird im Regelfall am Ort seines gewöhnlichen Aufenthaltes sein, zwingend ist dies aber nicht.

Da für die Bestimmung des kollisionsrechtlichen Schadenseintrittsorts i.S.d. Art. 4 Abs. 1 Rom II-VO grundsätzlich zwei unterschiedliche Rechtsgüter, die freie Willensentscheidung und das Vermögen des Anlegers, in Betracht kommen,[1140] wäre es denkbar, die freie Willensentscheidung als primäres Schutzgut i.S.d. Art. 4 Abs. 1 Rating-VO zu qualifizieren, während die vom Anleger erlittene Vermögensschädigung dann eine indirekte Schadensfolge darstellen würde. Dafür spricht, dass die Funktionstauglichkeit des Ratinggeschäfts allgemein auf dem Vertrauen des Anlegerkreises in die Expertise der Ratingagenturen basiert. Konkret will Art. 35a Rating-VO nicht nur den von Anlegern erlittenen Vermögensschaden ausgleichen, sondern ebenso die freie Willensentscheidung schützen.[1141] Insbesondere hat der Verordnungsgeber das Vertrauen von Anlegern auf das jeweils fehlerhafte Rating in Abs. 1 Unterabs. 2 zur Anspruchsvoraussetzung erhoben, unabhängig davon, ob der Schaden des Anlegers infolge seines

---

1134 *Dutta*, IPRax 2014, 33, 38 f.; *Dutta*, WM 2013, 1729, 1731; *Gietzelt/Ungerer*, GPR 2013, 333, 338; *Haar*, DB 2013, 2489, 2494.

1135 *Thorn* in: Palandt, BGB, Art. 4 Rom II-VO Rn. 9; *Lehmann* in: NK-BGB, Art. 4 Rom II-VO Rn. 115; *von Bahr*, IPR II, § 6 Rn. 665; *Geimer* in Zöller, ZPO, Art. 5 Brüssel Ia-VO Rn. 26; *Siehr*, IPRax 2009, 435, 437.

1136 Vgl. *Huber*, IPRax 2009, 134, 136.

1137 Vgl. nur OLG Düsseldorf, Urt. v. 20.12.2007 – I-6 U 225/06, IPRax 2009, 158 ff.

1138 *Huber*, IPRax 2009, 134, 136.

1139 *Huber*, IPRax 2009, 134, 136.

1140 Vgl. auch Beispiel bei *Lehmann* in: NK-BGB, Art. 4 Rom II-VO Rn. 83.

1141 Siehe oben, Teil 2 A. III. 2. b.

Vertrauens auf die Fehlerhaftigkeit des Ratings eingetreten ist (*Transaktionsschaden*) oder nicht (*Kursdifferenzschaden*).[1142] Der freien Willensentscheidung des Anlegers ist damit offenkundig eine wichtige Funktion innerhalb der europäischen Haftungsvorschrift eingeräumt.[1143] Denn nimmt der Anleger das fehlerhafte Rating nicht zur Kenntnis, verlässt er sich nicht oder umgekehrt zu sehr darauf, kann er keinen Schadensersatz geltend machen.[1144] Dreh- und Angelpunkt ist also das Vertrauen des Anlegers, dessen Schutz auch kollisionsrechtlich gewährleistet werden sollte.[1145]

Gegen eine Anknüpfung an die freie Willensentscheidung spricht jedoch, dass dem betroffenen Anleger im Zeitpunkt der Beeinflussung seines Willens noch gar kein finanzieller Schaden entsteht, den Art. 35a Rating-VO gerade ersetzen will.[1146] Unabhängig davon, ob der Anleger von einem zu guten Rating in seiner Beurteilung hinsichtlich der Werthaltigkeit der Anleihe beeinflusst worden ist, kann er aus anderen Gründen noch von einer Investition absehen. Die Geltendmachung von Schadensersatz scheidet hier trotz ursprünglicher Beeinträchtigung der freien Willensentscheidung aus. Anders als bei der Verletzung des Körpers, der Gesundheit oder einer Sache ist die Verletzung der freien Willensentscheidung noch umkehrbar, was v.a. englische Gerichte in der Vergangenheit davon abgehalten hat, diese als Anknüpfungspunkt zu wählen.[1147] Erforderlich ist hier nicht nur die Entgegennahme der fehlerhaften Information, sondern auch eine im Vertrauen auf diese vorgenommene Handlung.[1148] Wohl auch deshalb hat sich in Deutschland eine Anknüpfung an die freie Willensbildung bisher nicht durchgesetzt, insbesondere in Fällen, in denen es um eine sittenwidrige Schädigung nach § 826 BGB ging oder gar Betrug gem. § 263 StGB im Spiel war.[1149] Daher ist die Beeinflussung der freien Willensentscheidung als notwendiger, aber nicht darüber hinausgehender Zwischenerfolg zu qualifizieren.

1142 Siehe oben, Teil 2 B. III. 2. b. aa.; VI. 3. a. bb.

1143 Vgl. auch Erwägungsgrund 32 der Rating-VO (EU) Nr. 462/2013.

1144 Siehe oben, Teil 2 B. III. 2. b.

1145 Vgl. *Jayme* in: Hommelhoff/Jayme/Mangold, Europäischer Binnenmarkt, S. 49; *Schilling*, Binnenmarktkollisionsrecht, S. 301 f.

1146 *Gietzelt/Ungerer*, GPR 2013, 333, 338, die die alleinige Kenntnisnahme von dem fehlerhaften Rating als nicht ausreichend beurteilen.

1147 Vgl. *Dickinson*, Rome II Regulation, S. 328 Rn. 4.67; *Lehmann* in: NK-BGB, Art. 4 Rom II-VO Rn. 115.

1148 Vgl. *Kadner Graziano*, Gemeineuropäisches Internationales Privatrecht, S. 346 f.

1149 Vgl. nur BGH BKR 2012, 78, 81 f.; BGH NJW-RR 2011, 197; OLG Düsseldorf, SchiedsVZ 2006, 331, 334; OLG Stuttgart, NJW-RR 1999, 138; OLG Stuttgart, RIW 1998, 809; zur Prospekthaftung *Jäger*, Das Prospekthaftungsstatut, S. 114 f.

Die Willensbeeinträchtigung ist erforderlich, aber nicht hinreichend, um einen Schadensersatzanspruch nach Art. 35a Rating-VO begründen zu können, was auch kollisionsrechtliche Berücksichtigung finden muss.

Eine Anknüpfung an die freie Willensentscheidung würde darüber hinaus erhebliche Missbrauchsgefahr schaffen. Zudem wäre der Ort der Willensbeeinflussung im Nachhinein im Falle einer gerichtlichen Auseinandersetzung schwierig beweis- und überprüfbar.[1150] Daher sollte für die Bestimmung des Schadenseintrittsorts auf das geschädigte Vermögen des Anlegers abgestellt werden.

(2) Ort der Vermögensschädigung

(a) Anknüpfungspunkte

Qualifiziert man die Verletzung des Anlegervermögens entsprechend der herrschenden Ansicht im Schrifttum als den maßgeblichen Verletzungserfolg i.S.d. Art. 4 Abs. 1 Rom II-VO,[1151] ist damit noch wenig ausgerichtet. Vielmehr steht man unweigerlich vor der schon von *Raape* aufgeworfenen Frage: „Wo ist eigentlich der Ort des Vermögens, wo folglich der Ort der Vermögensbeschädigung?“[1152]

In der Praxis hat sich die Bestimmung des Verletzungserfolgsorts bei reinen Vermögensschäden als problematisch erwiesen und wird im Schrifttum übereinstimmend als äußerst schwierig beurteilt.[1153] Insofern ist es wenig überraschend, dass auch im Kontext der europäischen Haftungsvorschrift Uneinigkeit darüber besteht, wo das Vermögen des Anlegers geschädigt wird.[1154] In Betracht

---

1150 Dieses Problem stellt sich für den Anleger zwar teilweise ohnehin im Hinblick auf Art. 35a Abs. 1 Unterabs. 2 Rating-VO, allerdings kommt es dort lediglich auf die Beeinflussung des Willens und nicht zusätzlich auf die Bestimmung eines konkreten Orts an.

1151 *Dutta*, IPRax 2014, 33, 38 f.; *Dutta*, WM 2013, 1729, 1731; *Gietzelt/Ungerer*, GPR 2013, 333, 338; *Haar*, DB 2013, 2489, 2494.

1152 *Raape* in: Staudinger, EGBGB, 1931, 2. Teil, Art. 7–31 Rn. 203, abgedruckt in *von Hoffmann* in: Staudinger, EGBGB, Art. 40 Rn. 282.

1153 *Von Hoffmann* in: Staudinger, EGBGB, Art. 40 Rn. 282; *Lehmann* in: NK-BGB, Art. 4 Rom II-VO Rn. 97 ff.; *Kadner Graziano*, Gemeineuropäisches Internationales Privatrecht, S. 217; *Weller*, LMK 2011, 322457; *Blobel*, The European Legal Forum 2004, 187, 190; *Kiethe* NJW 1994, 222, 222; *Auer* in: Geimer/Schütze, Int. Rechtsverkehr, B Vor I 10b Rn. 149; *Schmitt*, Die Haftung wegen fehlerhafter oder pflichtwidriger Kapitalmarktinformationen, S. 232; *Siehr*, IPRax 2009, 435, 437.

1154 Vgl. *Dutta*, IPRax 2014, 33, 38 f.; *Dutta*, WM 2013, 1729, 1731; offen lassend *Gietzelt/Ungerer*, GPR 2013, 333, 338; *Haar*, DB 2013, 2489, 2494.

kommen unterschiedliche Anknüpfungspunkte, wie folgendes Beispiel veranschaulichen soll:

Die Ratingagentur X mit satzungsmäßigem Sitz in **London** bewertet den Emittenten Y, dessen satzungsmäßiger Sitz in **Madrid** liegt und dort auch seine Geschäfte abwickelt, in Folge eines Verstoßes gegen die Rating-VO (EU) Nr. 462/2013 zu positiv. Der **deutsche** Anleger A, der seit mehreren Jahren seinen gewöhnlichen Aufenthalt in **Paris** hat, überweist daraufhin zwecks Ankaufs dieser Anleihe einen nicht unerheblichen Betrag von seinem Bankkonto, das in der **Schweiz** geführt wird, und einen kleineren Betrag von seinem **deutschen Girokonto** auf das Konto eines Direktbrokers, das von **Belgien** aus geführt wird. Nach Eingang des Geldes kauft der Direktbroker an der **luxemburgischen** Börse die gewünschte Anleihe, die in das Depotkonto des Anlegers eingebucht wird. In der Folge geht der Marktwert dieser Anleihe gegen Null.

Der vom Anleger erlittene Vermögensschaden ist auf den ersten Blick keinem bestimmten Ort zuordenbar. Das ist dem Umstand geschuldet, dass es bei reinen Vermögensschäden zumeist an einem geographischen Verletzungserfolgsort – also einem naturwissenschaftlichen Anknüpfungspunkt – fehlt.[1155] Eine Bestimmung des Schadenseintrittsorts kann daher nur unter Einbeziehung juristischer Wertungen erfolgen,[1156] was nicht nur unterschiedliche Lösungsmöglichkeiten zulässt, sondern gleichsam für Rechtsunsicherheit sorgt.

Dabei kommen für die Bestimmung des Schadenseintrittsorts bei Anlegern verschiedene Anknüpfungspunkte in Betracht.

(aa) Sitz des bewerteten Unternehmens

In der (noch) überschaubaren Literatur zu Art. 35a Rating-VO wird teilweise der Sitz des bewerteten Unternehmens als der maßgebliche Schadenseintrittsort i.S.d. Art. 4 Abs. 1 Rom II-VO beurteilt.[1157] Dort würden sich die Vermögensinteressen der vom fehlerhaften Rating Betroffenen zum ersten Mal materialisieren.[1158] Während das zu negativ bewertete Unternehmen dort seine Nachteile bei der Kapitalaufnahme erfahre, liege dort ebenso der Ursprung für die wegen eines zu positiven Ratings getätigte, nachteilige Investition des Anlegers.[1159] Weiterhin entspreche das

1155 *Dickinson*, Rome II Regulation, S. 327 Rn. 4.66; *Uberath/Cziupka* in: Rauscher, EuZPR/EuIPR, Art. 4 Rom II-VO Rn. 40; *Lehmann* in: NK-BGB, Art. 4 Rom II-VO Rn. 97 ff.

1156 *Lehmann* in: NK-BGB, Art. 4 Rom II-VO Rn. 99, 103 f.

1157 *Dutta*, IPRax 2014, 33, 39; *Haar*, DB 2013, 2489, 2494.

1158 *Dutta*, IPRax 2014, 33, 39; *Haar*, DB 2013, 2489, 2494.

1159 *Dutta*, IPRax 2014, 33, 39.

bewertete Unternehmen dem gemeinsamen Bezugspunkt der Vermögensinteressen der Anleger und denen der Ratingagenturen.[1160] Schließlich sei es sowohl für die Ratingagentur als auch für die Anleger vorhersehbar, nach welchem Recht sich das subsidiäre Haftungsstatut bestimmen würde.[1161]

(bb) Lageort des konkret betroffenen Vermögensbestandteils: Giro- oder Anlagekonto des Anlegers

Obgleich sich der EuGH bisher noch nicht zum Schadenseintrittsort i.S.d. Art. 4 Abs. 1 Rom II-VO in Fällen der europäischen Haftungsvorschrift für Ratingagenturen äußern musste, zeichnet sich im Hinblick auf seine Rechtsprechung zum Erfolgsort im Rahmen von Art. 7 Nr. 2 Brüssel Ia-VO, insbesondere im *Kronhofer-Fall*[1162] und zuletzt in der Entscheidung *Kolassa gegen Barclays Bank*[1163], die Tendenz ab, bei reinen Vermögensschäden grundsätzlich auf den konkret betroffenen Vermögensbestandteil abzustellen. Dem hat sich das Schrifttum zu Art. 4 Abs. 1 Rom II-VO und Art. 7 Nr. 2 Brüssel Ia-VO in weiten Teilen angeschlossen.[1164]

Die Anknüpfung an einzelne Vermögensbestandteile zeichnet sich durch ihre individuelle Bezugnahme des einzelnen betroffenen Vermögensteils aus und ist vom Belegenheitsort des Hauptvermögens zu unterscheiden, der regelmäßig am Ort des gewöhnlichen Aufenthalts des Geschädigten zu verorten ist.[1165]

1160 *Haar,* DB 2013, 2489, 2494.

1161 *Dutta,* IPRax 2014, 33, 39; vgl. auch allg. zur Vorhersehbarkeit *Bachmann*, IPRax 2009, 140, 144.

1162 EuGH, Urt. v. 10.06.2004 – Rs. C-168/02 – Kronhofer/Maier u.a., Slg. 2004, I-6009.

1163 EuGH, Urt. v. 28.01.2015 – Rs. C-375/13 – Kolassa/Barclays Bank plc, NZG 2015, 356, 356 ff.

1164 *Junker* in: Münchener Kommentar zum BGB, Art. 4 Rom II-VO Rn. 21; *Pfeiffer* in: Prütting/Gehrlein, ZPO, Art. 7 EuGVO Rn. 11; *Spickhoff* in: Bamberger/Roth, BGB, Art. 4 Rom II-VO Rn. 7, der den Begriff **primären Vermögensinteressen** verwendet; *Stoll* in: GS Lüderitz, 733, 744 f.; *Schmitt,* Die Haftung wegen fehlerhafter oder pflichtwidriger Kapitalmarktinformationen, S. 237 f.; *Spickhoff*, NJW 1999, 2209, 2213; *Blobel,* The European Legal Forum 2004, 187, 190; *Thole,* AG 2013, 913, 915; *Schick*, AG 2010, R124, R124; *Mankowski*, RIW 2005, 561, 562; vgl. auch OLG Stuttgart, NJW-RR 1999, 138; einschränkend *von Bahr,* IPR II, § 6 Rn. 665, der die Vorhersehbarkt des anzuwendenden Rechts für den Schädiger verlangt.

1165 Vgl. OLG Koblenz, WM 1989, 622, 623; *Kiethe* NJW 1994, 222, 225; *Lüderitz* in: Soergel, EGBGB, Art. 38 EGBGB Rn. 11 bzgl. Forderungsverlust; darstellend *von Hoffmann* in: Staudinger, EGBGB, Art. 40 EGBGB Rn. 282; *Weller,* IPRax 2000, 202, 203 Fn. 4.

Stellt man bei der Bestimmung des Schadenseintrittsorts auf einzelne Vermögensbestandteile ab, so wird im Falle einer Schädigung des Anlegers infolge eines fehlerhaften Ratings grundsätzlich sein Bankkonto betroffen und damit maßgeblicher Anknüpfungspunkt sein. Dabei kommen mit dem Girokonto des Anlegers und dessen Wertpapierdepot wiederum zumindest zwei unterschiedliche Anknüpfungspunkte in Betracht. Welcher der beiden maßgeblich ist, hängt von den Umständen des Einzelfalls ab, wie der Rechtsprechung des EuGH zu entnehmen ist. So lag der *Kronhofer-Entscheidung* der Sachverhalt zu Grunde, dass der Kläger, der seinen Wohnsitz in Österreich hatte, einen nicht unerheblichen Geldbetrag auf ein Anlegerkonto einer Anlagegesellschaft mit Sitz Deutschland überwiesen hatte, der infolge hochspekulativer Anlagegeschäfte verlustig ging. Da sich die Veruntreuung der Gelder erst nach Überweisung des Geldes vom österreichischen Girokonto auf das Anlegerkonto ereignet hatte, lag der Schadenseintrittsort in Deutschland.[1166] Das Bestehen eines weiteren Schadenseintrittsorts in Österreich unter dem Gesichtspunkt, dass der Kläger dort in seinem Gesamtvermögen geschädigt worden sei, lehnte der EuGH ab. In *Kolassa gegen Barclays Bank* hatte ein Anleger – wiederum mit Wohnsitz in Österreich – infolge eines fehlerhaften Prospekts sowie unter Verstoß sonstiger Informationspflichten des Emittenten eine Inhaberschuldverschreibung „erworben",[1167] deren Wert in der Folge gegen Null ging. Hier kam es auf das Girokonto an, weil eine Überweisung des Geldes auf das Anlagekonto ohne die Informationspflichtverletzungen des Emittenten erst gar nicht stattgefunden hätte.[1168]

Schon vor dem Urteil des EuGH in der Sache *Kolassa gegen Barclays Bank* mussten deutsche Gerichte in mehreren Fällen, in denen Anleger wegen betrügerischen oder sittenwidrigen Verhaltens eines Anlagevermittlers oder

1166 Vgl. zum zugrundeliegenden Sachverhalt auch die nationalen Gerichtsurteile zur Kronhofer-Entscheidung OGH Österreich, Beschluss vom 09.04.2002 – 4 Ob 40/02i und Beschluss vom 18.08.2004 – 4 Ob 149/04x; OLG Innsbruck 5 R 45/01 h; LG Feldkirch 7 Cg 182/00k.

1167 Die Hausbank des Klägers hielt die Zertifikate als Deckungsbestand im eigenen Namen und auf Rechnung des Klägers, der nur einen Anspruch auf Lieferung der Zertifikate aus dem entsprechenden Anteil am Deckungsbestand gutgeschrieben bekam. Eine Übertragung fand insofern nicht statt, EuGH, Urt. v. 28.01.2015 – Rs. C-375/13 – Kolassa/Barclays Bank plc, NZG 2015, 356, 356.

1168 Vgl. EuGH, Urt. v. 28.01.2015 – Rs. C-375/13 – Kolassa/Barclays Bank plc, NZG 2015, 356, 358 Rn. 51.

-beraters, teilweise unter Einbeziehung eines ausländischen Brokers, geschädigt worden waren, über den Ort des Schadenseintritts entscheiden.[1169] Die Gerichte differenzierten auch hier danach, ob die fehlerhafte Beratung oder arglistige Täuschung erst die einzelne Vermögensanlage beeinflusst hatte, nachdem das Anlagekonto bereits eröffnet worden war,[1170] oder der Anleger schon unter Einfluss der Täuschung das Anlagekonto bei einem zumeist ausländischen Kreditinstitut eröffnet hatte.[1171] Hinsichtlich letzterem beurteilten sie bereits den Geldabfluss vom Girokonto als den für den Anleger relevanten Vermögensschaden, sodass für die Bestimmung des Schadenseintrittsorts der Sitz des kontoführenden Kreditinstituts herangezogen wurde.[1172]

Entsprechend der EuGH-Rechtsprechung kommt es damit auf den Kontoführungsort für die Bestimmung des Schadenseintrittsorts an.[1173] Nach welchen Kriterien sich der Kontoführungsort bestimmen soll, ist noch nicht abschließend entschieden worden. Unter Einbeziehung sonstigen europäischen Rechts könnte Art. 4 Nr. 4 Kontenpfändungsverordnung (EU) Nr. 655/2014[1174] Hilfestellung geben.[1175] Danach kommt es auf den Staat an, der in der internationalen Kontonummer (IBAN) angegeben ist. Bei einem Konto ohne IBAN ist der Staat maßgeblich, in dem die kontoführende Bank ihren Hauptsitz hat, und, sofern das Konto bei einer Zweigniederlassung geführt wird, der Staat, in dem sich diese Zweigniederlassung befindet.

1169 BGH BKR 2012, 78, 81 f.; BGH NJW-RR 2011, 197; OLG Düsseldorf, SchiedsVZ 2006, 331, 334; OLG Stuttgart, NJW-RR 1999, 138; OLG Stuttgart, RIW 1998, 809.

1170 So OLG Düsseldorf, SchiedsVZ 2006, 331, 334; OLG Stuttgart, NJW-RR 1999, 138.

1171 Vgl. dazu *Oechsler* in: Staudinger, BGB, § 826 Rn. 138a; *Wagner* in: Münchener Kommentar zum BGB, § 826 Rn. 89; *Thole*, ZBB 2011, 399, 403.

1172 BGH BKR 2012, 78, 81 f.; BGH NJW-RR 2011, 197; BGH BeckRS 2010, 19391; OLG Stuttgart, RIW 1998, 809; vgl. auch *Thole*, ZBB 2011, 399, 403.

1173 Vgl. allgemein zur Anknüpfung an das Bankkonto des geschädigten OLG Stuttgart, NJW-RR 1999, 138, 139; OLG Düsseldorf, SchiedsVZ 2006, 331; *Geimer* in Zöller, ZPO, Anh. I Art. 5 EuGVVO Rn. 27; *Dickinson*, Rome II Regulation, S. 329 Rn. 4.67.

1174 Verordnung (EU) Nr. 655/2014 des Europäischen Parlaments und des Rates vom 15.05.2014 zur Einführung eines Verfahrens für einen Europäischen Beschluss zur vorläufigen Kontenpfändung im Hinblick auf die Erleichterung grenüberschreitenden Eintreibung von Forderungen in Zivil- und Handelssachen, ABl. Nr. L 189/59 vom 27.06.2014 (in Kraft ab: 18.01.2017).

1175 So auch *Müller*, EuZW 2015, 218, 224.

(cc) Vermögenszentrale, Wohnsitz und gewöhnlicher Aufenthalt

Teilweise wird im Schrifttum auf die Vermögenszentrale des Geschädigten abgestellt.[1176] Diese soll sich nach teils vertretener Ansicht am Wohn- oder Geschäftssitz des Geschädigten befinden, nach anderer Auffassung am Ort des gewöhnlichen Aufenthalts des Geschädigten zu verorten sein.[1177] Hier liege der Vermögensmittelpunkt des Geschädigten,[1178] wo sich jede Schädigung des Vermögens zumindest mittelbar auswirke.[1179] Für seine Berücksichtigung spreche insbesondere weiter, dass eine Aufteilung des Vermögens in einzelne Bestandteile oftmals nicht möglich sei und teils zu unvorhersehbaren Ergebnissen führen würde. Auch befänden sich hier nicht nur bilanziell die Vermögensinteressen, sondern der Anleger sei hier zumeist auch steuerpflichtig.[1180]

(dd) Vermögensverfügung

In Teilen des Schrifttums wird in Abgrenzung zum Belegenheitsort des konkret betroffenen Vermögensbestandteils der Schadenseintrittsort dort verortet, wo der Geschädigte die maßgebliche Vermögensverfügung vornimmt.[1181] So soll

---

1176 OLG Koblenz, WM 1989, 622, 623; *Unberath/Cziupka* in: Rauscher, EuZPR/EuIPR, Art. 4 Rom II-VO Rn. 42; *Kiethe* NJW 1994, 222, 225; *Lüderitz* in: Soergel, EGBGB, Art. 38 EGBGB Rn. 11 bzgl. Forderungsverlust; *Freitag* in: Reithmann/Martiny, Internationales Vertragsrecht, 7. Aufl., S. 673 f. Rn. 1276; *Heini* in: Basedow et al. (Hrsg.), Private Law in the International Arena, S. 251, 253 auch mit Bezügen zum schweizerischen Recht; darstellend *von Hoffmann* in: Staudinger, EGBGB, Art. 40 EGBGB Rn. 282; *Weller,* IPRax 2000, 202, 203 Fn. 4; a.A. *Girsberger* in: Basedow et al. (Hrsg.), Private Law in the International Arena, S. 219, 227.

1177 Für ersteres: *Unberath/Cziupka* in: Rauscher, EuZPR/EuIPR, Art. 4 Rom II-VO Rn. 42; *Heini* in: Basedow et al. (Hrsg.), Private Law in the International Arena, S. 251, 253 auch mit Bezügen zum schweizerischen Recht; *Freitag* in: Reithmann/Martiny, Internationales Vertragsrecht, 7. Aufl., S. 673 f. Rn. 1276; *Kiethe* NJW 1994, 222, 225; für Letzteres: *von Hoffmann* in: Staudinger, EGBGB, Art. 40 EGBGB Rn. 282; *Weller,* IPRax 2000, 202, 203 Fn. 4; a.A. *Junker* in: Münchener Kommentar zum BGB, Art. 4 Rom II-VO Rn. 21, der nur hilfsweise auf den Belegenheitsort des Hauptvermögens abstellen will.

1178 OLG Koblenz, WM 1989, 622, 623 Rn. 10.

1179 Vgl. darstellend *Schmitt,* Die Haftung wegen fehlerhafter oder pflichtwidriger Kapitalmarktinformationen, S. 235 f.

1180 *Unberath/Cziupka* in: Rauscher, EuZPR/EuIPR, Art. 4 Rom II-VO Rn. 42.

1181 *von Hein*, IPRax 2005, 17, 21 f.; *von Hein*, EuZW 2011, 369, 371; *Beitzke*, JuS 1966, 139, 142; *Engert/Groh,* IPRax 2011, 458, 468; einschränkend *Girsberger* in: Basedow et al. (Hrsg.), Private Law in the International Arena, S. 219, 229, der an den Ort der Vermögensverfügung nur dann anknüpfen will, wenn dieser zugleich dem Ort der Vermögenszentrale entspricht; a.A. *Thole,* ZBB 2011, 399, 402.

nicht der Ort des Vermögensabflusses, etwa das Girokonto, entscheidend sein, sondern der Ort, von wo der Geschädigte die maßgeblichen Schritte einleitet, die erst zum Abfluss des Vermögens führen.[1182] An den Ort, wo der Geschädigte fehlerhafte Informationen aufnimmt und im Vertrauen auf ihre Richtigkeit Handlungen vornimmt, knüpfte nicht nur bereits das KG Berlin an,[1183] sondern insbesondere auch die englische Rechtsprechung in mehreren Fällen zu *fraudulent and negligent misrepresentation.*[1184]

(ee) Marktort

Schließlich wird teilweise im Schrifttum vertreten, dass für die Bestimmung des Schadenseintrittsorts bei verlustbringenden Investitionen auf den Marktort abzustellen sei.[1185] So berief sich insbesondere einer der Beklagten im Fall *Kronhofer* darauf, dass der Erstschaden nicht am Sitz des Klägers, sondern an der Börse in London, wo die verlustbringenden Anlagen gehandelt worden waren, entstanden sei.[1186] Eine Anknüpfung an den Marktort findet bereits bei fehlerhafter Ad-hoc-Publizität i.S.d. §§ 37b, 37c WpHG statt, wo der Sitz der Börse, an der die betroffenen Wertpapiere zum Handel zugelassen sind, für die Bestimmung des Erfolgsorts herangezogen wird.[1187] Eine einheitliche Regelung von Kapitalmarktdelikten könnte eine Anknüpfung an den Marktort auch bei der europäischen Haftung für Ratingagenturen erforderlich machen.[1188] Weiterhin wird angeführt, dass der Schadenseintrittsort leicht bestimmbar und grundsätzlich für alle Handelsteilnehmer vorhersehbar sei.[1189] Ebenso würde sich der durch falsche Kapitalmarktinformationen entstehende Schaden zuerst auf den

---

1182 *von Hein*, IPRax 2005, 17, 21 f.; *derselbe*, EuZW 2011, 369, 371.

1183 KG Berlin VersR 1982, 499, 499 f.; *Kadner Graziano*, Gemeineuropäisches Internationales Privatrecht, S. 347 f.

1184 Diamond v. Bank of London & Montreal [1979] Q.B. 333 = [1979] 1 All ER 561 (C.A., Denning MR, Stepehnson and Shaw LJJ.); [1986] A.C. 717 (740, L.J. Goff); *Kadner Graziano*, Gemeineuropäisches Internationales Privatrecht, S. 346 ff.; *Dickinson*, Rome II Regulation, S. 328 Rn. 4.67.

1185 *Mankowski* in: Reithmann/Martiny, Internationales Vertragsrecht, S. 1109 f. Rn. 6.1773; *Bachmann*, IPRax 2007, 77, 82; *Keller/Kolling*, BKR 2005, 399, 403; vgl. auch *Thole*, ZBB 2011, 399, 402.

1186 OGH Österreich, Beschluss vom 18.08.2004 – 4 Ob 149/04x.

1187 OLG Frankfurt a.M., NZG 2011, 32, 33; *Geimer* in Zöller, ZPO, Anh. I Art. 5 EuGVVO Rn. 26; *Bachmann*, IPRax 2007, 77, 82.

1188 Vgl. *Junker*, RIW 2010, 257, 263 m.w.N.

1189 *Bachmann*, IPRax 2007, 77, 82; a.A. *von Hein*, EuZW 2011, 369, 371 f.

Marktpreis nachteilig auswirken, was eine Anknüpfung an den Marktort als den Schadenseintrittsort rechtfertige.[1190]

(b) Stellungnahme

(aa) Maßstab

Welcher der oben genannten Anknüpfungspunkte als Schadenseintrittsort bei Anlegern am überzeugendsten ist, soll nachfolgend beurteilt werden. Grundlage dieser Überlegungen muss es sein, dass es bei reinen Vermögensschäden grundsätzlich an einem geographischen Verletzungserfolgsort fehlt, mithin der Anknüpfungspunkt nicht naturwissenschaftlich bestimmt werden kann,[1191] sondern vielmehr juristischen Wertungen unterliegt[1192]. Dabei muss die Vorhersehbarkeit des Ausgangs von Rechtsstreitigkeiten und die Sicherheit in Bezug auf das anzuwendende Recht adequate Berücksichtigung finden.[1193] Ebenfalls gilt es, einen angemessenen Interessenausgleich zwischen Schädiger und Geschädigtem zu gewährleisten.[1194] Dem Kriterium der Vorhersehbarkeit des anwendbaren Rechts darf für Ratingagenturen im Hinblick auf ihr Tätigkeitsfeld keine überragende Stellung zugemessen werden. Denn für Distanzdelikte ist es allgemein charakteristisch, dass der Ort der Rechtsgutsverletzung zufällig ist, weil sich die Interessen beider Parteien am Ort des Geschehens oftmals erstmalig kreuzen.[1195] Insbesondere dem Ratingwesen ist eine weltweite Verbreitung von Ratings immanent. Dabei soll das Beurteilungsergebnis von Ratingagenturen universell gleich gut verstanden werden und damit für den gesamten Adressatenkreis nutzbar sein, was speziell in der durchgängig einheitlichen Notenskalierung der jeweiligen Ratingagentur seinen Ausdruck findet. Unter Einbeziehung dieser Vorüberlegungen gilt es zu beurteilen, wo der Vermögensschaden bei Anlegern eintritt, wenn er auf das fehlerhafte Rating vertraut hat.

1190 So *Bachmann*, IPRax 2007, 77, 82; *Keller/Kolling*, BKR 2005, 399, 403.

1191 *Dickinson*, Rome II Regulation, S. 327 Rn. 4.66; *Uberath/Cziupka* in: Rauscher, EuZPR/EuIPR, Art. 4 Rom II-VO Rn. 40; *Lehmann* in: NK-BGB, Art. 4 Rom II-VO Rn. 97 ff.; *Halfmeier*, VuR 2014, 327, 329.

1192 *Lehmann* in: NK-BGB, Art. 4 Rom II-VO Rn. 99, 103 f.; für *Halfmeier*, VuR 2014, 327, 329 ist die Lokalisierung des reinen Vermögensschadens gar „fiktiv"; *derselbe*, ZEuP 2012, 361, 373.

1193 Erwägungsgrund 6, 14 und 16 der Rom II-VO.

1194 Erwägungsgrund 16 der Rom II-VO.

1195 *Kadner Graziano*, Gemeineuropäisches Internationales Privatrecht, S. 216.

(bb) Abwägung

Sitz des bewerteten Unternehmens

Eine Anknüpfung an den Sitz des bewerteten Unternehmens als Schadenseintrittsort von Vermögensschäden, die Anleger infolge eines fehlerhaften Ratings nach Art. 35a Rating-VO erleiden, überzeugt trotz ihrer Vorhersehbarkeit für beide Parteien nicht. Die Vermögensinteressen eines Anlegers betreffen nicht den Betrieb eines bestimmten Emittenten,[1196] sondern vielmehr die Wertigkeit der von ihm selbst gehaltenen Anleihe, den Stand seines Giro- und den Bestand seines Anlagekontos. Auch beeinflusst ein infolge eines Verstoßes gegen die Rating-VO fehlerhaftes Rating gerade nicht unmittelbar den Betrieb des Emittenten, sondern hat in erster Linie Auswirkungen auf die Wertigkeit der von ihm begebenen Anleihe und die Konditionen zukünftiger Finanzinstrumente. Eine Anknüpfung an den Satzungssitz des Emittenten würde bedeuten, die Vermögenszentrale des Emittenten als diejenige des Anlegers auszugeben. Faktisch würde dem Anlegervermögen eine selbstständige Vermögensposition abgesprochen werden.

Auf die Hauptniederlassung des Emittenten abzustellen, ist ebenfalls nicht überzeugend.[1197] Soweit deren Heranziehung von der Vorstellung geleitet wird, dass sich dort alle Vermögenswerte des Emittenten befinden, die für die Werthaltigkeit der Anleihe des Anlegers von Bedeutung sind, dann überzeugt das wenig. Denn die Bedienung einzelner Forderungen aus Anleihen ist nicht allein von dem Betrieb des Unternehmens abhängig, sondern ebenso beeinflusst von bestehenden Rücklagen, Vermögenswerten und sonstigen Sicherheiten, die sich nicht zwangsläufig am Ort der Hauptniederlassung befinden. Stellt man darauf ab, dass am Sitz des bewerteten Unternehmens die Vermögensinteressen der schädigenden Ratingagentur und des geschädigten Anlegers zusammenkommen,[1198] so sind solche Erwägungen primär bei Art. 4 Abs. 3 Rom II-VO beachtlich und nicht für die Ermittlung des Verletzungserfolgs i.S.d. Art. 4 Abs. 1 Rom II-VO bedeutsam.[1199] Daher ist im Ergebnis eine Anknüpfung an den Sitz des Emittenten für die Ermittlung des Schadenseintrittsorts i.S.d. Art. 4 Abs. 1 Rom II-VO für Anleger abzulehnen.[1200]

1196 So aber *Dutta,* IPRax 2014, 33, 39, der nicht auf den satzungsmäßigen, sondern den tatsächlichen Sitz abstellt, womit wohl der Ort der Hauptniederlassung gemeint ist.

1197 *Dutta,* IPRax 2014, 33, 39.

1198 So *Haar,* DB 2013, 2489, 2494.

1199 Vgl. auch die entsprechende Kritik von *Schroeter,* Ratings, S. 835.

1200 Ebenso ablehnend *Steinrötter,* ZIP 2015, 110, 114.

Marktort

Ebenso bedenklich ist es, den Schadenseintrittsort am Marktort zu lokalisieren. Obgleich eine durch ein zu negatives Rating verursachte Wertminderung einer Anleihe am Marktpreis sichtbar wird,[1201] stellt Art. 4 Abs. 1 Rom II-VO nicht abstrakt auf den Eintritt irgendeines Schadens ab, sondern vielmehr bedarf es eines individuellen, zuordenbaren Schadens, sodass die Änderung des Marktpreises nicht hinreichendes Anknüpfungskriterium sein kann.[1202] Zudem entfaltet das Rating nicht erst am Primärmarkt seine Wirkung auf den Preis der Anleihe, sondern bereits vor der eigentlichen Emission,[1203] unabhängig davon, ob es sich um eine Selbst- oder Fremdemission handelt[1204]. Denn ein Emittent führt das Ratingverfahren regelmäßig vor der Emission durch, um einen möglichst hohen Emissionskurs bei geringer Verzinsung zu generieren.[1205]

Bankkonto

Eine Anknüpfung an den Lageort des konkret betroffenen Vermögensbestandteils, die der EuGH in seiner bisherigen Rechtsprechung zu Art. 5 Nr. 3 Brüssel Ia-VO zu präferieren scheint, ist ebenso nicht ganz unbedenklich.[1206] Überträgt man die differenzierende Rechtsprechung des EuGH auf die von Art. 35a Rating-VO geregelten Fälle, so ergibt sich folgendes Gesamtbild: Kauft ein Anleger infolge eines fehlerhaften Ratings ein Finanzinstrument, dann ist auf den Kontoführungsort des Girokontos abzustellen, da der Anleger von hier, beeinflusst von der fehlerhaften Information, Geld abschöpft. Bei der Veräußerung und beim Weiterhalten einer Anleihe wäre dagegen der Ort der Kontoführung des Depotkontos maßgeblich, da hier das betroffene Vermögen belegen ist, auf dessen Wertigkeit sich das Rating auswirkt.

1201 Siehe oben, Teil 3 B. II. 3. b. aa. (2) (a) (ee).

1202 *Junker*, RIW 2010, 257, 263; *Lehmann*, IPRax 2012, 399, 400; *Schantz*, Die zivilrechtliche Verantwortlichkeit von Ratingagenturen gegenüber Investoren, S. 350; *Freitag* in: Reithmann/Martiny, Internationales Vertragsrecht, 7. Aufl., S. 674 Rn. 1276; *derselbe*, in: Reithmann/Martiny, Internationales Vertragsrecht, S. 678 Rn. 6.567; *von Hein*, EuZW 2011, 369, 371 f.; *Weber*, WM 2008, 1581, 1586; kritisch auch *Schnyder* in: Münchener Kommentar zum BGB, Int. WirR, 4. Aufl., IntKapMarkR Rn. 100; a.A. *Einsele*, ZEuP 2012, 23, 39 f.; *Grundmann*, RabelsZ 54 (1990), 283, 305.

1203 *Eisen*, Haftung und Regulierung internationaler Rating-Agenturen, S. 235.

1204 Ausführlich zu Unterschieden zwischen Eigen- und Fremdemission *Langendorf*, Haftungsfragen bei Anleiheemissionen, S. 36 ff.

1205 *Lemke*, Haftungsrechtliche Fragen des Ratingwesens, S. 19 f.

1206 So aber *Schultes*, Regulierung und Haftung von Ratingagenturen, S. 304, 283.

Obgleich dieser Ansatz dahingehend für Rechtssicherheit sorgen würde, dass lediglich der Kontoführungsort des jeweiligen Anlegerkontos für die Bestimmung des subsidiären Haftungsstatuts zu ermitteln wäre, bringt er anderweitige Schwächen mit sich. So könnte eine Anknüpfung an den jeweiligen Kontoführungsort dazu führen, dass je nach An- oder Verkauf derselben Anleihe unterschiedliches nationales Sachrecht zur Anwendung käme. Noch gravierender gestalten sich solche Fälle, in denen ein Anleger von mehreren Konten Geld zwecks Erwerbs der Anleihe überweist. In Einzelfällen wäre es gar denkbar, dass beide Bankkonten in jeweils unterschiedlichen Staaten geführt werden, sodass für den jeweiligen Teilschaden unterschiedliches, nationales Sachrecht zur Anwendung käme.[1207] Die Rechtsverfolgung wäre für einen Anleger mit erheblichen Mehrkosten verbunden, da er seinen erlittenen Schaden faktisch nach zwei unterschiedlichen Rechtsordnungen ersetzt verlangen müsste, was ihn von einer Geltendmachung des Art. 35a Rating-VO erheblich abschrecken könnte.[1208] Das Ziel des europäischen Verordnungsgebers, dass europäische Ratingagenturen angesichts einer drohenden zivilrechtlichen Haftung ihre Pflichten besser erfüllen werden, liefe dann faktisch leer.[1209]

Einerseits könnte ein Anleger mit einer Anknüpfung an den Kontoführungsort das subsidiäre Haftungsstatut selbst festlegen, indem er das für den Ankauf einer Anleihe erforderliche Kapital zunächst auf einem Konto bündelt, das ihm für die Geltendmachung von Schadensersatzansprüchen gegen Ratingagenturen ein günstiges Recht zur Seite stellen würde. Es bestände damit eine nicht zu unterschätzende Manipulationsgefahr. Andererseits muss hinterfragt werden, ob eine Anknüpfung an das Recht des Kontoführungsorts für einen durchschnittlichen Anleger naheliegend ist.[1210] Daran ist zu zweifeln. Denn während in der heutigen Zeit das Online-Banking und ein weltweiter Kontenzugriff selbstverständlich ist, nimmt die Bedeutung örtlicher Niederlassungen von Finanzinstituten zunehmend ab. So können Girokonten bspw. über das Internet eröffnet werden, ohne dass es des Wegs zum jeweiligen Kreditinstitut überhaupt bedarf. Bargeld ist aufgrund verbreiteter Auszahlungstellen andauernd und flächendeckend verfügbar. Allgegenwärtig besteht die Möglichkeit, Transaktionen über

---

1207 Vgl. allgemein zur Mosaikbetrachtung *von Hein,* ZEuP 17 (2009), 6, 16; *Girsberger* in: Basedow et al. (Hrsg.), Private Law in the International Arena, S. 219, 228; *Lehmann,* IPRax 2012, 399, 400.

1208 Vgl. *Engert/Groh,* IPRax 2011, 458, 459.

1209 Kritisch auch *Steinrötter,* ZIP 2015, 110, 114.

1210 Für Ratingagenturen wäre das anwendbare Recht bei einer Anknüpfung an den Kontoführungsort ohnehin nicht vorhersehbar.

das Internet via Online-Banking oder mit einer App vorzunehmen. Kontoauszüge werden online zur Verfügung gestellt oder teils (noch) per Post zugeschickt. Die Eröffnung eines Girokontos, das im Ausland geführt wird, könnte von guten Zinsen, geringen Transaktionskosten, überschaubaren Bearbeitungsgebühren, einem günstigen Dispokredit oder gar einer funktionalen Onlineanwendung beeinflusst sein.

Führt man sich in diesem Zusammenhang vor Augen, dass sich das Vermögen des Anlegers gerade nicht im Tresor der Bank seines Vertrauens befindet,[1211] sondern der Belegenheitsort des abtrennbaren Vermögensbestandteils in Form des Kontostands letztlich (nur) eine juristische Bewertung des vertraglichen Auszahlungsanspruchs des Anlegers gegen sein Finanzinstitut darstellt,[1212] dann muss die Adäquanz dieses Ansatzes umso mehr kritisch hinterfragt werden. So scheint eine Anknüpfung an den Kontoführungsort als den Ort des Schadenseintritts für den Anleger wenig naheliegend, wenn er seine Anlageentscheidungen am Ort seines gewöhnlichen Aufenthalts trifft, wo er zuvor alle maßgeblichen Informationen eingeholt hat und lediglich das notwendige Kapital von einem im Ausland geführten Konto für die Anlage transferiert. Die Anwendung des am Kontoführungsort geltenden nationalen Sachrechts wäre zufällig und müsste dem Anleger geradezu willkürlich erscheinen.[1213] Daher ist dieser Anknüpfungspunkt im Ergebnis wenig überzeugend.

Vermögensverfügung

Eine dogmatisch überzeugende Lösung für die Ermittlung des Schadenseintrittsorts i.S.d. Art. 4 Abs. 1 Rom II-VO bei Haftungsansprüchen des Art. 35a Rating-VO stellt eine Anknüpfung an den Verfügungsort des Anlegers bereit. Anders als bei der Beeinflussung der freien Willensentscheidung ist das Vermögen hier nicht nur gefährdet, sondern vielmehr wird der Anleger bereits im Moment seiner konkreten Vermögensverfügung im Rahmen des jeweiligen Anlagegeschäfts tatsächlich geschädigt.[1214] Kollisionsrechtlich würde man dem Selbstschädigungscharakter der europäischen Haftungsvorschrift und damit dem in ihr verankerten Willenselement i.S.d. Abs. 1 Unterabs. 2 gerecht

1211 Vgl. *Unberath/Cziupka* in: Rauscher, EuZPR/EuIPR, Art. 4 Rom II-VO Rn. 41; *von Hein*, IPRax 2005, 17, 22.

1212 Vgl. *von Hein*, IPRax 2005, 17, 22; *Unberath/Cziupka* in: Rauscher, EuZPR/EuIPR, Art. 4 Rom II-VO Rn. 41.

1213 Kritisch auch *von Hoffmann* in: Staudinger, EGBGB, Art. 40 EGBGB Rn. 282; *Girsberger* in: Basedow et al. (Hrsg.), Private Law in the International Arena, S. 219, 228; *Thole*, ZBB 2011, 399, 403.

1214 Der Schaden tritt allerdings erst später offenzutage.

werden.[1215] Anders als bei der Anknüpfung an den Kontoführungsort, wäre die Anwendung des subsidiären Haftungsstatuts nicht von Rechtsbeziehungen des Anlegers zu Dritten abhängig, sondern würde vielmehr den Eigenheiten der europäischen Haftungsvorschrift entsprechen. Zwar können für den An- und Verkauf derselben Anleihe unterschiedliche Haftungsstatute zur Anwendung kommen, aber scheidet eine Mosaikbetrachtung innerhalb desselben Anlagegeschäfts, wie dies bei mehreren Konten in unterschiedlichen Staaten denkbar wäre, aus.

Auch aus Anlegerschutzgesichtspunkten wäre der Verfügungsort grundsätzlich als vorteilhaft zu bewerten. Denn geht man davon aus, dass ein Anleger am Ort seines gewöhnlichen Aufenthalts seine Anlagegeschäfte abwickelt, käme ihm das Recht zu Hilfe, an dessen Standards er sich bereits gewöhnt hat.[1216] Die Anknüpfung an den Verfügungsort trüge allgemein der Entschädigungsfunktion des Deliktsrechts und damit vor allem den Interessen des Geschädigten Rechnung, weil er sich insbesondere bei der Wahl seines Versicherungsschutzes an dem ihm vertrauten Haftungsrecht orientieren könnte.[1217]

Schwierigkeiten bereitet eine Anknüpfung an den Verfügungsort freilich, wenn ein Anleger von einem anderen Staat als dem des gewöhnlichen Aufenthalts aus investiert, sei es am Urlaubsort oder auf Geschäftsreisen.[1218] Einerseits könnte man für diesen Fall argumentieren, dass wer sich die Vorteile grenzenloser Transaktionsmöglichkeiten zu Nutze macht, auch deren Nachteile tragen muss, die sich aus der Anwendung ausländischen Sachrechts ergeben mögen. Andererseits könnte man auch den Standpunkt einnehmen, dass diesen technischen Errungenschaften ihre wirtschaftlichen Vorteile genommen würden, wenn je nach Verfügungsort unterschiedliches nationales Sachrecht zur Anwendung käme, sodass es erst recht eines gleichbleibenden Vermögensbezugspunkts bedürfe. Obgleich sich dem Anleger gleichermaßen Manipulationsmöglichkeiten wie bei der Anknüpfung an den Kontoführungsort böten, sprechen wohl im Übrigen die besseren Argumente dafür, auf den Ort der Vermögensverfügung abzustellen. Denn unterstellt man, dass der Durchschnittsanleger seine Anlagegeschäfte nicht im Urlaub oder auf Geschäftsreisen abwickelt, sondern dort

---

1215 Vgl. *Huber*, IPRax 2009, 134, 136, der diesen Charakter bei § 826 BGB zum Anlass nimmt, auf die Beeinträchtigung der Willensfreiheit als maßgeblicher kollisionsrechtlicher Verletzungserfolg abzustellen.

1216 Vgl. *Kadner Graziano*, Gemeineuropäisches Internationales Privatrecht, S. 222.

1217 *Junker* in: Münchener Kommentar zum BGB, Art. 4 Rom II-VO Rn. 18; *Leible/Engel*, EuZW 2004, 7, 10.

1218 Vgl. *Thole*, ZBB 2011, 399, 403.

vornimmt, wo sein gewöhnlicher Aufenthalt ist, dann wird er von dem Recht geschützt, das auch im Übrigen seine Umwelt bestimmt.[1219] Wer sich auf fremdes Terrain begibt, muss grundsätzlich damit rechnen, dass er nach den dort geltenden Rechtsnormen beurteilt wird.[1220] Anders als beim Kontoführungsort wird dies für den Anleger verständlich und damit vorhersehbar sein. Nichtsdestotrotz ist in besonderen Ausnahmefällen eine Korrektur über Art. 4 Abs. 3 Rom II-VO nicht von vornherein ausgeschlossen.[1221]

Eine primäre Anknüpfung an den Wohnsitz des Anlegers oder den Ort seines gewöhnlichen Aufenthalts (Vermögenszentrale) wäre aus Anlegerperspektive zwar (noch) wünschenswerter,[1222] aber dadurch liefe man dann Gefahr, die Wertungen des Art. 4 Abs. 2 Rom II-VO zu umgehen. Denn danach ist der gewöhnliche Aufenthalt nur dann hinreichendes Anknüpfungskriterium, wenn sowohl der Geschädigte als auch der Schädiger ihren gewöhnlichen Aufenthalt im selben Staat haben. Zudem muss das Unmittelbarkeitserfordernis des Art. 4 Abs. 1 Rom II-VO hinreichend beachtet werden.[1223] Dem würde mit einer Anknüpfung an den gewöhnlichen Aufenthalt kaum entsprochen werden.[1224] Anders verhält es sich aber, wenn man auf die Vermögensverfügung abstellt und diese zugleich am Ort des gewöhnlichen Aufenthalts des Anlegers vorgenommen wird.

(c) Zwischenergebnis

Für den Schadenseintrittsort i.S.d. Art. 4 Abs. 1 Rom II-VO sollte bei Fällen des Art. 35a Rating-VO hinsichtlich der Anleger auf den Ort abgestellt werden, an dem sie die maßgebliche Vermögensverfügung für das jeweilige Anlagegeschäft vornehmen.

1219 Vgl. *Kadner Graziano*, Gemeineuropäisches Internationales Privatrecht, S. 222.

1220 Vgl. *Sonnentag*, ZVglRWiss 105 (2006), 256, 267; *Leible/Engel*, EuZW 2004, 7, 10; *Halfmeier*, ZEuP 2012, 361, 374.

1221 Siehe unten, Teil 3 B. II. 3. c. bb. (1) (c).

1222 Vgl. zu den Vorteilen *Kadner Graziano*, Gemeineuropäisches Internationales Privatrecht, S. 222.

1223 So sind indirekte Schadensfolgen für die Bestimmung des Schadenseintrittsorts von vornherein ohne Belang.

1224 EuGH, Urt. v. 11.01.1990 – Rs. C 220/88 – Dumez France u.a./Hessische Landesbank u.a. Slg. 1990, I-00049; EuGH, Urt. v. 19.09.1995 – Rs. C 364/93 – Marinari/Lloyds Bank plc, Slg. 1995, I-2719; EuGH, Urt. v. 10.06.2004 – Rs. C-168/02 – Kronhofer/Maier u.a., Slg. 2004, I-6009; vgl. auch *Gietzelt/Ungerer*, GPR 2013, 333, 338.

bb. Emittenten

(1) Verletzungserfolg

In Abgrenzung zum Anleger ist das durch ein fehlerhaftes Rating geschädigte Rechtsgut beim Emittenten eindeutig. Maßgeblich ist hier primär die Schädigung seines Vermögens. Fällt das Rating aufgrund eines Verstoßes gegen die Rating-VO zu schlecht aus, ist die Aufnahme von Fremdkapital nur zu höheren Beschaffungskosten, d.h. zu höheren Zinszahlungen oder einem geringeren Ausgabebetrag, möglich.[1225] Der Emittent erleidet einen reinen Vermögensschaden. Im Einzelfall ist es denkbar, dass ein zu schlechtes Rating den Emittenten auch in seinem Persönlichkeitsrecht verletzt. So sollen Emittenten nach Vorstellung des europäischen Verordnungsgebers auch solche Schäden ersetzt verlangen können, die ihnen etwa durch Herabstufung eines Ratings und dessen „negative Auswirkungen auf das Ansehen“[1226] entstanden sind.[1227] Dies könnte zu der Auffassung führen, dass es sich bei Art. 35a Rating-VO um eine deliktsrechtliche Spezialregelung zum Schutz des allgemeinen Persönlichkeitsrechts von Emittenten handelt, was mit Blick auf Art. 35a Abs. 4 Rating-VO für die Ermittlung der einschlägigen Bestimmungen des IPR weitreichende Folgen hätte.[1228] Dagegen spricht aber, dass eine Verletzung des Persönlichkeitsrechts weder ausdrückliche noch indirekte Haftungsvoraussetzung ist,[1229] sodass eine kollisionsrechtliche Anknüpfung an das Persönlichkeitsrecht des Emittenten wenig überzeugend wäre.

(2) Maßgeblicher Ort

Die Schädigung des Emittentenvermögens in Form von höheren Risikozinszahlungen lässt sich grundsätzlich keiner bestimmten Vermögensmasse zuordnen. Selbst wenn man davon ausginge, dass der Emittent die aus der Anleihe erwachsenden Zinszahlungsverbindlichkeiten ausschließlich von einem bestimmten Konto bedienen würde, so kann die Auszahlung nicht als Eintritt, sondern allenfalls als Folge des bereits mit dem Eingehen der für den Emittenten negativen Anleihekonditionen begründeten Schadens begriffen werden. Ein zu schlechtes Rating zwingt den Emittenten regelmäßig dazu, Fremdkapital zu höheren Zinsen aufzunehmen, um das scheinbar erhöhte Ausfallrisiko zu kompensieren und

1225 Siehe oben, Teil 2 B. VI. 3. b.

1226 Erwägungsgrund 32 der Rating-VO (EU) Nr. 462/2013.

1227 Siehe oben, Teil 2 B. VI. 3. b.

1228 So wäre die Anwendbarkeit der Rom II-VO nach Art. 1 Abs. 2 lit. g Rom II-VO äußerst fraglich, siehe oben, Teil 2 A. III. 2; Teil 3 B. II. 2.

1229 Siehe oben, Teil 2 A. III.

damit die Attraktivität für Anleger aufrechterhalten zu können.[1230] Eine Anknüpfung an eine Vermögensverfügung scheidet ebenso aus. Als Schadenseintrittsort den Marktort heranzuziehen, passt ebenfalls nicht, da das zu schlechte Rating den Emissionspreis bereits vor der Platzierung beeinflusst.[1231] Vielmehr tritt der durch das fehlerhafte Rating verursachte Schaden an der Vermögenszentrale des Emittenten, an seinem Unternehmenssitz, ein. Mit Blick auf Art. 23 Abs. 1 Rom II-VO sollte daher an die Hauptverwaltung des Emittenten angeknüpft werden.

c. *Art. 4 Abs. 3 Rom II-VO*

Eine abweichende Anknüpfung als der Ort des gewöhnlichen Aufenthalts oder des Erfolgsorts erlaubt Art. 4 Abs. 3 Rom II-VO, wenn die unerlaubte Handlung eine offensichtlich engere Verbindung zu einem anderen Staat aufweist. Eine offensichtlich engere Verbindung kann sich insbesondere aus einem zwischen den Parteien bestehenden Rechtsverhältnis wie einem Vertrag ergeben, Art. 4 Abs. 3 Satz 2 Rom II-VO.

Art. 4 Abs. 3 Rom II-VO will Einzelfallgerechtigkeit schaffen und dem Grundprinzip des IPR, dasjenige Recht zur Anwendung zu bringen, das mit dem Sachverhalt am engsten verbunden ist, zur Durchsetzung verhelfen.[1232] Dabei muss zwischen Rechtssicherheit einerseits und Einzelfallgerechtigkeit andererseits ein gesunder Ausgleich geschaffen werden.[1233] Nach überwiegender Ansicht ist Art. 4 Abs. 3 Rom II-VO wegen seines Ausnahmecharakters eng auszulegen.[1234] Damit muss die Verbindung zu einem anderen Staat so eng sein, dass die Anwendung eines anderen nationalen Rechts geradezu zweckwidrig erschiene, was anhand der Gesamtheit aller Umstände zu ermitteln ist.[1235]

1230 Siehe oben, Teil 1 E.

1231 Siehe oben, Teil 3 B. II. 3. b. aa. (2) (a) (ee).

1232 *Junker* in: Münchener Kommentar zum BGB, Art. 4 Rom II-VO Rn. 46; *Spickhoff* in: Bamberger/Roth, BGB, Art. 4 Rom II-VO Rn. 12; *Thorn* in: Palandt, BGB, Art. 4 Rom II-VO Rn. 10; *Weller/Nordmeier* in: Spindler, Recht der elektronischen Medien, Art. 4 Rom II-VO Rn. 17; *Unberath/Cziupka* in: Rauscher, EuZPR/EuIPR, Art. 4 Rom II-VO Rn. 79.

1233 Vgl. Erwägungsgrund 14 der Rom II-VO; *von Hein* in: Calliess, Rome Regulations, Art. 4 Rom II-VO Rn. 43.

1234 *Spickhoff* in: Bamberger/Roth, BGB, Art. 4 Rom II-VO Rn. 12; *Weller/Nordmeier* in: Spindler, Recht der elektronischen Medien, Art. 4 Rom II-VO Rn. 17; *Unberath/Cziupka* in: Rauscher, EuZPR/EuIPR, Art. 4 Rom II-VO Rn. 82; *Lehmann* in: NK-BGB, Art. 4 Rom II-VO Rn. 138; a.A. *Schantz*, Die zivilrechtliche Verantwortlichkeit von Ratingagenturen gegenüber Investoren, S. 351.

1235 *Lehmann* in: NK-BGB, Art. 4 Rom II-VO Rn. 142 f.

aa. Art. 4 Abs. 3 Satz 2 Rom II-VO – bei bestehendem Rechtsverhältnis

Eine offensichtlich engere Rechtsbeziehung als zu einem Staat i.S.d. Art. 4 Abs. 1 oder Abs. 2 Rom II-VO kann sich nach Abs. 3 Satz 2 insbesondere aus einem bereits bestehenden Rechtsverhältnis zwischen den Parteien, wie einem Vertrag, ergeben, das mit der betreffenden unerlaubten Handlung in enger Verbindung steht.[1236] Ein Rückgriff auf Art. 4 Abs. 3 Satz 2 Rom II-VO ist denkbar, soweit keine wirksame Rechtswahlvereinbarung zwischen der Ratingagentur und dem Emittenten bzw. Anleger i.S.d. Art. 14 Rom II-VO getroffen wurde. Beauftragt ein Emittent eine Ratingagentur mit der Durchführung eines Ratings, liegt ein Rechtsverhältnis in Form eines Vertrags vor. Auch zwischen Anleger und Ratingagentur kann mit Abschluss eines Abonnementvertrags ein Rechtsverhältnis begründet werden.[1237] Kein Rechtsverhältnis zwischen Emittent und Ratingagentur besteht hingegen bei unbeauftragten Ratings. Greifen Anleger auf ein öffentlich zugängliches Rating zurück, fehlt es auch hier an einem Vertragsverhältnis.[1238]

Damit wäre Art. 4 Abs. 3 Satz 2 Rom II-VO überhaupt nur in zwei Konstellationen des Art. 35a Rating-VO anwendbar: für Emittenten bei beauftragten Ratings und für Anleger, die einen Abonnementvertrag abgeschlossen haben. Hinsichtlich ersterem erscheint eine Anknüpfung an den Ratingvertrag überzeugend, da die öffentlichrechtlichen Ordnungs- und Verhaltenspflichten der Rating-VO eine bessere Qualität der Ratings sicherstellen wollen, deren Erstellung Ratingagenturen bei Abschluss eines Ratingvertrags gegenüber Emittenten konkret schulden. Regelmäßig wird dann das am Sitz der Ratingagentur geltende Recht maßgeblich sein.[1239] Anders verhält es sich bei Anlegern. Geht man zutreffend davon aus, dass der zwischen Ratingagentur und Anleger geschlossene Abonnentenvertrag keine Pflichten für die Ratingagentur hinsichtlich des Ratingverfahrens und -inhalts begründet,[1240] dann erscheint eine enge Verbindung zwischen der unerlaubten Handlung der Ratingagentur und dem Abonnentenvertrag äußerst fragwürdig.[1241]

1236 Vgl. *Schroeter,* Ratings, S. 835, der im Ergebnis auf den Sitz der Ratingagentur gem. Art. 4 Abs. 3 Satz 1 Rom II-VO abstellt.

1237 Siehe oben, Teil 2 A. VI.

1238 Die Ratingergebnisse sind meistens kostenfrei öffentlich zugänglich, vgl. *Reidenbach,* Aktienanalysten und Ratingagenturen, S. 277.

1239 *Schroeter,* Ratings, S. 835.

1240 So *Schroeter,* Ratings, S. 875 ff.; a.A. *Habersack,* ZHR 169 (2005), 185, 205.

1241 Ebenfalls nicht darauf abstellend *Schantz,* Die zivilrechtliche Verantwortlichkeit von Ratingagenturen gegenüber Investoren, S. 358; *Schroeter,* Ratings, S. 947 f.; *Steinrötter,* ZIP 2015, 110, 114 f.

bb. Art. 4 Abs. 3 Satz 1 Rom II-VO – offensichtlich engere Verbindung

(1) Anleger

(a) Sitz des Bewertungsobjekts

Auch wenn der Ort des Emittentensitzes als Schadenseintrittsort i.S.d. Art. 4 Abs. 1 Rom II-VO für Anleger nicht in Betracht kommt,[1242] könnte eine offensichtlich engere Verbindung zu diesem Staat als zum Ort der Vermögensschädigung bestehen. So würde man mit einer Anknüpfung an den Sitz des bewerteten Unternehmens nicht nur dem gemeinsamen Bezugspunkt der Vermögensinteressen der Anleger und denen der Ratingagenturen gerecht,[1243] sondern auch für die europäischen Ratingagenturen wäre das anwendbare Recht vorhersehbar.[1244]

Wie auch bei einer Anknüpfung an den Ort der Vermögensverfügung des Anlegers hätte eine Anknüpfung an das am Satzungssitz des jeweiligen Emittenten geltende Recht zur Konsequenz, dass sich die europäischen Ratingagenturen in Abhängigkeit von den bewerteten Emittenten einer Vielzahl unterschiedlicher Haftungsstatuten ausgesetzt sähen.[1245] Eine Besserstellung träte insofern nicht ein. Auch ist nicht ersichtlich, warum Ratingagenturen und Anleger eine offensichtlich engere Verbindung zu dem Recht des Gesellschaftsstatuts des Emittenten haben sollten. Wollte man auf den Bezugspunkt der gemeinsamen Interessen abstellen, dann läge es jedenfalls näher, sich auf das Recht zu berufen, dem das konkrete Finanzinstrument untersteht.[1246]

(b) Sitz der Ratingagentur

Teilweise wird im Schrifttum eine Anknüpfung an den Ort des satzungsmäßigen Sitzes der Ratingagentur befürwortet.[1247] Maßgebliches Charakteristikum der zivilrechtlichen Haftung nach Art. 35a Rating-VO sei eine Verletzung aufsichtsrechtlicher Pflichten. Diesen Pflichten, denen die Ratingagentur infolge ihrer behördlichen Zulassung unterliege, habe sie bei ihrer gesamten Ratingtätigkeit einheitlich zu genügen. Dem würde aber nicht entsprochen werden, wenn bei jedem Rating an anderes nationales Recht anzuknüpfen sei. Denn die

1242 Siehe oben, Teil 3 B. II 3. b. aa. (2) (a) (aa).

1243 *Haar,* DB 2013, 2489, 2494.

1244 *Dutta,* IPRax 2014, 33, 39; vgl. auch allg. zur Vorhersehbarkeit *Bachmann*, IPRax 2009, 140, 144.

1245 *Schroeter,* Ratings, S. 836.

1246 Vgl. *Schantz*, Die zivilrechtliche Verantwortlichkeit von Ratingagenturen gegenüber Investoren, S. 352.

1247 *Schroeter,* Ratings, S. 836; *Steinrötter*, ZIP 2015, 110, 115.

Verhaltenspflichten seien mittelbar durch die Rechtsbegriffe „grobe Fahrlässigkeit", „gebührende Sorgfalt", „angemessen" oder „verhältnismäßig" bestimmt, sodass sich die Sorgfaltsanforderungen, denen die Ratingagentur zu genügen habe, dann in Abhängigkeit von einzelnen Ratings beurteilen lassen müssten. Dies würde es Ratingagenturen unmöglich machen, ihre Ratingmethoden nach Art. 8 Abs. 3 Rating-VO auf alle Ratings anzuwenden.[1248] Die Anknüpfung an den satzungsmäßigen Sitz würde auch den Vorgaben der Rating-VO am besten gerecht werden, da dieser auch für die Registrierung von Ratingagenturen nach Art. 3 Abs. 1 lit. c) Rating-VO entscheidend sei.[1249] Schließlich sei es im Hinblick auf die regulierende (*private enforcement*) Funktion des Art. 35a Rating-VO angebracht, das Haftungsrecht dem zwingend geltenden Ordnungsrecht folgen zu lassen. Da es an einem einzelstaatlichen Ordnungsrecht fehle, sei der Ort der Registrierung und damit der Ort der Begründung der unionsrechtlichen Pflichten maßgeblich.[1250]

Eine Anknüpfung an den Satzungssitz der Ratingagentur hätte zur Konsequenz, dass man mittels Art. 4 Abs. 3 Rom II-VO dem in Art. 4 Abs. 1 Rom II-VO nicht berücksichtigten Handlungsort doch den Vorzug gegenüber dem Erfolgsort einräumen würde. Dies soll ausnahmsweise möglich sein, wenn das am Erfolgsort geltende Recht für den Schädiger nicht vorhersehbar sei,[1251] was für Ratingfälle sicherlich zutrifft. Nichtsdestotrotz kann eine Anknüpfung an den Sitz der Ratingagentur im Ergebnis nicht überzeugen. Obwohl Art. 35a Rating-VO eine verhaltenssteuernde Funktion übernimmt, muss dies nicht zwingend bedeuten, dass dieser mit einer Anknüpfung an den Handlungsort am besten entsprochen wird.[1252] Denn welches Recht – dasjenige am Verhaltens- oder Erfolgsort – zur Prävention und Schadensverhütung am besten geeignet ist, ist eine Wertungsfrage.[1253] Man würde die allgemein geführte Diskussion, ob eine Anknüpfung an den Handlungs- oder Erfolgsort für die Bestimmung des anwendbaren Rechts vorzugswürdig ist,[1254] letztlich in Art. 4 Abs. 3 Rom II-VO neu entfachen, obgleich sich der Verordnungsgeber in Art. 4 Abs. 1 Rom II-VO grundsätzlich für eine Anknüpfung an den Schadenseintrittsort entschieden hat. Weiterhin erscheint

---

1248 *Schroeter,* Ratings, S. 836.

1249 *Schroeter,* Ratings, S. 836 f.

1250 *Steinrötter*, ZIP 2015, 110, 115.

1251 *von Hein,* ZEuP 17 (2009), 6, 16.

1252 *Kadner Graziano*, Gemeineuropäisches Internationales Privatrecht, S. 219; *Leible/Engel*, EuZW 2004, 7, 10; *Wagner*, IPRax 2006, 372, 376.

1253 *Kadner Graziano*, Gemeineuropäisches Internationales Privatrecht, S. 219.

1254 Vgl. *Kadner Graziano*, Gemeineuropäisches Internationales Privatrecht, S. 216 ff.

eine Anknüpfung an den Ort des Satzungssitzes der jeweiligen Ratingagentur mit dem Hinweis, dass sich hier die Pflichten der Ratingagentur begründen, gekünstelt, da es sich um verordnungsautonome Pflichten handelt, deren inhaltliche Ausgestaltung gerade nicht dem jeweiligen nationalen Sachrecht überlassen ist. Selbst wenn man, wie teils im Schrifttum vertreten,[1255] davon ausginge, dass nationales Sachrecht wegen der Auslegung unbestimmter Rechtsbegriffe und Schließung von Lücken i.S.d. Art. 35a Rating-VO die jeweiligen Pflichten zumindest indirekt mitbestimmt, dann sollte das gerade gegen eine Anknüpfung an den Satzungssitz der Ratingagentur sprechen. Denn ein wesentlicher Grund für die Einführung einer gemeinsamen europäischen Haftungsregelung war es, dass die unterschiedlichen Haftungsstatute der europäischen Mitgliedstaaten Nährboden für ein *Forum Shopping* boten, wonach Ratingagenturen ihren Sitz in das Land verlagern konnten, in dem die höchsten Haftungsvoraussetzungen gelten.[1256] Sinn und Zweck kann es folglich nicht sein, für Ratingagenturen auch noch Anreize zu schaffen, ihren Verhaltenspflichten mit geringerem Aufwand zu genügen, als es nach dem Recht eines anderen Staates angezeigt wäre.

Methodisch könnte man in Fällen, in denen sich die Sicherheits- und Verhaltensregeln am Ort des Satzungssitzes erheblich von dem Schadenseintrittsort i.S.d. Art. 4 Abs. 1 Rom II-VO unterscheiden, die am Handlungsort geltenden Verhaltensstandards für Ratingagenturen gem. Art. 17 Rom II-VO berücksichtigen.[1257] Eines Rückgriffs auf Art. 4 Abs. 3 Rom II-VO bedürfte es insofern nicht unbedingt. Auch scheint es dem Schädiger zumutbar, seinen Sorgfaltsaufwand an den Standards einer Nachbarrechtsordnung anzupassen, wenn sein Verhalten in deren Geltungsbereich hineinwirkt.[1258] So wird, soweit der Vertrieb potentiell gefährlicher Waren und Dienstleistungen in Rede steht, die Wettbewerbsgleichheit gerade durch die Erfolgsanknüpfung gewährleistet und nicht durch ein kollisionsrechtliches Herkunftslandprinzip, das die Anknüpfung an den Handlungsort erforderlich machen würde.[1259] Eine Anknüpfung an den Sitz der

1255 *Schroeter*, Ratings, S. 836.

1256 Europäische Kommission, Public Consultation on Credit Rating Agencies vom 05.11.2010, S. 24; Europäische Kommission, Finanzdienstleistungen: Europäische Kommission leitet Konsultation zum weiteren Vorgehen bei Ratingagenturen ein, Pressemitteilung vom 05.11.2010, IP/10/1471; vgl. auch *von Rimon*, Ratings in Deutschland und den USA, S. 100 f.

1257 *Junker* in: Münchener Kommentar zum BGB, Art. Rom II-VO Rn. 4; vgl. dieselbe Argumentation bei Art. 4 Abs. 2 Rom II-VO *Wagner*, IPRax 2008, 1, 5.

1258 A.A. wohl *von Hein*, ZEuP 17 (2009), 6, 16, der großen Wert auf die Vorhersehbarkeit des anwendbaren Rechts für den Schädiger legt.

1259 *Wagner*, IPRax 2008, 1, 5.

Ratingagentur könnte daher allenfalls im Hinblick auf die Vorhersehbarkeit des anwendbaren Rechts überzeugen, was eine engere Verbindung im Ergebnis aber nicht zu rechtfertigen vermag.

(c) Kontoführungsort

In besonderen Ausnahmefällen – ein Anleger nimmt beispielsweise die maßgebliche Vermögensverfügung am Ort seines Urlaubsaufenthaltes vor, da er vor Abflug nicht mehr dazu gekommen ist – könnte eine Anknüpfung an den Kontoführungsort sinnvoll sein, wenn dieser mit dem Ort seines gewöhnlichen Aufenthaltes übereinstimmt.[1260] Eine Anknüpfung an den Ort der Vermögensverfügung würde in diesen Fällen geradezu willkürlich erscheinen. Ebenso würde man so einer Missbrauchsgefahr durch den Anleger entgegenwirken.

(d) Marktort

Schließlich wird teilweise vertreten, dass für die Bestimmung des subsidiären Haftungsstatuts nach Art. 4 Abs. 3 Satz 1 Rom II-VO das Recht maßgeblich sein soll, das am Marktort gilt.[1261] Marktort sei der Ort, an dem die konkrete Anleihe platziert werde.[1262] Eine Anknüpfung an den Marktort sei der Rom II-VO mit Blick auf Art. 6 Abs. 1 und Abs. 3 lit. a) Rom II-VO nicht unbekannt.[1263] Für die Beteiligten sei zudem das anwendbare Recht sicher feststellbar.[1264] Schließlich würden die Interessen des Geschädigten mit denen des Schädigers am Marktort ausgeglichen und es würde somit Waffengleichheit geschaffen werden.[1265]

Für eine Anknüpfung an den Marktort könnte zudem sprechen, dass man die materiellrechtliche Kapitalmarktschutzfunktion der Rating-VO kollisionsrechtlich absichern würde, ohne dass es zugleich zu einer Vernachlässigung des

---

1260 Vgl. EuGH, Urt. v. 28.01.2015 – Rs. C-375/13 – Kolassa/Barclays Bank plc, NZG 2015, 356, 358.

1261 *Schantz*, Die zivilrechtliche Verantwortlichkeit von Ratingagenturen gegenüber Investoren, S. 358.

1262 *Schantz*, Die zivilrechtliche Verantwortlichkeit von Ratingagenturen gegenüber Investoren, S. 343; bezügl. der Prospekthaftung *Grundmann* in: Schimansky/Bunte/Lwowski, Bankrechts-Hdb., § 112 Rn. 65; *Einsele*, ZEuP 2012, 23, 38 f.; *Bischoff*, AG 2002, 489, 493; *Weber*, WM 2008, 1581, 1586; *Grundmann*, RabelsZ 54 (1990), 283, 305.

1263 *Schantz*, Die zivilrechtliche Verantwortlichkeit von Ratingagenturen gegenüber Investoren, S. 351; *Weber*, WM 2008, 1581, 1586.

1264 *Schantz*, Die zivilrechtliche Verantwortlichkeit von Ratingagenturen gegenüber Investoren, S. 351.

1265 *Weber*, WM 2008, 1581, 1586; *Grundmann*, RabelsZ 54 (1990), 283, 306 f.

Individualschutzes von Anlegern kommen müsste.[1266] Denn zum einen wäre das für den Anleger subsidiär anzuwendende Recht vorhersehbar. Zum anderen könnte er ohnehin gezwungen sein, sich mit dem am Handelsort geltenden Recht im Hinblick auf die Kaufs- und Verkaufsmodalitäten auseinanderzusetzen.

Nichtsdestotrotz ist der Vorschlag, an den Marktort anzuknüpfen, im Grundsatz wie im Detail nicht ganz unbedenklich. Bereits den Marktort mittels des Platzierungsorts der jeweiligen Anleihe unter Hinwies auf die Prospekthaftung zu bestimmen, ist wenig überzeugend.[1267] Bei Ratings müsste richtigerweise auf den Ort abgestellt werden, wo die jeweilige Anleihe gehandelt wird und zwar unabhängig davon, ob diese vom Emittenten oder einem anderen Handelsteilnehmer eingeführt wurde.[1268] Denn wesentlicher Grund, warum bei der Prospekthaftung der Ort der Platzierung bevorzugt wird, ist die Vorhersehbarkeit dieses Ortes für beide Parteien.[1269] Da der Emittent oftmals keinen Einfluss darauf nehmen kann, ob das von ihm emittierte Wertpapier auf anderen Handelsplattformen durch Dritte eingeführt und dort gehandelt wird, ist eine Anknüpfung an den Ort der Erstplatzierung dort sachgerecht. Anders als bei Emittenten haben Ratingagenturen aber generell keinen Einfluss darauf, wo das jeweilige Finanzinstrument platziert werden soll. Ob sie überhaupt im Laufe des Ratingverfahrens vom zukünftigen Platzierungsort erfahren, ist einzelfallabhängig. Teilweise wissen Emittenten im Zeitraum des Ratingverfahrens selbst noch nicht, wo sie die jeweiligen Finanzinstrumente platzieren wollen. Denn grundsätzlich handelt es sich bei dem Ratingverfahren und der Emission um zwei unabhängige Abläufe. Erst recht wäre eine Anknüpfung an den Platzierungsort bei Folgeratings zweifelhaft, da diese in keinerlei Zusammenhang zu der ursprünglichen Emission stehen. Vielmehr beanspruchen Ratings universelle Bedeutung sowohl am Primär- als auch am Sekundärmarkt. Schließlich scheidet eine Anknüpfung an den Platzierungsort bei einem Emittentenrating generell aus, weil das Rating auf alle Anleihen Auswirkungen haben kann, die einmal vom Emittenten an verschiedenen Orten begeben worden sind. Wollte man auf den Marktort abstellen,

---

1266 Vgl. zum Spannungsverhältnis der Funktionsfähigkeit des Kapitalmarkts und dem Individualschutz des Anlegers *Einsele,* ZEuP 2012, 23, 37.

1267 So aber *Schantz,* Die zivilrechtliche Verantwortlichkeit von Ratingagenturen gegenüber Investoren, S. 352.

1268 A.A. *Schantz,* Die zivilrechtliche Verantwortlichkeit von Ratingagenturen gegenüber Investoren, S. 345 f.

1269 *Grundmann* in: Schimansky/Bunte/Lwowski, Bankrechts-Hdb., § 112 Rn. 65; *Einsele,* ZEuP 2012, 23, 38 f.; *Bischoff,* AG 2002, 489, 493.

dann wäre eine Anknüpfung an den Ort, an dem die Finanzinstrumente gehandelt werden, überzeugender.[1270]

Der Großteil europäischer Unternehmensanleihen führender, an der Börse notierter Unternehmen[1271] in der Größenordnung von mindestens 200 Millionen Euro Emissionsvolumen wird an der Luxemburger Börse zugelassen, die führender europäischer Marktplatz für die Erstzulassung von Anleihen ist.[1272] Grundsätzlich ist für die Zulassung solcher Anleihen ein Rating erforderlich.[1273] Da es in Luxemburg wegen fehlender Maklerstrukturen an einem funktionierenden Sekundärmarkthandel fehlt, werden die dort originär zugelassenen Anleihen regelmäßig von Maklern in den Freiverkehr der Stuttgarter und Frankfurter Börse einbezogen, welche eine vorherrschende Stellung für den Handel von Anleihen am Sekundärmarkt innehaben.[1274] Für den Handel von Anleihen mittelständischer Emittenten mit einem Emissionsvolumen zwischen 50 und 150 Millionen Euro eröffnete im Mai 2010 die Stuttgarter Börse das Marktsegment „Bondm".[1275] Als Teilsegment des Freiverkehrs mit speziellen Zulassungs- und Folgepflichten konzipiert können v.a. auch Privatanleger in die in Bondm gelisteten Anleihen investieren.[1276] Auch die Börsen in Düsseldorf, Frankfurt, München und Hamburg/Hannover haben ein Segment für die Emission mittelständischer Unternehmensanleihen begründet.[1277] Dabei ist mit Ausnahme von Hamburg/Hannover grundsätzlich ein Rating zur Zulassung am Handelsort erforderlich.[1278] Bemerkenswert ist, dass unabhängig davon, ob Emittenten

---

1270 A.A. und ohne nähere Begründung *Schantz*, Die zivilrechtliche Verantwortlichkeit von Ratingagenturen gegenüber Investoren, S. 345 f.

1271 Sog. Blue Chips Unternehmen, vgl. Börsenlexion der FAZ, abrufbar unter: http://boersenlexikon.faz.net/bluechip.htm.

1272 *Blättchen/Nespethal*, Corporate Finance 2010, 496, 497; *Cagalj*, Restrukturierung von Anleihen, S. 41.

1273 *Theiselmann*, GmbH-StB 2014, 115, 115.

1274 *Blättchen/Nespethal*, Corporate Finance 2010, 496, 497; *Cagalj*, Restrukturierung von Anleihen, S. 41 f.

1275 *Blättchen/Nespethal*, Corporate Finance 2010, 496, 498; *Mausbach/Simmert*, Betrwirt. Blätter 2011, 683, 683; *Schüler/Kaufmann*, ZBB/JBB 2014, 69, 70.

1276 *Blättchen/Nespethal*, Corporate Finance 2010, 496, 498 f.; *Cagalj*, Restrukturierung von Anleihen, S. 41 ff.; *Mausbach/Simmert*, Betrwirt. Blätter 2011, 683, 683.

1277 *Kuthe/Zipperle*, Bond Magazine 2011, 10, 10; *Schüler/Kaufmann*, ZBB/JBB 2014, 69, 70.

1278 *Blättchen/Nespethal*, Corporate Finance 2010, 496, 499; ausführlicher auch zu den Ausnahmen *Kuthe/Zipperle*, Bond Magazine 2011, 10, 10; *Mausbach/Simmert*, Betrwirt. Blätter 2011, 683, 684 f.

zur Vorlage eines Ratings verpflichtet sind, annähernd alle einen Ratingbericht veröffentlicht haben.[1279] Problematisch ist aber, dass ein nicht ganz unbeachtlicher Teil von Anleihen darüber hinaus außerbörslich (*over the counter – OTC*) gehandelt wird.[1280] Lizenzierte Banken wickeln einen Großteil des Handels von Unternehmensanleihen über das Telefon und zunehmend auf elektronischen Plattformen außerbörslich ab.[1281] Zwar liegt oftmals auch für diese Anleihen ein Rating vor, da es faktische „Markteintrittsvoraussetzung" ist,[1282] jedoch gibt es keinen Marktort, sodass er als Anknüpfung für die Bestimmung des Schadenseintrittsorts ausscheidet.[1283] Für diese Fälle an das Recht anzuknüpfen, dem die jeweils bewertete Anlage unterliegt,[1284] ist letztlich ein Eingeständnis, dass die Anknüpfung an den Marktort flächendeckend nicht möglich ist.

Weiterhin verlangt Art. 4 Abs. 3 Rom II-VO eine erheblich engere Verbindung zu einem anderen Staat als demjenigen, in dem der Verletzungserfolg eintritt oder der gemeinsame gewöhnliche Aufenthalt des Schädigers und des Geschädigten zu verorten ist.[1285] Dass diese Hürde mit Anknüpfung an den Marktort genommen wird, ist zweifelhaft. Aus Perspektive der Ratingagenturen ändert sich mit Anknüpfung an den Marktort im Vergleich zum Ort der Vermögensverfügung unter dem Gesichtspunkt der Vorhersehbarkeit zunächst wenig. So wäre das für eine Haftung in Frage kommende subsidiäre Haftungsstatut weder bei dem einen, noch bei dem anderen Ansatz im Zeitpunkt der Ratingerstellung und seiner Veröffentlichung für die jeweilige Ratingagentur vorhersehbar. Gegebenenfalls ließe sich aber im Zeitpunkt der Klageerhebung das maßgebliche Recht am Marktort einfacher bestimmen und überprüfen, als das am Ort der Vermögensverfügung möglich wäre.

1279 *Kuthe/Zipperle*, Bond Magazine 2011, 10, 10.

1280 Vgl. *Hinz/Johannson* in: Hasler/Launer/Wilhelm, Praxhb Debt Relations, S. 412; *Schroeter*, Ratings, S. 178 Fn. 53, S. 195; *Cohn-Heeren*, Kapitalmarktrechtliche Regulierungskonzepte für Alternative Handelssysteme, S. 15; DGAP-News: Außerbörslicher Rentenhandel, AWP Finanznachrichten Nr. 971 vom 30.10.2009.

1281 *Burne*, Der Anleihenmarkt setzt auf elektronischen Handel, The Wall Street Journal vom 17. April 2013; *Cohn-Heeren*, Kapitalmarktrechtliche Regulierungskonzepte für Alternative Handelssysteme, S. 25.

1282 *Schroeter*, Ratings, S. 178 Fn. 53, S. 191 f., 195.

1283 *Schantz*, Die zivilrechtliche Verantwortlichkeit von Ratingagenturen gegenüber Investoren, S. 352; vgl. auch *Schmitt*, Die Haftung wegen fehlerhafter oder pflichtwidriger Kapitalmarktinformationen, S. 237 f.

1284 So *Schantz*, Die zivilrechtliche Verantwortlichkeit von Ratingagenturen gegenüber Investoren, S. 352.

1285 *Lehmann* in: NK-BGB, Art. 4 Rom II-VO Rn. 142 f.

Eine Anknüpfung an den Marktort ist auch nicht unter dem Gesichtspunkt zwingend, dass Art. 35a Rating-VO Marktintegritätsschutz gewährleisten will, weil die europäische Haftungsvorschrift dem Schutz von Individualinteressen zumindest den gleichen Rang eingeräumt hat. Dass eine Anknüpfung an den Marktort dazu beitragen könnte, eine einheitliche kollisionsrechtliche Regelung bei kapitalmarktdeliktsrechtlichen Haftungsansprüchen sicherzustellen und weiter auszubauen,[1286] darf grundsätzlich keine Rolle spielen, da dies Aufgabe des europäischen Gesetzgebers ist. Eine offensichtlich engere Verbindung zwischen der unerlaubten Handlung und dem Marktort besteht im Ergebnis grundsätzlich nicht. Eine Ausnahme sollte aber dann gelten, wenn ein Anleger seine für das Anlagegeschäft relevante Vermögensverfügung nicht am Ort seines gewöhnlichen Aufenthalts trifft[1287] und der Kontoführungsort ebenfalls nicht dem Ort des gewöhnlichen Aufenthalts entspricht[1288], soweit der Marktort in einem europäischen Mitgliedstaat liegt. Hier muss die Schutzfunktion des europäischen Binnenmarkts in den Vordergrund treten. Auch wäre die Manipulationsgefahr durch einen Anleger, beispielsweise seine Investitionen über die USA im Hinblick auf die mögliche Geltendmachung von *punitive damages* abzuwickeln, um ein Weiteres beschränkt. Unter dem Gesichtspunkt, dass die europäische Haftungsvorschrift europäischen Verhaltenspflichten zur Durchsetzung verhelfen will, wäre eine Begrenzung des subsidiären Haftungsstatuts auf mitgliedstaatliches Sachrecht in diesen Fällen methodisch stimmig.

(2) Emittenten

Wie bei Anlegern stellt sich auch bei Emittenten die Frage, ob eine offensichtlich engere Verbindung zu einem anderen Staat als demjenigen besteht, in dem der Emittent seinen effektiven Verwaltungssitz hat.

Denkbar wäre es zunächst, auf den Sitz der Ratingagentur abzustellen. Das anwendbare Recht wäre für beide Streitparteien vorhersehbar. Dabei handelt es sich allerdings um keinen Vorteil gegenüber der Anknüpfung an den Schadenseintrittsort i.S.d. Art. 4 Abs. 1 Rom II-VO, da auch hier sowohl für den Emittenten als auch die Ratingagentur von vornherein klar wäre, welches nationale Sachrecht subsidiär bei Art. 35a Rating-VO anwendbar wäre. Eine Anknüpfung an den Sitz der Ratingagentur erscheint nicht nur im Hinblick auf die Gefahr des *Forum-Shoppings* nicht sachgerecht, sondern ist auch aus

1286 Vgl. Vorschlag der Spezialkommission „Finanzmarktrecht" des Deutschen Rats für Internationales Privatrecht, IPRax 2012, 470.

1287 Siehen oben, Teil 3 B. II. 3. b. aa. (2) (b) und (c).

1288 Siehen oben, Teil 3 B. II. 3. c. bb. (1) (c).

Geschädigtenperspektive nicht überzeugend. Insbesondere sollten dem Geschädigten nicht die „heimatlichen Haftungsstandards"[1289] bei einem unbeauftragten Rating vorenthalten werden. Das Bestehen einer offensichtlich engeren Verbindung zu dem Staat, wo die Ratingagentur ihren Satzungssitz hat, wird daher abgelehnt.

Weiterhin könnte man bei Art. 4 Abs. 3 Satz 2 Rom II-VO an das Recht anknüpfen, das am Marktort gilt. Anders als bei Anlegern kann hier prinzipiell auf den Ort der Erstplatzierung abgestellt werden, da der Eintritt weiterer Schäden mit Berührungspunkten zu anderen (sekundären) Märkten nicht zu befürchten steht. Dagegen spricht, dass der Marktort für die europäischen Ratingagenturen in solchen Fällen nicht vorhersehbar wäre, in denen der Emittent erst nach Abschluss des Ratingverfahrens über die Zulassung der Anleihen entscheidet.[1290]

Auch wäre eine Anknüpfung an den Marktort problematisch, wenn der Emittent durch ein zu negatives Emittentenrating geschädigt werden würde. Obgleich auch hier für darauffolgende Emissionen, die für den Emittenten nur zu schlechteren Konditionen möglich wäre, auf den jeweiligen Marktort abgestellt werden könnte, würde das nicht für Schäden gelten, die ihm außerhalb des Kapitalmarktes entstehen. Daher muss eine offensichtlich engere Verbindung der unerlaubten Handlung der Ratingagentur zum Marktort abgelehnt werden.

4. *Zusammenfassung*

Für Anleger ist nach Art. 4 Abs. 1 Rom II-VO grundsätzlich das Recht maßgeblich, das am Verfügungsort gilt. Eine offensichtlich engere Beziehung zum Kontoführungsort kann nach Art. 4 Abs. 3 Rom II-VO in besonderen Ausnahmefällen bestehen, soweit die Vermögensverfügung nicht am Ort des gewöhnlichen Aufenthalts vorgenommen wurde, Letzteres dem Kontoführungsort entspricht und eine Anknüpfung an den Verfügungsort geradezu willkürlich erscheinen muss. Der Marktort ist grundsätzlich kein überzeugender Anknüpfungspunkt i.S.d. Art. 4 Abs. 3 Satz 1 Rom II-VO. Etwas anderes kann aber dann gelten, wenn die Vermögensverfügung und der Kontoführungsort nicht dem Ort des gewöhnlichen Aufenthalts entsprechen, soweit das jeweilige Finanzinstrument auf einem europäischen Markt gehandelt wird. Hier sprechen gute Argumente für eine Anknüpfung an den Marktort: Dem Verhaltensregulierungscharakter der Rating-VO würde entsprochen, eine Missbrauchsgefahr durch den Anleger

---

1289 Vgl. *Kadner Graziano*, Gemeineuropäisches Internationales Privatrecht, S. 222.
1290 Siehe oben, Teil 3 B. II. 3. b. aa. (2) (b).

würde eingeschränkt und der Binnenmarktschutz würde angemessen gewährleistet werden.

Schadenseintrittsort i.S.d. Art. 4 Abs. 1 Rom II-VO ist bei Emittenten der Hauptverwaltungssitz nach Art. 23 Abs. 1 Rom II-VO. Gem. Art. 4 Abs. 3 Satz 2 Rom II-VO besteht eine engere Verbindung der unerlaubten Handlung zu einem anderen Staat, wenn die Ratingagentur und der Emittent einen Ratingvertrag abgeschlossen haben. Eine Anknüpfung an den Marktort nach Art. 4 Abs. 3 Satz 1 Rom II-VO ist abzulehnen.

C. Bestimmung der Internationalen Gerichtszuständigkeit

Wollen Anleger und Emittenten eine europäische Ratingagentur in Regress nehmen, muss Klage vor dem zuständigen Gericht erhoben werden. Welches Gericht zuständig ist, bestimmt sich gem. Art. 35a Abs. 4 Satz 3 Rating-VO „anhand der einschlägigen Bestimmungen des internationalen Privatrechts". Bei der Formulierung „internationales Privatrecht" handelt es sich um eine sprachliche Ungenauigkeit. Sie meint im eigentlichen Sinne das „Internationale Verfahrensrecht", welches in anderen Mitgliedstaaten begrifflich vom IPR eingeschlossen wird.[1291]

Die Klageerhebung vor dem zuständigen Gericht ist für den Kläger in mehrfacher Hinsicht relevant. Zunächst hat sie finanzielle Bedeutung. So hat etwa der deutsche Gesetzgeber in § 281 Abs. 1 ZPO festgelegt, dass das örtlich oder sachlich unzuständige Gericht sich für unzuständig zu erklären und die Sache an das zuständige Gericht zu verweisen hat. Nach § 281 Abs. 3 ZPO gelten die bis zur Verweisung entstandenen Kosten als Teil derjenigen Kosten, die bei dem im Beschluss bezeichneten Gericht erwachsen.[1292] Das aufnehmende Gericht hat somit auch über die Mehrkosten zu entscheiden, die durch die Anrufung des unzuständigen Gerichts entstanden sind und sich grundsätzlich aus Gerichtskosten und Rechtsanwaltsgebühren zusammensetzen.[1293] Der deutsche Gesetzgeber hat durch § 4 GKG zum Ausdruck gebracht, dass die Anrufung eines unzuständigen Gerichts grundsätzlich keine Mehrkosten verursachen soll.[1294] Gleiches lässt sich wohl grundsätzlich für die Rechtsanwaltsgebühren im Hinblick auf §§ 15 Abs. 2, 17 Nr. 1 und 20 RVG sagen.[1295]

1291 *Gietzelt/Ungerer*, GPR 2013, 333, 339.

1292 *Foerste* in: Musielak/Voit, ZPO, § 281 Rn. 18.

1293 *Foerste* in: Musielak/Voit, ZPO, § 281 Rn. 18 ff.

1294 *Petzold* in: Binz/Dörndorfer/Petzold/Zimmermann, GKG, § 4 Rn. 1.

1295 So kann nach §§ 20 Satz 2, 15 Abs. 2, 17 Nr. 1 RVG der Rechtsanwalt nur bei einer Verweisung der Sache an ein Gericht des niedrigeren Rechtszugs neue Gebühren erheben.

Auf Ebene des Unionsrechts gibt es entsprechende Regelungen nicht. Weder die Brüssel Ia-VO sieht eine Verweisung bei Unzuständigkeit des angerufenen Gerichts vor,[1296] noch vermögen es die einzelnen Rechtsordnungen der Mitgliedstaaten, Rechtssachen bindend an ausländische Gerichte zu verweisen.[1297] Dies kann für den Kläger eine erhebliche, wenn auch vermeidbare, Kostenbelastung bedeuten.

Ein anderer, im Hinblick auf den Erfolg einer Klage gar noch bedeutsamerer Aspekt ist der Zusammenhang zwischen Gerichtszuständigkeit und anwendbarem Verfahrensrecht. Denn berücksichtigt man, dass sich das Verfahrensrecht, insbesondere das Beweisrecht, nach der *lex fori* bestimmt,[1298] wird in manchen Konstellationen das jeweilige Forum darüber entscheiden, ob der Kläger mit seiner Klage Erfolg hat oder nicht.[1299] So konnte beispielsweise in einem Gerichtsverfahren in Australien der Kläger alleine wegen des im australischen Prozessrecht verankerten discovery-Verfahrens der Ratingagentur Kenntnis von der Fehlerhaftigkeit des Ratings nachweisen.[1300]

Nachfolgend soll ermittelt werden, nach welchen Kriterien sich die internationale Gerichtszuständigkeit für Schadensersatzansprüche von Anlegern und Emittenten nach Art. 35a Rating-VO bestimmt.

I. Anwendbarkeit der Brüssel Ia-VO

1. Räumlicher und sachlicher Anwendungsbereich eröffnet

Die Brüssel Ia-VO gilt mit Ausnahme von Dänemark in allen europäischen Mitgliedstaaten unmittelbar.[1301] Sachlich anwendbar ist die Brüssel Ia-VO grundsätzlich für alle Zivil- und Handelssachen nach Art. 1 Abs. 1 Brüssel Ia-VO mit Ausnahme der von Art. 1 Abs. 2 Brüssel Ia-VO erfassten Fälle.[1302] Dabei ist zu berücksichtigen, dass der europäische Verordnungsgeber einen weiten sachlichen Anwendungsbereich schaffen wollte, wie in Erwägungsgrund 10 der

---

1296 *Kropholler/von Hein*, EurZPR, Art. 25 Brüssel Ia-VO Rn. 2.

1297 OLG Köln, NJW 1988, 2182, 2183.

1298 *Hohloch* in: Erman BGB, Art. 22 Rom II-VO Rn. 3.

1299 Siehe oben, Teil 2 E.

1300 Federal Court of Australia, Judgment of 5th November 2012, Bathurst Regional Council vs. Local Government Financial Services Pty Ltd (No. 5), [2012] FCA 1200, entnommen bei *Halfmeier*, VuR 2014, 327, 327.

1301 Vgl. *Dörner* in: Saenger, ZPO, Vorb. zur EuGVVO Rn. 6; *Stadler* in: Musielak/Voit, ZPO, Europäisches Zivilprozessrecht – Vorb. Rn. 4 f.

1302 *Stadler* in: Musielak/Voit, ZPO, Art. 1 Brüssel Ia-VO Rn. 3.

Brüssel Ia-VO[1303] ersichtlich wird.[1304] Bei Art. 35a Rating-VO handelt es sich zweifelsohne um einen zivilrechtlichen Haftungsanspruch.[1305]

2. *Sachverhalt mit Auslandsbezug*

Als ungeschriebene Anwendungsvoraussetzung muss nach ganz überwiegender Ansicht der Sachverhalt zudem einen Auslandsbezug aufweisen, sodass solche Sachverhalte, bei denen die Parteien ihren Wohnsitz im selben Mitgliedstaat haben und bei denen auch sonst kein grenzüberschreitender Bezug besteht, nicht nach der Brüssel Ia-VO, sondern nach nationalem Prozessrecht zu beurteilen sind.[1306] Welche konkreten Anforderungen an den Auslandsbezug zu stellen sind, ist zwar nicht abschließend geklärt, im Hinblick auf Erwägungsgrund 3 der Brüssel Ia-VO dürfen diese aber nicht allzu hoch sein.[1307] Nach der Rechtsprechung des EuGH ist es erforderlich, dass in einem Mitgliedstaat eine Situation vorliegt, die Fragen hinsichtlich der Festlegung der internationalen Zuständigkeit der Gerichte aufwerfen kann.[1308] Dies sei nicht nur der Fall, wenn durch den

---

1303 Früher Erwägungsgrund Nr. 7 der Verordnung (EG) Nr. 44/2001 vom 22.12.2000 über die gerichtliche Zuständigkeit und die Anerkennung und Vollstreckung von Entscheidungen in Zivil- und Handelssachen, ABl. EG L 12/1 vom 16.01.2001.

1304 EuGH, Urt. v. 10.09.2009 – Rs. C-292/08 – German Graphics/van der Schee, Slg. 2009 I-08421, Rn. 22 f.; *Kropholler/von Hein,* EurZPR, Art. 1 Brüssel Ia-VO Rn. 2.

1305 Siehe oben, Teil 2 A. V. und Teil 3 A.

1306 EuGH, Urt. v. 01.03.2005 – Rs. C-281/02 – Owusu/Jackson u.a., EuZW 2005, 345, 347 Rn. 25 f.; EuGH, Urt. v. 17.11.2011 – Rs. C-327/10 – Hypoteční banka a.s./Udo Mike Lindner, NJW 2012, 1199, 1200 Rn. 29; vgl. auch Erwägungsgrund 3 der Brüssel Ia-VO; *Jenard,* Bericht zur EuGVÜ, ABl. der EG Nr. C 59/1, S. 8; *Stadler* in: Musielak/Voit, ZPO, Art. 2 Brüssel Ia-VO Rn. 2; *Vlas* in: Magnus/Mankowski, Brussels I Regulation, Art. 2 Rn. 6; *Kropholler/von Hein,* EurZPR, vor Art. 2 Brüssel Ia-VO Rn. 5 ff., 8 m.w.N.; a.A.: *Geimer,* NJW 1976, 441, 446, *derselbe* in: Geimer/Schütze, Europ. ZVR, Art. 2 Rn. 101, der auch bei reinen Inlandsfällen die internationale Zuständigkeit mithilfe des „Übereinkommens" bestimmen will; *von Hoffmann/Thorn,* IPR, § 1 Rn. 21 ff., die den Auslandsbezug nicht vorweg prüfen wollen, vielmehr ergebe sich dieser aus der Subsumtion des Sachverhalts unter die entsprechende Kollisionsnorm; ähnlich *Dörner* in: Saenger, ZPO, Vorbem. zu Art. 1 Brüssel Ia-VO Rn. 2, der einen Auslandsbezug zwangsläufig durch die Anwendungsvoraussetzungen der einzelnen Bestimmungen der VO gegeben sieht.

1307 Vgl. nur *Kropholler/von Hein,* EurZPR, vor Art. 2 Brüssel Ia-VO Rn. 5 ff.; *Jenard,* Bericht zur EuGVÜ, ABl. der EG Nr. C 59/1, S. 8; *Schlosser,* Bericht zum 1. Beitrittsübereinkommen 1979, ABl. EG Nr. C 59/71 vom 05.03.1979 Rn. 21.

1308 EuGH, Urt. v. 01.03.2005 – Rs. C-281/02 – Owusu/Jackson u.a., EuZW 2005, 345, 347 Rn. 26; EuGH, Urt. v. 17.11.2011 – Rs. C-327/10 – Hypoteční banka a. s./Udo Mike Lindner, NJW 2012, 1199, 1200 Rn. 30.

Grund der Streitigkeit oder den jeweiligen Wohnsitz der Parteien mehrere Vertragsstaaten einbezogen wären, sondern ebenso könne ein Auslandsbezug bei der Einbeziehung eines Vertragsstaates und eines Drittstaates hergestellt werden, wenn etwa der Wohnsitz des Klägers oder des Beklagten im Vertragsstaat liege und das streitige Ereignis in einem Drittstaat eintrete.[1309] In den meisten Fällen, in denen ein Emittent oder ein Anleger Schadensersatz von einer europäischen Ratingagentur nach Art. 35a Rating-VO verlangt, wird ein Auslandsbezug vorliegen.

II. Zuständigkeit nach der Brüssel Ia-VO

1. In Betracht kommende Zuständigkeitstatbestände

Für Klagen, die sich auf Art. 35a Rating-VO stützen, kommt ein ausschließlicher Gerichtsstand i.S.d. Art. 24 Brüssel Ia-VO nicht in Betracht. Ebenso sind nicht die Sonderregelungen zu Verbrauchersachen gem. Art. 17 ff. Brüssel Ia-VO einschlägig, da es sich bei dem Schadensersatzanspruch i.S.d. Art. 35a Rating-VO um eine deliktsrechtliche Haftungsvorschrift und nicht um einen vertraglichen Anspruch handelt.[1310]

Soweit ein Emittent und eine europäische Ratingagentur im Rahmen ihrer Vereinbarung zur Erstellung eines beauftragten Ratings eine Gerichtsstandsvereinbarung getroffen haben, kann für die Bestimmung der internationalen Zuständigkeit Art. 25 Brüssel Ia-VO beachtlich sein.[1311] Denn grundsätzlich ist es den Parteien möglich, deliktsrechtliche Ansprüche in ihre Gerichtsstandsvereinbarung aufzunehmen.[1312] Ob das auf den konkreten Fall zutrifft, ist durch das angerufene Gericht einzelfallabhängig mittels Auslegung der jeweiligen Gerichtsstandsvereinbarung zu ermitteln. Es hat dabei zu berücksichtigen, dass hinsichtlich künftiger Rechtsstreitigkeiten nur solche Streitigkeiten von einer Gerichtsstandsvereinbarung erfasst werden können, „die ihren Ursprung in dem Rechtsverhältnis haben, anlässlich dessen die Vereinbarung geschlossen

---

1309 EuGH, Urt. v. 01.03.2005 – Rs. C-281/02 – Owusu/Jackson u.a., EuZW 2005, 345, 347 Rn. 26.

1310 Siehe oben, Teil 2 A. V. und Teil 3 A.

1311 Vgl. zur ähnlichen Problematik im Kartellrecht EuGH, Urt. v. 21.05.2015 – Rs. C-352/13 – CDC Hydrogen Peroxide/Akzo Nobel NV u.a., EuZW 2015, 584, 590 ff.

1312 EuGH, Urt. v. 21.05.2015 – Rs. C-352/13 – CDC Hydrogen Peroxide/Akzo Nobel NV u.a., BeckEuRS 2015, 432204 Rn. 67 ff.; *Vischer* in: FS Jayme, 993, 996; *Kropholler/von Hein,* EurZPR, Art. 23 Rn. 69; *Schlosser* in: Schlosser/Hess EU-ZPR, Art. 25 EuGVVO Rn. 39.

wurde."[1313] Sinn und Zweck dieser Einschränkung ist es, eine Partei vor Überraschungen zu bewahren, „dass die Zuständigkeit eines bestimmten Gerichts für sämtliche Rechtsstreitigkeiten begründet wird, die sich eventuell aus den Beziehungen mit ihrem Vertragspartner ergeben und ihren Ursprung in einer anderen Beziehung als derjenigen haben, anlässlich derer die Begründung des Gerichtsstands vorgenommen wurde".[1314] Insofern soll gemäß dem EuGH eine Gerichtsstandsklausel, nach der „Streitigkeiten aus Haftung wegen einer Zuwiderhandlung gegen das Wettbewerbsrecht" einem bestimmten mitgliedstaatlichen Gericht zugewiesen werden, auch kartellrechtliche Ansprüche erfassen.[1315]

Da die Auslegung der Gerichtsstandsvereinbarungen dem jeweils angerufenen mitgliedstaatlichen Gericht obliegt,[1316] wird es für die Beachtlichkeit von Art. 25 Brüssel Ia-VO darauf ankommen, vor welchem Forum der Kläger Klage erhebt. Während französische Gerichte Gerichtsstandsvereinbarungen tendenziell restriktiv auslegen, sind deutsche Gerichte für ihre weite Auslegung bekannt.[1317] Hier sind im Zweifel auch deliktsrechtliche Ansprüche erfasst, um eine umfassende Erledigung des Streits zu gewährleisten.[1318]

Darüber hinaus können Anleger und Emittenten europäische Ratingagenturen nach Art. 4 Abs. 1 Brüssel Ia-VO am Ort ihres Satzungssitzes verklagen, der wegen der Bestimmungen der Rating-VO in einem europäischen Mitgliedstaat liegen muss.[1319] Schließlich kann sich ein weiterer Gerichtsstand aus den Bestimmungen des Art. 7 Nr. 2 Brüssel Ia-VO ergeben.[1320]

1313 EuGH, Urt. v. 21.05.2015 – Rs. C-352/13 – CDC Hydrogen Peroxide/Akzo Nobel NV u.a., BeckEuRS 2015, 432204 Rn. 68.

1314 EuGH, Urt. v. 21.05.2015 – Rs. C-352/13 – CDC Hydrogen Peroxide/Akzo Nobel NV u.a., BeckEuRS 2015, 432204 Rn. 67; EuGH, Urt. v. 10.03.1992 – Rs. C-214/89 – Powell Duffryn plc/Wolfgang Petereit, Slg. 1992, I-01745, 1770 Rn. 31; *Geimer* in: Geimer/Schütze, Europ. ZVR, Art. 23 EuGVO Rn. 158; *Wais*, IPRax 2015, 127, 127.

1315 EuGH, Urt. v. 21.05.2015 – Rs. C-352/13 – CDC Hydrogen Peroxide/Akzo Nobel NV u.a., BeckEuRS 2015, 432204 Rn. 71; a.A. *Vischer* in: FS Jayme, 993, 998.

1316 EuGH, Urt. v. 21.05.2015 – Rs. C-352/13 – CDC Hydrogen Peroxide/Akzo Nobel NV u.a., BeckEuRS 2015, 432204 Rn. 67.

1317 *Kropholler/von Hein*, EurZPR, Art. 23 EuGVO Rn. 69.

1318 *Pfeiffer* in: Prütting/Gehrlein, ZPO, Art. 25 EuGVO Rn. 13; *Mankowski* in: Rauscher, EuZPR/EuIPR, Art. 23 Brüssel I-VO Rn. 62; *Heinig*, Grenzen von Gerichtsstandsvereinbarungen im Europäischen ZPR, S. 170.

1319 Siehe oben, Teil 2 B. I. 1.

1320 Zur Prüfungsreihenfolge der internationalen Zuständigkeit vgl. *Stadler* in: Musielak/Voit, ZPO, Europäisches Zivilprozessrecht, Art. 2 Brüssel Ia-VO Rn. 3.

2. *Zuständigkeit nach Art. 7 Nr. 2 Brüssel Ia-VO*

Nach Art. 7 Nr. 2 Brüssel Ia-VO kann eine Person, die ihren Wohnsitz im Hoheitsgebiet eines Mitgliedstaats hat, in einem anderen Mitgliedstaat verklagt werden, wenn eine unerlaubte Handlung, eine Handlung, die einer unerlaubten Handlung gleichgestellt ist, oder Ansprüche aus einer solchen Handlung den Gegenstand des Verfahrens bilden. Klage ist vor dem Gericht des Ortes zu erheben, an dem das schädigende Ereignis eingetreten ist oder einzutreten droht.

a. *Beklagtenwohnsitz in einem Mitgliedstaat der EU*

Bei Art. 35a Rating-VO handelt es sich um einen Schadensersatzanspruch aus unerlaubter Handlung.[1321] Art. 7 Nr. 2 Brüssel Ia-VO setzt weiterhin voraus, dass die beklagte Ratingagentur ihren Wohnsitz im Hoheitsgebiet eines Mitgliedstaats hat. Nach Art. 63 Brüssel Ia-VO haben Gesellschaften und juristische Personen ihren Wohnsitz an dem Ort, an dem sich ihr satzungsmäßiger Sitz, ihre Hauptverwaltung oder ihre Hauptniederlassung befindet. Ausweislich des Wortlauts ist ausreichend, dass die Gesellschaft eine der Varianten erfüllt. Soweit ein Kriterium in dem einen und ein zweites Merkmal in einem anderen Mitgliedstaat erfüllt sind, steht dem Kläger ein Wahlrecht für die Bestimmung des Wohnsitzes zu.[1322] Da die Registrierungspflicht europäischer Ratingagenturen daran anknüpft, dass ihr satzungsmäßiger Sitz in einem Mitgliedstaat der Europäischen Union liegt, können alle europäischen Ratingagenturen an ihrem Satzungssitz nach den Bestimmungen der Brüssel Ia-VO verklagt werden.[1323] Ungeachtet dessen ist es möglich, beispielsweise Fitch Ratings wegen eines „*registered office*" in London dort nach Art. 63 Abs. 2 Var. 1 i.V.m. Abs. 1 Var. 1 Brüssel Ia-VO zu verklagen.[1324] Weitere Ratingagenturen mit satzungsmäßigem Sitz oder *registered office* in einem europäischen Mitgliedstaat hat die ESMA gem. Art. 18 Abs. 3 Rating-VO in einem Verzeichnis auf ihrer Webseite veröffentlicht. Darunter befinden sich nicht nur Tochtergesellschaften der drei großen amerikanischen Ratingagenturen, sondern auch zahlreiche Ratingagenturen, die in Europa verwurzelt sind.[1325]

1321 Siehe oben, Teil 2 A. V. und Teil 3 A.

1322 *Kropholler/von Hein*, EurZPR, Art. 60 Brüssel Ia-VO a.F. Rn. 2.

1323 Siehe oben, Teil 3 C. II.

1324 *Dutta*, IPRax 2014, 33, 36.

1325 Vgl. Liste der registrierten und geprüften Ratingagenturen nach Verordnung (EG) Nr. 1060/2009 des europäischen Parlaments und des Rates vom 16.09.2009 über

b. Eintritt des schädigenden Ereignisses – Handlungs- oder Erfolgsort?

Was unter dem Ort zu verstehen ist, an dem das schädigende Ereignis eintritt oder einzutreten droht, ist auf den ersten Blick unklar. Nach der Rechtsprechung des EuGH muss die Vorschrift so verstanden werden, dass sie sowohl den Ort, an dem der Schaden eingetreten ist, als auch den Ort des ursächlichen Geschehens erfasst.[1326] Der Beklagte könne wahlweise vor dem Gericht eines dieser beiden Orte verklagt werden.[1327]

Als Begründung führt der EuGH an, dass die besondere Zuständigkeit nach Art. 7 Nr. 2 Brüssel Ia-VO darauf beruht, „dass eine besonders enge Beziehung zwischen der Streitigkeit und anderen Gerichten als denen des Ortes des Beklagtenwohnsitzes besteht, die aus Gründen einer geordneten Rechtspflege und einer sachgerechten Gestaltung des Prozesses eine Zuständigkeit dieser anderen Gerichte rechtfertigt."[1328] Da eine Haftung aus unerlaubter Handlung nur in Betracht kommt, „wenn ein ursächlicher Zusammenhang zwischen dem Schaden und dem diesem zugrunde liegenden Ereignis feststellbar ist", besteht zwischen den einzelnen Tatbestandsmerkmalen der Schadensersatzpflicht ein enger Zusammenhang, sodass „je nach Sachlage sowohl der Ort des ursprünglichen Geschehens als auch der Ort der Verwirklichung des Schadenserfolges für die gerichtliche Zuständigkeit eine kennzeichnende Verknüpfung begründen kann".[1329] Ein uneingeschränktes Wahlrecht des Verletzten wird aber teilweise unter Berufung auf die Beklagteninteressen abgelehnt. So gelte es, den Beklagten insbesondere vor ungerechtfertigten Angriffen in Schutz zu nehmen und ihn nicht zum „Freiwild" erklären zu lassen.[1330]

Ratingagenturen, zu finden unter: http://www.esma.europa.eu/page/List-registered-and-certified-CRAs.

1326 EuGH, Urt. v. 28.01.2015 – Rs. C-375/13 – Kolassa/Barclays Bank plc, NZG 2015, 356, 358.

1327 EuGH, Urt. v. 10.06.2004 – Rs. C-168/02 – Kronhofer/Maier u.a., Slg. 2004, I-6009, I-6029 Rn. 16; vgl. auch EuGH, Urt. v. 05.02.2004 – Rs. C-18/02 – DFDS Torline/Landsorganisationen i Sverige, Slg. 2004, I-1417, I-1456 Rn. 40; EuGH, Urt. v. 30.11.1976 – Rs. C-21/76 – Handelskwekerij Bier/Mines de Potasse d'Alsace, Slg. 1976, 1735, 1747 Rn. 24/25.

1328 EuGH, Urt. v. 10.06.2004 – Rs. C-168/02 – Kronhofer/Maier u.a., Slg. 2004, I-6009, I-6029 Rn. 15; EuGH, Urt. v. 16.09.2009 – Rs. C-189/08 – Zuid-Chemie BV/Philippo's Mineralenfabriek NV/SA, Slg. 2009, I-6917 Rn. 24.

1329 EuGH, Urt. v. 30.11.1976 – Rs. C-21/76 – Handelskwekerij Bier/Mines de Potasse d'Alsace, Slg. 1976, 1735, 1747 Rn. 15/19.

1330 *Schack*, Int. ZVR, Rn. 334.

Was im Einzelnen Handlungs- oder Erfolgsort i.S.d. Art. 7 Nr. 2 Brüssel Ia-VO ist, gilt es durch Auslegung zu bestimmen.[1331] Umstritten ist aber, in welchem Umfang das jeweilige materielle Sachrecht dazu herangezogen werden darf. Teilweise wird vertreten, dass sich der Handlungs- und Erfolgsort i.S.d. Art. 7 Nr. 2 Brüssel Ia-VO nach der *lex causae* bestimmt.[1332] Andere lassen ausreichen, dass die deliktische Handlung, um die gestritten wird, „unstreitig oder erwiesenermaßen dem Gerichtsort zugeordnet werden kann".[1333] Maßgeblich sei ein Ortsbezug, für dessen Bestimmung eine materielle Prüfung außer Acht bleiben müsse.[1334] Sofern zwischen den Parteien streitig sei, in welchem Gerichtsbezirk die Handlung geschehen sei, müsse von den Parteien hierüber Beweis erhoben werden.[1335] Schließlich wird eine ausschließlich autonom-prozessrechtliche Qualifikation befürwortet.[1336] Für Letzteres spricht, dass Art. 7 Nr. 2 Brüssel Ia-VO grundsätzlich unionsautonom auszulegen ist, sodass es unter Beachtung der einheitlichen Anwendung eines europäischen Rechtsakts wenig nachvollziehbar wäre, andere Maßstäbe für die konkrete Bestimmung des prozessrechtlichen Handlungs- oder Erfolgsorts zugrundezulegen.[1337] Zudem darf die Ausgestaltung ausländischen Sachenrechts grundsätzlich keinen Einfluss auf den Anwendungsbereich des Art. 7 Nr. 2 Brüssel Ia-VO haben, da ansonsten nationales Recht den Anwendungsbereich europäischen Sekundärrechts bestimmen würde.[1338] Entsprechend

---

1331 EuGH, Urt. v. 19.09.1995 – Rs. C-364/93 – Marinari/Lloyds Bank plc, Slg. 1995, I- 2719, 2740 Rn. 18 ff.; *Pichler*, Int. Zuständigkeit im Zeitalter globaler Vernetzung, S. 491 Rn. 750 ff.; *Würthwein,* ZZP (106) 1993, 51, 64. a.A. *Ahrens*, IPRax 1990, 128, 132.

1332 *Ahrens*, IPRax 1990, 128, 132.

1333 *Würthwein,* ZZP (106) 1993, 51, 64.

1334 *Würthwein,* ZZP (106) 1993, 51, 65.

1335 *Würthwein,* ZZP (106) 1993, 51, 64 f.

1336 *Pichler*, Int. Zuständigkeit im Zeitalter globaler Vernetzung, S. 491 Rn. 750 ff.; *Engert/ Groh,* IPRax 2011, 458, 463.

1337 Vgl. zum Grundsatz der autonomen Auslegung vom europäischen Sekundärrecht: EuGH, Urt. v. 27.01.2005 – Rs. C 188/03 – Junk/Kühnel, Slg. 2005, I- 885, 916 Rn. 27 ff.; EuGH, Urt. v. 09.11.2000 – Rs. C-357/98 – The Queen/Secretary of State for the Home Department – ex parte: Yiadom, Slg. 2000, I-9265, 9297 Rn. 26; EuGH, Urt. v. 19.09.2009 – Rs. C-287/98 – Luxemburg/Linster, Slg. 2000, I-6917, 6965 Rn. 43; EuGH, Urt. v. 18.01.1984 – Rs. 327/82 – Ekro/Produktschap, Slg. 1984, 107, 119 Rn. 11; EuGH, Urteil v. 06.10.1982 – Rs. 283/81 – Junk/Kühnel, Slg. 1982, 3415, 3430 Rn. 19; *Riesenhuber* in: Riesenhuber, Europäische Methodenlehre, § 10 Rn. 4 ff.

1338 Vgl. *Pichler*, Int. Zuständigkeit im Zeitalter globaler Vernetzung, S. 492 Rn. 753; zur gleichen Problematik beim Kollisionsrecht: *Stoll* in: GS Lüderitz, 733, 736 f.

hat der EuGH in seiner *Marinari*-Entscheidung klargestellt, dass die Wendung, „Ort, an dem das schädigende Ereignis eingetreten ist", autonom auszulegen sei.[1339] Zudem würden mit der Bestimmung des Handlungsorts nach der *lex causae* nicht ganz unerhebliche kollisionsrechtliche Probleme aufgeworfen werden,[1340] sodass sich der prozessrechtliche Handlungs- und Erfolgsort i.S.d. Art. 7 Nr. 2 Brüssel Ia-VO grundsätzlich autonom bestimmen lassen müssen.[1341] Nichtsdestotrotz kann schon aus rein praktischen Erwägungen der materiellrechtliche Tatbestand des Art. 35a Rating-VO nicht völlig außer Acht gelassen werden.[1342] Denn wie soll der Handlungs- oder Erfolgsort bestimmt werden, wenn noch nicht geklärt ist, was das schädigende Ereignis oder die maßgebliche Handlung darstellt? Insofern ist für auf den materiellrechtlichen Tatbestand zurückzugreifen, soweit er den jeweils streitigen Sachverhalt normiert.[1343]

Insbesondere sind für die Auslegung die zuständigkeitsrechtlichen Leitprinzipien – Rechtssicherheit und Vorhersehbarkeit, Vermeidung der Häufung von Gerichtsständen, Beklagtenschutz sowie die Sach- und Beweisnähe von Gerichtsständen, aber auch die Vermeidung beziehungsarmer Gerichtsstände – beachtlich.[1344] Berücksichtigung finden muss allgemein auch, dass Art. 7 Nr. 2 Brüssel Ia-VO im Rahmen des Zuständigkeitssystems der Brüssel Ia-VO

1339 EuGH, Urt. v. 19.09.1995 – Rs. C 364/93 – Marinari/Lloyds Bank plc, Slg. 1995, I-2719, 2740 Rn. 18 ff.

1340 *Pichler*, Int. Zuständigkeit im Zeitalter globaler Vernetzung, S. 494 Rn. 754; das Problem erkennend *Geimer*, Int. ZPR, Rn. 1511.

1341 *Pichler*, Int. Zuständigkeit im Zeitalter globaler Vernetzung, S. 498 Rn. 758.

1342 Vgl. EuGH, Urt. v. 07.03.1995 – Rs. C-68/93 – Shevill/Presse Alliance SA, Slg. 1995, I-415, 464 Rn. 38 ff.; *Schack*, Int. ZVR, Rn. 339; gegen die absolute Entbehrlichkeit der *lex causae* für die Bestimmung des prozessualen Handlungsorts *Pichler*, Int. Zuständigkeit im Zeitalter globaler Vernetzung, S. 498 Rn. 758; *Stoll* in: GS Lüderitz, 733, 741.

1343 Vgl. EuGH, Urt. v. 07.03.1995 – Rs. C-68/93 – Shevill/Presse Alliance SA, Slg. 1995, I-415, 464 Rn. 38 ff.; *Pfeiffer* in: Prütting/Gehrlein, ZPO, Art. 7 EuGVO Rn. 12; demselben Grundverständnis vom Zusammenhang zwischen prozessualem Handlungs- und Erfolgsort einerseits und materiellem Recht andererseits unterliegt der Teil des Schrifttums, der eine deliktstypspezifische Konkretisierung für reine Vermögensschäden im Kontext der Internationalen Zuständigkeit nach Art. 7 Nr. 2 Brüssel Ia-VO vornehmen möchte, vgl. *von Hein*, IPRax 2005, 17, 22; *Girsberger* in: Basedow et al. (Hrsg.), Private Law in the International Arena, S. 219 ff., 233.

1344 BGH BKR 2012, 78, 80; OLG Stuttgart, NJW-RR 1999, 138, 139; *Pfeiffer*, Internationale Zuständigkeit und prozessuale Gerechtigkeit, S. 185 ff.; *Pichler*, Int. Zuständigkeit im Zeitalter globaler Vernetzung, S. 292 ff., 498 Rn. 758 ff.; *Davì*, IPRax 1999, 484, 487.

Ausnahmecharakter hat und daher grundsätzlich eng auszulegen ist.[1345] Auch darf nicht pauschal im Wege des Art. 7 Nr. 2 Brüssel Ia-VO ein Gerichtsstand am Wohnsitz des Klägers geschaffen werden. Andernfalls würde der Grundsatz der Zuständigkeit des Gerichts am Beklagtenwohnsitz nach Art. 4 Abs. 1 Brüssel Ia-VO unterlaufen werden.[1346] Schließlich darf die Auslegung von Art. 7 Nr. 2 Brüssel Ia-VO nicht dazu führen, dass der Kläger Schwierigkeiten bei der Bestimmung des zuständigen Gerichts bekommt und für den Beklagten nicht mehr erkennbar ist, vor welchem Gericht er verklagt werden kann.[1347]

aa. Handlungsort

Als Handlungsort i.S.d. Art. 7 Nr. 2 Brüssel Ia-VO kommt einerseits der Ort in Betracht, an dem die Ratingagentur gegen ihre Aufsichts- und Verhaltenspflichten verstößt, andererseits könnte auf den Ort abgestellt werden, von dem aus sie das fehlerhafte Rating abgibt.

Richtigerweise ist ersteres maßgeblich.[1348] Am Registrierungsort haben europäische Ratingagenturen ihre Pflichten zu erfüllen.[1349] Eine Anknüpfung an den Satzungssitz der Ratingagentur ist vorhersehbar und führt zu Rechtssicherheit.

bb. Erfolgsort

Bei der Bestimmung des Erfolgsorts i.S.d. Art. 7 Nr. 2 Brüssel Ia-VO treten ähnliche Probleme wie bei der Ermittlung des ergänzenden Haftungsstatuts auf.[1350] Auch hier erweist sich die Festlegung des Erfolgsorts als schwierig. Teilweise wird daher vertreten, in Fällen, in denen man einen Vermögensschaden an konkreten Gegenständen nicht festmachen kann, gänzlich auf die Anknüpfung an den Erfolgsort zu verzichten und sich auf den Handlungsort zu begrenzen.[1351] Dies ist abzulehnen. Gerade bei Distanzdelikten sollte es dem Geschädigten nicht pauschal zugemutet werden, vor dem fremden Forum des Handlungsortes Klage erheben zu müssen.[1352] Umgekehrt ist es auch nicht einleuchtend,

---

1345 BGH NJW-RR 2011, 197, 199 Rn. 26; BGH BeckRS 2010, 19391 Rn. 24; *Kiethe* NJW 1994, 222, 224.

1346 BGH BKR 2012, 78, 80; BGH BeckRS 2010, 19391 Rn. 25; vgl. zur ursprünglichen Regelung in Art. 2 EuGVÜ *Kiethe* NJW 1994, 222, 224.

1347 BGH BKR 2012, 78, 80.

1348 A.A. wohl *Steinrötter*, ZIP 2015, 110, 113.

1349 Siehe oben, Teil 2 B. IV.

1350 Vgl. *Thole*, ZBB 2011, 399, 405.

1351 Vgl. *Schack*, Int. ZVR, Rn. 345.

1352 *Auer* in: Geimer/Schütze, Int. Rechtsverkehr, B Vor I 10b Rn. 140.

ausschließlich auf den Ort des Schadenseintritts abzustellen, damit das Recht und das Forum von demselben Mitgliedstaat bestimmt sind.[1353]

(1) Anleger

(a) Konkret betroffener Vermögensbestandteil – Kontoführungsort

Will man für die Konkretisierung des Erfolgsorts auf den konkret betroffenen Vermögensbestandteil abstellen, so wäre mit Blick auf die Rechtsprechung des EuGH das Giro- oder Anlagekonto des geschädigten Anlegers richtiger Anknüpfungspunkt.[1354] Überzeugend ist das nicht.[1355] So ist das Bankkonto des Geschädigten letztlich nicht nur ein fiktiver Lageort, sondern ist dessen Heranziehung gleichsam nicht mit den zuständigkeitsrechtlichen Leitprinzipien zu vereinbaren.[1356] Eine Anknüpfung an das Bankkonto ist weder für Ratingagenturen vorhersehbar noch für Anleger selbstverständlich. Während es bei ersteren an der Einsehbarkeit fehlt, kann für letztere eine Anknüpfung an den Kontoführungsort u.U. geradezu willkürlich erscheinen.[1357] Auch kann für eine Anknüpfung an den Kontoführungsort nicht generell davon ausgegangen werden, dass hier eine besondere Beweisnähe besteht.[1358] Vielmehr wird es vom Einzelfall abhängen, ob ein Anleger am Kontoführungsort (seines Girokontos) Gespräche geführt oder Aufzeichnungen gemacht hat, die Rückschlüsse auf sein Investitionsverhalten infolge eines fehlerhaften Ratings geben könnten. Unterstellt man, dass die Sach- und Rechtsnähe des Orts des Geschehens die Rechtsverfolgung erleichtern soll,[1359] dann trifft das auf den Kontoführungsort jedenfalls nicht automatisch zu. Schließlich droht eine Zersplitterung der Zuständigkeit, wenn das Investitionskapital von mehreren Konten in die Finanzanlage geflossen ist.[1360]

(b) Ort der Vermögensverfügung

Überzeugender erscheint es indessen auch bei Art. 7 Nr. 2 Brüssel Ia-VO auf den Ort abzustellen, an dem der Anleger seine Vermögensverfügung trifft. Zum einen besteht hier grundsätzlich eine gewisse Beweisnähe zu den Handlungen

1353 So aber *Gietzelt/Ungerer*, GPR 2013, 333, 339.

1354 EuGH, Urt. v. 28.01.2015 – Rs. C-375/13 – Kolassa/Barclays Bank plc, NZG 2015, 356, 359 Rn. 55 f.; *Müller*, EuZW 2015, 218, 223; *Mankowski*, LMK 2015, 367447.

1355 Siehe oben, Teil 3 B. II. 3. b. aa. (2) (b).

1356 Vgl. *von Hein*, IPRax 2005, 17, 22.

1357 Siehe oben, Teil 3 B. II. 3. b. aa. (2) (b).

1358 Vgl. allgemein zur Beweisnähe BGH BKR 2012, 78, 81 Rn. 34; *von Hein*, EuZW 2011, 369, 371.

1359 *Kiethe* NJW 1994, 222, 224.

1360 *von Hein*, IPRax 2005, 17, 21.

des geschädigten Anlegers. Hier wird er im Regelfall vorab Gespräche führen, Unterlagen einsehen und Notizen anfertigen, über deren Inhalt Beweis erhoben werden könnte.[1361] Auch werden im Hinblick auf die Kausalitätsfrage, dass der Anleger sich auf das Rating verlassen hat, hier am ehesten Beweismittel präsent sein.[1362] Eine Anknüpfung an den Verfügungsort würde zudem eine Zersplitterung der Zuständigkeit vermeiden, die beim Kontoführungsort unter Umständen droht.[1363] Für Anleger wäre der Ort der Vermögensverfügung vorhersehbar. Auf die europäischen Ratingagenturen trifft das zwar nicht zu. Aber der BGH hat in Fällen grenzüberschreitender, sittenwidriger Anlageberatung zu erkennen gegeben, dass für „ein Brokerunternehmen, das (…) mit Vermittlern in anderen Mitgliedstaaten zusammenarbeitet und sich durch die Ausrichtung seiner gewerblichen Tätigkeit auf diese Staaten ausländische Märkte erschließt, (…) vorhersehbar [ist], dass auf diese Weise geworbene Anleger durch Überweisung von Anlagegeldern ggf. selbstschädigende Vermögensverfügungen in ihren Heimatstaaten treffen“.[1364] Mit anderen Worten soll sich der schädigende Beklagte nicht darauf berufen können, dass für ihn der Erfolgsort nicht vorhersehbar wäre, wenn er selbst die Ursache dafür gesetzt hat. Im Schrifttum wird dies insbesondere auch bei Betrugsdelikten angeführt. Ein Schädiger, der per Telefon oder Fax Kontakt mit dem Opfer aufnehme, könne sich kaum darauf berufen, er habe nicht ahnen können, dass der Geschädigte von dem Ort aus, an dem er das Gespräch führt oder das Fax entgegennimmt, auch die vermögensschädigende Verfügung treffen werde.[1365] Entsprechend verhält es sich beim Geschäftsmodell von Ratingagenturen. Ratings werden weltweit veröffentlicht und haben grenzüberschreitende Wirkung. Dabei handelt es sich nicht lediglich um eine lästige Folgeerscheinung, vielmehr basiert das Geschäftsmodell des Ratingwesens und dessen Erfolg darauf. Ratingagenturen müssen damit rechnen, dass die von ihnen erstellten Ratings weltweit zur Kenntnis genommen werden und Anleger (negativ) beeinflussen können.[1366] Das Vorhersehbarkeitsgebot darf daher auf Seiten der Ratingagenturen nicht allzu schwer gewichtet werden.

1361 Vgl. BGH BKR 2012, 78, 81 Rn. 34; *von Hein*, EuZW 2011, 369, 371.

1362 Vgl. *von Hein*, EuZW 2011, 369, 372; *Engert/Groh*, IPRax 2011, 458, 464.

1363 *von Hein*, IPRax 2005, 17, 21.

1364 BGH BKR 2012, 78, 81 Rn. 35.

1365 *von Hein*, IPRax 2005, 17, 21.

1366 Vgl. zur Erkennbarkeit des Erfolgseintritts bei grenzüberschreitenden Handlungen *Auer* in: Geimer/Schütze, Int. Rechtsverkehr, B Vor I 10b Rn. 152; *Sonnentag*, ZVglRWiss 105 (2006), 256, 267.

Schließlich wäre eine Anknüpfung an den Verfügungsort mit der Systematik der Brüssel Ia-VO vereinbar, da ein Gerichtsstand am Wohnsitz des Klägers nicht pauschal begründet und damit auch nicht mit Art. 4 Abs. 1 Brüssel Ia-VO in Konflikt stehen würde. Zwar wird der Geschädigte regelmäßig am Ort seines gewöhnlichen Aufenthalts seine Anlagegeschäfte abwickeln, aber gilt dasselbe bei einer Anknüpfung an das Bankkonto, wenn man unterstellt, dass der Wohnsitz des Geschädigten dem Kontoführungsort entspricht. Selbst wenn der geschädigte Kläger damit eine Möglichkeit des *Forum-Shoppings* hätte, ist es nicht einzusehen, weshalb dem Geschädigten dieser prozessuale Vorteil nicht eingeräumt werden sollte.[1367]

(2) Emittent

Wie bei Anlegern stellt sich auch bei Emittenten die Frage, wo der maßgebliche Erfolgsort liegt. Entsprechend der prozessualen Leitprinzipien wie Rechtssicherheit, Vorhersehbarkeit, Vermeidung einer Häufung von Gerichtsständen, Beklagtenschutz, Sach- und Beweisnähe und Vermeidung beziehungsarmer Gerichtsstände[1368] ist dieser grundsätzlich am Wohnsitz des Geschädigten zu verorten.[1369] Unter Einbeziehung der Rechtsprechung des EuGH in *Dumez France, Marinari* und *Kronhofer* ist hier der Ort, an dem sich der Schaden das erste Mal manifestiert.[1370] Hier wirkt sich das fehlerhafte Rating primär aus, da es unmittelbaren Einfluss auf die Einpreisung der jeweiligen Anleihe nimmt. Am Sitz des Emittenten werden sich Aufzeichnungen und Zeugen finden lassen, die Aufschluss darüber geben können, welchen Einfluss das fehlerhafte Rating auf die jeweilige Emission hatte. Anders als bei rufschädigenden Presseerzeugnissen unterliegt die Bestimmung des Erfolgsorts keiner Mosaikbetrachtung.[1371] Während bei rufschädigenden Äußerungen betroffene Unternehmen weltweit in ihrem sozialen Geltungsbereich als Wirtschaftsunternehmen betroffen sein können,[1372] entfaltet das fehlerhafte Rating seine Wirkung am Sitz des Emittenten,

1367 *Auer* in: Geimer/Schütze, Int. Rechtsverkehr, B Vor I 10b Rn. 140.

1368 BGH BKR 2012, 78, 80; OLG Stuttgart, NJW-RR 1999, 138, 139; *Pichler*, Int. Zuständigkeit im Zeitalter globaler Vernetzung, S. 292 ff., 498 Rn. 758 ff.

1369 *Dutta,* IPRax 2014, 33, 39.

1370 EuGH, Urt. v. 11.01.1990– Rs. C-220/88 – Dumez France u.a./Hessische Landesbank u.a. Slg. 1990, I-00049, Rn. 13 ff.; EuGH, Urt. v. 19.09.1995 – Rs. C 364/93 – Marinari/ Lloyds Bank plc, Slg. 1995, I-2719; EuGH, Urt. v. 10.06.2004 – Rs. C-168/02 – Kronhofer/Maier u.a., Slg. 2004, I-6009.

1371 Vgl. *Auer* in: Geimer/Schütze, Int. Rechtsverkehr, B Vor I 10b Rn. 151 f.

1372 *Eisen,* Haftung und Regulierung internationaler Rating-Agenturen, S. 276.

soweit es den Schaden betrifft, der dem Emittenten durch die Fremdkapitalaufnahme zu höheren Konditionen entsteht.[1373]

3. Ergebnis

Eine Zuständigkeit mitgliedstaatlicher Gerichte für Klagen aus Art. 35a Rating-VO kann sich aus Art. 7 Nr. 2 Brüssel Ia-VO ergeben. Sowohl Anleger als auch Emittenten können am Sitz der jeweiligen europäischen Ratingagentur Klage erheben, da sich hier der maßgebliche Handlungsort befindet.[1374] Darüber hinaus können Anleger an dem Ort Klage erheben, wo sie die nachteilige Vermögensverfügung getroffen haben.[1375] Emittenten ist es grundsätzlich möglich, an ihrem Satzungssitz Klage zu erheben, da sich hier regelmäßig der mit dem negativen Rating einhergehende Schaden manifestiert.[1376] Ungeachtet dessen können europäische Ratingagenturen nach Art. 4 Abs. 1 Brüssel Ia-VO grundsätzlich an ihrem Wohnsitz verklagt werden.

1373 Macht der Emittent sonstige Vermögensschäden geltend, die ihm infolge des fehlerhaften Ratings an einem anderen Ort entstehen, dann muss dort entsprechend Klage erhoben werden.

1374 Siehe oben, Teil 3 C. II. 1. b. aa.

1375 Siehe oben, Teil 3 C. II. 1. b. bb (1) (b).

1376 Siehe oben, Teil 3 C. II. 1. b. bb. (2).

Teil 4: Zusammenfassung der Ergebnisse

Folgende Erkenntnisse lassen sich als Ergebnis der voranstehenden Untersuchungen festhalten:

1. Die europäische Haftungsvorschrift i.S.d. Art. 35a Rating-VO ist ein weiteres Regulieunrgsinstrumentarium, welches europäische Ratingagenturen zur Einhaltung ihrer öffentlich-rechtlichen Verhaltenspflichten anhalten soll.
2. Dabei gewährleistet sie Individual- und Kapitalmarktschutz gleichermaßen.
3. Art. 35a Rating-VO gilt in den europäischen Mitgliedstaaten unmittelbar; einer kollisionsrechtlichen Vorprüfung hinsichtlich ihrer Anwendbarkeit bedarf es in den Mitgliedstaaten nicht.
4. Vom Anwendungsbereich des Art. 35a Rating-VO sind nur solche Ratingagenturen erfasst, deren Satzungssitz sich in einem der europäischen Mitgliedstaaten befindet. Dies betrifft nicht nur solche Ratingagenturen, die sich tatsächlich registriert haben, sondern auch diejenigen, die trotz bestehender Registrierungspflicht dieser (noch) nicht nachgekommen sind.
5. Anspruchsberechtigt sind nach Art. 35a Rating-VO sowohl Anleger als auch Emittenten, unabhängig davon, ob ein Vertragsverhältnis mit der Ratingagentur besteht.
6. Unter anspruchsberechtigte Emittenten fallen auch die einzelnen Mitgliedstaaten.
7. Eine entsprechende Anwendung der Haftungsvorschrift ist angezeigt, wenn ein Unternehmen, ohne Emittent zu sein, Objekt eines unbeauftragten Ratings wird.
8. Der Anlegerbegriff ist nicht durch nationales Sachrecht, sondern durch die Rating-VO selbst autonom auszulegen.
9. Nicht vom Anwendungsbereich der Haftungsnorm erfasst sind Ratings, die aufgrund eines Einzelauftrags abgegeben werden und nicht zur öffentlichen Bekanntgabe bestimmt sind.
10. Die Anordnung des Art. 35a Abs. 1 Unterabs. 3 Rating-VO läuft weitestgehend leer, da die Mitteilung fehlerhafter Informationen durch den Emittenten generell nicht dazu geeignet ist, Verstöße der Ratingagenturen gegen ihre Verhaltenspflichten zu provozieren.
11. Anleger können nur Schadensersatz verlangen, wenn sie sich in vertretbarer Weise auf das Rating verlassen haben. Dies gilt unabhängig davon, ob der Transaktions- oder Kursdifferenzschaden geltend gemacht wird. Institutionelle Anleger sind nach Art. 5a Abs. 1 Rating-VO verpflichtet, eine

eigene Bewertung der Kreditwürdigkeit des Emittenten vorzunehmen. Ausreichend ist zunächst eine Plausibilitätsprüfung des Ratingergebnisses. Fällt die eigene Prüfung besser aus als die Beurteilung durch die Ratingagentur, bedarf es nach Ansicht der BaFin einer eigenen „quantitativen" Beurteilung des Anlegers. Fällt die eigene Bewertung des Anlegers hingegen schlechter als das Rating aus, darf sich der Investor nicht ohne Weiteres auf das Rating verlassen, da er sich andernfalls widersprüchlich verhalten würde.

12. Neben der Absenkung des Substantiierungsmaßstabs nach Art. 35a Abs. 2 Rating-VO sind grundsätzlich weitere Darlegungs- und Beweiserleichterungen zugunsten von Anlegern und Emittenten nach nationalem Recht zulässig. Anleger können sich aber nicht im Rahmen des Art. 35a Abs. 1 Unterabs. 2 Rating-VO auf den Anscheinsbeweis der Anlagestimmung berufen, um nachzuweisen, dass sie sich in vertretbarer Weise auf das Rating verlassen haben.
13. Um Schadensersatz nach Art. 35a Rating-VO geltend zu machen, reicht es nicht aus, dass das Rating „fehlerhaft" ist. Vielmehr bedarf es der Verletzung bestimmter von der Rating-VO festgelegter Verhaltenspflichten, die sich wiederum auf das Ratingergebnis auswirken müssen.
14. Den Zuwiderhandlungen i.S.d. Anhang III Abschnitt I Nr. 3 und Nr. 51 der Rating-VO ist eine Auswirkung auf das Rating immanent. Für die Belange der europäischen Haftungsvorschrift kommt es ausschließlich darauf an, dass bei pflichtgemäßem Verhalten der Ratingagentur kein entsprechendes Rating abgegeben worden wäre, auf das sich ein Anleger hätte verlassen können.
15. Ratingagenturen haften nur dann, wenn sie vorsätzlich oder grob fahrlässig gegen die Verhaltenspflichten der Rating-VO verstoßen. Dies wird nach den Maßstäben des jeweils berufenen Sachrechts beurteilt.
16. Anleger können nach Art. 35a Rating-VO sowohl den Transaktions- als auch den Kursdifferenzschaden ersetzt verlangen.
17. Neben Art. 35a Rating-VO können Anleger und Emittenten zwar weitere Ansprüche nach nationalem Recht geltend machen, diese dürfen sich aber nicht auf einen Verstoß gegen die Rating-VO stützen; so kann nicht nach § 823 Abs. 2 BGB i.V.m. Anhang III der Rating-VO Schadensersatz verlangt werden.
18. Von der Geltendmachung von Schadensersatz i.S.d. Art. 35a Rating-VO ist die Einleitung eines öffentlich-rechtlichen Bußgeldverfahrens durch die ESMA unabhängig.
19. Vertragliche Beschränkungen oder gar ein Ausschluss der europäischen Haftung von Ratingagenturen sind unwirksam, soweit deutsches Recht subsidiär zur Anwendung kommt.
20. Zur Bestimmung des subsidiären Haftungsstatuts ist die Rom II-VO maßgeblich.

21. Als subsidiäres Haftungsstatut kann grundsätzlich auch drittstaatliches Sachrecht zur Anwendung kommen, da zum einen Art. 3 Rom II-VO universell ausgestaltet ist und sich zum anderen keine belastbaren Hinweise in der Rating-VO finden lassen, die dafür sprechen, dass ausschließlich mitgliedstaatliches Sachrecht anwendbar ist.
22. Der Verletzungserfolg i.S.d. Art. 4 Abs. 1 Rom II-VO tritt bei Anlegern am Ort der Vermögensverfügung ein, bei Emittenten am Hauptverwaltungssitz i.S.d. Art. 23 Abs. 1 Rom II-VO.
23. Eine engere Verbindung mit dem Staat, in dem die Ratingagentur ihren Satzungssitz hat, besteht weder bei Anlegern noch bei Emittenten i.S.d. Art. 4 Abs. 3 Satz 1 Rom II-VO. Eine engere Verbindung zum Kontoführungsort kann dann bestehen, wenn dieser mit dem Ort des gewöhnlichen Aufenthalts des Anlegers übereinstimmt und letzterer nicht dem Ort der Vermögensverfügung entspricht. Entspricht weder der Ort der Vermögensverfügung noch der Kontoführungsort dem Ort des gewöhnlichen Aufenthalts, kann auf den Marktort abgestellt werden, soweit der Anleger die vermögensschädigende Verfügung in einem Drittstaat vorgenommen hat und das betreffende Finanzinstrument auf einem europäischen Markt gehandelt wird.
24. Haben der Emittent und die Ratingagentur einen Ratingvertrag geschlossen, dann kommt eine engere Verbindung nach Art. 4 Abs. 3 Satz 2 Rom II-VO in Betracht.
25. Der Ausgang eines gerichtlichen Verfahrens wird zudem davon abhängen, wie das Prozessrecht des jeweils angerufenen Gerichts ausgestaltet ist. So konnte in einem australischen Prozess gegen Standard & Poors Ratings Services alleine wegen des dort verankerten *discovery*-Verfahrens der Ratingagentur Kenntnis von der Fehlerhaftigkeit des Ratings nachgewiesen werden.[1377]

Die internationale Gerichtszuständigkeit bestimmt sich für die von Art. 35a Rating-VO geregelten Fälle nach der Brüssel Ia-VO.
Nach Art. 4 Abs. 1 Brüssel Ia-VO können Anleger und Emittenten Klage am Ort des Satzungssitzes der Ratingagentur erheben.
Ein weiterer Gerichtsstand ergibt sich aus Art. 7 Nr. 2 Brüssel Ia-VO, wonach sowohl am Handlungs- als auch am Erfolgsort geklagt werden kann. Dabei ist der Handlungsort am Ort des Satzungssitzes der Ratingagentur zu verorten, da die Ratingagentur hier gegen ihre Pflichten aus der Rating-VO verstößt. Während der Erfolgsort bei dem Anleger dort liegt, wo er die vermögensschädigende Verfügung vorgenommen hat, ist er beim Emittenten an dessen Wohnsitz zu verorten.

1377 Siehe oben, Teil 3 C.

Teil 5: Bewertung und Entwicklungsvorschläge

Die Einführung der europäischen Haftungsvorschrift für Ratingagenturen wird teils kritisch beurteilt. So werde allgemein der Schutz von Anlegern, Emittenten und Dritten durch die Sanktionsmöglichkeiten im Aufsichtsrecht hinreichend gewährleist.[1378] Sinn und Zweck des europäischen Haftungsregimes sei es, Ratings qualitativ zu verbessern und Anleger und Emittenten zu schützen.[1379] Letzteres könne zwar mit einer Haftungsvorschrift erreicht werden, aber sei es bisher der Ansatz des Europäischen Verordnungsgebers gewesen, das Vertrauen in Ratings zu verringern. Dieses Ziel würde durch die Einführung der europäischen Haftungsvorschrift untergraben werden, weil ihre Existenz den Anschein erwecke, in Ratings vertrauen zu dürfen.[1380]

Dass die beiden Regelungsansätze gegensätzliche Wirkungen hervorrufen können, ist denkbar. Damit aber die Existenzberechtigung der europäischen Haftungsvorschrift in Frage stellen zu wollen, ist nicht überzeugend. Das Vertrauen in Ratings spielt bei der Haftung von Ratingagenturen gegenüber Emittenten generell keine Rolle, sodass sich obige Erwägungen grundsätzlich nur gegenüber Anlegern anführen lassen. Ein Rückgriff auf Ratings durch Anleger kann auch nicht grundsätzlich als schlecht beurteilt werden. Zum einen bestehen insbesondere für kleinere Anleger nur wenige, praktikable Alternativen. Zum anderen senken Ratings Transaktionskosten[1381] und sind daher volkswirtschaftlich von großem Nutzen.[1382] Auch ist die überwiegende Anzahl von Ratings nicht zu beanstanden.[1383] Insofern kann es nur Anspruch des Verordnungsgebers sein, einerseits das Vertrauen in offensichtlich „fehlerhafte“ Ratings zu erschüttern und andererseits Rahmenbedingungen zu schaffen, die Auswirkungen von fehlerhaften Ratings begrenzen. Letzteres kann bspw. auf der einen Seite durch eine Verminderung von Vorschriften, die die Beachtung von Ratings vorschreiben, geschehen, während auf der anderen Seite die Vornahme eigener Bewertungen von institutionellen Anlegern gesetzlich vorgeschrieben wird.[1384]

1378 *Wolgast/Theis*, Stellungnahme des GDV vom 05.01.2012, S. 14.

1379 *Möllers/Niedorf*, ECFR 2014, 333, 361.

1380 *Möllers/Niedorf*, ECFR 2014, 333, 361 f.

1381 Siehe oben, Teil 1 C. I. 3.

1382 *Halfmeier*, VuR 2014, 327, 328, *Hemraj*, Credit Rating Agencies, S. 1.

1383 *Pukropski*, Regulierung von Ratingagenturen als Reaktion auf die Finanzkrise, S. 281.

1384 Vgl. *Pukropski*, Regulierung von Ratingagenturen als Reaktion auf die Finanzkrise, S. 281.

Darüber hinaus wird teilweise die Haftung von Ratingagenturen als adäquates Mittel, Ratings qualitativ zu verbessern, in Frage gestellt. So würde beispielsweise eine Haftung bei einfacher Fahrlässigkeit dazu führen, dass Ratingagenturen nur noch äußerst konservativ bewerten würden.[1385] Dagegen ist einzuwenden, dass der Verschuldensmaßstab sowohl gegenüber Anlegern als auch Emittenten gilt, was eine strukturell konservative Bewertung zugunsten oder zu Lasten einer der beiden anspruchsberechtigten Gruppen von vornherein ausschließt. Unabhängig davon stellt sich die Frage einer zu konservativen Bewertung im Kontext des Art. 35a Rating-VO ohnehin nicht, weil es hier um die Einhaltung von Verhaltens- und Organisationspflichten seitens der Ratingagentur geht.

Ob die Einführung einer zivilrechtlichen Haftung von Ratingagenturen volkswirtschaftlich sinnvoll ist, kann zum jetzigen Zeitpunkt kaum beantwortet werden. Es ist jedenfalls zu erwarten, dass die dadurch für Ratingagenturen entstehenden Mehrkosten letztendlich von den Kunden getragen werden müssen.

Kehrt man zur fraglichen Ausgangsthese zurück, dass die Schaffung der Haftungsvorschrift für Ratingagenturen einen weiteren Grund für Anleger darstelle, sich auf ein Rating zu verlassen, dann erweist sich der von einer funktionsuntauglichen Haftung ausgehende Schein des Anlegerschutzes weitaus gefährlicher als die Existenz einer funktionierenden Haftungsvorschrift. Ebenso kann von einer Haftungsvorschrift, die nur in absoluten Ausnahmefällen anwendbar ist, keine große verhaltenssteuernde Wirkung erwartet werden.[1386] Daher ist es erforderlich, die Funktionstauglichkeit der zivilrechtlichen Haftung nach Art. 35a Rating-VO zu verbessern. Im Einzelnen wird Folgendes vorgeschlagen:

1. Art. 35a Rating-VO stellt keine einheitliche Haftungsregelung für europäische Ratingagenturen dar, weil für eine Vielzahl einzelner Aspekte der Haftungsvorschrift jeweils unterschiedliches, nationales Sachrecht anzuwenden ist. Gerade im Hinblick darauf, dass die Europäische Kommission bereits im Jahr 2010 aufgrund des Bestehens unterschiedlicher Haftungsstatute in den einzelnen Mitgliedstaaten die Gefahr des *Forum-Shoppings* durch Ratingagenturen begründet sah,[1387] überrascht die vom Verordnungsgeber gewählte Methodik

1385 *Wagner* in: FS Blaurock, 467, 488.

1386 An der Disziplinierungswirkung der europäischen Haftungsvorschrift zweifelnd *Horsch/Kleinow/Heinrich*, Kreditwesen 2013, 297, 299; *Schultes*, Regulierung und Haftung von Ratingagenturen, S. 321.

1387 Europäische Kommission, Public Consultation on Credit Rating Agencies vom 05.11.2010, S. 24; Europäische Kommission, Finanzdienstleistungen: Europäische Kommission leitet Konsultation zum weiteren Vorgehen bei Ratingagenturen ein, Pressemitteilung vom 05.11.2010, IP/10/1471.

sehr. Führt man sich vor Augen, dass alle europäischen Ratingagenturen dieselben Verhaltens- und Organisationspflichten beachten müssen, dann ist es auf den ersten Blick wenig nachvollziehbar, dass sie im Endeffekt nach unterschiedlichem Recht haften sollen.

Zum einen könnte man die Ursache für die vom Verordnungsgeber gewählte Regelungstechnik in fehlenden allgemeinen zivilrechtlichen Vorschriften auf EU-Ebene erblicken. Denkbar ist es zum anderen, dass Diskussionen um die Regelungskompetenz des europäischen Gesetzgebers vermieden werden sollten. Den Preis dafür müssen Ratingagenturen, Emittenten und Anleger in Form von erheblichen Rechtsunsicherheiten zahlen. Denn für keine der Parteien ist es auf den ersten Blick erkennbar, welches Recht subsidiär zur Anwendung kommen soll. Vielmehr sind verschiedene Ansätze denkbar, für die unterschiedliche Argumente streiten. Nationale Gerichte könnten sich gezwungen sehen, Einzelfragen hierzu dem EuGH gem. Art. 267 Abs. 1 lit. b) AEUV vorzulegen. Zudem ist es *de lege lata* nicht gänzlich ausgeschlossen, dass drittstaatliches Sachrecht zur Auslegung und Ergänzung eines europäischen Rechtsakts Anwendung findet, was mit Blick auf Art. 16 und 17 Rom II-VO zu weiteren Rechtsunsicherheiten führen wird.[1388] Zugleich ist es zweifelhaft, dass die aktuelle Fassung des Art. 35a Rating-VO den Anforderungen des Art. 114 AEUV, insbesondere dessen Geeignetheitserfordernis Genüge tut.[1389] Denn wie soll eine Harmonisierung europäischen Rechts stattfinden, wenn für wesentliche Fragen des europäischen Haftungsstatuts drittstaatliches Sachrecht berufen wird?

Eine spezielle kollisionsrechtliche Anknüpfung an den Marktort, wie sie für unterschiedliche Kapitalmarktdelikte von der Spezialkommission „Finanzmarktrecht“ des Deutschen Rats für Internationales Privatrecht angestrebt wird,[1390] würde bei fehlerhaften Ratings zu keinen befriedigenden Ergebnissen führen.

De lege feranda wäre die Definition der einzelnen Tatbestandsmerkmale durch die Rating-VO selbst wünschenswert. Dies würde nicht nur für mehr Rechtssicherheit sorgen, sondern wäre im Hinblick auf die

---

1388 Dies würde verhindert werden, wenn man wie *Schroeter*, Ratings, S. 837 f. auf den Satzungssitz der Ratingagentur nach Art. 4 Abs. 3 Rom II-VO abstellt.

1389 Siehe oben, Teil 2 A. II.

1390 Vgl. IPRax 2012, 470.

verhaltenssteuernde Funktion der Rating-VO überzeugend. Schließlich wäre sichergestellt, dass Anleger und Emittenten untereinander gleichbehandelt würden.

2. Mit Ausnahme von Fitch Ratings, die über ein *„registered office“* in London verfügen, haben sich von den beiden anderen großen amerikanischen Ratingagenturen Moody's Investors Service und Standard & Poor's Ratings Services lediglich Tochterunternehmen in einzelnen europäischen Mitgliedstaaten registrieren lassen. Unterstellt man, dass diese Tochtergesellschaften nur vordergründig tätig und lediglich mit einem Mindestkapital ausgestattet sind, dann müsste an der Werthaltigkeit bestehender Schadensersatzansprüche von Anlegern und Emittenten gezweifelt werden.[1391] Denkbar wäre es, Sonderregelungen hinsichtlich des Mindestkapitals für europäische Ratingagenturen einzuführen. Auch könnte über eine Versicherungspflicht nachgedacht werden,[1392] soweit die dadurch entstehenden Mehrkosten, die letztendlich von den Kunden der Ratingagenturen getragen werden müssen, verhältnismäßig sind.
3. Eine Anwendung der Haftungsvorschrift sollte auch für Ratingausblicke *de lege ferenda* in Erwägung gezogen werden, weil diese ebenfalls für Anleger sowie Emittenten bedeutsam sind und Auswirkungen auf die Märkte haben.[1393]
4. Die Beweisregelungen der Haftungsvorschrift müssen nachgebessert werden. Trotz der Substantiierungserleichterung in Art. 35a Abs. 2 Rating-VO wird es Anlegern und Emittenten nur in Ausnahmefällen möglich sein, nachzuweisen, dass eine Pflichtverletzung vorliegt und sich diese auf das jeweilige Rating ausgewirkt hat.[1394] Ursache dafür ist u.a., dass bei der Erstellung des Ratings erhebliche Beurteilungs- und Bewertungsspielräume bestehen[1395] und das Bewertungsverfahren an sich nicht transparent ist. Obgleich es Anlegern möglich ist, auf Berichte der ESMA zu untersuchten Verstößen gegen

1391 *Gietzelt/Ungerer*, GPR 2013, 333, 340.
1392 *Dutta*, IPRax 2014, 33, 34.
1393 Vgl. Erwägungsgrund 7 der Rating-VO (EU) Nr. 462/2013.
1394 So auch *Chiwitt*, Corporate Finance 2014, 392, 401; *Möllers/Niedorf*, ECFR 2014, 333, 348; *Pukropski*, Regulierung von Ratingagenturen als Reaktion auf die Finanzkrise, S. 290 f.; *Angelé*, Das Rating von CDOs, S. 183; *Schultes*, Regulierung und Haftung von Ratingagenturen, S. 312.
1395 *Berger/Stemper*, WM 2010, 2289, 2294.

die Rating-VO zurückzugreifen,[1396] werden diese wohl nicht allzu große Wirkung vor Gericht entfalten können.

De lege ferenda sollte die Ratingagentur den Beweis dafür erbringen müssen, dass sich ihre Zuwiderhandlung nicht auf das Ratingergebnis ausgewirkt hat. Zwar wird dies teils im Schrifttum kritisch beurteilt, da sich Ratingagenturen gezwungen sähen, Ratingmethodik und Geschäftsgeheimnisse offenzulegen,[1397] aber ist dies für eine erfolgreiche Geltendmachung von Schadensersatz nach Art. 35a Rating-VO ohnehin erforderlich, was *de lege lata* lediglich vom geschädigten Anleger oder Emittenten erwartet wird. Wer sich generell gegen eine Offenlegung ausspricht, der muss konsequenterweise auch eine Haftungsvorschrift ablehnen, die tatbestandlich eine Auswirkung auf das Ratingergebnis voraussetzt. Richtigerweise sollte das Risiko zwischen Anlegern und Emittenten einerseits und den europäischen Ratingagenturen andererseits entsprechend verteilt werden.

Allerdings würde bereits eine Regelung Verbesserungen versprechen, nach der die Beeinflussung der Ratinghöhe vermutet wird, wenn beispielsweise eine Zuwiderhandlung i.S.d. Anhang III feststeht, die abstrakt dazu geeignet ist das Ratingergebnis zu beeinflussen. Es läge mithin an der Ratingagentur, diese Vermutung zu erschüttern.

5. Art. 35a Abs. 1 Unterabs. 3 2. Teils. Rating-VO sollte, soweit für die Schließung von Lücken an der Anwendung nationalen Sachrechts festgehalten wird, ersatzlos gestrichen werden. Nimmt ein Emittent durch die Weiterleitung fehlerhafter Informationen an die Ratingagentur Einfluss auf das Ratingverfahren oder das Ratingergebnis, so ist das richtigerweise beim Umfang des Schadensersatzes zu berücksichtigen. Ein Alles-oder-nichts-Prinzip, wie es die Rating-VO vorsieht, ist hier nicht optimal.
6. Die Regelung für Anleger in Art. 35a Abs. 1 Unterabs. 2 Rating-VO ist äußerst unglücklich, da ihnen der Spagat gelingen muss, einerseits zu beweisen, dass sie sich auf das Rating verlassen haben, andererseits das dem Rating entgegengebrachte Vertrauen nicht sorgfaltswidrig war. Ist letzteres der Fall, ist der Anleger *de lege lata* nicht anspruchsberechtigt. Ob der Anleger

---

1396 Nach Art. 24 Abs. 5 Rating-VO werden die Berichte auf der Website der ESMA veröffentlicht; vgl. auch *Möllers/Niedorf,* ECFR 2014, 333, 350; *Wojcik,* NJW 2013, 2385, 2388.

1397 *Berger/Ryborz,* WM 2014, 2241, 2244; *Berger/Stemper,* WM 2010, 2289, 2294; *Amort,* EuR 2013, 272, 278 f.; hinsichtlich des Rating-VO-Entwurfs *Tönningsen,* ZBB/JBB 2011, 460, 470.

schutzwürdiges Vertrauen dem jeweiligen Rating entgegengebracht hat, sollte *de lege ferenda* im Rahmen des Schadensersatzumfangs Berücksichtigung finden. Dies würde dem Umstand gerecht werden, dass die Frage des schutzwürdigen Vertrauens eine Wertungsfrage ist, deren sachgerechte Lösung mehr verlangt als eine Entscheidung über die An- oder Unanwendbarkeit der Haftungsvorschrift. Es erscheint zudem grundsätzlich nicht sachgerecht, eine Ratingagentur gänzlich von der Haftung auszunehmen, wenn sich ein Anleger sorgfaltswidrig auf die Beurteilung der Ratingagentur verlassen hat, obgleich diese gegen die Rating-VO verstoßen und dies Auswirkungen auf das Ratingergebnis hatte.

7. Der vom Verordnungsgeber gewählte Verschuldensmaßstab ist mit Vorsatz und grober Fahrlässigkeit zu hoch angesetzt. *De lege ferenda* sollte einfache Fahrlässigkeit ausreichen. So hat das Geldbußeverfahren der ESMA i.S.d. Art. 36a Rating-VO, für welches das Vorliegen einfacher Fahrlässigkeit ausreichend ist, gezeigt, dass ein Verschulden der Ratingagentur nur in seltenen Ausnahmenfällen vorliegt. Die ESMA beurteilte in insgesamt zwei Fällen lediglich einen von sieben festgestellten Verstößen als von der Ratingagentur fahrlässig begangen. Tendentiell würde dies bedeuten, die Haftungsvorschrift auf noch seltenere Ausnahmefälle anzuwenden, wenn man an der groben Fahrlässigkeit festhalten wollte.[1398] Ungeachtet dessen handelt es sich bei der Erstellung von Ratings und deren Veröffentlichung um das Kerngeschäft von Ratingagenturen, dem sie freiwillig und entgeltlich nachgehen, und nicht lediglich um eine ergänzende Informationspflicht.[1399] Letztlich überzeugt eine Begrenzung auf grobe Fahrlässigkeit auch unter dem Gesichtspunkt nicht, dass es sich bei Ratings um Werturteile handelt, die bei gleicher Sachlage unterschiedlich ausfallen können.[1400] Denn Bezugspunkt für das Verschulden der Ratingagentur sind nicht Wertungsfehler, sondern vielmehr eine Zuwiderhandlung gegen die von der Rating-VO vorgeschriebenen Pflichten.
Teile des Schrifttums wollen einfache Fahrlässigkeit *de lege ferenda* nur dann für die europäische Haftungsvorschrift ausreichen lassen, wenn zugleich die Haftungssumme anteilsmäßig begrenzt wird.[1401] Damit solle insbesondere

---

1398 *Blaurock*, EuZW 2013, 608, 611; *Kontogeorgou*, DStR 2014, 1397, 1400; *Schultes*, Regulierung und Haftung von Ratingagenturen, S. 314.

1399 *Angelé*, Das Rating von CDOs, S. 166.

1400 So Erwägungsgrund 33 der Rating-VO (EU) Nr. 462/2013.

1401 *Wagner* in: FS Blaurock, 467, 491 ff.; *Blaurock*, EuZW 2013, 608, 611; *Kontogeorgou*, DStR 2014, 1397, 1400; vgl. auch *Hennrichs* in: Häuser/Steinbeck/Hammen/Siebel/Hennrichs/Welter, FS für Walther Hadding, S. 875, 890 f.

eine Übermaßhaftung verhindert werden.[1402] Eine pauschalierte Begrenzung der Haftungssumme ist nicht ganz unbedenklich. So sollte es bspw. bei einer unbegrenzten Ratingagenturhaftung bleiben, wenn sich ein Verstoß derart auf das Ratingergebnis auswirkt, dass eine Anleihe mit *Investment Grade* statt *Non-Investment Grade* bewertet wird, weil diese Trennlinie nicht nur ein wichtiger Entscheidungsfaktor bei Anlegern darstellt, sondern auch bei Emittenten zu erheblichen Mehrkosten bei einer Falschbeurteilung führt.[1403]

8. Obgleich ein Anleger einen Kursdifferenzschaden unabhängig davon erleidet, ob er von dem jeweiligen Rating Kenntnis erlangt, sollte diese Tatbestandsvoraussetzung beibehalten werden, um eine Ausuferung der Haftung zu vermeiden.

Eine Vielzahl der hier aufgeworfenen Fragen zur zivilrechtlichen Haftung europäischer Ratingagenturen nach Art. 35a Rating-VO wird abschließend nur vom EuGH beantwortet werden können. Es bleibt allerdings abzuwarten, ob und in welcher Häufigkeit Anleger oder Emittenten Schadensersatzansprüche gegen Ratingagenturen auf der Grundlage des Art. 35a Rating-VO geltend machen werden. In seiner aktuellen Fassung wird sich Art. 35a Rating-VO in den weit überwiegenden Fällen als zahnloser Tiger erweisen. Der Verordnungsgeber sollte nachbessern, wenn er die zivilrechtliche Haftung als ernstzunehmendes Regelungsinstrumentarium für Ratingagenturen nutzen und Anleger sowie Emittenten schützen möchte.

1402 *Kontogeorgou*, DStR 2014, 1397, 1400.
1403 Siehe oben, Teil 1 A. II.

Literaturverzeichnis

Ackermann, Ulrich/Jäckle, Joachim, Ratingverfahren aus Emittentensicht, BB 2006, S. 878–884 [zitiert: *Ackermann/Jäckle*, BB 2006, 878]

Ahrens, Hans-Jürgen, Die internationale Deliktszuständigkeit im englischen Recht - ein englischer Denkanstoß zu offenen Fragen des deutschen Rechts, IPRax 1990, S. 128–131 [zitiert: *Ahrens*, IPRax 1990, 128]

Ahrens, Hans-Jürgen, Allgemeines und besonderes Deliktsrecht - Vielfalt und Einheit im Überblick, Ad Legendum 2011, S. 169–178 [zitiert: *Ahrens*, Ad Leg. 2011, 169]

Ahrens, Hans-Jürgen, Der Beweis im Zivilprozess, Köln 2015 [zitiert: *Ahrens*, Der Beweis im Zivilprozess, Kap. Rz.]

Amort, Mathias, Haftung und Regulierung von Ratingagenturen, EuR 2013, S. 272–285 [zitiert: *Amort*, EuR 2013, 272]

Anders, Klass, Beim Glasauge des Propheten – Beitrag vom 28.09.2007, Der Freitag, zu finden unter: https://www.freitag.de/autoren/der-freitag/beim-glasauge-des-propheten, zuletzt abgerufen: 23.09.2015 [zitiert: *Anders*, Beim Glasauge des Propheten, Der Freitag vom 28.09.2007]

Angelé, Shiro, Das Rating von CDOs, Tübingen 2014 [zitiert: *Angelé*, Das Rating von CDOs, S.]

Arendts, Martin, Beratungs- und Aufklärungspflichten über das einem Wertpapier erteilte Rating, WM 1993, S. 229–237 [zitiert: *Arendts*, WM 1993, 229]

Arntz, Marthe-Marie, Die Haftung von Ratingagenturen gegenüber fehlerhaft bewerteten Staaten und Unternehmen, BKR 2012, S. 89–95 [zitiert: *Arntz*, BKR 2012, 89]

Assmann, Heinz-Dieter, Der Inhalt des Schadensersatzanspruchs fehlerhaft informierter Kapitalanleger, S. 345–372, in: Medicus, Dieter/Mertens, Hans-Joachim/Nörr, Knut Wolfgang/Zöllner, Wolfgang (Hrsg.), Festschrift für Hermann Lange, Stuttgart 1992 [zitiert: *Assmann* in: Medicus/Mertens/Nörr/Zöllner, FS für Hermman Lange, S. 345]

Assmann, Heinz-Dieter/Schneider, Uwe (Hrsg.), Wertpapierhandelsgesetz Kommentar, 6. Aufl., Köln 2012 [zitiert: *Autor* in: Assmann/Schneider, WpHG, § Rn.]

Assmann, Heinz-Dieter/Schütze, Rolf, Handbuch des Kapitalanlagerechts, 4. Aufl., München 2015 [zitiert: *Autor* in: Assmann/Schütze, Hdb. KapitalanlageR, § Rn.]

Bachmann, Gregor, Die internationale Zuständigkeit für Klagen wegen fehlerhafter Kapitalmarktinformation, IPRax 2007, S. 77–86 [zitiert: *Bachmann*, IPRax 2007, 77]

Bachmann, Gregor, Internationale Zuständigkeit bei Konzernsachverhalten, IPRax 2009, S. 140–145 [zitiert: *Bachmann*, IPRax 2009, 140]

Baetge, Dietmar, Der gewöhnliche Aufenthalt im Internationalen Privatrecht, Tübingen 1994 [zitiert: *Baetge*, Der gewöhnliche Aufenthalt im IPR, S.]

Baetge, Dietmar, Auf dem Weg zu einem gemeinsamen europäischen Verständnis des gewöhnlichen Aufenthalts, in: Baetge, Dietmar/von Hein, Jan/von Hinden, Michael (Hrsg.), Die richtige Ordnung – Festschrift für Jan Kropholler zum 70. Geburtstag, Tübingen 2008, S. 77–88 [zitiert: *Baetge* in: FS Kropholler, 77]

Bamberger, Heinz Georg/Roth, Herbert, Beck'scher Online-Kommentar BGB, 36. Ed., Stand: 1.8.2015 [zitiert: *Autor* in: Bamberger/Roth, BGB]

Bank, Mathias/Lawrenz, Jochen, Sind Ratingurteile kulturell beeinflusst?, Kredit & Rating Praxis: Zeitschrift der Finanzspezialisten, 2003, S. 6–10 [zitiert: *Bank/Lawrenz*, Kredit & Rating Praxis 2003, 6]

von Bar, Christian, Internationales Privatrecht – Zweiter Band Besonderer Teil, München 1991 [zitiert: *von Bahr*, IPR II, § Rn.]

von Bar, Christian, Gemeineuropäisches Deliktsrecht – Band I, München 1996 [zitiert: *von Bahr*, Gemeineuropäisches Deliktsrecht I, § Rn.]

von Bar, Christian, Gemeineuropäisches Deliktsrecht – Band II, München 1999, [zitiert: *von Bar*, Gemeineuropäisches Deliktsrecht II, § Rn.]

von Bar, Christian, Konturen des Delitsrechtkonzeptes des Study Group on a European Civil Code – Ein Werkstattbericht –, ZEuP 2001, S. 515–532 [zitiert: *von Bar*, ZEuP 2001, 515]

Basedow, Jürgen, Rome II at Sea – General Aspects of Maritime Torts -, RabelsZ 74 (2010), S. 118–138 [zitiert: *Basedow*, RabelsZ 74 (2010), 118,]

Baseler Ausschuss für Bankenaufsicht (2004), Internationale Konvergenz der Kapitalbemessung und Eigenkapitalanforderungen. Überarbeitete Rahmenvereinbarung, Übersetzung der Deutschen Bundesbank, Basel Juni 2004 [zitiert: *Baseler Ausschuss (2004)*, Rn.]

Bauer, Denise Alessandra, Ein Organisationsmodell zur Regulierung der Rating-Agenturen, Baden-Baden 2009 [zitiert: *Bauer*, Ein Organisationsmodell zur Regulierung der Rating-Agenturen, S.]

Bauer, Denise Alessandra, Strengere Anforderungen für Ratingagenturen nach der neuen ÄnderungsVO, BB 2013, S. 363–365 [zitiert: *Bauer*, BB 2013, 363].

Baumgärtel, Gottfried/Laumen, Hans-Willi/Prütting, Hans (Hrsg.), Handbuch der Beweislast, Bürgerliches Gesetzbuch Schuldrecht Allgemeiner Teil §§ 241–432, 3. Aufl., Köln 2007 [zitiert: *Autor* in: Baumgärtel/Laumen/Prütting, Hdb. Beweislast, § Rn.].

Baums, Theodor, Haftung wegen Falschinformation des Sekundärmarktes, ZHR 166 (2002), S. 375–382 [zitiert: *Baums*, ZHR 166 (2002), 375]

Baums, Theodor, Haftung wegen Falschinformation des Sekundärmarktes, ZHR 167 (2003), S. 139–192 [zitiert: *Baums*, ZHR 167 (2003), 139]

Behrenwaldt, Udo, Funktionen des Rating für Anleger, S. 291–303, in: Büschgen, Hans/Everling, Oliver (Hrsg.), Handbuch Rating, Wiesbaden 1996 [zitiert: *Behrenwaldt* in: Büschgen/Everling, Hdb. Rating, S. 291]

Beitzke, Günther, Auslandswettbewerb unter Inländern – BGHZ 40, 391, JuS 1966, S. 139–147 [zitiert: *Beitzke*, JuS 1966, 139]

Berblinger, Jürgen, Marktakzeptanz des Rating durch Qualität, S. 21–110, in: Büschgen, Hans/Everling, Oliver (Hrsg.), Handbuch Rating, Wiesbaden 1996 [zitiert: *Berblinger* in: Büschgen/Everling, Hdb. Rating, S. 21]

Berger, Klaus Peter/Ryborz, Stefan, Die Haftung von Ratingagenturen zwischen Kompensation und Verhaltenssteuerung, WM 2014, S. 2241–2249 [zitiert: *Berger/Ryborz*, WM 2014, 2241]

Berger, Peter/Stemper, Marthe-Marie, Haftung von Ratingagenturen gegenüber Anlegern, WM 2010, S. 2289–2295 [zitiert: *Berger/Stemper*, WM 2010, 2289]

Binz, Karl Josef/Dörndorfer, Josef/Petzold, Rainer/Zimmermann, Walter (Hrsg.), Gerichtskostengesetz, 3. Aufl., München 2014 [zitiert: *Autor* in: Binz/Dörndorfer/Petzold/Zimmermann, GKG, § Rn.]

Bischoff, Kai, Internationale Börsenprospekthaftung, AG 2002, S. 489–497 [zitiert: *Bischoff*, AG 2002, 489]

Blättchen, Wolfgang/Nespethal, Uwe, Anleihenemission mittelständischer Unternehmen, Corporate Finance biz 2010, S. 496–503 [zitiert: *Blättchen/Nespethal*, Corporate Finance 2010, 496]

Blaurock, Uwe, Verantwortlichkeit von Ratingagenturen – Steuerung durch Privat- oder Aufsichtsrecht?, ZGR 2007, S. 603–656 [zitiert: *Blaurock*, ZGR 2007, 603]

Blaurock, Uwe, Neuer Regulierungsrahmen für Ratingagenturen, EuZW 2013, S. 608–611 [zitiert: *Blaurock*, EuZW 2013, 608]

Blobel, Felix, Der europäische Deliktsgerichtsstand und reine Vermögensschäden – Eine Anmerkung zur Entscheidung des EuGH vom 10.6.2014, Kronhofer/Maier u.a., The European Legal Forum 2004, S. 187–193 [zitiert: *Blobel*, The European Legal Forum 2004, 187]

Bock, Yves, Rechtsangleichung und Regulierung im Binnenmarkt, Baden-Baden 2005 [zitiert: *Bock*, Rechtsangleichung und Regulierung im Binnenmarkt, S.]

Brieger, Steven Alexandre, Ratingagenturen in der Krise – Reformvorschläge für ein stabiles Finanzsystem, Marburg 2012 [zitiert: *Brieger*, Ratingagenturen in der Krise, S.]

Brödermann, Eckart/Iversen, Holger, Europäisches Gemeinschaftsrecht und Internationales Privatrecht, Tübingen 1994 [zitiert: *Brödermann/Iversen*, Europ. GemR und IPR, S.]

Brüggemeier, Gert, Haftungsrecht, Struktur, Prinzipien, Schutzbereich, Berlin 2006 [zitiert: *Brüggemeier*, Haftungsrecht, S.]

Buchmüller, Patrick, Basel II – Hinwendung zur prinzipienorientierten Bankenaufsicht, Tübingen 2008 [zitiert: *Buchmüller*, Basel II, S.]

Buck-Heeb, Petra, Verhaltenspflichten beim Vertrieb – Zwischen Paternalismus und Schutzlosigkeit der Anleger, ZHR 177 (2013), S. 310–343 [zitiert: *Buck-Heeb*, ZHR 177 (2013), 310]

Buck-Heeb, Petra/Dieckmann, Andreas, Informationsdeliktshaftung von Vorstandsmitgliedern und Emittenten, AG 2008, S. 681–691 [zitiert: *Buck-Heeb/Dieckmann*, AG 2008, 681]

Bundesanstalt für Finanzdienstleistungsaufsicht, Hinweise zur Verwendung externer Ratings und zur Durchführung eigener Kreditrisikobewertungen, Stand vom 24. April 2014, abrufbar unter: http://www.bafin.de/SharedDocs/Veroeffentlichungen/DE/Auslegungsentscheidung/VA/ae_131023_hinweise_zur_verwendung_externer_ratings_rs0411_va.html [zitiert: *BaFin*, Hinweise zur Verwendung externer Ratings und zur Durchrführung eigener Kreditrisikobewertungen, vom 23.10.2013, zuletzt geändert am 24.04.2014]

Bundesanstalt für Finanzdienstleistungsaufsicht, Emittentenleitfaden, 4. Aufl., 2013, abrufbar unter http://www.bafin.de/SharedDocs/Downloads/DE/Leitfaden/WA/dl_emittentenleitfaden_2013.pdf?__blob=publicationFile&v=5 [zitiert: *BaFin*, Emittentenleitfaden 2013, S.]

Bunge, Jürgen, Zivilprozess und Zwangsvollstreckung in England und Schottland, 2. Aufl., Berlin 2005 [zitiert: *Bunge,* Zivilprozess und Zwangsvollstreckung in England und Schottland, S.]

Burne, Katy, Der Anleihenmarkt setzt auf elektronischen Handel, The Wall Street Journal vom 17. April 2013, abrufbar unter; http://www.wsj.de/nachrichten/SB10001424127887324030704578426631631561900 [zitiert: *Burne,* Der Anleihenmarkt setzt auf elektronischen Handel, The Wall Street Journal vom 17. April 2013]

Cagalj, Kathrin, Restrukturierung von Anleihen nach dem neuen Schuldverschreibungsgesetz, Baden-Baden 2013 [zitiert: *Cagalj*, Restrukturierung von Anleihen, S.]

Calliess, Christian/Ruffert, Mathias, EUV/AEUV – Das Verfassungsrecht der Europäischen Union mit Europäischer Grundrechtecharta Kommentar, 4. Aufl., München 2011 [zitiert: *Autor* in: Calliess/Ruffert, EUV/AEUV, Art. Rn.]

Callies, Gralf-Peter (Hrsg.), Rome Regulations, Comentary on the European Rules of Conflict of Laws, Alphen aan den Rijn 2011 [zitiert: *Autor* in: Calliess, Rome Regulations, Art. Rn.]

Chiwitt, Ulrich, Zur Effektivität der Regulierung von Ratingagenturen, Corporate Finance 2014, S. 392–402 [zitiert: *Chiwitt*, Corporate Finance 2014, 392]

Coester-Waltjen, Dagmar, Internationales Beweisrecht – Das auf den Beweis anwendbare Recht in Rechtsstreitigkeiten mit Auslandbezug, Ebelsbach 1983 [zitiert: *Coester-Waltjen*, Internationales Privatrecht, S.]

Coffee, John C. Jr., Gatekeepers. The Professions and Corporate Governance, Oxford 2006 [zitiert: *Coffee*, Gatekeepers, S.]

Cohn-Heeren, Daniela, Kapitalmarktrechtliche Regulierungskonzepte für Alternative Handelssysteme, Berlin 2006 [zitiert: *Cohn-Heeren*, Kapitalmarktrechtliche Regulierungskonzepte für Alternative Handelssysteme, S.]

Cross, Rupert/Tapper, Colin, Cross & Tapper on evidence, 10. Aufl., Großbritannien 2004 [zitiert: *Tapper*, Cross & Tapper on evidence, S.]

Däubler, Wolfgang, Unternehmensrating – ein Rechtsproblem?, BB 2003, S. 429–434 [zitiert: *Däubler*, BB 2003, 429]

Däubler, Wolfgang, Wer kontrolliert die Rating-Agenturen?, NJW 2003, S. 1096–1097 [zitiert: *Däubler*, NJW 2003, 1096]

Dauses, Manfred (Hrsg.), Handbuch des EU-Wirtschaftsrechts, Band 1, 37. Ergänzungslieferung, München 2015 (April) [zitiert: *Autor* in: Dauses, Hdb. des EU-Wirtschaftsrechts, Abschnitt Unterabschnitt Rn.]

Davì, Angelo, Der italienische Kassationshof und der Gerichtsstand des Ortes des schädigenden Ereignisses nach Art. 5 Nr. 3 EuGVÜ bei reinen Vermögensschäden, IPRax 1999, S. 484–489 [zitiert: *Davì*, IPRax 1999, 484]

de Lima Pinheiro, Luís, Choice of law on non-contractual obligations between communitarization and globalization. A first assessment of EC Regulation Rome II, Rivista di diritto internazionale privato e processuale 44 (2008), S. 5–42 [zitiert: *de Lima Pinheiro*, Riv. dir. int. priv. proc. 44 (2008), 5, S.]

Deipenbrock, Gudula, Externes Rating – Heilversprechen für internationale Finanzmärkte? – Eine kritische Analyse ausgewählter Rechtsfragen, BB 2003, S. 1849–1854 [zitiert: *Deipenbrock*, BB 2003, 1849]

Deutsch, Erwin, Allgemeines Haftungsrecht, 2. Aufl., Köln 1996 [zitiert: *Deutsch*, Allgemeines Haftungsrecht, S. Rn.]

Deutsch, Erwin, Vorsatz und Fahrlässigkeit in § 276 BGB – ihre Beziehung zueinander, S. 41–54, in: Münch, Joachim (Hrsg.), Prozessrecht und materielles Recht, Liber Amicorum für Wolfram Henckel aus Anlass seines 90. Geburtstages, Tübingen 2015 [zitiert: *Deutsch* in: Münch, Prozessrecht und materielles Recht, S. 41]

Dickinson, Andrew, The Rome II Regulation, Oxford 2008 [zitiert: *Dickinson*, Rome II Regulation, S. Rn.]

Dimitrakopoulos, Dimitros/Spahr, Roland, Ablauf des Ratingverfahrens bei internationalen Ratingagenturen, S. 211–222, in: Ann-Kristin Achleitner/Oliver Everling (Hrsg.), Handbuch Ratingpraxis, Wiesbaden 2004 [zitiert: *Dimitrakopoulos/Spahr* in: Achleitner/Everling, Ratingpraxis, S. 211]

Dohms, Heinz-Roger, Ratingagenturen – Aufstand gegen das Duopol, Handelsblatt, Artikel vom 03.09.2014 [zitiert: *Dohms*, Handelsblatt 09/14]

Dreher, Meinrad/Ballmaier, Christoph, Die Nutzung externer Ratings durch Versicherungsunternehmen, WM 2015, S. 1357–1370 [zitiert: *Dreher/Ballmaier*, WM 2015, 1357]

Dutta, Anatol, Die neuen Haftungsregeln für Ratingagenturen in der Europäischen Union: Zwischen Sachrechtsvereinheitlichung und europäischem Entscheidungseinklang, WM 2013, S. 1729–1736 [zitiert: *Dutta*, WM 2013, 1729]

Dutta, Anatol, Die Haftung amerikanischer Ratingagenturen in Europa – Die Rolle des internationalen Privatrechts, IPRax 2014, S. 33–41 [zitiert: *Dutta*, IPRax 2014, 33] H5C19

Ebenroth Carsten Thomas/Daum, Thomas, Die rechtlichen Aspekte des Ratings von Emittenten und Emissionen, WM 1992, Sonderbeilage Nr. 5, S. 1–23 [zitiert: *Ebenroth/Daum*, WM 1992, Sonderbeilage Nr. 5, 1]

Ebenroth, Carsten Thomas/Koos, Stefan, Juristische Apekte des Rating, S. 483–519, in: Büschgen, Hans/Everling, Oliver (Hrsg.), Handbuch Rating, Wiesbaden 1996 [zitiert: *Ebenroth/Koos*, in: Büschgen/Everling, Hdb. Rating, S. 483]

Edelmann, Hervè, Gibt es eine Hinweispflicht des Anlagevermittlers/-beraters auf negative Presseberichterstattungen?, BKR 2003, S. 438–444 [zitiert: *Edelmann*, BKR 2003, 438]

Ehrmann, Harald, Risikomanagement in Unternehmen, 2. Aufl., Herne (Westfalen) 2012 [zitiert: *Ehrmann,* Risikomanagement in Unternehmen, S.]

Einsele, Dorothee, Internationales Prospekthaftungsrecht – Kollisionsrechtlicher Anlegerschutz nach der Rom II-Verordnung, ZEuP 2012, S. 23–46 [zitiert: *Einsele,* ZEuP 2012, 23]

Eisen, Mathias, Haftung und Regulierung internationaler Rating-Agenturen, Frankfurt a.M. 2007 [zitiert: *Eisen,* Haftung und Regulierung internationaler Rating-Agenturen]

Engert, Andreas/Groh, Gunnar, Internationaler Kapitalanlegerschutz vor dem Bundesgerichtshof, IPRax 2011, S. 458–469 [zitiert: *Engert/Groh,* IPRax 2011, 458]

European Group on Tort Law, Principles of European Tort Law - Text and Commentary, Wien 2005 [zitiert: *Autor* in: European Group on Tort Law, Principles of Tort Law, S.]

Everling, Oliver, Ratingagenturen an nationalen und internationalen Finanzmärkten, S. 3–17, in: Büschgen, Hans/Everling, Oliver (Hrsg.), Handbuch Rating, Wiesbaden 1996 [zitiert: *Everling* in: Büschgen/Everling, Hdb. Rating, S. 3]

Fight, Andrew, The Ratings Game, Chichester (UK) 2001 [zitiert: *Fight,* The Ratings Game, S.]

Findeisen, Maximilian/Backhaus, Richard, Umfang und Anforderungen an die haftungsbegründende Kausalität bei der Haftung nach § 826 BGB für fehlerhafte Ad-hoc-Mitteilungen, WM 2007, S. 100–108 [zitiert: *Findeisen/Backhaus,* WM 2007, 100]

Fleischer, Holger, Konturen der kapitalmarktrechtlichen Informationsdeliktshaftung, ZIP 2005, S. 1805–1812 [zitiert: *Fleischer,* ZIP 2005, 1805]

Fleischer, Holger (Hrsg.), Handbuch des Vorstandsrechts, München 2006 [zitiert: *Autor* in: Fleischer, Vorstandsrecht, § Rn.]

Förschler, Peter/Steinle, Hermann, Der Zivilprozess, Ein Lehrbuch für die Praxis, 7. Aufl., Stuttgart 2010 [zitiert: *Förschler/Steinle,* Der Zivilprozess, S. Rn.]

Friedrich, Thomas, Bericht aus Brüssel: Kommission verlangt fundiertere Ratings, VW 2012, 175 [zitiert: *Friedrich,* VW 2012, 175]

Friedrich, Thomas, Bericht aus Brüssel: Ein neuer Vorschlag für eine neue Ratingagentur, VW 2012, 669 [zitiert: *Friedrich,* VW 2012, 669]

Führich, Ernst, Die Fluggastrechte der VO (EG) Nr. 261/2004 in der Praxis, MDR 2007, S. 1–14 [zitiert: *Führich,* MDR 2007, 1,]

Furrer, Andreas/Körner, Alexandra, Schadensersatz im Kapitalmarktrecht, S. 233–267, in: Remien, Oliver (Hrsg.), Schadensersatz im europäischen Privat- und Wirtschaftsrecht, Tübingen 2012 [zitiert: *Furrer/Körner* in: Remien, Schadensersatz im europäischen Privat- und Wirtschaftsrecht, S. 233]

Gallati, Reto, Verzinsliche Wertpapiere, 3. Aufl., Wiesbaden 2011 [zitiert: *Gallati*, Verzinsliche Wertpapiere, S.]

Gantenbein, Pascal/Spremann, Klaus, Zinsen, Anleihen, Kredite, 5. Aufl, München 2015 [zitiert: *Gantenbein/Spremann*, Zinsen, Anleihen, Kredite, S.]

Geibel, Stefan, Der Kapitalanlegerschaden, Tübingen 2002 [zitiert: *Geibel*, Der Kapitalanlegerschaden, S.]

Geimer, Reinhold, Eine neue internationale Zuständigkeitsordnung in Europa, NJW 1976, S. 441–446 [zitiert: *Geimer*, NJW 1976, 441]

Geimer, Reinhold, Internationales Zivilprozessrecht, 7. Aufl., Köln 2015 [zitiert: *Geimer*, Int. ZPR, Rn.]

Geimer, Reinhold/Schütze, Rolf, Europäisches Zivilverfahrensrecht, 3. Aufl., München 2010 [zitiert: *Autor* in: Geimer/Schütze, Europ. ZVR, Art.]

Geimer, Reinhold/Schütze, Rolf, Internationaler Rechtsverkehr in Zivil- und Handelssachen, München, Stand November 2011 [zitiert: *Autor* in: Geimer/Schütze, Int. Rechtsverkehr,]

Gietzelt, Manuel/*Ungerer*, Johannes, Die neue zivilrechtliche Haftung von Ratingagenturen nach Unionsrecht, GPR 2013, S. 333–347 [zitiert: *Gietzelt/Ungerer*, GPR 2013, 333]

Girsberger, Daniel, Erfolg mit dem Erfolgsort bei Vermögensdelikten?, in: Basedow, Jürgen/Meier, Isaak/Schnyder, Anton K./Einhorn, Talia/Girsberger, Daniel (Hrsg.), Private Law in the International Arena – Liber Amicorum Kurt Siehr, The Hague, 2000 [zitiert: *Girsberger* in: Basedow et al. (Hrsg.), Private Law in the International Arena, S. 219]

Gleißner, Werner/Garrn, Ralf/Nestler, Anke, Die Verbindung von Unternehmensbewertung, Rating und Wertänderungsrisiko, Corporate Finance 2014, S. 422–428 [zitiert: *Gleißner/Garrn/Nestler*, Corporate Finance 2014, 422]

Gomille, Christian, Der europäische Regulierungsansatz für Bonitätsratings, GPR 2011, S. 186–193 [zitiert: *Gomille*, GPR 2011, 186]

Grabitz, Eberhard/Hilf, Meinhard/Nettesheim, Martin, Das Recht der Europäischen Union, 56. Ergänzungsliegerung, München 2015 (April) [zitiert: *Autor* in: Grabitz/Hilf/Nettesheim, Das Recht der EU, Art. Rn.]

von der Groeben, Hans/Schwarze, Jürgen/Hatje, Armin (Hrsg.), Europäisches Unionsrecht, 7. Aufl., Baden-Baden 2015 [zitiert: *Autor* in: von der Groeben/Schwarze/Hatje, Europäisches Unionsrecht, Art. Rn.]

Groß, Wolfgang, Kapitalmarktrecht, 5. Aufl., München 2012 [zitiert: *Groß*, Kapitalmarktrecht, § Rn.]

Grundmann, Stefan, Deutsches Anlegerschutzrecht in internationalen Sachverhalten – Vom internationalen Schuld- und Gesellschaftsrecht zum internationalen Marktrecht, RabelsZ 54 (1990), S. 283–320 [zitiert: *Grundmann*, RabelsZ 54 (1990), 283]

Grundmann, Stefan/Renner, Moritz, Vertrag und Dritter – zwischen Privatrecht und Regulierung, JZ 2013, S. 379–389 [zitiert: *Grundmann/Renner*, JZ 2013, 379]

Grunewald, Barbara/Schlitt, Michael, Einführung in das Kapitalmarktrecht, 3. Aufl., München 2014 [zitiert: *Grunewald/Schlitt*, Kapitalmarktrecht, S.]

Grunsky, Wolfgang, Zivilprozessrecht, 13. Aufl., Köln 2008 [zitiert: *Grunsky*, Zivilprozessrecht, S. Rn.]

Haar, Brigitte, Haftung für fehlerhafte Ratings von Lehman-Zertifikaten – Ein neuer Baustein für ein verbessertes Regulierungsdesign im Ratingsektor?, NZG 2010, S. 1281–1285 [zitiert: *Haar*, NZG 2010, 1281]

Haar Brigitte, Neues zur Haftung von Ratingagenturen im Zuge der zweiten Novelle der Rating-Verordnung (CRA III), DB 2013, S. 2489–2496 [zitiert: *Haar*, DB 2013, 2489]

Habersack, Mathias, Rechtsfragen des Emittenten-Ratings, ZHR 169 (2005), S. 185–211, [zitiert: *Habersack*, ZHR 169 (2005), 185]

Habersack, Mathias/Mülbert, Peter O//Schlitt, Michael (Hrsg.), Handbuch der Kapitalmarktinformation, 2. Aufl., München 2013 [zitiert: *Autor* in: Habersack/Mülbert/Schlitt, Hdb. Kapitalmarktinformation, §]

Hainmüller, Dietmar, Der Anscheinsbeweis und die Fahrlässigkeitstat im heutigen deutschen Schadensersatzprozess, Tübingen 1966 [zitiert: *Hainmüller*, Der Anscheinsbeweis und die Fahrlässigkeitstat, S.]

Halfmeier, Axel, Anwendbares Recht bei Schadensersatzanspruch gegen Internet-Wettveranstalter, ZEuP 2012, S. 361–376 [zitiert: *Halfmeier*, ZEuP 2012, 361]

Halfmeier, Axel, Die Haftung von Ratingagenturen gegenüber Kapitalanlegern: Von Sydney lernen?, VuR 2014, S. 327–334 [zitiert: *Halfmeier*, VuR 2014, 327]

Hamburg Group for Private International Law, Comments on the European Commission's Draft Proposal for a Council Regulation on the Law

Applicable to Non-Contractual Obligations, RabelsZ 67 (2003), S. 1–56 [zitiert: *Hamburg Group for Private International Law,* RabelsZ 67 (2003), 1,]

Hansen, Udo, Beweislast und Beweiswürdigung im Versicherungsrecht, Frankfurt 1990 [zitiert: *Hansen,* Beweislast und Beweiswürdigung im Versicherungsrecht, S.]

Hansen, Udo, Die Substantiierungslast, JuS 1991, S. 588–590 [zitiert: *Hansen,* JuS 1991, 588]

Harm Peter/Grunewald, Barbara/Maier-Reimer, (Hrgs.), Erman BGB, 14. Aufl., Köln 2014 [zitiert: *Autor* in: Erman BGB, §/Art. Rn.]

Hasler, Peter Thilo/Launer, Markus A./Wilhem, Martin K., Praxishandbuch Debt Relations, Wiesbaden 2013 [zitiert: *Autor* in: Hasler/Launer/Wilhelm, Praxhb Debt Relations, S.]

von Hein, Jan, Deliktischer Kapitalanlegerschutz im europäischen Zuständigkeitsrecht, IPRax 2005, S. 17–23 [zitiert: *von Hein,* IPRax 2005, 17]

von Hein, Jan, Europäisches Internationales Deliktsrecht nach der Rom II-Verordnung, ZEuP 17 (2009), S. 6–33 [zitiert: *von Hein,* ZEuP 17 (2009), 6]

von Hein, Jan, Of Older Siblings and Distant Cousins: The Contribution of the Rome II Regulation to the Communitarisation of Private International Law, RabelsZ 2009, S. 461–508 [zitiert: *von Hein,* RabelsZ 2009, 461]

von Hein, Jan, Verstärkung des Kapitalanlegerschutzes: Das Europäische Zivilprozessrecht auf dem Prüfstand, EuZW 2011, S. 369–373 [zitiert: *von Hein,* EuZW 2011, 369]

Heini, Anton, Das neue deutsche IPR für ausservertragliche Schuldverhältnisse und für Sachen von 1999 im Vergleich mit dem schweizerischen IPRG, in: Basedow, Jürgen/Meier, Isaak/Schnyder, Anton K./Einhorn, Talia/Girsberger, Daniel (Hrsg.), Private Law in the International Arena – Liber Amicorum Kurt Siehr, The Hague 2000, S. 251–261 [zitiert: *Heini* in: Basedow et al. (Hrsg.), Private Law in the International Arena, S. 251]

Heinig, Jens, Grenzen von Gerichtsstandsvereinbarungen im Europäischen Zivilprozessrecht, Jena 2010 [zitiert: *Heinig,* Grenzen von Gerichtsstandsvereinbarungen im Europäischen ZPR, S.]

Hellgardt, Alexander, Kapitalmarkdeliktsrecht, Tübingen 2008 [zitiert: *Hellgardt,* Kapitalmarktdeliktsrecht, S.]

Hellgardt, Alexander, Europarechtliche Vorgaben für die Kapitalmarktinformationshaftung de lege lata und nach Inkrafttreten der Marktmissbrauchsverordnung, AG 2012, S. 154–168 [zitiert: *Hellgardt,* AG 2012, 154]

Hemraj, Mohammed, Credit Rating Agencies, Cham 2015 [zitiert: *Hemraj*, Credit Rating Agencies, S.]

Hennrichs, Joachim, Haftungsrechtliche Aspekte des Ratings, S. 875–891, in: Häuser, Franz/Steinbeck, Anja/Hammen, Horst/Siebel, Ulf/Hennrichs, Joachim/Welter, Reinhard (Hrsg.), Festschrift für Walther Hadding, Berlin 2004 [zitiert: *Hennrichs* in: Häuser/Steinbeck/Hammen/Siebel/Hennrichs/Welter, FS für Walther Hadding, S. 875]

Heuser, Michael, Zulässige Kritik an Wirtschaftsunternehmen, LMK 2015, 367002 [zitiert: *Heuser*, LMK 2015, 367002]

Heuser, Michael, LG Düsseldorf, 15.12.2017–20 S 142/17: Haftung einer Ratingagentur wegen fehlerhaftem Unternehmensrating, IWRZ 2018, S. 83–84 [zitiert: *Heuser*, IWRZ 2018, 83]

Hill, Claire A., Regulating the Rating Agencies, 82 Washington University Law Quaterly 2004, S. 43–94 [zitiert: *Hill*, 82 Wash. U. L. Q. 43 2004, 43]

Hiß, Stefanie/Nagel, Sebastian, Ratingagenturen zwischen Krise und Regulierung, Baden-Baden 2012 [zitiert: *Hiß/Nagel*, Ratingagenturen zwischen Krise und Regulierung, S.]

Hirte, Heribert/Möllers, Thomas (Hrsg.), Kölner Kommentar zum WpHG, 2. Aufl., Köln 2014 [zitiert: *Autor* in: Kölner Kommentar zum WpHG, § Rn.]

von Hoffmann, Bernd/Thorn, Karsten, Internationales Privatrecht einschließlich der Grundzüge des Internationalen Zivilverfahrensrechts, 9. Aufl., München 2007 [zitiert: *von Hoffmann/Thorn*, IPR, § Rn.]

Hopt, Klaus, Berufshaftung und Berufsrecht der Börsendienste, Anlageberater und Vermögensverwalter, in: Lutter, Marcus/Stimpel, Walter/Wiedemann, Herbert (Hrsg.), Festschrift für Robert Fischer, Berlin 1979, S. 237–261 [zitiert: *Hopt* in: Lutter/Stimpel/Wiedemann, FS für Robert Fischer, S. 237]

Hopt, Klaus J./Voigt, Hans-Christoph, Prospekt- und Kapitalmarktinformationshaftung – Recht und Reform in der Europäischen Union, der Schweiz und den USA -, WM 2004, S. 1801–1804 [zitiert: *Hopt/Voigt*, WM 2004, 1801]

Horsch, Andreas, Rating und Regulierung – Ökonomische Analyse der Prozesse, Strukturen und Regeln der Märkte für Ratings, Bochum 2008 [zitiert: *Horsch*, Rating und Regulierung, S.]

Horsch, Andreas/Kleinow, Jacob/Heinrich, Lars, Die neue europäische Rating-VO CRA III – eine kritische Bestandsaufnahme, Zeitschrift für das gesamte Kreditwesen 2013, S. 297–300 [zitiert: *Horsch/Kleinow/Heinrich*, Kreditwesen 2013, 297]

Huber, Stefan, Ausländische Broker vor deutschen Gerichten, IPRax 2009, S. 134–140 [zitiert: *Huber*, IPRax 2009, 134]

Hübner, Ulrich/Constantineco, Vlad, Einführung in das fanzösische Recht, 4. Aufl., München 2001 [zitiert: *Hübner/Constantineco*, Einführung in das frz. Recht]

Hommelhoff, Peter/Jayme, Erik/Mangold, Werner, Europäischer Binnenmarkt, Internationales Privatrecht und Rechtsangleichung, Heidelberg 1995 [zitiert: *Autor* in: Hommelhoff/Jayme/Mangold, Europäischer Binnenmarkt, S.]

Hüßtege, Rainer/Mansel, Heinz-Peter (Hrsg.), Nomos Kommentar BGB, Rom-Verordnungen, Band 6, 2. Aufl., Baden-Baden 2015 [zitiert: *Autor* in: NK-BGB, Art. Rn.]

Jäckle, Joachim/Ackermann, Ulrich, Ratingverfahren aus Emittentensicht, S. 385–404, in: Büschgen, Hans/Everling, Oliver (Hrsg.), Handbuch Rating, 2. Aufl., Wiesbaden 2007 [zitiert: *Jäckle/Ackermann* in: Büschgen/Everling, Hdb. Rating, 2. Aufl., S. 385]

Jäger, Stefan, Das Prospekthaftungsstatut, Baden-Baden 2007 [zitiert: *Jäger*, Das Prospekthaftungsstatut, S.]

Jansen, Nils, Auf dem Weg zu einem europäischen Haftungsrecht, ZEuP 9 (2001), S. 30–65 [zitiert: *Jansen*, ZEuP 9 (2001), 30]

Jauernig, Othmar/Stürner, Rolf (Hrsg.), Kommentar zum Bürgerlichen Gesetzbuch, 15. Aufl., München 2014 [zitiert: *Autor* in: Jauernig, BGB, § Rn.]

Jenard, Paul, Bericht zu dem Übereinkommen über die gerichtliche Zuständigkeit- und Vollstreckung gerichtlicher Entscheidungen in Zivil- und Handelssachen, Amtsblatt der Europäischen Gemeinschaften Nr. C 59/1 vom 5. März 1979 [zitiert: *Jenard*, Bericht zur EuGVÜ, ABl. der EG Nr. C 59/1, S.]

Joost, Detlev/Strohn, Lutz (Hrsg.), Handelsgesetzbuch – Band 2, §§ 343- 475h, 2. Aufl., München 2009 [zitiert: *Autor* in: Ebenroth/Boujong/Joost/Strohn, HGB, § Rn.]

Jud, Brigitta/Rechberger, Walter H./Reichelt, Gerte, Kollisionsrecht in der Europäischen Union – Neue Fragen des Internationalen Privat- und Zivilverfahrensrechtes, Wien 2008 [zitiert: *Autor* in: Jud/Rechberger/Reichelt, Kollisionsrecht in der EU, S.]

Junker, Abbo, Der Reformbedarf im Internationalen Deliktsrecht der Rom II-Verordnung drei Jahre nach ihrer Verabschiedung, RIW 2010, S. 257–269 [zitiert: *Junker*, RIW 2010, 257] H57C114

Just, Clemens/Voß, Thorsten/ Ritz, Corinna/Becker, Ralf, WpHG Kommentar, München 2015 [zitiert: *Autor* in: Just/Voß/Ritz/Becker, WpHG, §]

Kadner Graziano, Thomas, Gemeineuropäisches Internationales Privatrecht, Tübingen 2002 [zitiert: *Kadner Graziano*, Gemeineuropäisches Internationales Privatrecht, S.]

Keller, Christoph/Kolling, Annabella, Das Gesetz zur Einführung von Kapitalanler-Musterverfahren - Ein Überblick, BKR 2005, S. 399–403 [zitiert: *Keller/Kolling*, BKR 2005, 399]

Kerwer, Dieter, Holding Global Regulators Accountable: The Case of Credit Rating Agencies, Governance: An International Journal of Policy, Administration, and Institutions 2005, 453–475 [zitiert: *Kerwer*, Governance 2005, 453]

Kessel, Christian, Praktische Probleme bei der Führung von Prozessen nach deutschem Recht vor englischen Gerichten, RIW 1996, S. 293–299 [zitiert: *Kessel*, RIW 1996, 293]

Kiethe, Kurth, Internationale Tatortzuständigkeit bei unerlaubter Handlung – die Problematik des Vermögensschadens, NJW 1994, S. 222–227 [zitiert: *Kiethe* NJW 1994, 222]

Kleindiek, Detlef, Deliktshaftung und juristische Person, Tübingen 1997 [zitiert: *Kleindiek*, Deliktshaftung und juristische Person]

Klöhn, Lars, Die Haftung wegen feherhafter Ad-hoc-Publizität gem. §§ 37b, 37c WpHG nach dem IKB-Urteil des BGH, AG 2012, S. 345–358 [zitiert: *Klöhn*, AG 2012, 345]

Köck, Manuela, Die einheitliche Auslegung der Rom I-, Rom II- und Brüssel I-Verordnung im europäischen internationalen Privat- und Verfahrensrecht, Berlin 2014 [zitiert: *Köck*, Die einheitliche Auslegung der Rom I-, Rom II- und Brüssel I-Verordnung, S.]

Kohler, Marius, Die Entwicklung des schwedischen Zivilprozessrechts, Tübingen 2002 [zitiert: *Kohler*, Die Entwicklung des schwedischen Zivilprozessrechts, S.]

Kontogeorgou, Magarita, Externe Rating und Anlegerschutz im Spiegel der neuen Verordnung (EU) Nr. 462/2013, DStR 2014, S. 1397–1404 [zitiert: *Kontogeorgou*, DStR 2014, 1397]

Korth, Peter, Dritthaftung von Ratingagenturen, Baden-Baden 2010 [zitiert: *Korth*, Dritthaftung von Ratingagenturen, S.]

Kötz, Hein, Savigny v. Thibaut und das gemeineuropäische Zivilrecht, ZEuP 10 (2002), S. 431–435 [zitiert: *Kötz*, ZEuP 10 (2002), 431]

Koziol, Helmut, Die „Principles of European Tort Law" der „European Group on Tort Law" ZEuP 12 (2004), S. 234–259 [zitiert: *Koziol*, ZEuP 12 (2004), 234]

Koziol, Helmut, Schadensersatzrecht und Law of Torts – Unterschiedliche Begriffe und unterschiedliche Denkweisen, in: Mankowski, Peter/Wurmnest, Wolfgang (Hrsg.), Festschrift für Ulrich Magnis zum 70. Geburtstag, Hamburg 2014, S. 61–75 [zitiert: *Koziol* in: Mankowski/Wurmnest, FS für Ulrich Magnus, S. 61]

Kozyris, Phaedon John, Rome II: Tort Conflicts on the Right Track! A Postscript to Symeon Symeonides' "Missed Opportunity", Am. J. Comp. L. 56 (2008), S. 471–497 [zitiert: *Kozyris*, Am. J. Comp. L. 56 (2008), 471]

Krämer, Lutz Robert, Aktuelle Rechtsfragen des externen Ratings, in: Ann-Kristin Achleitner/Oliver Everling (Hrsg.), Handbuch Ratingpraxis, Wiesbaden 2004, S. 699–720 [zitiert: *Krämer* in: Achleitner/Everling, Ratingpraxis, S. 699]

Krüger, Wolfgang/Rauscher, Thomas, Münchener Kommentar zur ZPO – Band 1, 4. Aufl., München 2013 [zitiert: *Autor* in: Münchener Kommentar zur ZPO, § Rn.]

Kropholler, Jan, Internationales Privatrecht, 6. Aufl. 2006 [zitiert: *Kropholler*, IPR, S.] [IPR 410/3–6]

Kropholler, Jan/von Hein, Jan, Europäisches Zivilprozessrecht, 9. Aufl., Frankfurt a.M. 2011 [zitiert: *Kropholler/von Hein*, EurZPR, Art. Rn.] [IS 4301/9]

Kuhner, Christoph, Financial Rating Agencies: Are they Credible? – Insights into the reporting incentives of rating agencies in times of enhanced systematic risk, Schmalenbach Business Review (53) 2001, S. 2–26 [zitiert: *Kuhner*, S.Bus.Rev. (53) 2001, 2]

Kuthe, Thorsten/Zipperle, Madeleine, Die Börsensegmente für Mittelstandsanleihen im Vergleich, Bond Magazine Februar – März 2011, S. 10–11 [zitiert: *Kuthe/Zipperle*, Bond Magazine 2011, 10]

Lampe, Alexander, Die Regulierung von Ratingagenturen, Hamburg 2010 [zitiert: *Lampe*, Die Regulierung von Ratingagenturen, S.]

Lang, Johannes, Die Aufklärungspflicht der Parteien des Zivilprozesses vor dem Hintergrund der europäischen Rechtsvereinheitlichung, Berlin 1999 [zitiert: *Lang*, Die Aufklärungspflicht der Parteien des Zivilprozesses, S.]

Lange, Hermann/Hagen, Horst, Wandlungen des Schadensersatzrechts, Heidelberg 1987 [zitiert: *Lange/Hagen*, Wandlung des Schadensersatzrechts, S.]

Lange, Hermann/Schiemann, Gottfried, Handbuch des Schuldrechts, Schadensersatz, 2. Aufl., Tübingen 1990 [zitiert: *Lange*, Schadensersatz, 2. Aufl., S.]

Lange, Hermann/Schiemann, Gottfried, Handbuch des Schuldrechts, Schadensersatz, 3. Aufl., Tübingen 2003 [zitiert: *Lange/Schiemann*, Schadensersatz, 3. Aufl., S.]

Langenbucher, Katja/Engert, Andreas, Europarechtliche Bezüge des Privatrechts, 2. Aufl., Baden-Baden 2008 [zitiert: *Autor* in: Langenbucher, S.]

Langendorf, Sebastian, Haftungsfragen bei Anleiheemissonen, Baden-Baden 2006 [zitiert: *Langendorf*, Haftungsfragen bei Anleiheemissionen, S.]

Layton, Alexander/Mercer, Hugh (Hrsg.), European Civil Practice – Volume 1, 2. Aufl., London 2004 [zitiert: *Layton/Mercer*, European Civil Practice, S. Rn.]

Lehmann, Matthias, Vorschlag für eine Reform der Rom II-Verordnung im Bereich der Finanzmarktdelikte, IPRax 2012, S. 399–405 [zitiert: *Lehmann*, IPRax 2012, 399]

Leible, Stefan/Engel, Andreas, Der Vorschlag der EG-Kommission für eine Rom II-Verordnung. Auf dem Weg zu einheitlichen Anknüpfungsregeln für außervertragliche Schuldverhältnisse in Europa, EuZW 2004, S. 7–17 [zitiert: *Leible/Engel*, EuZW 2004, 7]

Leible, Stefan/Lehmann, Matthias, Die neue EG-Verordnung über das auf außervertragliche Schuldverhältnisse anzuwendende Recht („Rom II"), RIW 2007, S. 721–735 [zitiert: *Leible/Lehmann*, RIW 2007, 721]

Leisch, Franz Clemens, Vorstandshaftung für falsche Ad-hoc-Mitteilungen – ein höchstrichterlicher Beitrag zur Stärkung des Finanzplatzes Deutschland, ZIP 2004, S. 1573–1580 [zitiert: *Leisch*, ZIP 2004, 1573]

Lemke, Rudolf, Haftung für Ratings unabhängiger Agenturen, in: Büschgen, Hans/Everling Oliver (Hrsg.), Handbuch Rating, 2. Aufl., Wiesbaden 2007, S. 611–626 [zitiert: *Lemke* in: Büschgen/Everling, Hdb. Rating, 2. Aufl., S. 611]

Lemke, Rudolf, Haftungsausschluss bei Ratingagenturen, in: Achleitner, Ann-Kristin/Everling, Oliver (Hrsg.), Handbuch Ratingpraxis, Wiesbaden 2004, S. 721–733 [zitiert: *Lemke* in: Achleitner/Everling, Ratingpraxis, S. 699]

Lemke, Rudolf, Haftungsrechtliche Fragen des Ratingwesens – ein Regelungsproblem?, Frankfurt 1999 [zitiert: *Lemke*, Haftungsrechtliche Fragen des Ratingwesens, S.]

Lubrich, Mirjam, Anmerkung zu EuGH, Urt. v. 17.10.2013, Rs. C-218/12 Emrek ./. Sabranovic, GPR 2014, S. 116–119 [zitiert: *Lubrich*, GPR 2014, 116]

Magnus Robert, Das Anwaltsprivileg und sein zivilprozessualer Schutz, Tübingen 2010 [zitiert: *R. Magnus*, Das Anwaltsprivileg und sein zivilprozessualer Schutz, S.]

Magnus, Ulrich, Vergleich der Vorschläge zum Europäischen Deliktrecht, ZEuP 12 (2004), S. 562–580 [zitiert: *Magnus*, ZEuP 12 (2004), 562]

Magnus, Ulrich (Hrsg.), Unification of Tort Law: Damages, The Hague 2001 [zitiert: *Magnus*, Unification of Tort Law: Damages, S.]

Magnus, Ulrich/Mankowski, Peter, Brussels I Regulation, 2. Aufl., München 2012 [zitiert: *Autor* in: Magnus/Mankowski, Brussels I Regulation, Art. Rn.]

Maier-Reimer, Georg/Webering, Anabel, Ad hoc-Publizität und Schadensersatzhaftung – Die neuen Haftungsvorschriften des Wertpapierhandelsgesetzes –, WM 2002, S. 1857–1864 [zitiert: *Maier-Reimer/Webering*, WM 2002, 1857]

Mankowski, Peter, Das Herkunftslandprinzip als Internationales Privatrecht der e-commerce-Richtlinie, ZVglRWiss 100 (2001), S. 137–181 [zitiert: *Mankowski*, ZVglRWiss 100 (2001), 137,]

Mankowski, Peter, Entwicklungen im Internationalen Privat- und Prozessrecht 2004/2005 (Teil 2), RIW 2005, S. 561–579 [zitiert: *Mankowski*, RIW 2005, 561]

Mankowski, Peter, Die Darlegungs- und Beweislast für Tatbestände des Internationalen Verbraucherprozess- und Verbrauchervertragsrechts, IPRax 2009, S. 474–484 [zitiert: *Mankowski*, IPRax 2009, 474]

Mankowski, Peter, EuGH: Schadensersatzklage gegen Zertifikatsemittenten – Internationale Zuständigkeit, LMK 2015, 367447 [zitiert: *Mankowski*, LMK 2015, 367447]

Mausbach, Carmen/Simmert, Diethard, Der Wettbewerb um Unternehmenskredite wächst – In Deutschland formiert sich ein Anleihenmarkt für Mittelständer, Betriebswirtschaftliche Blätter 2011, S. 683–686 [zitiert: *Mausbach/Simmert*, Betrwirt. Blätter 2011, 683]

Meeh-Bunse, Gunther/Hermeling, Anke/Schomaker, Stefan, Ein europäisches Netzwerk kleiner Ratingagenturen – Eine mögliche Alternative zu gescheiterten europäischen Ratingagentur?, WM 2014, S. 1464–1470 [zitiert: *Meeh-Bunse/Gunther/Schomaker*, WM 2014, 1464]

Möllers, Thomas/Leisch, Franz Clemens, Schaden und Kausalität der neu geschaffenen §§ 37b und 37c WpHG, BKR 2002, S. 1071–1079 [zitiert: *Möllers/Leisch*, BKR 2002, 1071]

Möllers, Thomas/Niedorf, Charis, Regulation and Liability of Credit Rating Agencies – A More Efficient European Law?, ECFR 2014, S. 333–363 [zitiert: *Möllers/Niedorf*, ECFR 2014, 333]

Mössle, Klaus, Extraterritoriale Beweisbeschafftung im internationalen Wirtschaftsrecht, Baden-Baden 1990 [zitiert: *Mössle*, Extraterritoriale Beweisbeschafftung im internationalen Wirtschaftsrecht, S.]

Mühl, Thomas, Haftung für fehlerhafte Ratings, Berlin 2010 [zitiert: *Mühl*, Haftung für fehlerhafte Ratings, S.]

Mülbert, Peter O., Empfiehlt es sich, im Interesse des Anlegerschutzes und zur Förderung des Finanzplatzes Deutschland das Kapitalmarkt- und Börsenrecht neu zu regeln?, JZ 2002, S. 826–837 [zitiert: *Mülbert*, JZ 2002, 826]

Müller, Michael, EuGVVO: Gerichtsstand für Schadensersatzklage eines Verbrauchers wegen Wertverlust einer Finanzinvestition, EuZW 2015, S. 218–226 [zitiert: *Müller*, EuZW 2015, 218]

Müller-Glöge, Rudi/Preis, Ulrich/Schmidt, Ingrid, Erfurter Kommentar zum Arbeitsrecht, 15. Aufl., München 2015 [zitiert: *Autor* in: Müller-Glöge/Preis/Schmidt, Erfurter Kommentar zum Arbeitsrecht]

Müller-Graff, Peter-Christian (Hrsg.), Europäisches Wirtschaftsordnungsrecht (Enzyklopädie Europarecht Band 4), Baden-Baden 2015 [zitiert: *Autor* in: Europäisches Wirtschaftsordnungsrecht, § Rn.]

Munsch, Michael, Externes Rating für mittelständische Unternehmen – Ratingprozess und Ratingkriterien am Beispiel der Creditreform Rating AG, in: Büschgen, Hans/Everling, Oliver (Hrsg.), Handbuch Rating, 2. Aufl., Wiesbaden 2007, S. 223–241 [zitiert: *Munsch* in: Büschgen/Everling, Hdb. Rating, 2. Aufl., S. 223]

Musielak, Hans-Joachim, Die Grundlagen der Beweislast im Zivilprozess, Berlin 1975 [zitiert: *Musielak*, Grundlagen der Beweislast im Zivilprozess, S.]

Musielak, Hans-Joachim/Voit, Wolfgang, Kommentar zur Zivilprozessordnung, 12. Aufl., München 2015 [zitiert: *Autor* in: Musielak/Voit, ZPO, §/Art. Rn.]

Nagel, Heinrich, Die Grundzüge des Beweisrechts im europäischen Zivilprozess, Baden-Baden 1967 [zitiert: *Nagel*, Grundzüge des Beweisrechts im europäischen Zivilprozess, S.]

Nagel, Heinrich/Gottwald, Peter, Internationales Zivilprozessrecht, 7. Aufl., Köln 2013 [zitiert: *Nagel/Gottwald*, IZPR, § Rn.]

Naumann, Stefan, Fluggastrechte in Europa, Israel und den USA. Ein Rechtsvergleich, RRa 2013, S. 6–13 [zitiert: *Naumann*, RRa 2013, 6,]

Niedostadek, André, Rating – Eine Einführung für Rechtsanwälte, Bank- und Unternehmensjuristen, Berlin 2006 [zitiert: *Niedostadek*, Rating, S.]

Oellinger, Gerhard, Die Haftung für Ratings, Wien 2005 [zitiert: *Oellinger*, Die Haftung für Ratings, S.]

Palandt, Otto, Bürgerliches Gesetzbuch, 74. Aufl., München 2015 [zitiert: *Autor* in: Palandt, BGB, §/Art. Rn.]

Paul, Walter, Rating als Instrument des Finanzmarketing, in: Büschgen, Hans/Everling, Oliver (Hrsg.), Handbuch Rating, Wiesbaden 1996, S. 373–419 [zitiert: *Paul* in: Büschgen/Everling, Hdb. Rating, S. 373]

Perridon, Louis/Steiner, Manfred/Rathgeber, Andreas, Finanzwirtschaft der Unternehmung, 16. Aufl., München 2012 [zitiert: *Perridon/Steiner/Rathgeber*, Finanzwirtschaft der Unternehmung, S.]

Peters, Andreas, Die Haftung und die Regulierung von Rating-Agenturen, Baden-Baden 2001 [zitiert: *Peters*, Die Haftung und die Regulierung von Rating-Agenturen, S.]

Pfeiffer, Thomas, Internationale Zuständigkeit und prozessuale Gerechtigkeit, Frankfurt am Main 1995 [zitiert: *Pfeiffer*, Internationale Zuständigkeit und prozessuale Gerechtigkeit, S.]

Pfeiffer, Thomas, Organwissen und Grenzen sekundärer Darlegungslast, ZIP 2017, S. 2077–2084, [zitiert: *Pfeiffer*, ZIP 2017, 2077]

Pichler, Rufus, Internationale Zuständigkeit im Zeitalter globaler Vernetzung, München 2008 [zitiert: *Pichler*, Int. Zuständigkeit im Zeitalter globaler Vernetzung, S.]

Piekenbrock, Andreas, Der Kausalitätsbeweis im Kapitalanlegerprozess: ein Beitrag zur Dogmatik der „ungesetzlichen" tatsächlichen Vermutungen, WM 2010, S. 431–440 [zitiert: *Piekenbrock*, WM 2010, 429]

Piltz, Burghard, Die Zuständigkeitsordnung nach dem EWG-Gerichtsstands- und Vollstreckungsübereinkommen, NJW 1979, S. 1071–1075 [zitiert: *Piltz*, NJW 1979, 1071]

Prager, Christoph, Ratingagenturen – Funktionsweisen eines neuen politischen Herrschaftsinstruments, Wien 2012 [zitiert: *Prager*, Ratingagenturen, S.]

Prütting, Hanns/Gehrlein, Markus (Hrsg.), ZPO, 7. Aufl., Köln 2015 [zitiert: *Autor* in: Prütting/Gehrlein, ZPO, Art./§ Rn.]

Prütting, Hanns/Wegen, Gerhard/Weinreich, Gerd (Hrgs.), BGB Kommentar, 10. Aufl., Köln 2015 [zitiert: *Autor* in: Prütting/Wegen/Weinreich, BGB, § Rn.]

Pukropski, Tobias, Regulierung von Ratingagenturen als Reaktion auf die Finanzkrise, Berlin 2013 [zitiert: *Pukropski*, Regulierung von Ratingagenturen als Reaktion auf die Finanzkrise, S.]

von Randow, Philipp, Rating und Regulierung, in: Büschgen, Hans/Everling, Oliver, Handbuch Rating, Wiesbaden 1996, S. 543–576 [zitiert: *von Randow* in: Büschgen/Everling, Hdb. Rating, S. 543]

Rauscher, Thomas, Europäisches Zivilprozess- und Kollisionsrecht EuZPR/EuIPR Kommentar, München 2011 [zitiert: *Autor* in: Rauscher, EuZPR/EuIPR, Art. Rn.]

Rebmann, Kurt/Säcker, Franz/Rixecker, Roland (Hrsg.), Münchener Kommentar zum Bürgerlichen Recht, Band 11, Internationales Wirtschaftsrecht, 4. Auflage, München 2006 [zitiert: *Autor* in: Münchener Kommentar zum BGB, Int. WirR, 4. Aufl., Kap. Rn.]

Reichert, Jochen/Weller, Marc-Philippe, Haftung von Kontrollorganen, Die Reform der aktienrechtlichen und kapitalmarktrechtlichen Haftung, ZRP 2002, S. 49–56 [zitiert: *Reichert/Weller,* ZRP 2002, 49]

Reichling, Peter/Bietke, Daniela/Henne, Antje, Praxishandbuch Risikomanagement und Rating – Ein Leitfaden, 2. Aufl., Wiesbaden 2007 [zitiert: *Reichling/Bietke/Henne,* PHdb Risikomanagement und Rating, S.]

Reidenbach, Dirk, Aktienanalysten und Ratingagenturen – Wer überwacht die Überwacher, Frankfurt 2006 [zitiert: *Reidenbach,* Aktienanalysten und Ratingagenturen, S.]

Reithmann, Christoph/Martiny, Dieter (Hrsg.), Internationales Vertragsrecht, 7. Aufl., Köln 2010 [zitiert: *Autor* in: Reithmann/Martiny, Internationales Vertragsrecht, 7. Aufl., S. Rn.]

Reithmann, Christoph/Martiny, Dieter (Hrsg.), Internationales Vertragsrecht, 8. Aufl., Köln 2015 [zitiert: *Autor* in: Reithmann/Martiny, Internationales Vertragsrecht, S. Rn.]

Rengeling, Hans-Werner/Middeke, Andreas/Gellermann, Martin (Hrsg.), Handbuch des Rechtsschutzes in der Europäischen Union, 3. Aufl., München 2014 [zitiert: *Autor* in: Rengeling/Middeke/Gellermann, Hdb. d. Rechtsschutzes der EU, § Rn.]

Richter, Stefan, Schadenszurechnung bei deliktischer Haftung für fehlerhafte Sekundärmarktinformation, Tübingen 2012 [zitiert: *Richter,* Schadenszurechnung bei deliktischer Haftung für fehlerhafte Sekundärmarktinformation, S.]

Riesenhuber, Karl (Hrsg.), Europäische Methodenlehre, 3. Aufl., Belin 2015 [zitiert: *Autor* in: Riesenhuber, Europäische Methodenlehre, § Rn.]

von Rimon, Neda, Ratings in Deutschland und den USA, Rechtsrahmen und Haftung, Göttingen 2014 [zitiert: *von Rimon*, Ratings in Deutschland und den USA, S.]

Rodegra, Kay P., EU-Fluggastrechte-VO – Ausgleichszahlung für Flugpassagiere, MDR 2013, S. 373–378 [zitiert: *Rodegra,* MDR 2013, 373,]

Rosenberg, Leo, Die Beweislast, 5. Aufl., München 1965 [zitiert: *Rosenberg,* Die Beweislast, S.]

Rosenberg, Leo, Die Beweislast nach der Civilprozeßordnung und der Bürgerlichen Gesetzbuche, Berlin 1900 [zitiert: *Rosenberg,* Die Beweislast nach der Civilprozeßordnung und dem bürgerlichen Gesetzbuche, S.]

Rosenberg, Leo/Schwab, Karl Heinz/Gottwald, Peter, Zivilprozessrecht, 17. Aufl., München 2010 [zitiert: *Rosenberg/Schwab/Gottwald*, Zivilprozessrecht, § Rn.]

Rosset, Christophe, Haftung von Ratingagenturen, Essen 2013 [zitiert: *Rosset*, Haftung von Ratingagenturen, S.]

Roth, Hans-Peter, Regierungsentwurf eines Gesetzes zur Verringerung der Abhängigkeit von Ratings, GWR 2014, S. 317–320 [zitiert: *Roth*, GWR 2014, 317]

Säcker, Franz Jürgen/Rixecker, Roland, Münchener Kommentar zum BGB – Band 1, Allgemeiner Teil, §§ 1–240, 7. Aufl., München 2015 [zitiert: *Autor* in: Münchener Kommentar zum BGB, § Rn.]

Säcker, Franz Jürgen/Rixecker, Roland, Münchener Kommentar zum BGB – Band 2, Schuldrecht Allgemeiner Teil, §§ 241–432, 6. Aufl., München 2012 [zitiert: *Autor* in: Münchener Kommentar zum BGB, § Rn.]

Säcker, Franz Jürgen/Rixecker, Roland, Münchener Kommentar zum BGB – Band 3, Schuldrecht Besonderer Teil, §§ 433–610, 6. Aufl., München 2012 [zitiert: *Autor* in: Münchener Kommentar zum BGB, § Rn.]

Säcker, Franz Jürgen/Rixecker, Roland, Münchener Kommentar zum BGB – Band 5, Schuldrecht Besonderer Teil III, §§ 705–853, Partnerschaftsgesellschaftsgesetz, Produkthaftungsgesetz, 6. Aufl., München 2013 [zitiert: *Autor* in: Münchener Kommentar zum BGB, § Rn.]

Säcker, Franz Jürgen/Rixecker, Roland, Münchener Kommentar zum BGB – Band 6, Sachenrecht, §§ 854–1296, WEG, ErbbauRG, 6. Aufl., München 2013 [zitiert: *Autor* in: Münchener Kommentar zum BGB, § Rn.]

Säcker, Franz Jürgen/Rixecker, Roland, Münchener Kommentar zum BGB – Band 10, Internationales Privatrecht, Rom I-Verordnung, Rom II-Verordnung, Einführungsgesetz zum BGB, 6. Aufl., München 2015 [zitiert: *Autor* in: Münchener Kommentar zum BGB, Art. Rn.]

Säcker, Franz Jürgen/Rixecker, Roland, Münchener Kommentar zum BGB – Band 11, Internationales Wirtschaftsrecht, Einführungsgesetz zum BGB, 4. Aufl. 2005 [zitiert: *Autor* in: Münchener Kommentar zum BGB, Int. WiR, Abschnitt Rn.]

Saenger, Ingo, Zivilprozessordnung, 6. Aufl., Baden-Baden 2015 [zitiert: *Autor* in: Saenger, ZPO]

Sauer, Knut, Kausalität und Schaden bei der Haftung für falsche Kapitalmarktinformation, ZBB/JBB 2005, S. 24–35 [zitiert: *Sauer*, ZBB/JBB 2005, 24]

von Savigny, Friedrich Karl, System des heutigen Römischen Rechts VIII, 1849 [zitiert: *von Savigny*, S.]

Schack, Haimo, Internationales Zivilverfahrensrecht, 6. Aufl., München 2014 [zitiert: *Schack*, Int. ZVR, Rn.].

Schäfer, Carsten, Effektivere Vorstandshaftung für Fehlinformation des Kapitalmarktes?, NZG 2005, S. 985–992 [zitiert: *Schäfer*, NZG 2005, 985]

Schäfer, Fank/Hamann, Uwe (Hrsg.), Kapitalmarktgesetze Kommentar, 2. Aufl., Stuttgart 2013 [zitiert: *Autor* in: Schäfer/Hamann, Kapitalmarktgesetze, § Rn.]

Schantz, Peter, Die zivilrechtliche Verantwortlichkeit von Ratingagenturen gegenüber Investoren, Berlin 2015 [zitiert: *Schantz*, Die zivilrechtliche Verantwortlichkeit von Ratingagenturen gegenüber Investoren, S.]

Schick, Michael, Zur Haftung des (US-amerikanischen) Brokers bei Terminoptionsvermittlung, AG 2010, R124-R125 [zitiert: *Schick*, AG 2010, R124]

Schilling, Johannes, Materielles Einheitsrecht und Europäisches Schuldvertrags-IPR – Das Verhältnis der Rom I-Verordnung zu internationalen Sachrechtsakten, EuZW 2011, S. 776–781 [zitiert: *Schilling*, EuZW 2011, 776]

Schilling, Katrin, Binnenmarktkollisionsrecht, Schriften zum europäischen und internationalen Privat-, Bank- und Wirtschaftsrecht (Band 11), Berlin 2006 [zitiert: *Schilling*, Binnenmarktkollisionsrecht, S.]

Schimansky, Herbert/Bunte, Hermann-Josef/Lwowski, Hans-Jürgen (Hrsg.), Bankrechts-Handbunch, Band 1, München 2011 [zitiert: *Autor* in: Schimansky/Bunte/Lwowski, Bankrechts-Hdb., § Rn.]

Schlosser, Peter, Bericht zu dem Übereinkommen des Königreichs Dänemark, Irlands und des Vereinigten Königreichs Großbritannien und Nordirland über den Beitritt zum Übereinkommen über die gerichtliche Zuständigkeit und die Vollstreckung gerichtlicher Entscheidungen in Zivil- und Handelssachen sowie zum Protokoll betreffend die Auslegung dieses Übereinkommens durch den Gerichtshof, ABl. EG Nr. C 59/71 vom 05.03.1979 [zitiert: *Schlosser*, Bericht zum 1. Beitrittsübereinkommen 1979, ABl. EG Nr. C 59/71 vom 05.03.1979]

Schlosser, Peter/Hess, Burkhard, EU-Zivilprozessrecht, 4. Aufl., München 2015 [zitiert: *Autor* in: Schlosser/Hess EU-ZPR, Art. Rn.]

Schmidt, Karsten, Gesellschaftsrecht, 4. Aufl., Köln 2002 [zitiert: *K. Schmidt*, Gesellschaftsrecht, S.]

Schmitt, Christian, Die Haftung wegen fehlerhafter oder pflichtwidrig unterlassener Kapitalmarktinformationen, Baden-Baden 2010 [zitiert: *Schmitt*, Die Haftung wegen fehlerhafter oder pflichtwidriger Kapitalmarktinformationen, S.]

Schnabel, Helmut, Die Funktion des Rating für deutsche Industrieunternehmen als Emittenten, in: Büschgen, Hans/Everling, Oliver (Hrsg.), Handbuch Rating, Wiesbaden 1996, S. 305–325 [zitiert: *Schnabel* in: Büschgen/Everling, Hdb. Rating, S. 305]

Schöbener, Burkhard, Das Verhältnis des EU-Rechts zum nationalen Recht der Bundesrepublik Deutschland, JA 2011, S. 885–894 [zitiert: *Schöbener*, JA 2011, 885]

Schroeter, Ulrich, Ratings – Bonitätsbeurteilungen durch Dritte im System des Finanzmarkt-, Gesellschafts- und Vertragsrechts, Tübingen 2014 [zitiert: *Schroeter*, Ratings, S.]

Schüler, Andreas/Kaufmann, Patrick, Zur Ausgestaltung von Mittelstandsanleihen: Eine kritische Bestandsaufnahme zu Ratings, Spreads, Covenants und Sicherheiten, ZBB/JBB 2014, S. 69–79 [zitiert: *Schüler/Kaufmann*, ZBB/JBB 2014, 69]

Schuler, Moritz, Regulierung und zivilrechtliche Verantwortung von Ratingagenturen, München 2012 [zitiert: *Schuler*, Regulierung und zivilrechtliche Verantwortung von Ratingagenturen, S.]

Schultes, Philipp, Regulierung und Haftung von Ratingagenturen, Göttingen 2015 [zitiert: *Schultes*, Regulierung und Haftung von Ratingagenturen, S.]

Schwark, Eberhard/Zimmer, Daniel, Kapitalmarktrechtskommentar, 4. Aufl., München 2010 [zitiert: *Autor* in: Schwark/Zimmer, Kapitalmarktrecht]

Schwerdtfeger, Dustin/Voigt, Mathias, Vulkanaschewolke des „Eyjafjallajökull" – Rechte bei Flugausfällen wegen Luftraumsperrung, JA 2010, S. 772–772 [zitiert: *Schwerdtfeger/Voigt*, JA 2010, 772,]

Serfling, Klaus/Badack, Elke/Jeiter, Vera, Möglichkeiten und Grenzen des Credit Rating, in: Büschgen, Hans/Everling, Oliver (Hrsg.), Handbuch Rating, Wiesbaden 1996, S. 629–655 [zitiert: *Serfling/Badack/Jeiter* in: Büschgen/Everling, Hdb. Rating, S. 629]

Siehr, Kurt, Geldwäsche im IPR – Ein Anknüpfungssystem für Vermögensdelikte nach der Rom II-VO, IPRax 2009, S. 435–438 [zitiert: *Siehr*, IPRax 2009, 435]

Soergel, Hans Theodor, Bürgerliches Gesetzbuch, Schuldrecht Band 3/2 – §§ 243–304, BGB, 13. Aufl., Stuttgart 2014 [zitiert: *Autor* in: Soergel, BGB, § Rn.]

Soergel, Hans Theodor, Bürgerliches Gesetzbuch, Schuldrecht Band 10 – §§ 823–853, PoedHG, UmweltHG, 13. Aufl., Stuttgart 2005 [zitiert: *Autor* in: Soergel, BGB, § Rn.]

Soergel, Hans Theodor, Bürgerliches Gesetzbuch, Band 10 – Einführungsgesetz, 12. Aufl., Stuttgart 1996 [zitiert: *Autor* in: Soergel, EGBGB, Art. Rn.]

Sonnentag, Michael, Zur Europäisierung des Internationalen außervertraglichen Schuldrechts durch die geplante Rom II-Verordnung, ZVglRWiss 105 (2006), S. 256–312 [zitiert: *Sonnentag*, ZVglRWiss 105 (2006), 256]

Spickhoff, Andreas, Die Restkodifikation des Internationalen Privatrechts: Außervertragliche Schuldverhältnisse, NJW 1999, S. 2209–2214 [zitiert: *Spickhoff*, NJW 1999, 2209]

Spindler, Gerald, Persönliche Haftung der Organmitglieder für Falschinformation des Kapitalmarktes, WM 2004, S. 2089–2098 [zitiert: *Spindler*, WM 2004, 2089]

Spindler, Gerald (Hrsg.), Recht der elektronischen Medien, 3. Aufl., München 2015 [zitiert: *Autor* in: Spindler, Recht der elektronischen Medien, Teil Abschnitt Unterabschnitt Rn.]

Staudinger, Ansgar, Straßenverkehrsunfall, Rom II-Verordnung und Anscheinsbeweis, NJW 2011, S. 650–653 [zitiert: *Staudinger*, NJW 2011, 650]

von Staudinger, Julius (Hrsg.), Kommentar zum Bürgerlichen Gesetzbuch mit Einführungsgesetz und Nebengesetzen – Buch 2, Recht der Schuldverhältnisse – §§ 255–304 (Leistungsstörungsrecht 1), Neubearbeitung 2004, Berlin [zitiert: *Autor* in: Staudinger, BGB, Neubearb. 2004, § Rn.]

von Staudinger, Julius (Hrsg.), Kommentar zum Bürgerlichen Gesetzbuch mit Einführungsgesetz und Nebengesetzen – Buch 2, Recht der Schuldverhältnisse – §§ 255–304 (Leistungsstörungsrecht 1), Neubearbeitung 2014, Berlin [zitiert: *Autor* in: Staudinger, BGB, § Rn.]

von Staudinger, Julius (Hrsg.), Kommentar zum Bürgerlichen Gesetzbuch: Buch 2: Recht der Schuldverhältnisse – §§ 823–825, Bearbeitung 1999, Berlin [zitiert: *Autor* in: Staudinger, BGB, § Rn.]

von Staudinger, Julius (Hrsg.), Kommentar zum Bürgerlichen Gesetzbuch: Buch 2: Recht der Schuldverhältnisse – §§ 826–829; ProdHaftG (Unerlaubte Handlungen 2, Produkthaftung), Neubearbeitung 2014, Berlin [zitiert: *Autor* in: Staudinger, BGB, § Rn.]

von Staudinger, Julius (Hrsg.), Kommentar zum Bürgerlichen Gesetzbuch mit Einführungsgesetz, Band VI, Berlin 1931 [zitiert: *Autor* in: Staudinger, EGBGB, 1931]

von Staudinger, Julius (Hrsg.), Kommentar zum Bürgerlichen Gesetzbuch mit Einführungsgesetz und Nebengesetzen – EGBGB/IPR, Neubearbeitung 2001, Berlin [zitiert: *Autor* in: Staudinger, EGBGB, Art. Rn.]

Steiner, Manfred/Heinke, Volker, Rating aus Sicht der modernen Finanzierungstheorie, in: Büschgen, Hans/Everling, Oliver (Hrsg.),

Handbuch Rating, Wiesbaden 1996, S. 579–628 [zitiert: *Steiner/Heinke* in: Büschgen/Everling, Hdb. Rating, S. 579]

Steinrötter, Björn, Zuständigkeits- und kollisionsrechtliche Implikation des europäischen Haftungstatbestands für fehlerhafte Rating, ZIP 2015, S. 110–115 [zitiert: *Steinrötter*, ZIP 2015, 110]

Stieper, Malte, Der Beweis negativer Tatsachen, insbesondere der Neuheit von Immaterialgütern im Verletzungsprozess, ZZP 123 (2010), S. 27–48 [zitiert: *Stieper*, ZZP 123 (2010), 27]

Stoll, Hans, Handlungsort und Erfolgsort im internationalen Deliktsrecht Überlegungen zu Art. 40 Abs. 1 EGBGB, in: Schack, Haimo (Hrsg.), Gedächtnisschrift für Alexander Lüderitz, München 2000, S. 733–750 [zitiert: *Stoll* in: GS Lüderitz, 733]

Storme, Marcel, Rapprochement du Droit Judiciaire de l'Union européenne, Dordrecht 1994 [zitiert: *Storme*, Rapprochement du Droit Judiciaire de l'Union européenne, S.]

Streinz, Rudolf (Hrsg.), EUV/AEUV Kommentar, 2. Aufl., München 2012 [zitiert: *Autor* in: Streinz, EUV/AEUV, Art. Rn.]

Strulik, Torsten, Funktionen und Folgen privater Rating-Agenturen im Kontext der Regulierung globaler Finanzmärkte, Soziale Welt (51) 2000, S. 443–462 [zitiert: *Strulik*, Soziale Welt 2000, 443]

Strunz-Happe, Anne, Externe Ratingagenturen – Marktregulierung durch Basel II – Vorgaben zur Anerkennung als ECAI und die aufsichtsrechtliche Behandlung von externen Ratings, WM 2004, S. 115–120 [zitiert: *Strunz-Happe*, WM 2004, 115]

Süß, Frank, Anmerkung zu BGH, Urt. v. 13.07.2010 – XI ZR 28/09, BB 2010, S. 2532–2532 [zitiert: *Süß*, BB 2010, 2532]

Symeonides, Symeon C., Rome II and Tort Conflicts: A Missed Opportunity, Am. J. Comp. L. 56 (2008), S. 173–222 [zitiert: *Symeonides*, Am. J. Comp. L. 56 (2008), 173]

Theiselmann, Rüdiger, Praxis- und Rechtsfragen der Emission von Anleihen, GmbH-StB 2014, S. 115–117 [zitiert: *Theiselmann*, GmbH-StB 2014, 115]

Thelen-Pischke, Hiltrud, Ratings aus Drittstaaten für aufsichtsrechtliche Zwecke – Stichtag der EU-Rating-VO, abrufbar unter: http://blogs.pwc.de/regulatory/aktuelles/drittstaatenratings-fur-aufsichtsrechtliche-zwecke-ab-dem-07-juni-2011/19/, zuletzt abgerufen: 23.09.2015

Thiele, Wolfram, Die zivilrechtliche Einordnung des Rating im deutschen Recht, Aachen 2005 [zitiert: *Thiele*, Die zivilrechtliche Einordnung des Rating im deutschen Recht, S.]

Thole, Christoph, Anscheinsbeweis und Beweisvereitelung im harmonisierten Europäischen Kollisionsrecht – ein Prüfstein für die Abgrenzung zwischen lex causae und lex fori, IPRax 2010, S. 285–289 [zitiert: *Thole,* IPRax 2010, 285]

Thole Christoph, Deliktsklagen gegen ausländische Broker und Finanzdienstleister vor deutschen Gerichten, ZBB 2011, S. 399–406 [zitiert: *Thole,* ZBB 2011, 399]

Thole, Christoph, Die Zuständigkeit für Kapitalanlegerklagen in der aktuellen Rechtsprechung, AG 2013, S. 913–921 [zitiert: *Thole,* AG 2013, 913]

Thomas, Heinz/Putzo, Hans, Zivilprozessordnung, 34. Aufl., München 2013 [zitiert: *Autor* in: Thomas/Putzo, ZPO]

Tönningsen, Gerrit, Die Regulierung von Ratingagenturen, ZBB/JBB 2011, S. 460–471 [zitiert: *Tönningsen,* ZBB/JBB 2011, 460]

Van Look, Frank, Bedeutung des Rating bei der Anlageberatung durch Kreditinstitute, in: Büschgen, Hans/Everling, Oliver (Hrsg.), Handbuch Rating, Wiesbaden 1996, S. 521–541 [zitiert: *van Look* in: Büschgen/ Everling, Hdb. Rating, S. 521]

Vaquer, Antoni, Damage, in: Helmut Koziol und Reiner Schulze (Hrsg.), Tort Law of the European Community,Wien 2008, S. 23–45 [zitiert: *Vaquer* in: Koziol/Schulze (Hrsg.), Tort Law of the European Community, S. 23]

Vasella, David, Die Haftung von Ratingagenturen – Ein Beitrag zur Expertenhaftung, Zürich 2011 [zitiert: *Vasella,* Die Haftung von Ratingagenturen, S.]

Veil, Rüdiger, Die Ad-hoc-Publizitätshaftung im System kapitalmarktrechtlicher Informationshaftung, ZHR 167 (2003), S. 365–402 [zitiert: *Veil,* ZHR 167 (2003), 365]

Veil, Rüdiger, Die Haftung des Emitteten für fehlerhafte Information des Kapitalmarkts nach dem geplanten KapInHaG, BKR 2005, S. 91–98 [zitiert: *Veil,* BKR 2005, 91]

Veil, Rüdiger, Europäisches Kapitalmarktrecht, 2. Aufl. 2014 [zitiert: *Autor* in: Veil, Europäisches Kapitalmarktrecht, § Rn.]

Vetter, Eberhard, Rechtsprobleme des externen Ratings, WM 2004, S. 1701–1712 [zitiert: *Vetter,* WM 2004, 1701]

Vischer, Frank, Die Einbeziehung deliktischer Ansprüche in die Gerichtsstandsvereinbarung für den Vertrag, in: Mansel, Heinz-Peter/Pfeiffer, Thomas/Kronke, Herbert/Kohler, Christian/Hausmann, Rainer (Hrsg.), Festschrift für Erik Jayme, München 2004, S. 993–1000 [zitiert: *Vischer* in: FS Jayme, 993]

Wagner, Gerhard, Deliktsrecht, in: Schulze, Reiner/von Bar, Christian/Schulte-Nölke, Hans (Hrsg.), Der akademische Entwurf für einen Gemeinsamen Referenzrahmen, Tübingen 2008, S. 161–214 [zitiert: *Wagner*, Deliktsrecht, S. 161]

Wagner, Gerhard, Die Haftung von Ratingagenturen gegenüber dem Anlegerpublikum, in: Jung, Peter/Lamprecht, Philipp/Blasek, Katrin (Hrsg.), Einheit und Vielheit im Unternehmensrecht, FS für Uwe Blaurock zum 70. Geburtstag, Tübingen 2013, S. 467–496 [zitiert: *Wagner* in: FS Blaurock, 467]

Wagner, Gerhard, Die neue Rom II-Verordnung, IPRax 2008, S. 1–17 [zitiert: *Wagner*, IPRax 2008, 1]

Wagner, Gerhard, Grundstrukturen des Europäischen Deliktsrechts, in: Zimmermann, Reinhard, Grundstrukturen des Europäischen Deliktsrechts, Baden-Baden 2003, S. 189–340 [zitiert: *Wagner* in: Zimmermann, Grundstrukturen des Europäischen Deliktsrechts, S. 189]

Wagner, Gerhard, Internationales Deliktsrecht, die Arbeiten an der Rom II-Verordnung und der Europäische Deliktsgerichtsstand, IPRax 2006, S. 372–391 [zitiert: *Wagner*, IPRax 2006, 372]

Wagner, Gerhard, Schadensberechnung im Kapitalmarktrecht, ZGR 2008, S. 495–532 [zitiert: *Wagner*, ZGR 2008, 495]

Wagner, Gerhard, The Law of Torts in the DCFR, in: Wagner, Gerhard (Hrsg.), The Common Frame of Reference: A View from Law & Economics, München 2009, S. 225–272 [zitiert: *Wagner*, The Law of Torts in the DCFR, S. 225]

Wagner, Rolf, Das Vermittlungsverfahren zur Rom II-Verordnung, in: Baetge, Dietmar/von Hein, Jan/von Hinden, Michael (Hrsg.), Die richtige Ordnung – Festschrift für Jan Kropholler zum 70. Geburtstag, Tübingen 2008, S. 715–731 [zitiert: *Wagner* in: FS Kropholler, 715]

Wais, Hannes, Der Europäische Erfüllungsgerichtsstand für Dienstleistungsverträge, Tübingen 2013 [zitiert: *Wais*, Der Europäische Erfüllungsgerichtsstand für Dienstleistungsverträge, S.]

Wais, Hannes, Bestimmtheit des Rechtsverhältnisses im Sinne von Art. 23 Abs. 1 EuGVVO a.F. sowie internationale Zuständigkeit bei Verstoß gegen ein vertragliches Wettbewerbsverbot, IPRax 2015, S. 127–129 [zitiert: *Wais*, IPRax 2015, 127]

Wappenschmidt, Christian, Ratinganalyse durch internationale Ratingagenturen – Empirische Untersuchung für Deutschland, Österreich und die Schweiz, Frankfurt 2009 [zitiert: *Wappenschmidt*, Ratinganalyse durch internationale Ratingagenturen, S.]

Weber, Christoph, Internationale Prospekthaftung nach der Rom II-Verordnung, WM 2008, S. 1581–1588 [zitiert: *Weber*, WM 2008, 1581]

Weintraub, Russel, The Choice-of-Law Rules of the European Community Regulation on the Law Applicable to Non-Contractual Obligations: Simple and Predictable, Consequences-Based, or Neither?, Tex. Int'l L. J. 43 (2008), S. 401–427 [zitiert: *Weintraub*, Tex. Int'l L. J. 43 (2008), 401]

Weller, Mathias, BGH: Bestimmung der Tatortzuständigkeit bei international arbeitsteiligen Kapitalanlagedelikten, LMK 2011, 322457 [zitiert: *Weller*, LMK 2011, 322457]

Weller, Mathias, Zur Handlungsortsbestimmung im internationalen Kapitalanlegerprozess bei arbeitsteiliger Deliktsverwirklichung, IPRax 2000, S. 202–209 [zitiert: *Weller*, IPRax 2000, 202]

Winiger, Bénédict/Koziol, Helmut/Koch, Bernhard A./Zimmermann, Reinhard (Hrsg.), Digest of European Tort Law – Volume 2: Essential Cases on Damage, Berlin 2011 [zitiert: *Autor* in: Winiger/Koziol/Koch/Zimmermann, Digest of European Tort Law, Vol. 2, S.]

Wittschier, Johannes, Die Parteivernehmung in der zivilprozessualen Praxis, Köln 1989 [zitiert: *Wittschier*, Die Parteivernehmung in der zivilprozessualen Praxis, S.]

Wojcik, Karl-Philipp, Zivilrechtliche Haftung von Rating-Agenturen nach europäischem Recht, NJW 2013, S. 2385–2389 [zitiert: *Wojcik*, NJW 2013, 2385]

Wolgast, Michael/Theis, Anja, Stellungnahme des GDV zum Vorschlag für eine Verordnung des Europäischen Parla-ments und des Rates zur Änderung der Verordnung (EG) Nr. 1060/2009 über Ratingagenturen vom 05.01.2012, abrufbar unter: http://www.gdv.de/wp-content/uploads/2012/01/GDV-StellungnahmeCRAIII-dt.pdf [zitiert: *Wolgast/Theis*, Stellungnahme des GDV vom 05.01.2012, S.]

Wünsche, Sylvia, Zur Frage des Nachweises der Kausalität der falschen Prospektangaben für den Aktienerwerb, BB 2008, S. 691–692 [zitiert: *Wünsche*, BB 2008, 691]

Wurmnest, Wolfgang, Grundzüge des europäischen Haftungsrechts, Tübingen 2003 [zitiert: *Wurmnest*, Grundzüge des europäischen Haftungsrechts, S.]

Würthwein, Susanne, Zur Problematik der örtlichen und internationalen Zuständigkeit aufgrund unerlaubter Handlung, ZZP (106) 1993, S. 51–78 [zitiert: *Würthwein*, ZZP (106) 1993, 51]

Zimmer, Daniel, Verschärfung der Haftung für fehlerhafte Kapitalmarktinformation – Ein Alternativkonzept –, WM 2004, S. 9–21 [zitiert: *Zimmer*, WM 2004, 9]

Zöller, Richard (Begründer), Zivilprozessordnung, 30. Aufl., Köln 2014 [zitiert: *Autor*, in Zöller, ZPO, § Rn.]

Zweigert, Konrad/Kötz, Hein, Introduction to Comparative Law, 3. Aufl, Oxford 1998 [zitiert: *Zweigert/Kötz*, Introduction to Comparative Law, S.]

www.ingramcontent.com/pod-product-compliance
Ingram Content Group UK Ltd.
Pitfield, Milton Keynes, MK11 3LW, UK
UKHW021130041026
8980IPUK00034B/1534

9 783631 774502